国家社科基金
后期资助项目
GUOJIA SHEKE JIJIN HOUQI ZIZHU XIANGMU

传播学研究的
社会心理学传统

兼论中国本土传播心理学理论建设

Social Psychological Tradition in
Communication Studies
Concurrent Disscuss the Theory Construction of Chinese
Indigenous Communication Psycholog

柯 泽 著

学习出版社

图书在版编目（CIP）数据

传播学研究的社会心理学传统：兼论中国本土传播心理学

理论建设／柯泽著．－－北京：学习出版社，2016.2

（国家社科基金后期资助项目）

ISBN 978－7－5147－0582－9

Ⅰ.①传…　Ⅱ.①柯…　Ⅲ.①传播学－社会心理学－

研究　Ⅳ.①G206②C912.6

中国版本图书馆 CIP 数据核字（2016）第 297858 号

传播学研究的社会心理学传统
CHUANBOXUE YANJIU DE SHEHUIXINLIXUE CHUANTONG
——兼论中国本土传播心理学理论建设

柯　泽　著

责任编辑：刘玉芬

技术编辑：刘　硕

封面设计：杨　洪

出版发行：学习出版社

　　　　　北京市崇文门外大街 11 号新成文化大厦 B 座 11 层（100062）

　　　　　010－66063020　010－66061634　010－66061646

网　　址：http：//www.xuexiph.cn

经　　销：新华书店

印　　刷：北京市密东印刷有限公司

开　　本：710 毫米×1000 毫米　1/16

印　　张：27

字　　数：456 千字

版次印次：2016 年 2 月第 1 版　2016 年 2 月第 1 次印刷

书　　号：ISBN 978－7－5147－0582－9

定　　价：57.00 元

如有印装错误请与本社联系调换

国家社科基金后期资助项目

出 版 说 明

  后期资助项目是国家社科基金项目主要类别之一，旨在鼓励广大人文社会科学工作者潜心治学，扎实研究，多出优秀成果，进一步发挥国家社科基金在繁荣发展哲学社会科学中的示范引导作用。后期资助项目主要资助已基本完成且尚未出版的人文社会科学基础研究的优秀学术成果，以资助学术专著为主，也资助少量学术价值较高的资料汇编和学术含量较高的工具书。为扩大后期资助项目的学术影响，促进成果转化，全国哲学社会科学规划办公室按照"统一设计、统一标识、统一版式、形成系列"的总体要求，组织出版国家社科基金后期资助项目成果。

全国哲学社会科学规划办公室

2014 年 7 月

自　序

这部书稿记录了我博士毕业后在学术道路上的又一次艰难跋涉。

记得 2003 年至 2007 年攻读博士学位期间，我至少花了两年多时间去思考论文选题，后来我以《论传媒发展的理性》为题完成了我的博士论文，经过不算太多的修订和补充，2009 年以《理性与传媒发展》为名由上海三联书店出版，我的第一部学术著作出版 3 年之后，有幸于 2013 年获得第六届高等学校人文社会科学研究优秀成果奖。在我的一生当中，我大概没有做过几件能够让自己感到满意的事情，但是作为我的人生体验与感悟，作为我的学术思考和追问，《理性与传媒发展》的出版并获奖确实使我在精神上获得了一丝慰藉和满足。

博士毕业后，我就开始考虑自己下一步的学术方向转移，两方面的原因促使我转向了传播心理问题研究。

首先，从学术研究的角度看，我深切感受到新闻传播学急需导入其他相关学科的思想材料、思想成果和研究方法，社会学尤其是社会学和社会心理学应该被视为新闻传播学的近缘学科，它们对深化新闻传播学研究具有重要意义。

事实上，在西方，社会学、社会心理学与新闻传播学的结缘由来已久，西方新闻理论中对于新闻事业功能的解释、对于新闻业中控制关系的研究、对于媒介竞争的理解都分别来源于社会学中的结构功能理论、社会冲突理论以及社会进化理论。20 世纪初，美国社会学芝加哥学派开启的符号互动论为传播学研究提供了最初的思想来源，30 年代前后，美国传播学经验学派开始致力于传播效果研究，其理论来源和研究方法主要也是社会学和社会心理学。

在我国新时期新闻传播理论研究中，作为社会学、社会心理学取向的分支理论学科，如新闻社会学、电视社会学、新闻心理学、传播心理学等已经开始出现，并取得了初步成果。如果说美国 20 世纪 30 年代后从事传播效果研究的一些重要研究者，如拉扎斯菲尔德、卢因、霍夫兰等人大多数都具有社会学和社会心理学专业背景的话，我国新时期从事新闻传播社会学或者新闻传播心理学研究的学者基本上都还不具备上述专业背景，这种状况无疑限制了这一领域的研究水平。根据我的粗浅体会和认识，社会学和社会心理学拥有各自完整的理论体系和研究方法，同时也发展出各自十分专业的实验方法和定量研究手段，我个人有兴趣在新闻传播学与社会心理学的交叉领域做进一步的学习和研究。

我清楚地记得，许多年前复旦大学新闻传播学院博士生导师童兵在武汉大学的一次演讲中所说的，我国新闻传播学研究根基浅薄，他自己每次出去开会都感到非常羞愧，因为看到了其他学科的发展水平，新闻传播学无法与他人相比。童兵教授当然是希望借此勉励我们这些博士研究生踏实做学问，提高研究水平，但是他说的情况大体也是符合实际的。在我攻读博士研究生的时候，我就深深认识到我国新闻传播学的理论和业务研究再也无法在新闻传播学内部深入下去，新闻传播学必须与其他学科结缘才有可能重新获得生机与活力。

其次，我过去十几年的媒体从业经历使我对传播心理问题感受颇深，并对这一问题一直怀有强烈的兴趣。我曾经是职业记者中的一员，并在这个行业工作了十多年，我完全知道卷入这个行业中各色人等的心理状况，也知道这些心理构成了这个行业最真实的一面，对这个行业产生了最真实的影响。我坚信对这些心理进行专门研究的独特学术价值，尤其是对那些具有中国本土特色的传播心理问题进行研究更加具有现实意义。

《理性与传媒发展》是对于传媒业发展的一个外部观察，或者说是个人站在传媒业之外把传媒业视作一个社会组织器官，去研究它的结构、功能和属性，去研究它的各种内部与外部关系，以及它运行生存的法则和规律，这其实也就是传统新闻学理论研究的视角。这种传统研究把传媒业的发展视作器物的发展，研究者也承认这个器物的大部分由我们人类所组成，这个器物由人在组织和控制，组织和控制这个器物的根本目的还是在于去影响和改变人，但是研究者对组织和控制这个器物的具体的人并没有太多直接的兴趣，研究者相信可以绕过这个由人组织和控制的器物，通过外部观察和逻辑论证，从而达到对器物本身准确的描述和揭示，并得出正确的结论。这类研究的方法、逻辑、框架以及整个思维方式来自哲学、政治学以及经济学等传统学科。在这些传统学科当中，作为研究者的个人都把自己设定为客观的旁观者，同时把研究对象设定为由人类所组织成的器物，借用美国社会学家富兰克林·吉丁斯"类意识"的说法，我们姑且可以将之称为"类人类"——如政治学中的政党、政治选举和政治治理等；如经济学中的企业、价格、利润、税收等；如社会学中的结构、功能、冲突、契约等。我们不能说这样的研究视角和方法一定就是错误的，但是也许我们可以说我们对于新闻传播学的研究完全可以向人本身更加靠近一点，可以向问题的中心更加靠近一点。

我们究竟应该以何种眼光去看待大众传播业？去看待这个行业中存在的各种控制和影响关系？除了以"类人类"的目光去看待这个行业外，我们是否也应该换一个角度，换一种方式？世界上还有哪个行业比大众传播业距离活生生的人更近一些呢？这个行业由不同的人在经营，由不同的人在控制；这个行业生产的产品是新闻、娱乐、广告和信息，这些产品包含了不同的思想、观点和趣味，它们呈现出如此丰富多彩的主观性；当人们生产这些产品的时候其实就在琢磨购买者的需求，就在跟受众玩猫捉老鼠的游戏，以博得利润和喝彩；这个行业是如此的工于心计，需要通过精心组织、策划、管理，通过自己的产品去劝服受众，使其接受自己的观点，进而去影响他人的思想和行为；这个行业的从业者——主要是编辑和记者，他们天天都在挖空心思，希望能够采访到精彩的新闻，制作出精美的节目；当面对新闻事件当事人的时候，他们斗智斗勇，高度紧张，目标就是要采访到真料，或自己需要的其他材料；换一个角度，当新闻事件当事人面对采访的时候同样如此，不过他们考虑更多的是如何面对记者、如何权衡利弊、如何利用记者和媒体；而当受众面对媒体的时候，他们也个个小心翼翼，生怕上当受骗，成为媒体的俘虏；至于受众如何接受和使用媒体，如何处理和消化接收的信息，这些信息如何引起态度和行为的改变，凡此种种，没有一样能够脱离具体的人，没有一样不关乎人的心灵。这是一个人类心灵全力参与的领域，也是一个人类心理高度博弈和骚动的领域，这个领域无时无刻不交织着爱与恨、真与假、高尚与卑鄙、功利与超越、利己与利他、希望与失望、控制与反控制。面对这样一个行业，当我们试图发现它的真相时，我们有什么理由拒绝去研究这个行业中具体的人、具体的心理活动呢？

20世纪初以来，伴随着政治控制、民主信念以及获取利润的强烈冲动，大众传播业作为一个崭新的行业赫然崛起并迅速发展，几乎与此同时，对于大众传媒的研究也发展成为一门全新的学科，即大众传播学。在一个人文社会科学研究领域人本主义开始强劲侵入的时代精神背景下，传播学研究能否置身事外呢？所有这些思考和冲动都推动着我最终进入传播心理这一崭新的研究领域。通过对大量事实的归纳和梳理，我确信在美国传播学发展的百年历史中，传播学的发展始终伴随着社会心理学的影子，有时二者甚至是一种共生关系。这一事实使我更加确信，心理事实是传播活动中的主要事实，社会心理学理论是传播学研究的主要基础理论。这为我直面中国本土传播现实，思考中国本土传播心理问题，继而提出中国本土传播心理学理论建设主张提供了理论支持和信念支撑。

然而，研究之路并非顺利，面对博士毕业数年之后拿出的这部书稿，我心中难有喜悦。几年来来我在单位不得不承担太多的教学任务，期间还担任了一点行政工作，俗事缠身，让我不胜烦扰。所幸 2010 年我意外得到机会去加拿大渥太华大学访学，这部书稿的一小半就是在国外完成的。虽然回国后的几年中又陆续完成了其余内容，但是仍然留下了不少遗憾。

如果说这部书稿还有一点可取之处的话，大概主要体现在以下几个方面。

其一，粗略梳理和勾勒了美国传播学发展与社会心理学的关系。从我查阅的国外文献来看，美国学者（无论是传播学领域还是社会学和心理学领域）似乎并不太在意这二者之间的关系，也没有看到有关这方面系统的论述和研究，可能他们认为学科的发展是自然之事，没有必要去研究不同学科之间的关系，国内有关二者之间关系的研究也不多见。我却固执地认为应该从学科发展史的角度搞清楚二者之间的关系，但是，我知道自己实际的研究并没有达到预期的效果。

其二，初步研究了社会学芝加哥学派与美国传播学的关系以及对美国传播学研究的贡献。关于这一点我比较多地介绍了西方学者的研究成果，回国后才读到南京大学胡翼青的大作《再度发言：社会学芝加哥学派传播思想》，才知道国内已经有如此系统和深入的研究。好在我在国外有第一手英文资料的便利，一些材料和观点也能够相对独立于国内的同类研究。遗憾的是，由于时间仓促，我来不及梳理社会学芝加哥学派社会心理学思想与传播学的关系，只能留待日后去补充了。

其三，介绍了美国媒介心理学研究的历史和主要内容。根据我的了解，与此相关的内容国内仅见刘晓红、卜卫《大众传播心理研究》一书中有一点介绍，我在这项研究中对这方面的内容介绍得比较详细一些，我觉得这些内容对于国内传播心理学理论建设是有启发的。

其四，提出了中国本土传播心理学理论建设的初步构想，并做了一点有关媒介伦理方面的本土传播心理研究。据我所知，国内尚没有中国本土传播心理学这类提法，或许是因为 30 年来国内对西方传播学的介绍不太成功，传播学本土化也不太成功，所以新闻传播学界暂时还没有传播心理学本土化的想法。虽然我在这项研究中的提法非常粗略，但是毕竟迈出了一小步。

其五，作为传播心理问题研究的拓展，介绍并论述了西方政治心理学的发展进程，目前国内少有学者专门涉足这一领域。

我最初的设想是做中国本土传播效果研究，后来又将研究计划放大为中国本土传播心理学理论建设。无意间在加拿大待了1年时间，为了便于利用渥太华大学丰富的英文馆藏资料，也由于整体研究的需要，遂将研究计划调整为传播学研究的社会心理学传统，兼论中国本土传播心理学理论建设，或许这已经是本末倒置了。现在看来，目前这部著作主要是关于传播学思想史和传播学学科发展史的研究，仅仅开启了中国本土传播心理学理论建设的一个入口，做了一点必需的前期准备工作。重要的是，如果将来时日宽松，再去修补充实已有的成果，同时自己也有决心和兴趣再去围绕本土传播心理做一些更深入的研究，以实现未竟的愿望。

柯　泽

2011 年 7 月加拿大渥太华初稿

2011 年岁末南京二稿

2012 年 9 月重庆三稿

2014 年 10 月重庆四稿

2015 年 7 月西安修订完稿

目　　录

Contents

导读：论传播学与社会心理学

胡翼青

2012 年中秋国庆双节，我在无锡的荡口古镇品味一年中难得的闲暇，其中就包括拜读本书作者的书稿《传播学研究的社会心理学传统》。令我惊喜的是，作者所关注的问题就是我一直在思考的问题；令我钦佩的是，作者有那么强大的钻研精神和学习能力；令我羡慕嫉妒恨的是，作者把我的某些想法率先变成了一部专著。他提出想由我来为这本书写一个导读，我觉得实在是勉为其难，让我不能拒绝的是，我确实也很想就这个话题"吐吐槽"。

自从在南京大学社会学院师从周晓虹教授攻读博士学位以来，我一直就承担着新闻传播学院的跨专业选修课《社会心理学》，迄今已有 10 年。所以，我比一些专门埋头于传播学的研究者更清楚，美国传播学，其主导性的研究范式便是社会心理学取向的研究范式，而不是什么心理学、社会学或其他什么学科取向的研究范式。① 我们可从以下几个特征中判断出这两个学科之间血浓于水的紧密关联。

首先，从学科的结构来看，美国传播学现在宣称的研究对象、研究方法和主要概念使它看起来完全被社会心理学所囊括。准确地说，美国经验传播学研究的就是由媒介和交流造成的社会心理现象，并通过分析和解释这些现象来达到社会控制的目的。相比之下，社会心理学的研究对象要远远广阔，尽管中外学者都未对其研究对象形成共识，但总体而言，大家普遍认同社会心理学的研究对象是人在社会与文化环境中的行为。各种社会现象而并非仅仅是媒介对人的心理和行为所产生的影响皆在其研究之列，比如社会关系对人的影响，社会制度对人的影响，以及

---

① 关于社会心理学与社会学、心理学和人类学等相邻学科的差别，请参见周晓虹《现代社会心理学：多维视野中的社会行为研究》（上海人民出版社 1997 年版）一书的第一章，此处不占用讨论篇幅。

文化、民俗对人的影响等。当然，宣传、沟通等社会现象也是社会心理学关注的主要话题，不仅在社会心理学的早期，在当代也是如此。"关于态度和宣传的研究仍然是当代社会心理学的主要研究项目之一。"① 就研究对象而言，美国传播学更像是社会心理学的分支学科。

从研究方法的层面来看，尽管社会心理学更偏重于控制实验的方法，但社会心理学这个学科的复杂性决定了它的方法永远不可能这么单一。"当社会心理学成形时，它趋向于分为两支，一支是心理学家的社会心理学，着重社会情境中的个人，一支是社会学家的社会心理学，着重团体生活。"② 尽管实验法是心理学取向的社会心理学的最爱，但量表等测量方法的使用，使具有社会学取向的问卷调查等方法成为社会心理学的主要研究方法之一。在都市人类学兴起并影响到社会心理学研究后，田野调查法也受到社会心理学研究的青睐。而上述方法也就是传播学最常采用的研究方法。所以，就测量方法而言，社会心理学与传播学几乎没有什么根本性的差异。

更具决定性的证据在于，社会心理学的核心概念通常也就是传播研究的核心概念，比如说态度，这是社会心理学最重要的核心概念，它几乎奠定了整个传播学效果研究的基石。无论是哪个时代的效果理论，就其根本而言，无非就是在讨论传播与态度的改变。传播学的教科书喜欢这样描写晚期的适度效果论：晚期的适度效果论开始意识到态度可以结构化地划分为认知、情感和行为倾向这三个既有联系又有区别的层次，于是极大丰富了效果研究的内涵，出现了知识沟、议程设置等在认识层面的效果理论。"传播效果依其发生的逻辑顺序或表现阶段可以分为三个层面：外部信息作用于人们的知觉和记忆系统，引起人们知识量的增加和知识构成的变化，属于认知层面上的效果；作用于人们的观念或价值体系而引起情绪或感情的变化，属于心理和态度层面上的效果；这些变化通过人们的言行表现出来，即成为行动层面上的效果。"③ 其实，这一套说辞的所有核心概念包括认知框架均来自社会心理学。④ 可以毫不客气

---

① 〔美〕G. 墨菲、J. 柯瓦奇：《近代心理学历史导引》，林方、王景和译，北京，商务印书馆1980年版，第617页。

② 〔美〕G. 墨菲、J. 柯瓦奇：《近代心理学历史导引》，林方、王景和译，北京，商务印书馆1980年版，第607页。

③ 郭庆光：《传播学教程》，北京，中国人民大学出版社1999年版，第188页。

④ 关于社会心理学对态度这一概念的详细阐述，可以参见杜加克斯和赖茨曼所著的《八十年代社会心理学》，北京，生活·读书·新知三联书店1988年版。

地说，当代美国传播学离开了社会心理学的以下概念，基本上就不再成其为一门学科：大众社会、个体主义、乌合之众、刻板印象、集群行为、从众心理、旁观者效应、首因效应、免疫效果、睡眠效果……至于我们熟知的美国传播理论，比如有限效果论、把关人理论、魔弹论、议程设置理论、沉默的螺旋、社会依赖论、培养理论、第三人效果……几乎也都是社会心理学理论。

其次，从研究的主体来看，几乎美国传播学早期最伟大的奠基者，都是重要的社会心理学家：

李普曼（Walter Lippmann）因在社会心理学上以提出"刻板印象"而闻名，[①] 他几乎奠定了美国主流传播学的全部哲学和精神基础，这一点彼德斯（John Durham Peters）在《交流的无奈》一书中有过权威而清晰的表述。而且，当代传播学还不得不承认李普曼对于议程设置理论的先导性贡献。拉斯韦尔（Harold Dwight Lasswell），李普曼的精神继承者，与李普曼一样，是狂热的弗洛伊德（Sigmund Freud）的信徒，也是勒庞（Gustave Le Bon）的忠实拥趸。他对于大众社会心理的研究成果既是社会心理学的重要组成部分，又是奠定了美国传播学的研究框架、研究方法和早期的研究假设。以上两位学者，大家可以参考本书中的专章《美国早期传播的心理学影响》。

霍夫兰（Carl Hovland），这位伟大的行为主义社会心理学家，直接让大家一度误认为传播学就是研究说服的学科，并与拉斯韦尔、勒温（Kurt Lewin）一样被施拉姆（Wilbur Schramm）策封为传播学的四大奠基人之一。霍夫兰对美国社会心理学的贡献之大并不仅在于行为主义心理学，他还因为其说服研究被看作是美国认知心理学范式的缔造者之一。深受其影响的社会心理学家，尤其是社会学习理论的开山鼻祖班杜拉（Albert Bandura），可能是研究媒体与犯罪最重要的代表人物。勒温，他是真正的社会心理学大师，完全可以与米德（George Herbert Mead）齐名。"今天健在的一流的美国社会心理学家，大多是勒温的学生和学生的学生。社会心理学的学科形态，因此得以重塑；而勒温，则被认为是现代社会心理学的奠基者。"[②] 他的"把关人"说到底就是在研究群体动力学时提出

---

① 关于这一点，请仔细阅读《公众舆论》（上海人民出版社）一书，大家往往只注意李普曼对媒介只能提供"头脑中的世界图景"的批判，并不关注书中声讨的另一个问题：公众的刻板印象。其实后者才是李普曼的侧重点，否则他提出的专家治国捍卫民主的逻辑是无法理解的。

② 方文：《学科制度和社会认同》，北京，中国人民大学出版社2008年版，第55页。

的一个社会心理学概念。不过我更想说的是，他的得意弟子费斯廷格（Leon Festinger），这位社会心理学的"教皇"与他的群体动力学研究团队在认知心理学方面所做的伟大贡献，对 20 世纪六七十年代传播效果理论的辉煌产生了直接而深远的影响。① 以上内容，读者也可以部分参见本书的专章《社会心理学家参与传播学建设的历程》。

辉煌的芝加哥学派，杜威（John Dewey）、库利（Charles Horton Cooley）、米德、帕克（Robert Ezra Park）、托马斯（William Isaac Thomas）、布鲁默（Herbert Blumer）、戈夫曼（Erving Goffman），他们都是社会心理学伟大传统——符号互动论——的创始者和改良者，尽管他们的思想一直不能算是美国传播学的主流思想，就像他们在美国社会心理学的地位一样，但这些思想仍然是美国传播学的重要组成部分，而且正如我在《再度发言》一书中写到的那样，显得越磨砺越光芒。而且这些思想对于传播学的分支学科人际传播而言，几乎是奠基性的范式，其主导地位至今无法动摇。② 看得出来，作者与我一样对社会学芝加哥学派充满好感，在本书，作者居然辟了四个专章来讨论芝加哥学派，对其偏爱可见一斑。

还有阿希（Solomon E. Asch），没有他就没有纽曼（E. Noelle-Neu-mann）和她的"沉默的螺旋"，还有霍曼斯（George Casper Homans）和布劳（Peter Michael Blau），没有他们就没有人际传播的社会交换理论，还有奥尔波特（Gordon W. Allport），没有他就没有今天流行的关于流言的传播学阐释……

就上述这张怎么也列不完的名单而言，如果你说美国传播学是社会心理学的分支学科，除了那些坚决捍卫学科意识形态的既得利益者，大概不会有太多疑义。

最后，从学科的历史来看，美国传播学的生命周期几乎完全跟着社会心理学的生命周期亦步亦趋。每次社会心理学的范式更替都直接影响到传播学研究的进展。关于这个问题，大致可以粗陋地分为四个阶段来

---

① 想进一步了解费斯廷格的研究，请参见他的名著《认知失调理论》（浙江教育出版社 1999 年版）。

② 最值得一看的芝加哥学派的社会心理学著作有以下几种可以查到的中文书籍：W. I. 托马斯、F. 兹纳涅茨基的《身处欧美的波兰农民》（译林出版社 2000 年版）；米德的《心灵、自我与社会》（上海人民出版社 1992 年版）；库利的《社会过程》（华夏出版社 2000 年版）和《人类本性与社会秩序》（华夏出版社 1999 年版）；帕克的《城市社会学》（华夏出版社 1987 年版）和《移民报刊及其控制》（中国人民大学出版社 2011 年版）；戈夫曼的《角色距离》（华夏出版社 1990 年版）和《日常生活中的自我呈现》（北京大学出版社 2008 年版）。

言说。

　　第一个阶段大致发生在 20 世纪前 30 年。1908 年英国学者麦独孤（William McDougall）和美国学者罗斯（Edward A. Ross）同时出版了同名著作《社会心理学》，这标志着社会心理学学科的问世。在这一时代，社会学芝加哥学派迅速崛起，并迅速越过社会学的边界，对社会心理学领域产生了重要影响。在 20 世纪前 30 年，主宰美国社会心理学研究的学术力量便是米德的社会行为主义和角色理论——也就是他的弟子布鲁默后来为他总结归纳的符号互动论。在这一时代，传播研究在美国的大学校园和媒体业界同时兴起，而备受学界推崇的观点便是"传播创造并维系社会"这样的互动论思想。在杜威的民主哲学研究，库利的群体研究，帕克的城市社会学研究，米德的"自我"研究中，传播学的母题一直是传播是如何建构心灵、自我、社群与大共同体的。尽管这一时期的传播学还远未成为一个学科，但其主导性思想就其话语与表达方式而言，主要是文化取向和建构主义取向的，是社会学芝加哥学派式的。直到"佩恩基金会"研究——这个被德弗勒（Melvin L. DeFleur）看作是传播学 13 大里程碑式的研究项目中——布鲁默所代表的社会学芝加哥学派仍然主导着传播研究的主流话语，布鲁默所著的那本考察电影与儿童心理如何相互建构的名著《电影与行为》被认为是那一堆研究作品中最具学术价值的一部。

　　第二个阶段大致始于 20 世纪 20 年代末，终于 20 世纪 60 年代初。随着 20 世纪 20 年代后期实验社会心理学的成熟和兴起，行为主义心理学开始入侵社会心理学，并渐渐成为社会心理学的主流。强化理论的"刺激—反应"模式以一种科学主义范式的姿态开始了对社会心理学近半个世纪的统治，G. 奥尔波特、斯金纳（Burrhus Frederic Skinner）、霍夫兰等实验社会心理学大师及其追随者的研究报告主导了各种学术期刊。"奥尔波特的表述迅速统治了美国社会心理学，一方面由于它的实验研究方法，一方面也因为它对行为的强调。"① 在社会心理学的重要代表人物 G. 奥尔波特那里，社会心理学的开端被描述为 20 世纪 20 年代实验社会心理学兴起的时代，社会心理学的第一本教科书被描述为由他哥哥 F. 奥尔波特于 1924 年撰写的以实验研究为基础的社会心理学教科书。几乎就在同时，以耶鲁学派为代表的行为主义传播研究范式便作为传播学的主流登

① 〔美〕G. 墨菲、J. 柯瓦奇：《近代心理学历史导引》，林芳、王景和译，北京，商务印书馆 1980 年版，第 655 页。

上历史舞台，并成为当代美国传播学学科建制的知识基石。在与哥伦比亚学派合流以后，耶鲁学派的代表人物霍夫兰及他的说服研究和有限效果论被奉为传播学的正宗。这些研究成果被传播学的教材一次次地重复——其中施拉姆的功劳最大——并渐渐成为传播学专业学生入门时的老生常谈。

有趣的是，最早倡导这一研究范式的学者并不是耶鲁学派、哥伦比亚学派，而依然是社会学芝加哥学派。这不仅是因为华生（John Broadus Watson）和他的行为主义最早成熟于杜威创建的芝加哥大学哲学系，也不仅是因为瑟斯顿（Thurstone）这些发明了诸多实验测量工具的重要行为主义心理学家来自于芝加哥大学的哲学系和教育学系，而主要是因为一位有话语权的芝加哥社会学家斯托弗（Samuel Stouffer）对于行为主义心理学的偏爱。正如华山派的剑宗气宗之争，斯托弗和他的老师奥格本（William Fielding Ogburn）坚决地站在了以托马斯、帕克和伯吉斯（Ernest Wason Burgess）为代表的质化研究阵营的对立面，开创了社会学芝加哥学派的量化研究传统。随着出走哈佛大学和在二战中成为美国军方的高参，斯托弗的话语权越来越大，他对行为主义心理学的偏爱也就有了实际的后果。他将当时年轻但还谈不上有话语权的霍夫兰招入麾下，组织一班社会学家和心理学家成就了那部著名的战时研究成果《美国士兵》，在这部乏善可陈的大规模著作中，霍夫兰和他的陆军实验所得出的研究成果几乎是唯一的亮点。

从此以后的相当长一段时间里，在传播学者的观念中，传播学就是一门研究媒介效果和受众心理的科学。"大众传播理论之大部分（或许甚至是绝大部分）研究的是效果问题"[①]，传媒的信息刺激在多大程度上和以如何的方式左右着受众的观念，后者存在的唯一意义就是收到信息后产生条件反射，后者仿佛没有意识，而只有行为。从今天的情况看，我们仍然不能乐观地宣称传播学者已经摆脱了这种思维定式，也许他们看到了受众存在的主动性，但他们仍然不能像芝加哥学派那样承认传播与受众之间的相互建构与相互想象。

第三个阶段发生在 20 世纪六七十年代。20 世纪 50 年代后期开始，行为主义终于陷入了过街老鼠的境地，在社会心理学中也不例外。行为主义社会心理学因被指责为重方法轻理论，理论脱离实际而人人喊打。

---

① 〔英〕丹尼斯·麦奎尔、〔瑞典〕斯文·温德尔：《大众传播模式论》，祝建华、武伟译，上海，上海译文出版社 1987 年版，第 59 页。

"当实验法成为这一学科占主导地位的、甚至是唯一的研究方法的时候，实验法及由其而衍生的'唯实验才科学'的实验主义也造成了现在已越来越明显的两大弊端：一是与社会现实的极端脱离，割裂了社会心理学研究同现实社会的联系；另一是造成了'价值中立'或'文化中立'的假象，以致学者们极易忽视意识形态、价值观、文化背景及个人爱好对研究工作的影响。"① 一方面，修正的新行为主义理论，比如说社会交换理论和社会学习理论痛苦地踏上了理论改良之路；认知心理学对社会心理学的改造与入侵成为一种必然；另一方面，人类学取向和生物学取向的社会心理学在不断地强调着新的维度，重新发现人的主体性，重新发现文化的形塑性，成为这一时期最为喧闹的主张。而重新发现人和研究人的浪潮在社会心理学刚刚萌芽，传播学"转向人"的进程便开始了。

对于行为主义的反思与批判在20世纪60年代直接导致了对受众的重新认识，"使用—满足"正式登上历史舞台，卡茨（Elihu Katz）用积极的受众来回应贝雷尔森（Bernard Berelson）对于传播学前途的悲观论调，并拉开了美国传播学的新篇章。在此后的十多年中，传播效果研究迸发出了相当惊人的生命活力。基于社会心理学对人的重新发现，传播学提出了许多新思想，以驳斥基于被动的受众基础之上的有限效果论。传播学家们受到各种启发，不仅认为人是主动的，而且人是从自己的立场出发看待世界的，人是不能脱离对其他人的想象而存在的，人是在文化中形成的，人的注意力是有限的，人是在社会权力结构中行动的……于是"第三人效果""沉默的螺旋""培养理论""议程设置""知沟理论"等一系列的效果理论纷纷问世，好不热闹。

第四个阶段是20世纪80年代以后。这个阶段是美国社会心理学最难堪的阶段，随着费斯廷格在20世纪70年代中期兴趣转移退出这一研究领域，社会心理学的重心从美国渐渐转到了欧洲，美国社会心理学进入了漫长的衰退期。令人讶异的是，刚刚兴起没有多久的传播学也跟丢了魂似的进入了停滞期。自1983年"第三人效果"理论问世以后，40年来美国传播学在理论建构方面无所作为。这似乎再次证明社会心理学作为传播学的理论基础对该学科发展的重要意义。

更让人难堪的是，社会心理学和传播学到目前为止都被人看作是没有成熟的学科，理由是缺乏核心理论和理论体系。心理学史上是如此评

---

① 周晓虹：《现代社会心理学：多维视野中的社会行为研究》，上海，上海人民出版社1997年版，第61页。

价社会心理学的："社会心理学……在此以前，我们很少提及它，因为作为一个领域，它的倾向极不鲜明，尚无一致的人性观把它统一起来。"①而施拉姆则如此评价他所开创的美国传播学科："传播学仍然没有发展出一个系统的中心理论，让传播研究者可以围绕这个中心来思考，来组织，来建立一门成熟完备的学问。"② 我想，个中原因就是：美国传播学在很大程度上就是在传播领域运用社会心理学的框架和知识解释问题。

从以上论述可以看出，无论是学科结构、研究主体还是学科历史，社会心理学在每个方面都左右着美国的传播学，难怪有学者评价说美国的主流传播学就是传播研究的社会心理学范式。但对于这么一个基本的事实，国内传播学界却始终没有达成共识。学者们有的认为美国传播学主要来自社会学，有的认为它主要来自心理学，还有的甚至认为它主要来自于新闻学的传统。但他们又觉得以上学科不能完全概括美国传播学的由来，只能更笼统地说它是跨学科的产物。到目前为止，只有本书作者提出了系统的证据，说明了美国传播学的真正学科基础。

写到这里，我想我已经说清楚了本书作者这项研究成果的意义。作者揭示了传播学与社会心理学的那种紧密关联，在推进传播学者学术自觉的进程中起到了重要的作用。揭示美国传播学的社会心理学背景，为我们更好地理解美国传播学提供了保障，也为我们纠正学科发展方向上的某些错误提供了依据。尽管如作者所言，国外的传播学者有不少人看到了这个问题，并用说服的范式和认知的范式来形容大众传播效果研究，但国内学者意识到这个问题的很少，郭庆光和刘海龙的研究对此有所提及，但未作专门分析。就这一点而言，作者迈出了一大步。

然而，为了把问题看得更清楚，我们需要在本书的基础上再往前迈两步。在描述完传播学与社会心理学的关联以后，势必有两个无法回避的问题：其一是这种关联对于我们理解美国传播学意味着什么？其二是它对中国的传播研究意味着什么？在我看来，作者没有试图去回答第一个问题，他太想与我们分享他发现的事实，而没有进一步去阐释当传播学化约为社会心理学后所产生的后果。但显然作者把自己的精力放在了第二个问题上，这是他这本书的最终落脚点，他希望自己的研究为中国

---

① 〔美〕托马斯·H. 黧黑：《心理学史》，李维译，杭州，浙江教育出版社1998年版，第708页。

② 宣伟伯、余也鲁：《传媒·教育·现代化——教育传播的理论与实践》，北京，高等教育出版社1988年版，第15页。

的传播心理学研究提出一些有益的建议。但正是在这个问题上，我有着与作者完全不同的观点。不过在我表述我的观点之前，我很想先谈谈本书作者放过去没有讨论的那个问题：美国传播学的社会心理学取向对传播研究到底意味着什么？

成也萧何，败也萧何。美国传播学基于社会心理学的视角给它带来了自身的研究特点，但是一旦独尊社会心理学范式，而且是行为主义取向的社会心理学，其发展的空间便受到了极大的局限。今天看来，表面上高度遵从科学主义原则的社会心理学研究，其实也像所有自然科学那样，容易为权力所掌握。社会心理学变成了意识形态的顺从者，成为主流意识形态社会控制的工具，正如米尔斯（C. Wrght Mills）所说的那样："随着生活的日益富裕，剥削变得很少是物质的而更多是心理的。"① 当一门研究人的行为与社会、文化环境关联的学科有了如下的特征——以控制社会的实用目的为旨归；以顺应和解释当前的社会存在为旨归；以描述性的实证研究为主要手段；以对策为主要成果——那么不管它采用什么方法，它都不可能在解释人和社会的进程中走得很远而更容易成为统治阶级的工具。不幸的是，美国社会心理学的这种意识形态局限性被美国传播学照单全收。

在《传播学科的奠定：1922—1949》一书中，我一直试图证明美国的社会科学共同体在"冷战"期间试图通过一种模仿自然科学的社会研究方式，为美国的对外对内政策，为美国的意识形态扩张服务，而美国传播学是其中最活跃的组成部分之一。在美国经验传播学的理论指引下，美国对外大规模开展宣传战和心理战，对内制造舆论共识，成为一门名副其实的工具理性学科和实用性学科。而这背后的理论支撑，便是来自社会心理学的操心术。由于传播学扮演了这样一种角色，它尽管是科学的、标准化的和有用的，但绝不是客观独立的，激进批判的和纯粹理论性的。

所以，仅仅发现社会心理学与传播学之间的关联是不够的——尽管这对作者来说是一种过分的要求，毕竟，他已经发现了足够令人称道的东西——还需要了解社会心理学到底对传播学起到了何种形塑作用。我们无权评价社会心理学取向的传播学到底是好还是不好，因为没有评判的标准。我们不能武断地认为理论的取向优于应用的取向，也不能认定

① 〔美〕托马斯·H. 黧黑：《心理学史》，李维译，杭州，浙江教育出版社 1998 年版，第 722 页。

激进或批判的取向优于保守的取向，但我们要警惕它可能毁灭和掩盖的传播学的多种取向。世界范围的新左派运动结束以后，在欧洲，语言学取向、符号学取向、西方马克思主义取向、政治经济学取向、文化取向的多种传播研究已经向我们展示了传播学的多种可能，它们之间的碰撞所体现出的理论活力，让20世纪80年代以后的美国传播学相形见绌。

第二个问题是作者的着墨点，作者相当细致地梳理了我们国家本土的传播心理学研究，想为这个所谓的传播学的分支学科提出一些建议。比如他在《国内新闻传播心理学理论建设及其争议》一章中指出："传播心理学应该把那些大众传播活动中特有的心理现象作为自己最为重要的研究对象。"在此基础上，他又在《中国本土传播心理学理论建设》一章中提出了传播心理学科的本土化问题。

这些想法固然无可厚非，不过我要泼一点冷水。首先要指出的是，传播心理学不仅仅与社会心理学有关，还与个体心理学有关，在这里，作者的概念已经突破了他原来设定的框架，多少有些跑题之嫌。不过，更重要的是，这些想法背后的逻辑值得推敲。既然美国传播学的基础就是社会心理学（也有一部分个体心理学）的理论和意识形态，那么美国传播学在某种意义上也就是传播心理学。当下中国传播学研究的主流就是美国传播学的那套概念体系。这套概念体系、研究方法如上所述均来自于美国社会心理学，因此，它本身就是一种传播心理学的研究。在这一基础上再去开辟一个新的分支学科：新闻传播心理学，那它与传播学到底构成何种关系？它的研究对象是什么？其实根据我的理解，我们国家的传播心理学之所以搞了那么多年都搞不出什么名堂来，当然也有人员、技术等方面的原因，但主要原因是其研究对象、研究方法和主要概念体系与其母学科——传播学本身几乎完全重合，所以无法开疆拓土。

早在20世纪90年代，一些传播心理学的研究者便已经为传播心理学的学科建制寻找支点："大众传播心理学是由大众传播学和心理学构成的多级交叉学科，属于应用心理学的一个分支"，"新闻传播心理是主要研究对象"。[①] 这种说法表面上看没有问题，但实际上根本无法区分传播心理学研究和社会心理学取向的传播研究之间的差别。不是所有的交叉领域都可以建立学科的，也不是所有学科都可以具有名正言顺的分支学科的。一方面，传播学似乎不可能成为传播心理学的母学科。在这一点上

---

① 刘京林：《大众传播心理学——从现代心理学视角看大众传播》，北京，北京广播学院出版社1997年版，第11页。

我觉得刘晓红和卜卫的观点还是比较清醒的："'传播心理学'这个名字意味着这是一个交叉学科，是研究传播学和心理学均不能独立解决的边缘问题，但传播学本身首先就是一个涉及多学科兴趣的领域……因此，传播学能独立解决哪些问题，哪些问题属于传播学不能独立解决的边缘问题，尚不清晰；由于同样的原因，也不能把'传播心理学'看作是传播学的分支，因为没有'干'，也就无所谓分支。"① 所以她们认为传播心理学还不是一个系统的学科。另一个方面，社会心理学这个学科本身也很混乱，它一直存在着社会学（唯实论）取向和心理学（唯名论）取向之争。它本身也没有资格成为一门分支学科的母学科。连社会学取向的传播研究和心理学取向的传播研究这两大研究取向及其认识论和方法论的差异都没有分辨清楚，我们如何去奢谈建立什么学科？至于传播心理学的本土化问题，那似乎更是考虑得太早了。

也许是研究传播心理的学者们在中国不属于主流的声音，太需要一种学科的合法性来建构他们的认同，这一点我可以理解。然而，我也有更多的期望。像本书这样扎实的研究如果能跳出这种思维定式，站在一种更清晰的理论视角上去研究一些真正的传播心理问题，那才是最让人期待的。

（作者系南京大学新闻传播学院教授、博士导师）

---

① 刘晓红、卜卫：《大众传播心理研究》，北京，中国广播电视出版社 2001 年版，第344 页。

绪论：心理现象研究的历史及其价值

——人类传播的视角

一、漫长的历史，难解的心路

苏格拉底（Socrates，前496～前399）曾经说过这样一句格言"认识你自己"。同人类对自然界及其客观规律的认识相比，人类对自身的认识要滞后得多。人类自15世纪地理大发现之后进入快速发展阶段，科学革命、工业革命、电气化革命、物理学革命、生物学革命在此后短短四五百年间相继出现。拜科学技术进步所赐，今天人们已经住进高楼大厦，出门有汽车、火车、飞机，居家能够享受暖气、空调，更有各类美味美食可以尽兴品尝。计算机和互联网技术的发明又使人类进入一个所谓的信息时代，人们足不出户便可知晓天下大事，各类商贸、政治、军事、外交活动和业务均可通过互联网进行，"地球村"开始形成。另一方面，核能及太空技术的发展又使人类进入核时代和太空时代。人类对环境的控制力空前强大之时，对环境的破坏和毁灭能力也达到了极限。总而言之，人类凭借短短数百年间积累起来的科学发明真正成为地球之王，地球的主人，也可能是地球的破坏者甚至毁灭者。但是，人类对自己究竟认识多少？人类对自己的认识是否也随着科学技术的发展而大步向前？这是一个非常有趣的问题。

在回答这一问题之前，简略回顾一下人类早期历史甚至史前史，似乎是非常有趣的，让我们来看看人类究竟属于什么样的物种？

凭借已有的科学技术手段和考古发现，科学家、历史学家、人类学家以及相关领域的学者已经能够为我们提供500万年前人类初现之时至大约1万年前，人类开始进入新石器时代之间这段漫长历史中的一些重要事实，它们有助于帮助我们认识史前人类以及现代人类，有助于我们理解人类动机、认知以及行为的专门学科——现代心理学的发展何以如此举步维艰。

　　地球大约形成于 50 亿年前，大约 10 亿年后地球才开始出现生命。最早的生命为原生单细胞生物，它们由无机物演变而来，经过极其漫长的演化，微生物进化到原始植物，复又进化成无脊椎动物，最终进化到脊椎动物。大约 3 亿年前，这些生活在海洋中的脊椎动物，以及一些无脊椎动物和植物开始成功适应陆地生活，大约 6000 万年前，哺乳动物开始出现。①

　　原始人类（即原人）在距今大约 400 万年前开始走出热带雨林，出现在非洲热带草原上。原始人类从非洲森林猿类，如大猩猩和黑猩猩演变而来，他们属于灵长类动物。400 万年前出现的原始人类已能直立行走，其中一部分原人能够使用简单的石制工具及武器。原始人类也称作南方古猿（Australopi Thecus），其脑容量只及现代人类的 1/3，他们仅能通过手势和尖叫声、咕噜声、叹息声来交流。②

　　大约距今 250 万年的时候，最早的人类——能人（Homo Habilis）开始出现。能人区别于猩猩以及南方古猿的重要特性是，他们已经能够制造砍砸器、刮削器等简单工具，其语言能力没有太大进展，脑容量仍不及现代人的一半，现在普遍认为现代人起源于能人。

　　大约距今 180 万年前，匠人（Homo Ergaster）开始出现，距今 150 万年前，匠人进化为直立人（Homo Erectus），直立人的脑容量已达到现代人的 2/3，他们能够按照需要制作精致的石制工具。希林顿（Kevin Shillington）认为直立人是最早走出非洲、进入亚洲和美洲的原始人类，并认为距今约 50 万年前的北京猿人可能就是后期的直立人。③ 直立人已学会合作狩猎，使用火烤制肉食和取暖，并产生了早期的宗教形式。直立人演化到距今约 100 万年前已可以说简单的句子，包括使用条件命题从句。④

　　大约在 20 万年前（又说 30 万年前）出现了早期智人（Homo Sapiens），其脑容量已接近现代人。大约在 12 万年至 9 万年前，非洲东部及

---

　　① 相关事实及数据取自〔美〕斯塔夫里阿诺斯：《全球通史：从史前到 21 世纪》，吴象婴等译，北京，北京大学出版社 2005 年版；以及〔美〕凯文·希林顿：《非洲史》，赵俊译，北京，中国出版集团东方出版中心 2012 年版。如果事实和数据取自其他文献，另外标注。

　　② 〔新西兰〕斯蒂文·罗杰·费希尔：《语言的历史》，崔存明、胡红伟译，北京，中央编译出版社 2012 年版，第 36 页。

　　③ 〔美〕凯文·希林顿：《非洲史》，赵俊译，北京，中国出版集团东方出版中心 2012 年版，第 4 页。

　　④ 〔新西兰〕斯蒂文·罗杰·费希尔：《语言的历史》，崔存明、胡红伟译，北京，中央编译出版社 2012 年版，第 36 页。

南部的晚期智人（Homo Sapiens Sapiens）最终进化为现代人。

英国生物进化学家费希尔（Ronald Aylmer Fisher, 1890～1962）认为，晚期智人的脑容量与现代人一样，可以像现代人那样思考。晚期智人已能够说复杂的句子，这使得更为复杂、规模更大的社会分工协作成为可能。[①] 他们唯一缺少的是经验以及知识的积累，但他们是人类思想、哲学、宗教和技术的先驱。

大约在6万年前，晚期智人遍及非洲，并开始迁徙至亚洲和欧洲，到1万年前扩展到世界大部分地区。

由1万年前上溯到数百万年前的漫长历史时期，通常被称作旧石器时代。在旧石器时代初期，全世界的原人人口仅12.5万人，这些原人几乎完全被动地依靠狩猎和采集食物为生，他们是食物的采集者，而非制造者。在气候适宜的地区，每平方英里的土地仅能养活一到两个人，在寒带或热带，养活一名原人则需要20平方英里～30平方英里土地。由于食物获取不足，母亲杀婴、弃婴现象非常普遍；那些年长体弱、身患疾病的人，那些冒犯部落规矩的人也经常被杀死。

在距今大约1万年的时候，人类开始进入新石器时代。新石器时代的人类具有两个基本特征，其一，这时的人已不用打制法，而是使用磨制法制作工具，这样制作出来的工具更经久耐用；其二，这时的人类开始从食物采集者向食物生产者转变，人们开始耕种粮食、驯化动物，生产形态由狩猎过渡到农业。原始农业独立起源于墨西哥、中国北部和秘鲁，以及尼罗河、底格里斯河、幼发拉底河流域的埃及、苏丹、叙利亚、伊拉克等地区，地中海沿岸以及东南亚、西非等地也是原始农业的中心。在距今大约1万年前的农业革命前夕，世界人口已达到532万人，由于农业革命带来了生产方式的变革，到了农业革命即新石器时代的晚期，即距今大约2000年的时候，世界人口急剧上升至1.33亿人，增加了25倍之多。[②]

大约在公元前3500年的时候，文明的曙光开始降生在我们这个星球。过去认为，人类文明的摇篮在底格里斯河以及幼发拉底河两河流域，但是现在人们公认苏美尔（美索布达米亚）才是人类文明最早降生的地方。

[①] 〔美〕凯文·希林顿：《非洲史》，赵俊译，北京，中国出版集团东方出版中心2012年版，第4页；另见〔新西兰〕斯蒂文·罗杰·费希尔：《语言的历史》，崔存明、胡红伟译，北京，中央编译出版社2012年版，第36页。

[②] 〔美〕斯塔夫里阿诺斯：《全球通史：从史前到21世纪》（上），吴象婴等译，北京，北京大学出版社2005年版，第38页。

苏美尔大约相当于今天伊拉克的南部地区，至公元前3000年，苏美尔已出现了几个独立城邦。城邦的建立意味着人类告别了新石器时代的部落型社会组织方式，在城邦这种新的社会组织方式基础上出现了以国家为中心的政治权力、纳贡及税收制度，出现了社会分工及阶级等级，文字及法律、艺术、科学也随之出现。著名的《汉谟拉比法典》就诞生在这一地区，这部法典由古巴比伦第一王朝第六代国王汉谟拉比（前1792～前1750年在位）制定。

或许人们更多地从文明兴起的角度来评价这部人类最早的法典之一，但这部法典多达282条正文中所罗列的处罚方式也充分说明，即使是在文明兴起初期，人性中所包含的残忍性。法典中所罗列的刑罚手段包括：挖眼、断足、砍手、割耳、割舌、碎牙、断骨、烧死、溺毙、穿刺等。此外，殉葬和人殉这类制度也普遍存在于那个时代的世界各地，这类残酷的习俗在一些国家和地区甚至延续到中世纪以后。正如恩格斯所言："这个时代的人们，虽然使人感到值得赞叹，他们彼此并没有差别，他们都仍依存于——用马克思的话说——自然形成的共同体的脐带。"[①]

人类的兽性和暴行绝不仅仅停留在文明初现之时，在有文字记载以来的五六千年中，兽性和暴行从未绝迹，它们发生在各类战争、宗教纷争，以及各种冠以大革命名目的行动之中，它们甚至发生在现代和当代。历次战争中的虐俘行为，宗教裁判所的火刑，法国大革命期间的断头台，乃至20世纪70年代发生在柬埔寨的大屠杀，90年代发生在非洲卢旺达的大屠杀，21世纪发生在斯雷布雷尼察的大屠杀，这类兽性和暴行不胜枚举。这一连串的事实提醒人们：文明的建立可能是一个极其漫长的过程（如上所述，这个过程至少长达400万年），但是一个人、一群人、一个民族、一个国家所拥有的文明观念可能会在几年之中、一年之中、几个月中，甚至几天之中被摧毁，从而使文明的行为变成野兽的行为。这一连串的事实更暗示着这样的结论：人性之中，人的欲望和动机之中、人的态度以及认知之中包含着太复杂、太多变、太矛盾的内容，这几乎使得对人类行为的理解、预测和控制成为一门最困难的学问。因此，我们不得不无数次地回到苏格拉底的那个问题："认识你自己！"

二、心身关系二元对立下的个体心理探索

如前所述，人类进入文明阶段以来，对自然界及其规律的认识和发

---

① 《马克思恩格斯选集》第4卷，北京，人民出版社1995年版，第96页。

现成就巨大。这是因为相对于人自身来说，科学和自然知识是一个相对易于被发现和把握的领域，而关于我们人类自身及其行为，关于社会发展法则及规律这样一个深不可测的领域却艰难得多，但是，人类一刻也没有放弃过对这一领域的探索。

人类对于自身心理领域的探索始于哲学、神学、医学，在历史、文学、艺术中亦有反映。18 世纪以来兴起的社会学、人本主义哲学、人类学、社会心理学及精神分析学说加快了这一探索的步伐，它们体现了人类巨大的理论努力，这些努力直接指向人类心理和精神活动。

自古希腊以来，人类几千年来对心理现象进行了艰难的探索，在 19 世纪后期科学心理学诞生之前，这些探索的领域主要集中在人性论、心理论、心身论、心物论、感知论、记忆论、思维论、精神论、人格论、学习论、养生论等方面。① 科学心理学诞生之后，在 20 世纪，一些用来专门解释人类心理及行为的心理学理论和流派相继出现，它们分别是以科学实证主义为取向的构造主义心理学、机能主义心理学、行为主义心理学以及认知心理学；以人本主义为取向的精神分析心理学、意动心理学、格式塔心理学以及文化心理学等。最近几十年来，西方一些新的心理学流派也不断出现，包括积极心理学、生态心理学、社会构建论心理学、跨文化心理学、女性主义心理学等，它们代表着心理学发展的新进展。

早期对人类心理现象的探索主要依附于哲学，这些探索对具体心理过程的研究成果有限，其最大的价值在于从人这一角度出发提出了一些基本的哲学命题和范畴，这些基本命题和范畴代表了人类理智发展的水平，并为科学心理学开辟了发展的方向和道路。

长期以来，对人类心理现象的探索局限在个体心理层面。当人类理智逐渐发育成熟之后，自然会思考心身之类的问题，梦境、生死、疾病等现象，这类思考直接启发了人们思考灵魂有关的问题。原始人设想肉身不过是躯壳，肉身之中一定还寄居着灵魂之类的东西，正是灵魂控制着躯体。如果确实存在灵魂，它的本质是什么？它是否与肉体同生同死？对于这类问题的思考其实一直延续到今天。另外一个问题是，如果不存在一个具有绝对意义的灵魂，如果不是灵魂赋予人们智慧、知识和行动的能力，那么人又是从何处获得这类东西？人类早期对于这类问题的思考触发了一元论和二元论、理念说与经验说、存在论与形成论、理性主义与经验主义、决定论与非决定论的持久辩论，它们决定了其后哲学发

---

① 参见车文博主编：《中外心理学比较思想史》，上海，上海教育出版社 2009 年版。

展的基本方向，并成为人类理智发展水平的重要标志。

历史上许多思想家相信确实有灵魂，而且灵魂不死。古希腊哲学家毕达哥拉斯（Pythagoreus，前580～前500）相信灵魂是不死而且轮回的，他还认为灵魂对应于数字。是他最早证明了"毕达哥拉斯定理"（即勾股定理），是他最先发现最美的音符对应于七弦琴上弦长的整数关系，因此，他认为"灵魂对数学是很熟悉的，科学的世界和美的世界是按照数学组织就绪的"。[①] 他认为数是宇宙的第一原理，是万事万物的来源，也是灵魂的根基，这是理念说及理性主义的最初版本，它同时也是心身二元论的最初版本。

古希腊时期二元论及理性论的代表性人物是柏拉图（Plato，前469～前399），柏拉图认为灵魂和肉体是根本不同的东西，灵魂从理念世界中来，并支配人的行为。理念世界才是世界的本质，我们常人所见到的变动不居的世界不过是一个表象世界，在这个表象世界的背后是理念世界，表象世界不过是理念世界的摹本，柏拉图的学说成为西方理性主义的思想源头。

心身二元论及理性主义学说对西方社会发展产生了极其深远的影响。首先，自古希腊尤其是中世纪以来，各种版本的神学学说基本上都是建立在灵魂及其归宿这一心身二元论基础之上，基督教教义把人生描绘成清洗原罪的赎罪过程，只有那些皈依上帝的人其灵魂在肉身死后才能获得拯救，奥古斯丁（Aurelius Augustinus，345～430）及阿奎那（Aquinas，1225～1274）均以心身二元论作为论证上帝存在及灵魂不死的前提。马丁·路德（Martin Luthers，1483～1546）以及约翰·加尔文（John Calvin，1509～1564）倡导的基督教新教仍然将人死后是否能够成为上帝的"选民"作为其教义核心。其次，由柏拉图开启的理性主义成为西方世界最强劲、最有生命力的精神运动传统，不但诸如奥古斯丁、阿奎那这样的神学理论家借用理性这一概念去论证上帝的合法性，理性主义更与后起的科学主义、历史进步论、社会进步论等思潮交相辉映，为人们描绘社会发展规律提供了最有力的理论支撑。

当然，理性主义在历史上也起到过非常消极的作用，理性主义断言理性是与经验无关的绝对和独立的东西，理性是世界和历史的本质，这些断言虽然也为人类提供了某些理想和蓝图，但究其本质它是一种历史

[①] 〔美〕G. 墨菲、J. 柯瓦奇：《近代心理学历史引导》，林方、王景和译，北京，商务印书馆1980年版，第13页。

决定论，它取消了人们在历史进程中的主观能动性；同时在一些各种理性名目下所绘制的所谓蓝图沦为乌托邦，成为人类历史发展中的"理想毒瘤"；理性主义排斥经验，这也成为阻碍科学发展的一大思想根源；理性主义强调理性，否定感性、否定感觉、否定人的自身的丰富性，也对人自身造成了巨大的压迫，这也是 18 世纪以来非理性主义兴起，并对理性主义群起而攻之的重要原因。

与心身二元论、理性学说相对立的观点是心身一元论及经验论，这一思想同样可以追溯到古希腊时期对灵魂问题的探究。德谟克利特（Demokritos，前 460~前 370）认为世界由原子构成，由于事物中所包含的原子数量、原子大小、原子形状及位置排列不同，从而赋予事物以不同的性质。所谓灵魂亦由原子构成，原子在身体中的运动产生生命现象，人的认识活动源于灵魂原子与外界原子的接触。德氏实际上是以原子来统一心身，并将人的认识归于人的实践，这其实是心身一元论以及经验论的雏形。另一位希腊智者普罗泰哥拉（Protagoras，前 481~前 411）提出"人是一切事物的尺度"，这一方面彰显了人的价值，是人道主义的思想源头；另一方面也隐含着人是经验的评判者，或知识来源于人的经验这样的命题。

心身一元论及经验论的另一倡导者是亚里士多德（Aristotle，前 384~前 322），亚里士多德是希腊时期心理学研究领域用力最多的学者，他的《论灵魂》《论记忆》《论梦》《论感觉》等多涉及对人类心理现象的观察和研究，其中《论灵魂》被公认为心理学史上的一部专著。亚里士多德关于身心关系的看法并不统一，他一方面认为心身不可分割，为统一整体；另一方面又认为身体不过是灵魂的工具。他认为心脏是心理（思想、理性）的寓所，而脑则为泪之分泌腺。[①] 他认为，思维体现的是整体性灵魂的理性功能，它不寄居于身体中的任何部位，肉体死之后，它归乎纯粹形式。[②]

最彻底的经验主义始于英国近代哲学家弗朗西斯·培根（Francis Bacon，1561~1626），培根所倡导的经验主义与几乎同一时代的法国哲学家勒奈·笛卡尔（R. Descartes，1596~1650）所信奉的理性主义在西方历

---

① 参见车文博主编：《中外心理学比较思想史》（第一卷），上海，上海教育出版社 2009 年版，第 159 页。

② 参见叶浩生：《西方心理学的历史与体系》，北京，人民教育出版社 1998 年版，第 26 页。

史上形成了第一次的双峰并峙。

培根非常重视科学和知识的作用，"知识就是力量"即出自培根，虽然他是正统宗教的信仰者，但是他主张哲学应当与神学分离，目的是通过科学真正认识规律，使知识服务于进步。他对过去人们普遍使用的研究方法如演绎法、三段论等不以为然，而对归纳法情有独钟，并努力使之完善。他强调经验的重要性，认为一切知识均源于经验和感觉，科学研究必须建立在观察实验的基础之上。他比喻说，蜘蛛只会从自己身上抽丝结网，蚂蚁只会采集，科学研究只能像蜜蜂那样既采集又整理才为恰当。为了排除获取真知道路上的障碍，他特别提出四类幻象应该予以关注，即"种族幻象""洞窟幻象""市场幻象""剧场幻象"，它们分别代表基于族类、基于个人偏见、基于语言羁绊、基于传统权威而形成的认知障碍。①

英国是近代经验主义的大本营，除了培根以外，托马斯·霍布斯（Thomas Hobbes，1588～1679）、约翰·洛克（John Locke，1632～1704）、乔治·贝克莱（George Berkeley，1685～1753）、大卫·休谟（David Hume，1711～1776）等均为经验主义的代表性人物，他们的共同特点是反对笛卡尔的"天赋观念"说，认为知识和观念均来自经验。由于他们都对联想这一心理现象提出各自看法，人们也将他们的学说称为联想主义心理学，他们的学说基本建立在心身一元论及经验论基础上。

事实上，由希腊哲学开启的心身一元论、理念论与心身二元论以及理性论之间的矛盾张力在近代以来非但没有松弛，相反还变得更为紧张。柯林伍德（Robin George Collingwood，1889～1943）认为这些对立体现在三个方面：其一，形而上学中的身与心；其二，宇宙论中的自然与上帝；其三，认识论中的理性主义与经验主义。② 这充分说明了古希腊先哲开启的哲学及心理学命题的巨大价值意义，这些矛盾是通过与法国理性主义哲学以及心理学的论争、对峙而展现出来的，其代表性人物就是法国哲学家和数学家笛卡尔。

笛卡尔是一位信奉天主教的哲学家，他最为重要的著作《形而上学沉思录》（又译《第一哲学沉思录》）主要目的在于证明上帝的存在及灵

---

① 参见〔英〕罗素：《西方哲学史》（下卷），马元德译，北京，商务印书馆1976年版，第64页。

② 参见〔英〕柯林伍德：《自然的观念》，吴国盛译，北京，北京大学出版社2006年版，第122页。

魂不死。他明确提出"天赋观念论",认为观念不是来自感官经验,而是人心中所固有,它们由上帝赋予,但是通过学习人们可以发现和领悟这些天赋观念。笛卡尔认为世界可以区分为物质世界和精神世界;对于人来说,人的身体是物质世界,而人的灵魂、思想就是精神世界;关于心身二者的关系,笛卡尔持心身交感说,认为二者可以相互影响。笛卡尔上述思想显然来自柏拉图和奥古斯丁,但是又有创新和发展,他的"天赋观念说"及"心身交感说"完全建立在二元论的基础上。冯俊评价说:"作为近代哲学起点的笛卡尔第一哲学是以二元论的哲学形式出现的。如前所述,他将世界分为物体和精神这两种性质不同,各自独立的实体,把世界的这两大方面尖锐地对立起来,这样就提出了思维和存在这一重大哲学主题,近代哲学也就从这里开始。"①

与笛卡尔同时代和稍后的心身二元论及理性主义者还包括荷兰的斯宾诺莎(Benedict Spinoza, 1632 ~ 1677)、德国的莱布尼茨(Gottfried Wilhelm Leibniz, 1646 ~ 1716)等人。至 18 世纪之后德国古典哲学吸收了英国经验主义,欧洲大陆理性主义及启蒙思想家的学术营养,将理性主义这一思潮推向最高峰。康德(Immanuel Kant, 1724 ~ 1804)和黑格尔(George Wilhelm Friedrich Hegel, 1770 ~ 1831)等人最终以理论的形式将这一思想表述出来。

理性主义和经验主义尽管理论主张背道而驰,但是二者都以心身关系作为论说的逻辑前提。如果说古希腊时期对于灵魂与身体、经验与理性的讨论是基于人类求知求真的本能的话,那么中世纪以来对这类问题的持续关注,始终是在基督教教义的影响和压力下进行的,因为,是否能够让人确信上帝、灵魂、理性乃是宗教界最为关心的事,哲学及心理学不管愿意还是不愿意,自觉还是不自觉都得围绕这一轴心旋转。

然而,哲学或心理学的问题绝不限于这类狭小的领域,当理性主义高涨之时,可能正是人性备受压抑之时;当决定论的声调主宰一切之时,可能正是思想界先锋为人类尊严奋起反击之际。与理性主义相对立的非理性主义(人本主义)哲学正是在这一时刻出现,这一哲学思潮其实也代表着人类对个体心理领域第一次全方位的探索。非理性主义哲学所取得的理论成果很大程度上也代表着个体心理学研究的成果,只不过由于后起的科学心理学的偏见,迄今为止,人们未能正确评价非理性主义哲

① 冯俊:《开启理性之门:笛卡尔哲学研究》,北京,中国人民大学出版社 2005 年版,第138 页。

学在探索人类心理世界方面所取得的成就。

从心理学角度来说，理性主义、经验主义以及非理性主义研究的对象都是个人，或者剥离掉了具体社会关系、社会属性的抽象的人。但是，现实生活中的人很少是独立的，他总是以这样或那样的关系与他人发生某种社会联系，或者他总是要从属于某一集团、阶级、阶层、群体、族群或种族。尤其是现实生活中除了单个的人，还存在大量的群体。由此可以很自然地想到，除了存在个体心理这类东西之外，一定还存在某种群体心理或社会心理的东西，在科学心理学诞生之前，人类并没有忽视这一领域。

三、19 世纪以来欧洲人文社会科学视野下的群体心理探索

西方思想史对社会心理的关注和研究主要通过以下几条线索体现出来：其一，19 世纪后期以来的人类学研究；其二，20 世纪前后塔尔德（Gabriel Tarder，1843～1904）、勒庞（Gustave Le Bon，1841～1931）等人对于群体心理及革命心理现象的研究；其三，20 世纪以来弗洛伊德（Sigmund Freud，1856～1939）开创的精神分析学说；其四，西方马克思主义有关阶级学说及社会心理机制的心理批判理论；其五，科学心理学在社会心理分学支上的拓展。

19 世纪 30 年代以来一门新型学科——人类学在西方兴起。人类学也称作种族学、人种学、文化人类学或社会人类学，人类学兴起的现实社会背景是西方在世界范围内的广泛扩张和殖民，因为扩张和殖民，西方社会迫切需要了解西方以外的社会情况，包括各殖民地的语言、习俗、宗教、文化、历史、制度、人种等。但是，对相异人种、民族的研究同样被人类共有的好奇心所驱使。人类学研究中涉及心理领域较深的主要有古典进化论学派，以及 20 世纪 60 年代兴起的结构主义学派。

以巴斯蒂安（Adolf Bastian，1826～1905）、泰勒（Edward Burnett Tylor，1832～1917）、摩尔根（Lewis Henry Morgan，1818～1881）、弗雷泽（James Deorge Frazer，1854～1941）等为代表的早期进化论人类学者，从人种差异、种族差异、文化差异等角度对更为深层的人类心理和精神现象进行了广泛研究，研究的对象主要涉及原始社会和现代部族的语言、宗教、神话、习俗，这类探讨往往上升到有关智力进化、心理进化、文化进化，乃至制度进化这样一些更为深刻、宏大的层面。这类研究可以追溯到更早期的思想家那里，如意大利的维柯（G. B. Vico，1688～1744）、法国的孟德斯鸠（Baron de Montesquieu，1689～1755）、德国的

康德及黑格尔。古典进化论学派深受达尔文（Charles Darwin，1809～1882）生物进化论以及斯宾塞（Herbert Spencer，1820～1903）社会进化论思想的影响，他们的共同特点是，站在当时西方社会发展的高度去看待非西方世界的发展。他们之所以对原始社会以及当代部族社会的语言、风俗、宗教、神话产生兴趣，是希望以此与西方社会相对照，从而发现社会发展的一般规律。

意大利思想家维柯在他1725年出版的《新科学》中就断言，每一个民族都是一种"出生"，各民族的文化都是独立发展的，而且都要经历"神、英雄、人"三个阶段。英国人类学家弗雷泽在其1890年出版的《金枝》一书中提出了人类智力发展的三个普遍阶段，分别是巫术阶段、宗教阶段和科学阶段，这些论述都涉及人类进化的心理动力，他们研究的对象不是个体，而是种族、族群、民族。人类学的奠基人之一，英国古典进化论学说的代表性人物泰勒认为，因为人类本质具有一致性，各民族文化都沿着同一方向由低级向高级进化，而人类本质之所以具有一致性，乃因为人类心理具有一致性的特点。人类学之父——德国人类学家巴斯蒂安持有同样观点。

20世纪60年代以后，结构主义人类学开始在西方兴起，这一学派的代表性人物是法国的人类学家列维－斯特劳斯（Claude Levi-Stauss，1908～2009）。所谓结构，其基本含义是指材料的构成、构造、排列及形式；事物的结构不但决定了事物的外形，也很大程度上决定了事物的性质，结构对于任何事物来说都具有重要意义。结构主义的最初思想是来自瑞士语言学家费迪南·索绪尔（Fredinand de Saussure，1857～1913），他早在1878年发表的论文《印欧语元音的原始结构》中发现，人类原始语言中都具有某些最基本的共同结构，他断言语言就是一种共同习俗，反映了人类最基本的思维方式。当60年代列维－斯特劳斯提出结构主义人类学的时候，哲学及其他社会科学中的结构主义已经在西方盛行了许多年，巴斯蒂安和弗雷泽都认为某些"基本观念"反映在世界不同民族的宗教、习俗及文化中，其来源是某一阶段人们所具有的心理共性。稍后的法国社会学大师涂尔干（Durkheim，1858～1917）也认为，社会事实是集体意识的表象，集体意识不过是社会成员中所共有的信仰、感觉的总和，换句话来说，社会事实不过是一种间接的心理强制。[1]

---

[1] 参见夏建中：《文化人类学理论学派：文化研究的历史》，北京，中国人民大学出版社1997年版，第257页。

　　列维－斯特劳斯正是沿循前人的思路展开了他的人类学之旅，他重点分析了早期人类亲属关系以及原始思维、神话，并发现了深藏于其中的基本结构方式，即"二元对立"结构。他认为"二元对立"结构是人类先天的，源自人类心理本性，它不但存在于原始人中，也存在于现代人之中，它既体现了人类的思维特点，也体现了人类的思维局限。由于这一思维局限，人类总是以对立、割裂的方式去认识事物，而不是以整体连续的方式去认识事物。① 列维－斯特劳斯断言："人类学首先是心理学"，如果说古典进化论学派是在人类社会发展史的纵向长轴上对人类群体心理进行剖析的话，结构主义人类学则是在人类心理的横断面上进行了艰苦的探索。

　　20 世纪初，具有医生资格的奥地利思想家弗洛伊德在学术界的现身似乎引起了这个世界的骚动。2000 多年来的哲学、心理学都在围绕灵魂与肉体、经验与理性、物质与意识这类抽象的命题争得你死我活，但是叔本华（Schopenhauer，1788～1860）、尼采（Friedrich Nietzsche，1844～1900）、柏格森（Henri Bergson，1859～1941）等现代"疯子"最先撕开了古剧的一角，让人们看到了另外一幕：理性、上帝、灵魂之外还有一个活人的世界，这个活人是如此逼真，又是如此陌生，他等待人们去揭示。弗洛伊德顺着这些现代先知，尤其是顺着尼采指引的方向走了进去，结果他发现了骇人的一幕，这一幕也把其他人给吓住了。弗洛伊德对世人说，性欲是人类活动的基本驱动力，精神病以及其他类似的病症源于性欲不能得到正常满足或性欲遭受到某种挫折。他进一步说，文明的发展是以社会对个体性欲的压制为代价的，每一个个体就其本质而言都是文明之敌。他关于人格结构的描述以及关于无意识的发现，都是建立在性及其压抑这一关键概念之上。人们一直在评估这究竟是一种什么样的学说，这种学说对个人、对社会意味着什么？

　　真理往往在最平常之处被人发现，因为平常，因为某些东西时时刻刻伴随着我们的日常生活，因为习俗、经济、法律的戒律，平常的东西被我们有意或无意地压制住、遗忘掉、抹杀掉，弗洛伊德以巨大的勇气揭开了这一层面纱。《实验心理学史》的作者波林（Edwin G. Boring，1886～1968）说："他是一个思想领域的开拓者，思考着用一种新的方法

① 参见夏建中：《文化人类学理论学派：文化研究的历史》，北京，中国人民大学出版社1997 年版，第 280 页。

去了解人性。"①

在弗洛伊德的学说中，人类基本欲望力比多（性欲）始终作为与社会规范或者说文明相对立的关系而存在，是他明确指出意识不过是我们所能够见到的冰山一角，意识的下面还潜藏着为他人，甚至为自己所不知的无意识。无意识源于生物本能，主要是性欲受到社会规范的压制，由此意识被迫转化为无意识，被封闭到大脑皮层之下。人的行为并不完全受意识驱动，而主要受无意识驱动，但人的行为又是意识与无意识协商的结果，二者之间的中介机构是前意识，它位于意识与无意识之间。意识体现的是现实原则，受到现实原则支配，无意识体现的是"快乐原则"并受这一原则支配。前意识则主要体现着满足道德、良知、社会规范等文明要素的要求，对竭力突破防线的无意识进行监察监管，从而使人的行为符合所谓的文明。至此，弗洛伊德为人们建立起一套动态的人格结构模型，这个模型论初步把文明对人类本性的压制揭示出来。弗洛伊德关于无意识的发现及论述被认为是继哥白尼日心说、达尔文进化论之后对人类信心的第三次沉重打击。

如果说弗洛伊德的人格结构理论更多地是一种个体心理学理论的话，其后他有关宗教、图腾、禁忌以及变态心理的研究则是在更广阔的社会联系中展开的，这类研究更多地体现为社会心理研究，他的许多观点足够惊世骇俗。

在《固执行为与宗教仪式》（1907）一文中，他提出宗教仪式不过是固执型神经官能症的表现，其中涉及某些人类欲望的压抑。在《摩西与一神教》（1936）一文中，他认为犹太教先知摩西以及耶稣都是为教徒所弑，然后奉为神圣，他通过基督教圣餐中所涉及的复杂心理转换得出这一结论。在《图腾与禁忌》（1913）一书中，他对俄狄浦斯弑父娶母这一古代神话进行了深度的心理分析，证明父亲图腾、祖先崇拜源于儿子们与父亲争夺女人，杀掉父亲；因为内心的负罪感及恐惧自己招致同样的命运，他们相约放弃身边的女人，并以图腾的方式纪念父亲，弗洛伊德甚至由此推断出这就是外婚制的社会心理起源。受德国思想家海克尔"基本生物发生律"的启发（即任何个体在其发育过程中都以微缩的形式重复类的进化），弗洛伊德认为在每个文明人身上都有野蛮人的影子，每个个体对父母的"幼儿自恋期""儿童依赖期""适应社

---

① 〔美〕E. G. 波林：《实验心理学史》（下册），高觉敷译，北京，商务印书馆1987年版，第813～814页。

会的成熟期"均对应于人类社会发展中的巫术阶段、宗教阶段和科学阶段，他从人类最隐蔽、最深厚的心理层面出发揭示了人性与文明尖锐对立的本质。

弗洛伊德开辟的精神分析学说中暗含着异化这一思想，那就是人类在走向文明的过程中却不由自主地丧失了最基本的欲望，人在追求自由的过程中却丧失了自由。弗洛伊德这些最深刻的洞见启发了西方马克思主义学者，他们以此为武器对当代西方社会发起了猛烈批判。

20 世纪前后还有另外一位重要人物现身于欧洲的社会心理学界，不过他似乎更愿意将自己研究的心理学命名为群体心理学或者革命心理学，这个人就是法国学者古斯塔夫·勒庞。勒庞的本行是医学，1866 年获得医学博士学位之后开始周游世界，1870 年起在巴黎开始行医，1884 年开始对那些与社会变革相关的社会心理问题产生兴趣，著有《各民族进化的心理学规律》（1894）、《乌合之众》（1895）、《战争心理学》（1916）等著作。

就像同时代的弗洛伊德一样，勒庞以强烈的反叛面貌出现。与弗洛伊德不同的是，他的反叛是全方位的：在思想和文化方面，他既批判欧洲源远流长的理性主义传统，指责群氓们在理性主义的鼓噪下犯下种种血腥罪行，又对时人所看重的非理性的东西痛加讨伐，认为正是孤独感、恐惧感、轻信盲从这类无意识的心理使人沦为群氓，成为最具破坏性的社会力量。在政治立场方面，他反对激进革命，主张渐进改良，对于一个人民开始登上政治舞台的时代充满了恐惧和仇视，他对自由、民主、平等这类口号嗤之以鼻，甚至对现代普选制度充满蔑视。[①] 在学术传统方面，他特立独行，拒绝引经据典，有意将自己的学术与同时代学人的思想隔绝开来。他对建立理论模型或理论体系毫无兴趣，他把心理研究与具体的历史和现实紧密结合，他的学说就是对具体历史与现实的心理剖析，他创建了一个真正可称之为群体心理学、革命心理学、社会心理的学说，他的学说也可以称之为历史心理学、政治心理学，勒庞开创了一种全新的社会心理学类型。

在《乌合之众》一书中，勒庞对一个急剧变化时代中的群体心理进行了入木三分的分析，他指出一旦个体被群体吸附，个体就具备了群体的心理特征。群体心理总是劣于个体心理，它的基本特点是冲动、易变、

① 参见〔法〕古斯塔夫·勒庞：《革命心理学》，佟德志、刘训练译，长春，吉林人民出版社 2004 年版，第 255~257 页。

急躁、偏信、易受暗示、单纯、固执、专横、保守、攻击、残暴等。勒庞还分析了所谓领袖控制群体的常见心理手段，它们包括断言、重复、传染、诉诸名望等。① 在《革命心理学》一书中，勒庞将多年来积累起来的有关群体心理的理论系统运用于法国大革命历史的心理剖析，从群体心理学角度重写了一部法国大革命史。

勒庞这样一位西方思想界的离经叛道者似乎并没有受到他同时代或稍后那些同行们的轻视，美国社会心理学的奠基人之一奥尔波特（Gordon W. Allport，1897～1967）评价说："在社会心理学这个领域已经写出的著作当中，最有影响者，也许非勒庞的《乌合之众》莫属。"② 美国社会学大师罗伯特·墨顿（Robert King Merton，1910～2003）也认为《乌合之众》"几乎从头到尾表现出一种对重要问题的敏感性"。弗洛伊德本人也认为《乌合之众》是一本"当之无愧的名著"，并说道："我们把勒庞的言论作为我们的引路人，因为它对无意识精神生活的强调十分适合我们的心理学。"对此，墨顿评价说："勒庞播种，弗洛伊德浇水并且培育其成长"，③ 这里墨顿点出了弗洛伊德与勒庞之间存在的一条隐蔽的思想通道，这条思想通道的另外一端其实还系着另外一个稍微早期的重要人物，他就是尼采。

几乎所有伟大的哲学家都是伟大的心理学家，德国思想家弗里德里希·尼采就是这样的人。他自己也说："我的著作显示出我是一位无与匹敌的心理学家。"④ 尼采被奉为先知，但是作为哲学家或者心理学家的尼采究竟发现了什么？他发现西方人历经 2000 年的基督教统治之后灵魂已经死掉，他们被代表着日神精神的基督教理性文明压死，所以尼采呼唤杀死上帝，推翻一切新旧偶像，同时呼唤另外一种新人类——具有超强意志的超人的诞生。上帝、宗教或者理性不过是人类的想象物。因为人类太狂野、太自私、太凶残，有限的人类相对于无限的宇宙，有限的生命相对于无限的精神，有限的时光相对于永恒显得太渺小。人类需要权

---

① 参见〔法〕古斯塔夫·勒庞：《乌合之众：大众心理研究》，冯克利译，北京，中央编译出版社 2004 年版。

② 〔法〕古斯塔夫·勒庞：《乌合之众：大众心理研究》，冯克利译，北京，中央编译出版社 2004 年版，中译者序第 5 页。

③ 〔美〕墨顿：《勒庞〈乌合之众〉的得与失》，转引自〔法〕古斯塔夫·勒庞：《乌合之众：大众心理研究》，冯克利译，北京，中央编译出版社 2004 年版。

④ 〔德〕尼采：《看哪这人：尼采自述》，张念东、凌素心译，北京，中央编译出版社 2000 年版，第 46 页。

威，因而想象出上帝之类的东西，上帝是人类自造、自请的神，这尊神用来压制人类的狂野、自私、凶残以及一切的自我无限扩张，只有这样人类才能过上道德的生活，才能步入文明的轨道，自然人不过是野蛮人而已，宗教体现了人类的自律。

但是尼采却看到了宗教压制人、摧残人的一面，他在世纪之交终于忍不住喊出"上帝死了，是我们杀死了他"的口号，因此成为时代的先知。但是杀死上帝之后，恰逢一个民主自由的平民时代几乎同时降临，当解除了宗教羁绊和专制高压的芸芸众生展现出自己本相的时候，世界又将变得如何？

这一幕恰好被勒庞敏锐地捕捉到，他把这个时代芸芸众生内心深处，以及在法国大革命等重大社会变动中已经表现出来的种种原始形状层层解剖开来，示以众人，并提出了最严厉的警告，勒庞是站在尼采对面的另外一位先知。

勒庞只是形象的描绘者，而非理论的创建者，但是，他关于群氓的心理描述，尤其是他关于群体无意识的描述还是启发了弗洛伊德，后者悟出了人类本性与文明的尖锐冲突，弗洛伊德正是沿着这条思路丰富完善了无意识理论、人格结构理论，并表达了关于人类本能与文明之间关系的深刻洞见，他建构了庞大的精神分析理论体系。就此而言，墨顿的评价是十分贴切的。

自1879年科学心理学在德国诞生以来，心理学就形成了以意识为研究对象，以控制实验为主要手段的实证主义研究传统，即使是后起的行为主义心理学、认知主义心理学等都必须遵循这一规范。勒庞所创立的群体心理学、革命心理学、政治心理学、历史心理学这类以论说见长的心理学被排斥在科学心理之外，即使是弗洛伊德的精神分析学说也长期不被视为主流。但是无论何种心理学，其要义应该是关注现实，心理学研究必须与现实中的人以及真实的社会生活、社会变化相结合才能成为真正的科学。

经验告诉人们，有关人类的意识、认知、态度、动机以及行为是非常复杂的，那些引起个人内心心理变化，以及行为反应模式的外部刺激因素同样异常复杂，它们基本上不可能在一个人为设计的实验室环境中真实模拟和还原。尤其是那些造成民族心理，群体心理等社会心理形成和变化的诸多自然及社会因素，更要历经千百年、数十年之久，它们更为复杂多变，可以说没有任何一种人为设计的实验能够重现这些因素。因此，类似勒庞、弗洛伊德以及自古希腊以来那些千千万万的哲学家、心理学家基于经验、常识、观察以及思辨对人类个体心理、社会心理的理解、阐释而建立起来的理论体系独具价值，无可替代。问题是如何结合不断出现的新的社会问题，如何把这类研究与新出现的具体问题相结合，从而丰富和发展这类心理学。

四、传播学研究中的"非正统社会心理学"

20世纪前后，当大众传播开始兴起之后，人类又开始了对这一特殊领域中相关问题的探索，经过百余年的努力，目前已经形成了一个称之为传播学的新学科。

在过去百余年中，所谓传播学研究与心理学及社会心理学研究始终如影随形，二者相互借鉴、相互推动，形成了一种伴生关系。就此而言，学术领域中的传播学探究之旅一定程度上也就是心理学以及社会心理学领域中的探索之旅；反之，也可以说，近代心理学诞生以来，心理学及社会心理学领域的研究确实有许多问题是围绕着传播问题而展开的。回顾传播学发展的百年历史，可以确信，心理学及社会心理学对这一新兴学科确实产生了明显的影响，甚至可以说传播学研究中一直贯穿着一条社会心理学传统。

20世纪前后几十年是西方心理学及社会心理学全面形成的时期，除了科学心理学（包括实验取向的社会心理学）这一正统外，欧洲以及美国非实验取向的心理学及社会心理学也大致形成于这一时期，主要包括：

其一，具有社会心理学取向的人类学研究；其二，弗洛伊德的精神分析学说；其三，以塔尔德、勒庞为代表的对群体心理一般规律，以及对特定社会问题的社会心理学研究；其四，社会学芝加哥学派开创的美国本土社会心理学。

现代心理学以及社会心理学兴起的时期大致也是传播学在欧洲和美国萌芽发轫的时期，以实证主义为取向的科学心理学，以人本主义为取向的欧洲社会心理学和文化人类学，以及美国社会学芝加哥学派的本土社会心理学都不同程度介入对方兴未艾的大众传播问题的研究。弗洛伊德本人并未对传播问题发表太多见解，但他所创立的精神分析学说经过法兰克福研究所以及其他西方马克思主义学派的改造，对欧洲传播学批判学派产生了极大影响。

文化人类学以一种比较曲折隐晦的方式体现出社会心理学思想，并介入传播问题研究，应该指出，这类研究主要是关于一般传播问题而非大众传播问题。在大众传播学发轫以及正式诞生（20世纪40年代）的初期，人们确实较少看到人类学的影响，但是最近二三十年来随着传播学研究的一些分支学科，如跨文化传播、全球传播与社会变化等新兴研究领域的兴起，文化人类学相关理论越来越为后者所借重。人类学研究的重要主题很多，其中至少两类主题自 19 世纪以来就对传播的观念产生了重要影响：其一，人类学研究中有关社会制度、文明形态变迁的理论；其二，有关不同种族、不同地区、不同文明间文化交流与传播的理论。人类学中的这两类理论又与社会心理学发生着不同程度的关联，这种有关社会制度变迁及相异文化间交流的社会心理学解释影响着人们对传播观念的理解。

19 世纪前后正是理性主义登峰造极，历史进步论深入人心的时刻。1859 年达尔文发表《物种起源》提出生物进化论观点，随后斯宾塞又将生物学中的进化论思想引入社会学领域，提出社会进化论思想，在这一时代背景下，新兴的人类学研究的主题之一就是以进化论思想去解释人类社会发展。1871 年英国人类学家泰勒出版《原始社会》，对人类社会发展进行了论证，他认为各民族的文化系独立发明，但是都遵循普遍的进化规律，他们皆由低级向高级发展。他对此做出的解释是，人类本质具有一致性，这种一致性由人类心理具有同一性所决定，人类活动都是人类心理活动的产物，他同时以人类生存环境的相似性解释人类心理及文化的共性。1877 年美国人类学家摩尔根出版的《原始社会》，明确提出人类社会分期，认为人类社会发展都要遵循从蒙昧时代到野蛮时代，再到文明时代这样一个进化的过程。

其实，最早提出人类心理一致说的是德国人类学家巴斯蒂安，他早在 1860 年出版的《历史上的人》一书中就认为，人类的心理过程以及对外界刺激的反应具有共性，这决定了文化发展的相似性和共同规律。他同时认为，各民族文化中都具有一些"基本观念"，这些基本观念会在不同民族文化的平行发展过程中独立发挥作用，从而使文化发展呈现出共同规律。英国人类学家弗雷泽在《金枝》（1890）中着重考察了人类智力的发展过程，他认为各民族、各种族的智力发展都要经过三个阶段，即巫术阶段、宗教阶段和科学阶段。这种对社会形态、文明形态变迁的思考还可以追溯到更早时期意大利思想家维柯那里，维柯在其巨著《新科学》（1725）中认为，人类社会发展都要经历神、英雄和人三个阶段。在神的时代，由于人类对自然力量的无知和恐惧，产生了多神崇拜和原始宗教，这是一个两性错乱，既无婚姻制度也无丧葬习俗的蒙昧时代，但自然界的雷电狂鸣、洪涝灾害令原始人类惊惧万分，他们将此视为众神的愤怒和对人类的惩罚，迫使原始人因恐惧而改变了杂交状态，建立了婚姻制度以及丧葬习俗，这是一个神话主宰一切的时代。在英雄时代，人类为生存而相互斗争，恃强凌弱，无公理可言，强者为了更强，联合起来对付弱者，并由此建立国家，这是一个英雄登上历史舞台的贵族时代，也是一个神话让位于诗的时代。在凡人时代，平民开始登上政治舞台，它对应于民主共和国或代议制君主制度，这是人类的成年时期，在这一时期，神话被遗忘，诗让位于哲学。① 从以上叙述中不难发现，维柯始终站在主体心理感知和认知这一角度去考察人类社会的变迁；社会形态、文明形态不是基于经济原因、政治原因，而是基于心理原因。泰勒、弗雷泽、维柯很大程度上就是基于社会心理的视角去解释历史的发展变化。

除此之外，一些人类学家关于宗教起源以及原始思维起源的观点也具有浓厚的心理主义色彩。例如，泰勒认为原始宗教起源于万物有神论以及"泛神论"这一观念。原始人认为灵肉有别，灵魂不死，为了换取灵魂对自己的护佑，他们以各种灵魂图腾的方式加以崇拜，这就是宗教的起源。英国人类学功能主义学派代表性人物马林诺夫斯基（Bronislaw Malinowski，1884～1942）也认为，宗教是人们对待焦虑的一种反应方式，当原始人类觉得个人的能力不足以抗拒某些自然力量时，他们就借助于巫术之类的宗教活动来增强自己的信心。

社会形态和文明形态的变迁是一个非常复杂的历史过程，但是这一过程暗含着传播的一些基本特征。所谓变迁是指形态的发展和改变，但是社会形态和文明形态的改变绝不是断裂式的改变，而是在变革基础上的延续和发展，其中伴随着人类所创造的物质文明与精神文明的改造与传承，从某种角度来看，这个过程也就是传播的过程。

如果说人类学中所研究的社会形态、文明形态的变迁与传播之间的关系过于隐晦曲折的话，那么人类学中所研究的另一主题——相异种族、民族之间文化的扩散交流与传播这一概念就非常靠近了。

文化人类学古典进化论学派兴起于19世纪30年代，极盛于19世纪末，此后其影响力逐渐衰落，被后起的传播论学派、历史特殊论学派所取代。传播论学派研究的重点是人类历史发展过程中的物质文明以及精神文明的扩散规律、传播规律及其对社会形态、文明形态变迁的影响，

---

① 参见严建强、王渊明：《西方历史哲学——从思辨的到分析与批评的》，杭州，浙江人民出版社1997年版，第50页。

它与进化论学派分歧的关键点在于如何看待社会形态，文明形态变迁过程中文化传播以及借用的作用。进化论学派认为各民族文化是独立发明的，世界上不同地区的文明平行发展，但是遵循由低级向高级发展这一单线进化模式，文化差异性以及文化相似性的原因均源自这一单线进化模式。传播论学派认为，文化诞生于世界一个或多个地方，对社会及文明形态变迁产生决定影响和作用的因素是文化的借用和传播，借用和传播是不同地区文化相似性的原因。

历史特殊论学派更认同后一观点，这一学派的代表人物，美国人类学家弗朗兹·博厄斯（Franz Boas，1858～1942）认为根本不存在所谓文化进化的普遍规律，各民族文化都是各个民族特定的历史产物，具有各自的特点及发展规律。传播论学派的代表性人物德国人类学者拉策尔（Friedrich Ratzel，1844～1904）认为，迁徙和各种形式的接触是文化相似性的主要原因。另一位人类学者，拉策尔的学生弗罗贝纽斯（Leo Frobenius，1873～1938）提出了著名的"文化圈"理论，他认为在非洲刚果河以及几内亚河流域"文化圈"中的四个文化层中，仅"尼格罗"文化是西非原生型文化，其他三个文化层，即"马来亚尼格罗文化""印度文化"以及"闪米特文化"均来自非洲以外。博厄斯也提出了类似的"文化区理论"，他通过对北美印第安文化的研究得出几点结论。其一，在那些邻近的部族中更多地具有共同的神话、传说等民俗文化；其二，拥有共同语言的部落表现出更多的内部相似性；其三，文化相似性主要源于各民族部落之间的相互接触，而不是源于所谓所有民族中的"基本观念"。① 这些学派也就文化的产生提出了非常不同的观点。弗罗贝纽斯认为文化是"活生生的有机体"，就像生命体一样，经历着诞生、竞争、成长以及老年、死亡等不同时期；文化与人无关，文化是自然环境的产物，人不过是文化的体现者和搬运工。这一观点在稍后另一位德国学者斯宾格勒（Oswald Spengler，1880～1936）那里获得了另外一种表述，他在《西方的没落》一书中将文化发展划分为前文化时期、文化早期、文化晚期以及文明时期四个阶段，这四个阶段对应于人类精神上的春、夏、秋、冬，并认为文化发展的最后结果是死亡，然后重新再来，他是一个历史发展的循环论者。

美国人类学家博厄斯的学生克鲁伯（Alfred Loues Kroeber，1876～

---

① 参见夏建中：《文化人类学理论学派：文化研究的历史》，北京，中国人民大学出版社1997年版，第74页。

1960）提出了文化"超有机体"说，他认为所有文化都是人们在后天习得的，因此是文化影响人，而不是人影响文化，文化是"超有机体"，它独立于人并自我运行，历史不是由个人而是由文化决定。为了证明他的观点，他甚至专门研究 1630 年以来西方女性服饰的变化，并从中找到了变化的规律。他以此证明诸如妇女服饰时尚的变化与各个时代的妇女本身并无关系，服饰变化具有自己特定的周期，这种变化与人无关，它是一个自我运行的独体系统。① 克鲁伯上述观点显然受到法国社会学大师涂尔干社会学观点的影响，涂尔干认为社会由个人组成，但是由个人组成的社会是一个实体，具有自己的特性，它不受个人的影响，反而人要受到社会实体的影响。

尽管上述理论对于社会形态、文明形态变迁过程中文化发生作用的方式看法不同，但是它们都承认文化借用与传播对于社会变迁的极端重要，将文化传播纳入对社会变迁问题的考察之中是它们的共同特点。

表面上看，文化人类学进化论学派与传播论学派观点彼此对立，其实二者之间的关系是一体两面的关系，具有某种内在的统一性。它们关注的共同问题其实都是社会、文明形态变迁及其规律，不过，前者更加关注这种变迁的路径，后者更加关注变迁的原因。传播学兴起之后同样非常重视研究传播与社会发展之间的关系，例如传播与种族融合、传播与身份认同、传播与社会转型等，传播学中对这类问题的研究不过是文化人类学中有关社会变迁、文明变迁的微缩版，二者之间具有很强的互通性，今天人们越来越多地采用社会心理学的视角去研究这类问题。

社会及文明形态变迁规律是时代迫切需要解答的问题，文化人类学不同流派共同关注这一领域，体现出这一新兴学科高度的时代敏锐性以及历史使命感，它基本上建立在实证调查基础上，已完全不同于传统哲学对人性及社会发展的形而上学式的抽象思辨。文化人类学虽然较少在现代意义上讨论传播问题，但是它关于社会形态、文明形态变迁的理论暗含着传播的观点，尤其是传播论学派重点研究了文化的传播和借用在文明发展过程中的重要性，它已非常接近我们今天称之为传播的那些东西。

文化人类学考察的上述内容在塔尔德（Jean Gabriel Tarde，1843～1904）及勒庞那里开始展现出更为清晰的现代面目，后者更多从社会心

---

① 参见夏建中：《文化人类学理论学派：文化研究的历史》，北京，中国人民大学出版社1997 年版，第 81 页。

理的角度去考察创新发明、文明扩散、群体、公众、报刊以及革命这样的时代问题。塔尔德和勒庞的出现标志着欧洲真正关注现实问题的社会心理学的诞生，大众传播也第一次真正进入社会心理学的研究视野。

加布里埃尔·塔尔德社会心理学家的身份确凿无疑。美国著名社会心理学家詹姆斯·鲍德温（James Mark Baldwin，1861～1934）说，塔尔德是"在世界学者中声誉最卓著的社会学家和心理学家之一"。更多的人将社会学家的桂冠送给这位法国思想家。美国著名社会学家特里·N. 克拉克（Terry N. Clark）在其为塔尔德译作《传播与社会影响》所写的长篇绪论中开篇便写道："塔尔德是 19 世纪法国最杰出的三位社会学家之一。"① 美国社会学创始人之一斯莫尔（Albion Woodbury Small，1854～1926）认为："塔尔德目前是社会学这门新学科先驱里杰出的——也许是最杰出的——先驱。"其他美国著名社会学家，如莱斯特·沃德（Lester F. Ward，1841～1913）以及富兰克林·吉丁斯（Franklin Henry Giddings，1855～1931）也对塔尔德大加赞赏，② 认为他的《模仿律》是最杰出的人类学著作之一。当然，在社会学、心理学、社会心理学以及人类学尚未完全分化的 19 世纪中后期，这样交叉性的评价是可以理解的。

在《模仿律》（1895）中，塔尔德以文明传播为中心议题提出了一套自成体系的模仿理论，这一理论试图从模仿这一角度来解释人类行为动机及社会的本质。文化流布、文明传播不是基于人的迁徙，也不是基于文化的自然成长，文化更不是如克鲁伯所说的"超有机体"，它外在于人客观运行；文化的传播必须是基于人的接触和互动，它以模仿为重要心理机制，这是塔尔德的核心观点。塔尔德认为人类历史上真正的创新十分罕见，绝大多数文化、习俗、科学及应用都是模仿的结果（这其实也是文化人类学传播论学派及特殊论学派的观点）。不仅如此，塔尔德还将模仿这一行为看作是整个社会的构成方式及表现形式，正是在这一点上，他与涂尔干的社会学理论形成了尖锐对立。

涂尔干及其信徒们始终坚信社会事实是社会学中的基本概念，社会与组成它的个体没有关系；不是个体影响社会，而是社会影响和决定个体。这一观点顽固拒绝承认那些组成社会的个体所具有的心理内容，以

---

① 转引自〔法〕加布里埃尔·塔尔德：《传播与社会影响》，河道宽译，北京，中国人民大学出版社 2005 年版，第 1 页。

② 参见〔法〕加布里埃尔·塔尔德：《传播与社会影响》，河道宽译，北京，中国人民大学出版社 2005 年版，第 46 页。

及那些个体之间的互动具有任何价值和意义，他们对这类具体的鲜活的东西视而不见。但是，塔尔德拒绝这样的观点，他认为社会事实就是人们具体社会行动的结果，社会关系基本上就是模仿关系，模仿构成了社会的本质内容及外在形式。他同时认为，模仿是人类行为的普遍心理机制，他将之称为"心际现象"（inter-mental）。这一说法的社会学意义在于，社会不是抽象概念的结合，也不是某些共同规范的强制，社会是人们具体行动的结果。

将社会接触、社会互动视为社会的本质，这一观点或许并非塔尔德的原创，其他人也提出过类似的观点。德国社会学家齐美尔（Georg Simmel，1858～1918）就主张社会学的研究对象应该是从各种现象中分离出来的社会交往要素，而不应把社会整体作为自己的研究对象，齐美尔所倡导的社会学因而被称作形式社会学。但是，齐美尔仅仅考察各种具体的互动如何构成社会，以及这类构成方式的社会意义，而有意忽略了社会交往过程中的那些心理内容，这一心理内容的缺失环节正是塔尔德所极为看重的。

塔尔德的模仿论包含着非常丰富的含义。他经常说模仿是人类行为的本质，也是社会的本质。所谓模仿就是一种发明，一种事物被其他人效仿，从而在社会上得到普及。但是，他认为表面上看人们是在模仿发明创新以及具体的事物，本质上却是在模仿这些发明创新以及事物中所包含的信念和欲望。一般来说，只有那些与模仿者信念和欲望相一致的事物才会得到及时模仿，否则人们就不大愿意去模仿。塔尔德这一理论至少包含以下几层学理含义：

其一，他所说的模仿首先是一种行为，而且是个体行为以及个体之间的互动，它不是任何集体、整体或其他任何抽象的东西。塔尔德认为，社会就是由个人具体的行为（模仿）、个人之间具体的互动而形成，社会是人们具体行动的产物，因此，不存在涂尔干所说的有一个外在于人而存在的"社会事实"，模仿就是社会事实。塔尔德将互动作为模仿这一社会行为的前提，因此可以说他是一个社会互动论者。

其二，他认为模仿实际上是对信念和欲望的模仿，这实际上是转换了一个角度去看问题，大概也与事实相符合。任何发明创新及流行、时尚、习俗中显然都包含着个人的信念与欲望，所谓信念一般指真理的认知元素，欲望则指真理的情感因素。这一审视问题的角度转化非常有意义，它表明塔尔德将社会中人与人的接触、互动乃至模仿理解成心理的接触、互动以及模仿，他的理论正是因此而成为一种社会心理学理论。

其三，模仿理论包含着深刻的传播含义。他所说的模仿除了可以从行为层面、心理层面去理解外，同样可以从传播层面去理解，事实也是如此。创新发明以及其他任何事物被他人模仿，最终在其他地区被接受和普及，这本质上就是一个传播过程，这个过程既是创新发明以及事物本身（技术）的传播，也是有关这类事物的信息的传播，同时还是人的信念、欲望的传播（与我们所说的意见、观念、价值观、意识形态的传播何其类似！）。因此，塔尔德的模仿理论基本上是一个涵括了人类几乎所有行为的理论，当然也包括人际传播、大众传播，他的理论极具包容性。

如果我们依据上述分析来重新界定塔尔德及其模仿理论，我们或许可以说模仿论就是一个以社会互动论为基础，以传播统摄全局，以模仿行为为核心的心理还原主义社会学理论。

一个大众传播兴起的时代如何造就了舆论？如何改变了人群的性质？如何改变了社会结构并对未来产生何种影响？这类问题也成为塔尔德思考的重要主题，而且正是在这一类点上，塔尔德的研究直接切入到了大众传播领域。

在《舆论与群众》（1901）一书中，塔尔德对群众与公众这两类社会群体作了区分，他把心理和精神联系作为区分二者的主要标志。他认为在越是低级的社会中，人群的集合越是缺少心理和精神的联结，"沿着生命之树往上走，社会关系的精神性质越来越明显"；[1] 公众是伴随着印刷术，特别是报纸的出现而产生的一种新的社会群体，它是"纯粹精神上的集体，由分散的个体组成，他们没有身体上的接触，他们的组合完全是精神关系的组合"。[2] 他认为社会发展的规律是："无论社会分割成的群体具有的性质是什么，无论他们是宗教、经济、政治甚至民族的群体，公众在某种程度上都是他们的终极状态，也可以说就是他们的公分母。在永恒变异的过程中，一切都还原为一众心理状态中的心理群体。"[3] 塔尔德看到了现代报纸在改变传统社会结构中的巨大威力，根据他的观点，这种改变本质上是对人的精神心理状况及其心理联系方式的改变。他对

---

① 〔法〕加布里埃尔·塔尔德：《传播与社会影响》，河道宽译，北京，中国人民大学出版社2005年版，第214页。

② 〔法〕加布里埃尔·塔尔德：《传播与社会影响》，河道宽译，北京，中国人民大学出版社2005年版，第214页。

③ 〔法〕加布里埃尔·塔尔德：《传播与社会影响》，河道宽译，北京，中国人民大学出版社2005年版，第220页。

公众这一新型群体并没有盲目推崇，他冷峻地指出公众可以是理性的，也可以是非理性的，他甚至说："和群众的霸道和教条相比，公众的霸道和教条更加顽固，更加持久。"① 公众甚至可以退化到群众的状态，这与美国哲学家杜威（John Dewey，1859～1952）对现代传媒业造就民主的盲目乐观形成反差。塔尔德对于群众这一传统社会群体的评价也较为客观，他承认在许多情况下群众是更为松散、易怒、更富有攻击性和破坏性的群体，但是公众同样也可能具有破坏性，这又与勒庞对群众的大加讨伐形成了强烈对比。塔尔德似乎比勒庞更加敏锐地意识到大众传媒时代的到来将对社会产生的巨大影响，他不同意勒庞的判断：这是一个群众（群体）的时代；他说："这是公众的时代，是各种公众的时代，这是迥然不同的事情……"②

塔尔德有关舆论的思辨也引领时代之先，他非常形象地比喻道："舆论和现代公众的关系就像灵魂与肉体的关系。"③ 他认为舆论就是各种判断的总合，报纸提供着不同层次、不同范围的舆论，因而造就了不同层次的群体，他将这些群体依次区分为初级群体、第二级、第三级群体，我们在库利（Charles Horton Cooley，1864～1929）的社会学中也看到了类似的划分。或许是出于对自己社会学信念的坚守，塔尔德坚持说，即使是在舆论这一新事物登上历史舞台的时代，舆论并不是发挥社会影响的唯一和最重要的意见干预方式，他认为基于社会接触及交往的人与人之间面对面的交谈或许才是最重要的意见交流方式。他甚至说："交谈最终要接管公共演讲或报纸的社会角色，并在一定程度上塑造舆论。"④ 我们看到，这几乎就是数十年后拉扎斯菲尔德（Paul F. Lazarsfeld，1901～1976）提出的"二级传播理论"及"意见领袖"理论的最初版本。

塔尔德与勒庞无疑是 19 世纪后期欧洲社会学尤其是社会心理学的先驱。他们研究的一个共同点是对当时欧洲产生的重大现实问题的及时回应，这些问题也包括当时刚刚兴起的大众报刊、公共舆论以及意见领袖

---

① 〔法〕加布里埃尔·塔尔德：《传播与社会影响》，河道宽译，北京，中国人民大学出版社 2005 年版，第 222 页。

② 〔法〕加布里埃尔·塔尔德：《传播与社会影响》，河道宽译，北京，中国人民大学出版社 2005 年版，第 216 页。

③ 〔法〕加布里埃尔·塔尔德：《传播与社会影响》，河道宽译，北京，中国人民大学出版社 2005 年版，第 219 页。

④ 〔法〕加布里埃尔·塔尔德：《传播与社会影响》，河道宽译，北京，中国人民大学出版社 2005 年版，第 238 页。

等等，他们代表了现实问题取向的欧洲社会学及社会心理学。这既不同于孔德（Isidore Marie Auguste Francois Xavier Comte，1798～1857）、涂尔干那种对社会学抽象理论体系建构的狂热追求，也不同于文化人类学对社会与文明变迁的宏大叙事，同时也不同于冯特（Wilhelm Maximilian Wundt，1832～1920）所创立的意识心理学以及民族心理学。与现实问题高度融合是塔尔德和勒庞社会学以及社会心理学的最大特点，尽管他们的学说在欧洲似乎并没有多少附和者，但是他们学说中的一些思想却在新大陆——美国产生了相当大的影响。美国最初的社会学、社会心理学不仅仅从进化论中汲取养料，他们也从塔尔德、勒庞这两位欧洲学术界的孤立者和反叛者那里汲取营养，他们的思想尤其在社会学芝加哥学派那里获得了新的表述。

　　美国传播学研究的源头可以追溯到社会学芝加哥学派，这一学派中的一些重要成员，如社会学创始人斯莫尔、符号互动论创立者米德（George Herbert Mead，1863～1931）、种族移民问题研究先驱托马斯（William Isaac Thomas，1863～1947），以及稍后的帕克（Robert Ezra Park，1864～1944）等都具有欧洲学术背景。

　　从继承关系上来看，社会学芝加哥学派首先承继了塔尔德、勒庞社会学及社会心理学研究中的现实关怀价值取向。社会学芝加哥学派关注的现实当然主要是19世纪后期以来发生于美国这个新兴国家中的现实，主要包括：美国的民主制度如何更好地生存于一个正处于剧变的社会环境之中？市场经济、大规模移民、复杂的种族并存，以及大众传播的出现对于美国的民主意味着什么？如何通过文化、教育和传播弥合或者消除都市环境中出现的种族矛盾、文化隔阂以及各类犯罪？社会学芝加哥学派对于上述问题的研究体现出更多积极姿态，这是与美国这样一个蓬勃向上的新型民主国家的整体社会氛围相适应的。尽管欧洲社会学以及社会心理学也高度关注社会现实问题，但是，塔尔德、勒庞等对于未来社会的发展似乎有一种强烈的不确定感：它们不确定群体登上历史舞台后对未来究竟意味着什么？不确定公众和舆论的出现对于社会结构的改变到底是好还是坏？不确定大众传播的出现对于民主意味着什么？塔尔德的论著中对诸如此类的问题总是喜忧参半，而勒庞对此则经常痛加责难。他们的这种心态或许也是可以理解的，尤其是像法国这样一个刚刚经历大革命剧痛及各种复辟丑剧的国家，一些精英分子总会对刚刚出现足以改变社会面貌的新事物抱有惴惴不安之心。

　　其次，从学术创建上来看，社会学芝加哥学派也注意从欧洲社会学同行那里汲取养料：齐美尔的形式社会学、塔尔德的模仿论将社会理解为人与人之间的互动关系，这一观点触发了早期社会学芝加哥学派提出系统的社会互动理论；塔尔德关于舆论传播引起社会分层的思想与库利所提出的"首属群体"等概念非常相似；塔尔德、勒庞等人对于现代报业的敏锐感知，对于大众传播功能以及意见领袖作用的论述与库利、杜威等人对于大众传播的理解具有很大的相似之处。前者对于帕克的影响也是明显的，帕克求学于德国时曾经受教于齐美尔，对当时年仅41岁的齐美尔非常折服，他后来关于种族及移民问题的文化与传播研究深受这位导师的影响，他在德国完成的博士论文名为《群众与公众：方法论与社会学调查》，仅从篇名就可以看出，他论述的群众与公众问题正是塔尔德和勒庞这两位社会学大师所关注的。

　　但是，如果说诞生于美国这块新大陆的社会学和社会心理学与欧洲的同类研究只具有继承性和相似性，而不具有任何特色以及创新，那是不符合事实的。以库利、米德等人所开创的符号互动论为例，齐美尔和塔尔德所言及的社会互动论更多是从个体间的社会互动如何构成社会实体，个人互动如何成为社会学研究对象这一角度而提出的，在他们那里所谓社会互动的意义主要限于这些方面。但是在库利和米德那里，社会互动的更大价值在于在这一互动中产生了人格、观念，以及自我这类心理学意义的东西，他们从互动这种社会成员的接触方式中开辟了一条社会心理学的发展路径。其次，后者对社会互动的研究是基于这样一个大的社会背景，那就是在一个传统社会正在分崩离析，市场力量开始崛起，民主制度已经草创的美国，尤其是大众传播已具雏形，人们的社会交往越来越依赖大众传播加以联结的时候，大众传播在公众中所传播的信息、思想、观点对于一个草创中的民主社会意味着什么？其价值取向是民主，而不是抽象意义上的学科建设。这同时需要一个将传播问题囊括其中的理论来加以解释，因此，在美国式的社会学理论中出现了米德所创立的符号互动理论，他系统论述了符号在人际交往、大众传播中作用以及由此产生的心理结果。

　　社会学芝加哥学派的一些学者对大众传播给予了更为积极的评价，对大众传播促进大共同体的形成，最终促进社会民主寄予了更多乐观的期待，从他们身上可以看到传播技术决定论最初的原型。相比之下，塔尔德对于大众传播的总体评价则非常犹豫不决，勒庞则经常对他所称之为的群体时代中政治领袖借助大众传播控制群氓这类伎俩痛加讨伐，这当然是由他反民主的立场所决定的。

　　尽管社会学芝加哥学派与欧洲社会学派存在某些差异，但是从继承关系看，前者基本上还是延续了后者的传统，这一传统也可以称之为人本主义传统。他们的社会学及社会心理学是一种始终将积极活动，具有创造性的人视作历史舞台上的中心人物，承认这些人可以创造不同的历史的社会学以及社会心理学，他们对于传播问题的理解也是基于这一立场。

　　遗憾的是，美国传播学研究的源头虽然可以追溯到社会学芝加哥学派，但是此后美国传播学研究并没有沿着这条人本主义的道路走下去，而是被科学实证主义所主导。科学心理学对美国传播学研究产生了极大影响，在这类理论和方法的影响下，此后作为美国传播学理论中研究的人，尤其是受众在很大程度上沦为实验室中的被试，沦为一群丧失了主动性、创造性，甚至丧失了活动能力的木偶。

五、美国传播学研究中的科学心理学

　　1879 年，威廉·冯特在德国莱比锡大学创建世界第一个心理学实验室，被公认为现代科学心理学诞生的标志。科学心理学将意识内容、意识机能、态度认知、行为反应等作为自己的研究对象，并坚持以控制实验等方法作为主要研究手段，确立了心理学实证主义的基本特征。

　　当 1897 年严格意义上的科学心理学诞生于德国的时候，非实证主义取向的心理学和社会心理学也同时在欧洲和美国孕育诞生，并与刚刚萌芽的传播学发生着相当程度的交集，至少在 20 世纪的头 10 年中，在美国还看不出科学心理学对传播学研究将产生何种影响，但是，自 20 世纪 20 年代后，随着美国社会科学研究实证主义的大转向，美国的心理学研究完全迈向了实证化、科学化的轨道，刚刚起步的传播学研究也步其后尘，不但大量借鉴科学心理学理论和方法，其本身也完全被实证主义和科学主义所主导。第一次世界大战后，欧洲社会科学发展基本陷于停顿，因此，探讨美国科学心理学发展以及它对传播学发展的影响无疑具有更加实际的意义。

　　美国心理学研究并非从一开始就是实证主义的，它经历了一个变化和发展的过程，或者说至少非实证性质的心理学与科学心理学并存了相当一段时间后才发展到科学心理学一统天下的面貌。

　　19 世纪后期，一些重要的社会心理学理论基本上都是以社会学的面貌出现，其中代表性的理论包括由莱斯特·沃德、富兰克林·吉丁斯以及威廉·萨姆纳（William Graham Sumner，1840～1910）等创建的心理社会学理论，以及由约翰·杜威、查尔斯·库利以及乔治·米德等创立的符号互动论。

　　心理社会学理论亦称心理主义，其基本特征之一是将一切社会现象还原成心理现象，倾向于在心理水平上去理解社会现实。沃德认为："社会力量也是在人的群体中发挥作用的心理力量。"① 他认为心灵（mind）是一种实实在在的社会因素，与心灵对应的概念是社会意识、社会意志、社会智力和社会统治等，这些心理力量是推动社会发展的基本动力。吉丁斯也认为社会关系本质上是心理关系，这种心理关系的形成基于人与人之间的互动、交谈和交往。但是吉丁斯不是一个绝对的个体心理还原主义者，他同时吸收了涂尔干等人的社会学思想，承认社会具有集体性、规范性以及强制性等唯实论特点，他创造出"类意识"这一概念去揭示社会的本质。所谓"类意识"就是"在生命尺度上无论是低等的还是高等的任何生命，将另一种有意识的生命视为己类的意识状态"。② 类意识就是集体意识，它是一种社会心理。

　　美国心理社会学理论的第二个共同特点是进化论思想倾向。萨姆纳的经济学观点主要来自马尔萨斯（Thomas Robert Malthus，1766～1834）和李嘉图（David Ricardo，1772～1823），他视竞争为社会的本质，他为竞争正当性进行辩护的理据来自斯宾塞的社会进化论，他甚至也像斯宾塞那样坚决反对国家干预市场，反对社会对贫弱者给予福利和救济。沃德也是进化论的信奉者，他认为社会发展就是一个有目的的进化过程，他甚至将种族间的征服视作国家及社会组织来源的真正原因，因此，这一学派也称为心理进化论学派。

　　由库利、米德、杜威等人创立的符号互动论是美国真正本土化的社会学和社会心理学理论，它是一种彻底的行动主义理论，这一理论同样具有心理还原主义的倾向，也受到进化论思想的影响。但是与心理进化论学派相比，符号互动论将其理论大厦建立在人的具体互动、人的具体行动这一现实基础上，它是一种行动的哲学，实践的哲学，它拒绝接受任何理性主义和先验论的东西，它是在人的具体行动中去探讨人格形成的心理机制。符号互动论并没有太多吸收进化论思想中的竞争观点，它是从人对社会环

---

　　① 转引自周晓虹：《西方社会学历史与体系》，上海，上海人民出版社 2002 年版，第193 页。

　　② 转引自周晓虹：《西方社会学历史与体系》，上海，上海人民出版社 2002 年版，第199 页。

境的适应这一角度去理解人与社会的关系，后者几乎成为美国科学心理学大厦的全部思想根基，并深刻影响了美国传播学的发展。

19 世纪后期，美国心理社会学理论以及符号互动论基本上是非实证主义的社会心理学理论，几乎就在这类非实证主义社会心理学孕育成长的同时，以实证主义为特征的科学心理学也开始萌芽诞生，而且义无反顾地朝着机能主义方向发展。

美国科学心理学继承了德国科学心理学的传统，并且在诞生初期就基本上与德国科学心理学保持着同步发展。美国心理学的先驱许多都与德国有着深厚的学缘关系，威廉·詹姆斯（William James，1842~1910）于 1867 年赴德国短期留学，受教于心理学大师赫尔姆霍茨（Hermann von Helmholtz，1821~1894），由于身体病弱等原因，未能在德国完成学业，但是他深谙德国实验心理学的精髓。1875 年他在哈佛大学执教时，即向校方申请到 300 美元购置设备，建立了美国第一个用于教学示范的心理实验室，这个时间与冯特在莱比锡大学建立非正式的心理学实验室的时间大致相同，比冯特建立供研究用的正式心理学实验室要早两年。爱德华·铁钦纳（Edward Bradford Titchener，1867~1927）虽然出生于英国，但他于 1890 年至 1892 年在德国受教于冯特，并从冯特手中拿到博士学位，此后来到美国康奈尔大学，成为构造主义心理学的领袖人物。格兰维尔·斯坦利·霍尔（Granville Stanley Hall，1844~1924）是詹姆斯的学生，但先后两次赴德国留学，第一次是在 1868~1871 年，第二次是在 1878~1880 年，他是冯特的第一个美国学生，1883 年他在约翰·霍普金斯大学建立了美国第一个正式的心理学实验室。詹姆斯·马克·鲍德温也曾留学德国一年并受教于冯特，曾先后在加拿大多伦多大学及美国普林斯顿大学创办心理学实验室。机能主义哥伦比亚学派主将之一詹姆斯·卡特尔（James Mckeen Cattell，1860~1944）也于 1880~1882 年先后在德国哥廷根大学和莱比锡大学学习并受教于冯特，1883 年他再次赴莱比锡大学师从冯特学习 3 年并任助手，1888 年被宾夕法尼亚大学任命为心理学教授，成为世界上第一个获得心理学教授职位的人，1891 年他前往哥伦比亚大学并创建心理学实验室。

但是，美国科学心理学并没有完全承袭冯特式的意识元素分析的道路，而是走上了机能主义和行为主义心理学的发展道路，这一独特的发展路径对此后美国传播学的发展产生了极大影响。

从根本上说，美国心理学独特的发展路径是由美国独特的现实所决定的，同时进化论思想、实用主义哲学以及实证主义精神也极大帮助了美国心理学做出上述选择，并形成了美国心理学自身的特色。

首先，美国心理学深受进化论思想的影响，离开了进化论这一思想背景，我们很难理解美国心理学的道路选择。

对于美国学术界来说，生物进化论以及社会进化论是一种外来学说，但是这一学说特别适合美国 19 世纪后期的社会现实，也特别适合美国的时代精神。美国是一个典型的移民国家，美国人奉行个人主义和自由主义精神，大量原本贫困的移民来到美国后依靠自己的奋斗改变了贫困的命运，进化论所倡导的"物竞天择，适者生存"等观点特别适合美国人的口味，蓬勃发展的自由竞争经济也需要进化论为其提供合法性证明，美国的科学心理学正是在这一社会大背景下接受了进化论思想的影响。波林说："美国心理学至 1900 年乃有明确的性质。它的躯壳承受了德国的实验主义，它的精神则得自达尔文。美国心理学要讨论的是活动中的心灵。"①

作为美国心理学的先驱，詹姆斯首创"意识流"学说用以反抗冯特的元素主义心理学。詹姆斯认为意识恰如河流，它健行不息，从不凝滞；它变化多端，常有新意。元素主义或构造主义仅把意识视作静态的存在或分布，这不符合实际，仅仅对静态的意识进行研究也缺乏积极意义。他认为意识对应于外界的刺激，具有强大的认识功能，意识是对外部环境的反应和适应，詹姆斯把美国心理学引向探讨人类心灵如何适应环境并最大程度发挥个人能力这样一条道路。詹姆斯不是一个严格意义上的实验心理学家，他在《心理学原理》（1890）中也无意建构一套严密的心理学理论体系，但是他的真知灼见确实启迪了后起的机能主义者以及行为主义者。因此，波林说："他所提倡的学说隐含新的美国心理学的可能于其内，而这个心理学后即成为机能心理学，及其从弟，心理测验，和儿子，行为主义。詹姆斯指示别人如何到达的地方，正是别人所欲到达的去处。"②

机能主义心理学实际上是将冯特、铁钦纳以及詹姆斯的工作向前推进了一步，冯特提出了意识的元素问题，铁钦纳提出了意识的构造问题，二者是对意识内容的描述。但是，意识与环境的关系如何，意识对于人

---

① 〔美〕E. G. 波林：《实验心理学史》（下册），高觉敷译，北京，商务印书馆 1981 年版，第 576 页。

② 〔美〕E. G. 波林：《实验心理学史》（下册），高觉敷译，北京，商务印书馆 1981 年版，第 583 页。

的行为意味着什么？这些问题被詹姆斯提了出来，机能主义及行为主义心理学试图对此进行解答。

詹姆斯·罗兰·安吉尔（James Rowland Angell，1869~1949）明确说，机能心理学是"关于意识的基本功用的心理学"，心灵不过是作为有机体的环境和需要之间的中介作用。他说："我们的目的是采用生物学的观点，企图发现心灵如何帮助具有心和体的人类有机体适应环境。"① 卡特尔对个体差异的研究，赫尔（Clark Hull，1884~1952）对教育心理学的重视都体现了机能主义心理学的旨趣，即将人视作环境的产物，将人对环境的适应视为生存的基本法则。他们希望通过此类研究来帮助人们适应环境，提高行动效率，他们甚至希望以此来预测和控制人类行为。在这一前提下去研究人类心理的性质及其功用，这在一定程度上规定了美国心理学的发展道路，也体现了进化论对于美国心理学的深刻影响。

其次，实用主义为美国心理学发展提供了哲学指导。实用主义哲学是美国真正本土化的哲学，这一哲学与欧洲形而上学的哲学传统做了彻底切割。实用主义哲学是一种行动的哲学、实践的哲学、斗争的哲学；个人自由、社会民主乃至人类幸福不是理性主义承诺的结果，而是人的具体行为和实践的产物。詹姆斯和杜威是实用主义的理论奠基人，基于实用主义的哲学观点，实用主义者在心理学上反对洛克的"白板说"，也反对各种本能说，而强调心理是人们实践的产物，心理内容的形成离不开人与人之间的互动，离不开人们的社会实践，实用主义哲学的这一基本观点直接催生了符号互动论这一美国本土社会心理学理论硕果。

机能主义心理学实际上一种应用心理学，他关注的是人的能力和能量，以及人的能力和能量对于环境以及可能的行为意味着什么？机能主义心理学发展到后来的行为主义心理学沿袭的都是同样一条逻辑。行为主义致力于发现刺激与反应之间的关系，对意识内部的东西视而不见，它关注的正是人的行为及其价值，这样的学说是为行动的质量和效率服务的，它是一种典型的实用主义学说。

另外，实用主义哲学强调理论满足现实的效用，强调有用即真理，受这一思想的影响，美国心理学彻底放弃了哲学思辨的欧洲心理学传统，代之以经验实证的科学心理学。尽管詹姆斯、杜威本人并不喜欢具体的实验操作，但是他们都充分意识到实验手段对于科学心理学的重要性，

① 〔美〕E. G. 波林：《实验心理学史》（下册），高觉敷译，北京，商务印书馆1981年版，第633~634页。

19 世纪后期以来，美国各大学都纷纷建立各自的心理实验室。美国学者坚信，只有建立在科学实验基础上的心理研究才是科学的，才能够满足现实的需要。

再次，实证主义为美国心理学发展提供了强大的精神力量和技术手段。作为哲学或社会学概念的实证主义源自奥古斯特·孔德。孔德认为人类的精神历程或思考方式经历了神学阶段、形而上学阶段和科学阶段，它们分别代表着虚构、抽象和实证；孔德认为实证代表着人类思考方式发展的最高阶段，它是科学的思考方式，其特点是肯定性、精确性、真实性，从而也是真正有用的；实证主义的精髓就是自然科学的精髓，实证的方法就是观察、实验和比较，他幻想以真正实证的方法去研究社会，并建立一个无所不包的科学社会学理论体系。

源自法国的实证主义与美国独创的实用主义其实是一体两面的关系。实用主义对于理论满足现实效用性的追求决定了美国心理学必须采用实证主义的科学方法，确保研究结论的准确性、精确性，一切关于人类心理领域问题的抽象思辨必须退出心理学领域。于是我们看到 100 多年来，以科学实验为主的研究方法统领了整个心理学研究领域，几乎所有重要的成果均来自实验室。如卡特尔关于反应时间的研究、桑代克（Edward Lee Thorndike，1874 ~ 1949）的动物实验、杜威关于反射弧的研究、华生（John Broadus Watson，1878 ~ 1958）关于"刺激—反应"的实验、斯金纳（Burrhus Frederic Skinner，1904 ~ 1990）关于学习行为的研究、班杜拉（Albert Bandura，1925 ~ ）关于习得行为的研究等。

社会心理学同样也建立在科学实验的基础之上，早在一战爆发前，莫德就开展了有关团体心理的实验研究；1914 年，明斯特伯格（Hugo Mun-sterberg，1863 ~ 1916）就个人如何受团体影响进行了类似研究；1924 年，奥尔波特出版《社会心理学》，标志着实验型的社会心理学的正式诞生，此后，他完成了有关"社会助长"（social facilitation）、"优势反射""惯例行为""事件系统"（event systems）等一系列著名的实验。[①] 维也纳精神病医生 J. L. 莫雷诺（Jacob Levy Moreno，1889 ~ 1974）在纽约州立女子学校进行了名为"社会成员心理测量"（sociometry）的社会心理研究。[②] 另一位

①　〔美〕G. 墨菲、J. 柯瓦奇：《近代心理学历史导引》，林芳、王景和译，北京，商务印书馆 1980 年版，第 653 ~ 655 页。

②　〔美〕G. 墨菲、J. 柯瓦奇：《近代心理学历史导引》，林芳、王景和译，北京，商务印书馆 1980 年版，第 662 页。

团体动力学专家，同时也是著名的传播学者卢因（Kurt Lewin，1890～1947）在二战前后主持了更多类似的社会心理学实验。二战之后，美国心理学转向态度和认知以及信息加工认知心理等研究，开始进入一个计算机模拟实验的新阶段。

伴随着实验心理学的发展，作为一种理论和技术的心理测验也开始出现，它们成为科学心理学的另一重要组成部分。早期的心理测试主要围绕个体差异、个人能力等问题展开，各行各业都需要了解他们的雇员或管理者到底是具备何种能力，是否能够胜任岗位要求，各级学校也需要对学生进行心理测试以确定学生的发展潜力。卡特尔最早在宾夕法尼亚实验室发明和编制了大量的这类心理测试技术和程序。贾斯特罗（Joseph Jastrow，1863～1944）、明斯特伯格、J. A. 吉尔伯特（Gilbert）也分别于1890年、1891年以及1893年对大量学生进行了类似测验。20世纪的头10年智力测验成为心理测验的主流，各种专门用于测量智商（IQ）的技术开始出现，这一技术还被广泛用于一战中对士兵智商的测量以确定哪些士兵是合格的。20世纪30年代心理测试转入"因素分析"时代，1928年，瑟斯顿（Thurstone，1887～1955）发明了态度量表，1931年，他又开始多因素分析，试图在众多复杂因素的背景下测量出不同个体的能力，其中许多技术被运用到军队中。[①]

毫无疑问，100多年来，科学实证心理学在心理学发展过程中占据了绝对主导地位，但是，这种冠以科学前缀的心理学在其发展过程中也确实呈现出某种深刻的悖论。这一逻辑悖论也在不知不觉中渗透到美国传播学研究中。

其一，美国心理学的初衷是，通过对人的心理及其功能的研究，最大程度去调动人的能力，发挥个人的才能，使人能够更好地改造环境、创造价值。在原初动因上，这种心理学强调人的行动能力、实践能力，它排斥了历史上形而上学的东西，把人还原为具体的人，行动中的人，试图将人置于社会活动舞台的中心。但是，美国心理学从一开始又深受进化论思想的影响，进化论强调人对环境的适应，甚至暗含着人与环境的妥协。在这一思想的影响下，美国心理学无论是在理论还是方法上都没有能够真正把人置于社会实践的中心，未能真正将如何开掘人的能力作为研究的中心议题，从而偏离了心理学学科创建的主旨。

---

① 〔美〕E. G. 波林：《实验心理学史》（下册），高觉敷译，北京，商务印书馆1981年版，第649～657页。

其二，美国心理学研究奉科学和实证为圭臬，确立了以科学实验为主的研究范式，希望以此求得研究结论的精确性。但是在大多数情况下，实验室根本无法生成那些引发人类动机和行为的复杂条件。以一种过于简单的方式去研究人类复杂的心理和行为所得出的结论，往往与科学本身背道而驰，科学思维本身所内含的机械论、决定论也未必完全适合对具有主动性、创造性的人类心理、行为领域的研究。

其三，美国社会奉行的基本价值观是个人主义和自由主义，在法律秩序下个人思想和行动的自由是其基本要义。但是美国心理学，尤其是行为主义心理学在"刺激—反应"这一模式下重点研究的是对人的行为的预测和控制，尽管这类研究对社会运行的总体效率和质量有所贡献，但是，这类研究从根本上来说是与个人主义和自由主义相对立的，它不符合人类自由的本质。

美国传播学研究的源头可以追溯到芝加哥学派，一些当代美国传播学史学者甚至认为这个具体的时间为库利通过其博士论文《交通运输理论》答辩的那一年，即 1894 年。① 这个时间仅比詹姆斯出版那本公认的美国心理学奠基之作《心理学原理》（1890）晚 4 年，比沃德的《动态社会学》（1883）晚 11 年，比吉丁斯的《社会学原理》（1896）甚至要早两年。

较之鲍德温、卡特尔、杜威、安吉尔等美国早期心理学家的大多数著作，库利的《交通运输理论》问世时间要更早一些，如果以此标准来衡量，美国传播学研究与心理学研究诞生的时间基本相同，或至少基本同步。当然与心理学研究相比，美国传播研究在当时并无先例，也没有形成任何学术队伍，更没有在大学内部体制化，它完全是一个自发萌芽——仅为少数人注意到的新兴领域。

就像 19 世纪以来欧洲社会学、心理学、社会心理学甚至人类学相互胶着了较长一段时间一样，19 世纪后期以来美国新诞生的上述学科之间也并没有明确分化。1908 年威廉·麦独孤（William McDougall，1871~1938）以及 E. A. 罗斯（Edward A. Ross，1866~1951）出版《社会心理学导论》可算作社会心理学与心理学的分野；1924 年奥尔波特出版《社会心理学》才可算作实验性质的社会心理学诞生；1937 年帕森斯（Talcott Parsons，1902~1979）出版《社会行为的结构》使得美国社会学摆脱了芝加哥学派心理学的方向，开启了功能结构主义社会学的研究方向。由

---

① Peter Simonson. *Refiguring Mass Communication*:*A History*, University of Illinois Press, Urbana, Chicago, and Springfield, 2010, p103.

此可见，心理学在美国社会科学中的影响非常显要，这一影响也明显出现在传播学研究领域。

心理学或社会心理学对美国传播学研究的影响可以大致分为三个阶段：

其一，发生在社会学芝加哥派内部的传播学研究，时间大致为 1894 年库利通过博士论文《交通运输理论》答辩，到 20 世纪 20 年代帕克完成其一系列与都市移民、种族、报刊相关的著作。

其二，李普曼（Walter Lippmann，1889～1974）以及拉斯韦尔（Harold Dwight Lasswell，1902～1978）早期传播学研究中所呈现出的明显的心理学特点，时间大致为整个 20 世纪 30 年代，拉斯韦尔的此类研究延续到 20 世纪 30 年代以后。

其三，以 20 世纪 20 年代后期开始的佩恩基金研究为标志，进入美国科学心理学及社会心理学全面影响传播学研究的时代。至二战前后，依附于美国政府和军方发动的心理战，两类学科的共生共融关系达到高潮。从 60 年代开始这种共生共融关系催生了另一新兴学科——媒介心理学。80 年代以来媒介心理学渐趋成熟，与此同时，传播学研究中心理学及社会心理学的影响依然持续存在。

社会学芝加哥学派被公认为美国第一个真正本土化的社会学学派，但是他们对社会问题的研究基本上采用的是社会心理学的路径。库利的"首属群体"理论、"镜中自我"理论，米德的符号互动理论等均诉诸人际互动以及大众传播对于人格的影响，它们都是典型的心理学模式。社会学芝加哥学派第二阶段的主将帕克主要研究了急剧扩张的美国都市中广泛存在的移民问题、种族问题，他将文化传播、价值共享、人格形塑视为解决上述问题的关键，同样呈现出一定的社会心理学特点。社会学芝加哥学派内部发生的传播学研究并不具有鲜明的独立性，它附着于基本的社会学及社会心理学理论，或者也可以说社会学芝加哥学派创立的理论既是社会学理论，同时也是传播学理论。首属群体理论、镜中自我理论、符号互动论、社区共同体理论代表着美国传播学研究萌芽阶段的理论成果，从政治意义上来说，它们继承了启蒙时期以来的自由主义传统，它们正面阐发并维护传播的自由和民主价值，并共同指向美国的民主制度如何更好地生存与大众传播时代即将到来的这样一个新的社会环境，这是其鲜明特色。

20 世纪 20 年代，李普曼以职业宣传家和新闻记者的身份参与到美国传播学研究中，他对公众舆论等传播问题的思考具有更为鲜明的时代特点。在此前后，美国的民主制度在其运行过程中某些固有的缺陷不断暴露，新生的苏维埃政权不断向西方世界输出社会主义、共产主义思想，尤其是西方国家之间刚刚进行了一场惨烈的世界大战，年轻的李普曼面临的正是这样一个纷繁复杂的世界。他在经验与理性、实用主义和理想主义、资本主义和社会主义之间犹豫不决，他最终坚定地站在了维护自由、民主价值这一立场上。但是，他对民主制度能否良好地生存于大众传播时代，对于大众传媒能否提供理性的公共舆论表示出深刻的怀疑，他正是从这一角度切入有关公众舆论领域的研究。不过他的研究路径并没有沿袭传统的思路，或许他也认为公众舆论会受到来自政府、媒介所有者、广告商这类外部力量的干扰和控制，但是他更感兴趣的问题是，由于人类的心理特质，即偏见、成见、刻板印象、认知盲点的存在，人们很难真正认识现实世界，大众传媒业不可能为社会呈现理性的公众舆论，民主政治得以良好运行所必需的政治判断和民意难以形成，民主政治极有可能是建立在许多幻象的基础上，他对一般公众的认知能力表达了深刻的怀疑。李普曼并非心理学家，他也无意去创立一套传播学理论，但是他对现实问题的关注以及他思考问题的独特方式，使得他的公共舆论研究烙上了明显的心理学特点。

在 20 世纪初，那些关注大众传播问题的美国顶级思想家中似乎只有杜威、李普曼这样少数几位学者脑子中残存着固执的自由主义思想，他们思考最多的问题是：大众传播能否塑造健全的人格？大众传播能否造就理性的舆论？大众传播能否提供可靠的民意？这些问题共同指向大众传播能否良好地服务于民主制度这一总体目标，社会学芝加哥学派和李普曼所代表的是古典自由主义传统，但是拉斯韦尔的出现使这一传统发生了某些改变。

拉斯韦尔可能是美国传播学发展史上真正承前启后式的人物，他以博士论文《世界大战中的宣传技巧》（1928）现身于美国学术界；他终身未婚，精力充沛，著作甚丰。他的成果主要集中在宣传研究、政治学研究、政治心理学研究等方面；他深受弗洛伊德思想的影响，有意识地将精神分析等心理学理论贯穿到宣传研究以及政治学研究中，他是政治心理学的创立者之一。我们可以从几个方面评价拉斯韦尔传播学研究的心理学特点，以及对美国传播学发展的意义。

其一，从拉斯韦尔开始，美国传播学研究告别了古典自由主义的政治立场，开启了传播学研究的实用主义传统。

拉斯韦尔被认为是马基雅维利式的人物，他的研究重术而轻道。在

《世界大战中的宣传技巧》中，他站在中立的立场归纳和总结了第一次世界大战中各国所使用的宣传技巧，并阐明了这些技巧的价值。在此后的一系列论著中，他尽量克制自己的价值倾向，专注于宣传策略、政治技巧之类的技术分析，他希望以这种客观中立精神为人们提供一套切实可行的技术手段，效用是他关注的核心。当然，这并不能说拉斯韦尔个人没有价值立场，事实上他以最为主动积极的姿态投身于二战及"冷战"期间的心理战之中。由于他的研究紧贴现实，他成为二战以来美国社会科学家中从政府获得资金赞助最多的学者之一。[①] 在《世界革命宣传》（1939）、《宣传、传播与公共舆论》（1946）、《宣传与大众不安全感》（1950）等论著中，拉斯韦尔在价值中立面貌下，仍然对纳粹法西斯及苏维埃意识形态表达了极深的厌恶。美国传播学研究自20世纪30年代后走上了彻底的实用主义道路，但是正如发生在拉斯韦尔身上的这些事实一样，实用主义并非意味着抛弃了基本价值立场，而是以对自由事业的实际支持延续着自由主义的精神实质，这一转变始于拉斯韦尔。

其二，拉斯韦尔在其传播学及其他研究中首创了内容分析方法，并广泛采用社会调查、个案访谈等社会学量化研究手段，开启美国传播学研究实证主义的序幕。

如果说早期社会学芝加哥学派的杜威、库利、米德以及稍后的李普曼等人的传播学研究方法主要继承了欧洲哲学的思辨传统，那么拉斯韦尔的研究方法则显得更为多样化，他首创了内容分析法，通过这一方法将定性分析与定量分析相结合，用于宣传等相关问题的研究。在他领导的一些研究项目中，他还广泛采用了社会调查、数据分析等定量手段，这使得他的研究摆脱和超越了纯粹思辨的阶段。美国传播学研究的实证主义传统或许并非由拉斯韦尔引领，但是他较佩恩基金"电影与青年"研究项目更早采用实证研究方法是一个不争的事实，我们至少可以说他的研究方法顺应了实证主义这一潮流。

其三，拉斯韦尔最早系统地将相关心理学理论和方法引入传播学研究之中，初步确立了心理学在传播学研究中的地位。

拉斯韦尔在大学受的教育主要是政治学，但是受其导师梅里亚姆（Charles E. Merriam，1874～1953）影响，他很早就尝试以心理学的方式去思考和解决政治学问题。他深受弗洛伊德思想影响，他的学术烙上了

---

① Christopher Simpson. *Science of Coercion*：*Communication Research and Psychological Warfare 1945,1960*,Oxford University Press, New York,Oxford,1996,p23.

极深的精神分析学说的印记。在《政治人格类型》（1927）、《精神病理学与政治学》（1930）、《希特勒的心理》（1933）、《政治学》（1936）、《三倍诉求原则：心理分析对政治学及社会科学的贡献》（1937）等论著中，他几乎全盘借鉴甚至套用了弗洛伊德的精神分析学说对现实政治中的一些重要问题，如政治统治、政治宣传、政治运动、政治人格等进行了深入分析，由此确定了他政治心理学创始人的地位，他的政治心理学也覆盖了宣传技巧、宣传心理、职业宣传家人格等传播学问题。如果说李普曼的舆论研究仅仅具有心理学的某些特点的话，那么拉斯韦尔的研究则体现了将心理学与政治学和传播学彻底结合的明确努力，尽管他所借用的心理学主要是思辨性质的精神分析学说，而不是实验型的科学心理学。

20 世纪 20 年代后期，报纸、广播、电影等大众传媒已经在美国形成规模产业，一个大众传播的消费时代已经来临，社会上的有识之士对于大众传播可能产生的社会效果怀有深深的疑虑。或许因为战争已经过去，新的重大社会危机尚未显露，和平年代中电影这类以娱乐和消费为特征的大众传播媒介成为人们关注的目标，于是一个由私人出资，由当时学术界精英具体实施的电影效果调查活动终于登台亮相。

始于 1928 年，历时约 5 年的佩恩基金"电影与青年"研究项目是美国历上第一次大规模的媒介调查活动，这一由美国当时众多顶尖级社会学家及社会心理学家参与的有关电影效果研究的活动初步确定了美国传播学研究实证主义的基本特征。实证主义从根本上来说是一种价值中立的研究方法，它不以任何价值目标为取向，也不预设任何主观立场，它只尊重事实，即来自实验室以及各种调查而得来的数据。就此而言，实证主义心理学也是实用主义的，它必须建立在科学的基础上，以科学的结论为现实提供服务。

参加这次调查活动的学者主要来自芝加哥大学、衣阿华大学、威斯康星大学以及密歇根大学，他们主要是社会学家、社会心理学家以及教育家，其中包括查特斯（Werret Wallace Charters，1895～1952）、弗里曼（Frank Freeman，1880～1916）这样的著名学者，其他中青年学者包括布鲁默（Herbert Blumer，1900～1987）、瑟斯顿、格瑞斯（Paul G. Gressey）、戴尔（Edgar Dale）等人。他们当中许多人在后来成为著名的社会心理学家和传播学者，其中瑟斯顿和他人合作于 1928 年发明了态度量表，他于 1932 年当选为美国心理学会主席。这些一流的社会学及社会心理学者几乎将当时所掌握的所有最先进的实证研究方法，如控制实验、实地调查、个案访谈运用于对电影效果的分析。至 1935 年共出版 12 卷研究结果，它们是社会心理学理论方法与传播学研究密切结合的经典之作。

1935 年，已经在美国访问一年的奥地利学者拉扎斯菲尔德由于父母遭到纳粹的迫害，最终选择在美国定居。拉扎斯菲尔德是欧洲流亡知识分子中少数一些很快就融入美国学术界并脱颖而出的学者之一，后来的事实证明，这位年轻数学家的到来对美国传播学、社会学乃至整个社会科学产生了重大影响。在此后 20 多年里，他一直在哥伦比亚大学领导一个名为应用社会研究局的机构，这是美国最为重要的传播学和社会学研究机构之一，这个机构会聚了当时美国最为出色的传播学者和社会科学专家，同时开展了一系列与广播、宣传政治选举、营销、广告等相关的研究，并取得了丰硕成果。

拉扎斯菲尔德首先在研究方法上贡献于美国社会科学（也包括传播学）甚多，他以广博的数学、经济学、社会学、社会心理学知识为美国社会科学研究方法的创新带来了一场革命；他将数学手段带入经济学研究中，开创了数学社会学这一新的领域；他将社会心理学带入经济学、市场学及传播学研究中，找到了以社会心理学洞察社会问题的新途径。

拉扎斯菲尔德并非心理学家，但是自年轻时代起他就对心理学知识深感兴趣。1925 年博士毕业后，他参加过由维也纳大学著名心理学教授卡尔·布勒（Karl Buhler，1879～1963）教授组织的研讨班，并在这位教授创办的心理学研究所工作，讲授社学心理学教程。他稍后还成立了一个名为"经济心理研究所"的独立机构，从事半营利性质的商业研究，并尝试进行与商业调查相关联的社会心理学研究，这类研究后来又延伸到与失业问题相关的重大社会问题研究。

其次，拉扎斯菲尔德贡献于美国社会科学的成就还体现在他进行了大量传播问题的研究，提出了许多极富价值的传播学理论，这些成果包括"火星人入侵调查"（1938）、"使用与满足调查"（1937）、"伊利县选举调查"（1940），他还提出了"二级传播""意见领袖"等重要传播学理论。尽管拉扎斯菲尔德的传播学研究更多地体现为社会学方法，但是社会心理学的方法同样也明显地贯穿于其中。

除此之外，拉扎斯菲尔德在美国社会科学体制化方面功绩甚伟，他是美国社会科学研究商业化的领头人物。流亡难民的身份使他很难在当时的美国大学体制内谋得一份全职工作，更别奢谈领导任何一个依靠体制全额拨款的研究机构。他初到美国的身份实际上就是一个打工者，他在哥伦比亚大学领导的广播研究的创办资金主要来自洛克菲勒基金会，这个广播研究所名义上属于哥伦比亚大学，但是具体的研究工作必须在另外一个研究机构去做，以换取他个人的工资；为了支付其他研究人员的工资，他必须不断设法从社会各个方面获得商业委托。这是一个类似他在维也纳创办的"经济心理研究所"那样的机构，它位于大学机构与商业机构的中间地带，是一种富有朝气的全新研究体制。哥伦比亚广播研究所在若干年后发展成为应用社会研究局，在他领导下，这一新型研究体制结出了累累硕果。

美国传播学学科形成和发展诚然得力于社会学芝加哥学派的催生，得力于李普曼、拉斯韦尔这些个人的助力，得力于佩恩基金研究这类社会调查互动的推动，得力于应用社会研究局这类专门机构的培植，但是任何单一的学派、个人运动和个别机构对于一门新学科的建立来说都只能是添砖加瓦的事情，美国传播学学科的最终形成必须借助于一个更为巨大的力量加以推动，这个巨大的推动力量就是第二次世界大战以及美苏两大阵营之间的"冷战"。二战以及"冷战"对信息、情报、宣传、舆论、民意、公关、咨询等行业运作策略和规律的迫切需求最终促成了传播学在美国的确立，同时也最终确立了传播学研究的社会心理学传统。

为了动员国内舆论，实施有效的对外宣传，同时配合情报工作，二战及"冷战"期间美国政府组建了大量与信息处理相关的机构，最著名的机构包括：紧急管理办公室（OEM，1939 年）、战争信息办公室（OWI，1942 年）、事实与数据办公室（OFF，1941 年）、战略服务办公室（OSS，1942 年）。战后这类机构又以改头换面的形式继续存在，新组建的重要机构包括：国际信息临时服务处（IIS，1945 年）、美国信息局（USIA，1953 年）、中央情报集团（CIG，1946 年）以及中央情报局（CIA，1947 年）等。从战争初期开始，这些机构就吸收了美国大量的社会科学家进行相关研究工作，并从政府和军方获得了大量研究经费。上述机构、人员以及研究活动构成了美国对内对外心理战的重要组成部分。

根据辛普森和葛兰德等美国当代学者的观点，所谓心理战是二战以及"冷战"期间美国政府和军方刻意组织实施的一场大规模特殊战争，其目的是在常规战略之外开辟一种新的战略方式，通过运用已有的心理学等知识操纵各种符号和信息，最终赢得二战和"冷战"的胜利。[①]

---

① 参阅 Christopher Simpson. *Science of Coercion*：*Communication Research and Psychological Warfare 1945 – 1960*, Oxford University Press, New York, Oxford, 1996 以及 Timothy Glander. *Origins of Mass Communications Research During the American Cold War*：*Educational Effects and Contemporary Implications*, Lawrence Erlbaum Associates, Inc, Publishers, Mahwah, New Jersey, London, 2000。

美国传播学在二战和"冷战"期间的前 10 年（1945～1955）获得了全面发展，战争这一巨大现实最终推动了传播学学科的奠定，并使得这一学科天然具备了社会心理学的重要特征。

形成美国传播学的背景和性质具有以下几方面特点：

其一，在二战及"冷战"期间，美国政府和军方组建了大量机构，组织了众多学者，投入了巨额经费进行与传播理论相关的研究，这些机构的组织和人员资金的投入为美国传播学最终形成提供了切实的保障。同时，前期美国社会科学已经积累了大量成熟的理论，这些来自不同学科领域的学者在战争这一大背景下被置于心理战这类特殊机构中，他们有机会充分交流合作，最终使得传播学的学科形貌得以形成。

其二，由于施拉姆（Wilbur Schramm，1907～1987）等人的努力，至 20 世纪 40 年代后期，美国传播学作为一个学科获得大学体制的认可，开始在很多大学落户，初步完成体制化过程。其中包括 1943 年施拉姆在衣阿华大学首次开设大众传播博士课程，1947 年施拉姆又将这些课程体系移植到伊利诺伊大学。与此同时，美国众多高校开始设立大众传播学院。传统的新闻学教育也开始向大众传播方向过渡和发展。整个 50 年代，包含传播学字样的论文激增至 5100 篇。[①] 传播学科大学内的体制化确保了学科发展稳定的经费来源，也使得培养高层次人才成为可能。这种体制化不同于拉扎斯菲尔德此前创立的半商业化研究体制，虽然后者也许更灵活，更富有朝气，但是却经常为经费等问题所困，限制了学科的正常发展。

其三，心理战的实质是要运用已知的心理学理论和知识针对不同人群来实施一场符号操纵的战争，新兴的传播学必然要整合已有的心理学理论和方法以达到上述目的。与此同时，发展中的心理学必然要伸展到传播学领域，来创造出新的研究成果以满足新的需要。尤其是此间的传播学研究深受行为主义心理学的影响，形成了高度一致的"刺激—反应"研究模式，把预测和控制受众行为作为研究的目的，其实用主义特征也完全确立。

在传播学形成的最为关键的 10 年间（1937～1947），美国传播学正是沿着这两条不同的路径纵深发展。一方面，以拉斯韦尔、拉扎斯菲尔

---

① J. Michel Sproule. "Communication：From Concept to Field"，Edited By David. W. Park&Tefferson Pooley. *The History of Media and Communication Research*，Peter Lang Publishing，Inc，New York，2008，p164.

德为代表的结构功能主义传播学者虽然整体上以社会学的方式去解读传播问题，但是他们也不断将社会心理学的思路贯穿到传播学研究中。另一方面，由霍夫兰（Carl Hovland，1912～1961）等人开创的态度改变与劝服研究，以及卢因等人开创的团体动力学研究，本质上是一种社会心理学研究，它代表着社会心理学在传播问题上的拓展，传播学与社会心理学的共生共融关系基本上形成于这一时期。

其四，美国心理战的研究主体之一是社会心理学家或是有心理学背景的社会学家，他们包括传播学四大奠基人拉斯韦尔、拉扎斯菲尔德、卢因和霍夫兰，还包括施拉姆、坎垂尔（Hadley Cantril，1896～1972）、贝雷尔森（Bernard Berelson，1912～1979）、墨顿（Robert Merton，1910～2003）、利克特（Rensis Likert，1903～1981）、斯坦顿、莱顿、盖洛普（Gallup，George Horace，1901～1984）、贾罗维茨（Morris Janowitz）、诺珀（Elmo Ropo）、斯比尔、斯托夫、奥斯古德（Osgood，Charles Egerton，1916～1991）等。他们系统地将社会心理学理论和方法带入传播问题研究中，并强化了传播学这一新兴学科的实证主义特征及社会心理学特点。

20世纪50年代前后，美国传播学队伍也发生了若干分化，此前一些深度介入传播问题研究的社会学家、社会心理学家、政治学家以及人类学家等纷纷回到各自领域或其他领域研究中。例如，战后拉斯韦尔的兴趣显然回到了他的本行政治学以及政治心理学，拉扎斯菲尔德则专注于数学社会学研究，甚至连霍夫兰也转向计算机模拟认知这样的心理学前沿领域。但是另外一些学者，例如，施拉姆却选择了继续留在了传播学研究领域，传播学研究中的社会心理学传统并没有因研究人员的分化而终止，这种传统继续以一种新的面貌展现出来。一方面，20世纪五六十年代，一些新的社会心理学理论，如态度改变理论、认知心理学不断转入传播学研究领域，推动了传播学研究模式的改变。另一方面，一些更为年轻的专业心理学者，如奥斯古德、纽库姆（Theodore Mead Newcomb，1903～1984）、班杜拉等人继承了霍夫兰、卢因等前辈的传统，继续从事具有传播学意义的社会心理学研究，提出了一系列具有社会心理学和传播学价值的新理论。

只要人类存在，有关人类心理及精神现象的探索就不会停止，心理学及社会心理学之类的科学就会不断向前发展。当然，这类发展最终会与那些新产生的时代问题相结合并为新的现实问题提供服务，各种心理学及社会心理学也会由于不断介入新的现实问题，从而不断丰富并推动自身的发展。进一步设想，心理学、社会心理学与现实问题的结合还有可能产生其他具有心理学特点，但是不属于心理学学科的其他新型学科。

20 世纪 60 年代前后，美国出现了多部冠以"传播心理学"之类字眼的学术著作，其作者多为心理学家，这些著作体现出将心理学与传播学融合为某种独立学科的明显努力，而不是单纯地运用传播学理论和方法去研究传播问题。80 年代前后，美国出现了另外一种心理学与传播学合流的情况，即一些专业心理学者主动参与到大众传播实践活动中，利用大众媒介传播各类心理学知识，并成立了一个名为"媒介心理学学会"的专门机构，1985 年该机构正式成为权威的美国心理学会的第 46 个分支机构。90 年代以来，美国开始出现媒介心理学方面的专业期刊，如《媒介心理学期刊》（1996）、《媒介心理学》（1999）以及《美国媒介心理学》（2008）等。这表明经历百年的积累和演变，心理学和传播学正开始融合为一个独立的新学科——传播心理学。

美国心理学以及传播学研究经历了一个多世纪的漫长发展，最终汇流于科学实证主义这条溪流之中，貌似客观中立的科学实证主义渐渐模糊了两门学科中意识形态的棱角和锋芒，或许也使我们失去了窥见其本质的机会。

事实上，自由主义是美国政治中根基最深厚的传统，它必然要影响到美国人文社会科学的发展方向。但是自 19 世纪中后期以来，美国一些新兴人文社会科学，如社会学、社会心理学、传播学，甚至法学、经济学等似乎偏离了这一传统，这些学科烙上了深刻的社会进化论、实用主义、实证主义、经验主义、行为主义等思想的印记，一些学科干脆被冠以林林总总的称号，如实用主义哲学、行为主义心理学、经验主义传播学、实验心理学等，美国人文社会科学内部似乎一直发生着某种裂变，这确实多少令人疑惑重重。

其实，当一个社会中某种意识形态占据绝对主导地位之后，未必社会的各个分支结构或学术的各个分支学科都必须明确无误地打上这一意识形态的标签，但是，这或许并不意味着意识形态对它们的牵制发生了根本的变化，这种情形确实发生在 100 多年来美国的社会科学领域，尤其发生在传播学研究领域。或许我们最感兴趣的是，在那些看似错位的学术思潮、学术传统的交叉中流动着的真实思想轨迹，它们所演变出的复杂曲折的路径，美国社会学、社会心理学以及传播学研究中的这种路径的确趣味盎然，准确透视其间的复杂关系对于发展我们自己的传播学同样具有启发意义。

第一章　社会科学研究的心理学转向

　　心理学和传播学作为两门相对独立的学科在历史上的相遇或者结合本身就无法避免。从逻辑上说，关注人类心理活动规律必然要关注人类传播领域，因为这一领域是人类借助于各种符号，通过互动从而产生意义、相互理解、结成社会，以至得以生存的最为重要的领域之一；是人类传播知识、传播文化、沟通信息乃至传承文明的重要渠道，也是人类游戏娱乐、宣泄情感的重要渠道；这一领域同时也是人类传播文化价值、传播政治观念和宗教信仰的斗争场所。毫无疑问，在人类传播活动，尤其是在大众传播活动中包含着最为高级复杂的人类心理活动，这些心理活动值得心理学家们去观察和研究，它们应该成为心理学研究的重要对象和重要组成部分。另外，传播学研究离不开理论基础和研究方法，既然人类传播活动包含着丰富复杂的人类心理内容，那么传统心理学和社会心理学已经取得的基础理论和研究方法必然要被引入传播学研究中，进而发展成为一门相对独立的学科，即传播心理学。

　　从历史发展的实然逻辑看，传播学确实诞生在心理学和社会心理学的丰厚土壤中，认真梳理传播学发展中的心理学尤其是社会心理学传统对于传播学研究的深化发展无疑具有重要意义，对于正处于萌芽阶段的传播心理学理论建设更具有直接的启发意义。

第一节　从"世界图式"到人本主义

　　1879 年，德国学者冯特在莱比锡大学创建了世界上第一个心理学实验室，这标志着现代心理学的诞生。加德纳·墨菲（Gardner Murphy，1895 ~ 1979）在《近代心理学历史导引》中评论道："心理学就像一个迷路者，时而敲敲伦理学的门，时而敲敲认识论的门。1879 年它确立为一门科学，有了一定的活动区域，有了名称。"①

　　冯特首先强调应该对人的个体心理进行研究，这使得心理学研究脱离哲学而独立。冯特对个体心理的研究借助的是内省和科学实证的方法，同时注重对感觉、知觉、想象、情绪等心理元素的分析。其次，冯特也深入研究民族心理，试图从心理学层面去探究语言、习俗、神话以及民族精神发生的原因。

　　有史以来，人们一直试图对人类社会的发展规律进行解释，但是许多"世界图式"的切入角度要么是天命论，要么是先验论，要么是生物学的观点。

　　但是，人类社会的发展是由人的活动构成的，人类社会的发展离不开人的意识、动机，离不开人的心理活动的参与，以往的"世界图式"说或多或少都忽视了人的心理内容。

一、传统"世界图式"学说中的人类心理内容缺失

　　历史上发生重大影响的"世界图式说"有如下四大类。

　　1. 神意论。虽然今天神意论已被证明是一种缺乏科学依据的世界图式说，但这种学说曾经统治过人类数千年，而且至今在宗教生活、学术生活乃至一切世俗生活中仍然具有重大影响。神意论具有众多版本，其中影响最大的当属基督教神学论，这一理论的代表人物是奥古斯丁。传统基督教教义认为，人类和世界为上帝所造，人是上帝的选民。不仅如此，奥古斯丁还论证说，上帝在造物之时也为人类设计了一个计划，整个人类历史便在这一"上帝计划"中展开并实现；上帝是这一计划实现的最终推手，但每一个具体的人也在推动着这一计划的实现，其动力是人类的原罪。最后，在经历了若干历史发展过程之后，人类的原罪得以洗净，人类的灵魂得以拯救，经过末日审判，选民进入永恒的天国，这一上帝计划得以最终实现。

　　神意论的哲学意义在于它否定了中世纪以前广泛流行的唯意志论，开创了人类认识史上的第一个真正的历史决定论学派。神意论承认人类历史的发展具有规律，人类历史的发展是一个进步的过程，但是它把这种规律和进步置于上帝的严格统治之中，人在这一历史进程中被置于木偶和傀儡的地位，失去了自己的意志，这一世界图式说把人的心理活动

---

① 〔美〕G. 墨菲、J. 柯瓦奇：《近代心理学历史导引》，林芳、王景和译，北京，商务印书馆1980年版，第230页。

内容完全排斥在历史发展进程之外。

2. 理性主义学说。理性主义是西方思想史上占据统治地位的学说，其历史甚至比基督教神学更为源远流长。理性主义的思想渊源可以追溯到希腊时期的柏拉图和亚里士多德，柏拉图认为变动不居的现象世界内部还有一个真正不变的理念世界，世上万事万物不过是这种理念世界的摹本，理念世界就是后来人们所说的理性的思想源头。亚里士多德坚信人是具有理性的动物，依靠这一理性人类可以认识自然、认识社会以及认识事物发展的规律。西塞罗（Marcus Tullius Cicero，前106～前43）也认为"完美的理性存在于我们人性的深处"。

理性主义的基本内涵包括三点：其一，就人的本性而言，人是一种理性的动物，这一特点使人类区别于一般低等动物；其二，无论是在自然界还是在人类社会发展中，都存在着不以人的意志为转移的客观法则，或称规律；其三，历史的发展是一个合规律性与合目的性的过程。与神意论不同的是，理性主义不是把上帝的天堂作为历史发展的终极之地，而是把理性的充分实现作为人类追求的终极目标。这个目标在康德看来就是"公民社会"的实现，在黑格尔看来就是"世界理性"的显现，这些目标虽然也要经过世世代代人们的努力，但是它们最终指向人类世界的和平幸福以及民主与自由的实现。

但是，当大多数理性主义思想家把理性主义视作"绝对精神"（黑格尔语）、"隐蔽的计划"（康德语）以及某种绝对规律的时候，理性主义实际上也就贬低了人的意志和主观能动性，贬低了人在历史发展中的地位和作用。同神意论一样，理性主义世界图式学说在解释历史发展或理解人类本质方面并没有给人类心理内容预留更多的位置。

3. 生物进化论与社会进化论。1859年达尔文《物种起源》的发表被普遍认为是生物进化论的正式诞生，其实此前法国生物学家拉马克（Jean-Baptiste Lamarck，1744～1829）在《动物学的哲学》（1809）和《无脊椎动物志》（1815）两部著作中就已经系统提出了有关物种繁衍以及进化的理论，由于达尔文的研究结论更多地建立在实证观察的基础上，他的学说产生了更大的影响。生物进化论证明了物种总是由低级向高级进化的规律，并且证明了所有的物种都有自己的祖先，进化的机制是自然选择，那些适应自然的物种得以保存，不能适应自然环境的物种最终被淘汰。生物进化论否定了基督教神学的上帝创世说，当然也颠覆了神创论。这一学说经过斯宾塞等人的吸收和改造应用到对社会发展问题的研究，斯宾塞系统提出了社会进化论学说，当然，社会进化论同时也深受此前历史进步学说的启发和影响。以斯宾塞为代表的社会进化论将社会看作类似于生物一样的有机体，并遵循着类似于生物进化那样的进化规律，社会进化的核心机制是竞争。毫无疑问，社会进化论提供了另外一种具有普适意义的关于社会和历史发展的世界图式理论。

但是，社会进化论或类似的历史进化论更多的是从社会组织和社会内部控制方式去解释社会和历史的发展变化。尤其是以泰勒和摩尔根等人所代表的文化进化论学派，他们从劳动工具以及与之相关的科学技术这一物质技术角度去考察人类社会和历史的发展变化，泰勒据此在《人类早期历史和文明的发展研究》中将人类文化区分为蒙昧、野蛮和文明时期，摩尔根在《古代社会》中也对人类社会的发展进行了类似划分，提出了著名的社会分期理论。在这些宏大学说中，人类的心理活动和心理内容是微不足道的，社会进化论或文化进化论这些学说的哲学基础是生物论或工具论。

4. 马克思主义学说。马克思主义学说提供了另一种关于历史发展的"世界图式"理论，这一学说试图从生产力与生产关系，经济基础与上层建筑辩证统一的角度去考察社会和历史的发展。马克思（Karl Heinrich Marx，1818～1883）认为生产力和经济基础的变化最终会导致生产关系和上层建筑的变化，并建立起与之相适应的生产关系和上层建筑。社会的变化主要是由经济方面的变化而引发，因此，这一学说也被看作是经济决定论。在考察了资本主义生产特点和利润产生过程之后，马克思提出了阶级斗争理论，认为阶级斗争是历史发展的动力，无产阶级与资产阶级的矛盾不可调和，理想社会必须经过无产阶级与资产阶级艰苦卓绝的斗争才能够实现。因此，马克思主义学说的核心是阶级斗争，这一学说尽管也将人的自由的充分实现视作历史发展的终极目标，但在实现这一终极目标之前，人更多的是阶级斗争的工具。马克思主义学说被视为典型的社会冲突理论，这一理论基本上将个人意识和心理内容放在次一级的位置上。

二、重新回归人本身：人本主义哲学的兴起

以理性主义为代表的"世界图式"学说关注世界的本源，探究自然界和社会发展中的理性原则，热衷于对终极世界的猜想，这是一种有关历史和社会发展的宏观学说，它基本上外在于人，尤其是外在于人的丰富内心世界。尽管文艺复兴时期提出了发现人、尊重人等口号，但这场运动主要朝向人的价值、人的尊严和人的自由这样的人道主义方向发展，

而并未回到作为更为本体的人的内心世界。

然而，18世纪以来，叔本华、尼采、柏格森、克尔凯郭尔（Soren Aabye Kierkegaard，1813～1855）、弗洛伊德、海德格尔（Martin Heidegger，1889～1976）、萨特（Jean-Paul Startre，1905～1980）等人的出现改变了这一状况，他们对理性提出了大胆的质疑，开始以直觉、情感、意志、本能、潜意识这些与个人联系更为密切的心理元素作为自己的研究对象，放弃了有关世界本源以及客观规律的宏大叙事和终极探索，以非理性取代理性，开启了一个被称之为非理性主义或称人本主义的哲学时代。

在西方哲学史上，这种以非理性为主要特征的人本主义哲学第一次真正启动了哲学研究向心理学研究的转向，使心理学从哲学中分离出来，直接推动了现代心理学的产生。人本主义哲学与心理学的内在联系主要体现在以下几个方面。

其一，人本主义哲学将研究的主体对象从外部世界转移到人本身，从对外部理性的关注转移到对人内心非理性世界的关注，具体研究人的情感、直觉、意志、潜意识等心理元素及其社会意义，这一研究范式的转移以及它所开辟的新领域为现代心理学的产生做好了准备，并提供了借鉴和启示。

人本主义哲学的根本出发点是非理性的人，非理性的人以情感、直觉、意志、本能、欲望、潜意识为表征，人本主义哲学不仅将个人的这些心理内容作为主要研究对象，而且把这些心理内容看作世界万物的本源和本质。在唯意志论代表人物叔本华那里世界的本质是"生存意志"；在尼采那里世界的本质是"权力意志"；在柏格森那里世界的本质是生命直觉和生命冲动；在海德格尔和萨特那里世界的本质是生、死、烦、忧、畏等情绪体验。他们的哲学研究好比是以独特视角观察人类意识世界的三棱镜和万花筒，以个人的非理性世界去对抗传统哲学的理性世界，他们把表象世界还原成人的意识和心理世界（这种论说基本上就是后来兴起的心理还原主义的哲学版），正是在这一点上，非理性主义哲学家们打通了一条通往心理学的通道。

其二，人本主义哲学不是将客观物质世界作为认识的本源，而将情感、直觉、意志、本能、欲望、潜意识等非理性元素视作世界的本源和人的真实存在，把整个世界看作是自我的产物和体现。他们否认通过理性能够认识真理，相反，他们认为只有通过体验和直觉才能认识真理，这实际上就是将人们认识的对象归于人本身，将认识的手段归于人的精神和心理直觉。

人本主义哲学理解的存在是指人的存在，而所谓人的存在主要是指个人生存的具体精神状态。在海德格尔那里，这种个体生存的精神状态是指"怕""畏""烦""操心""孤寂""死亡"等，这就是个体的自我存在。在这样一种存在状态中，人类不可能拥有太多的理性，人们也无须拥有太多的理性，因为诸如直觉、冲动、本能之类的非理性同样能够使人认识真理，认识世界，其认识能力也在理性之上。直觉、本能、冲动等作为一种强大的认识工具或手段，它们遵循的是非逻辑化原则和个体体验原则，而理性作为认识工具和手段，它借助的是概念、判断和推理，存在主义哲学基本上不承认人类可以获得准确的概念、判断和推理，因为世界是如此变动不居，认识世界的主要途径是将认识主体完全投入到认识客体之中，真正做到物我两忘、主客合一，这样才能获得对本质的认识，同时获得个人的自由。

生命原本是鲜活而充满灵性的个体，让这样的个体服从于冰冷的理性逻辑，或者服从于自然科学的实证逻辑，而罔顾自身的存在，这是人本主义哲学家所坚决反对的。生命具备如此丰富而惊人的潜能，让个体放弃自己的潜能，而仅仅依靠理性去认识世界和真理，这同样是人本主义哲学家所不愿的。历史上的泛神论追求的是"神我不二"的境界，人本主义哲学在个人存在，个人认识问题上追求的"物我不二"的境界，或者这一境界也可称之为泛意志主义、泛直觉主义和泛心理主义。

其三，人本主义哲学家不仅仅将非理性视作世界的本源，意识到只有靠直觉等非理性的东西才可以把握世界、认识真理、彰显人性。一些重要的人本主义哲学家还从非理性的角度出发去探寻社会和历史的发展，从而把人以及人的精神心理世界推向了一个历史上从未有过的高度。

尼采对人类非理性世界的探索从他的第一部著作《悲剧的诞生》(1872) 即已开始，在这部著作中，他比较了代表古希腊文化的两种不同的审美风格，或曰精神信仰，一种是以平静、和谐、平衡为表征的日神（阿波罗）文化，它代表的是古希腊理性主义传统；另一种是以热情、张扬、癫狂等为表征的酒神（狄俄尼索斯）文化，它代表的是古希腊文化中的非理性主义传统。尼采敏锐地意识到此后西方基督教文明就是日神文化的延续，而在历史长河中酒神文化却遭到基督文明的压制，人类被基督教所信奉的理性所摧残和毁灭，真正的自我在历史上消亡。正是由此出发，尼采宣称"上帝死了，永远死了，是我们杀死了他"。在尼采看来，上帝死了之后，人们的首要任务就是重建信仰，再造一个新上帝，而这个新上帝就是权力意志和所谓的超人。由此可以隐约看到，尼采的历史救赎之路就是权力意志和超人，尼采其实是从非理性意识的角度去考察社会和历史的发展，这种思路不可思议地被另一位思想家弗洛伊德接了过去。

弗洛伊德或许是人本主义哲学家中唯一一位具有医学学术背景和医学临床背景的学者，他关于人类潜意识领域的发现震动了整个西方世界，由于他的学术及临床背景，也由于他更多地采用实证研究方法，他的学说引起了人们普遍重视。

弗洛伊德的全部学说与"压抑"这一核心概念紧密相关，在弗洛伊德看来，所谓压抑主要是指现实施加之于人的诸多限制。潜意识是弗洛伊德最为重要的发现，他认为所谓潜意识就是指被现实压抑的欲望、本能以及其他替代物。弗洛伊德对梦及其表征进行了深入分析，他认为梦就是被现实压抑的愿望的实现。他提出了自成一体的人格结构理论，这个包括本我、自我、超我的人格结构实际上是一个动态力学结构，其基本运行动力仍然是压抑的本能：本我体现的是一切被压抑的本能，自我把守在本我和超我之间，以确保在二者之间取得某种压力的平衡，超我的形成则得之于经过内化而形成的良知和道德的压力，三者之间取得平衡的关键是压抑机制。

不仅如此，压抑这一概念还被弗洛伊德天才地用于对整个文明进程的历史考察，他借用古希腊神话中的俄狄浦斯弑父娶母的故事，证明外婚制起源于儿子们联合起来杀死父亲并娶母亲为妻之后所带来的负罪感以及恐惧，正是由于他们害怕自己将来遭受父亲那样的命运结局，他们开始以图腾祭奉父亲并宣布"放弃那些促使他们和父亲发生冲突的女性"。在《文明及其缺憾》等著作中，他更分析了人类精神疾病可能的重要起因就是习俗、制度和文化对人的压抑，他断言，每一个体就其本质而言都是文明之敌，文明的发展就是以压制每一个体为代价的。①

尼采对弗洛伊德的影响是一个事实，尽管后者宣称自己不想读尼采的作品，因为觉得尼采的思想会侵蚀他自己的研究。② 吊诡的是，弗洛伊德最终还是接过了尼采历史研究的文化学和心理学思路。

从人的欲望、本能与文明之间的冲突与平衡这一角度去探讨社会历史以及文明的发展在尼采那里已经开始显山露水，到弗洛伊德这里可以

---

① 更深入的分析详见周晓虹：《西方社会学历史与体系》，上海，上海人民出版社 2002 年版，第 190 页。

② 参见〔美〕兰德尔·科林斯、迈克尔·马科夫斯基：《发现社会之旅——西方社会学思想述评》，李霞译，北京，中华书局 2006 年版，第 123 页。

说已是蔚为大观，这一思想区别于哲学史上的神意决定论、理性决定论、技术决定论、生物决定论以及经济决定论，它不仅仅为哲学研究开辟了一个新的场所，同时也为心理学和文化人类学打开了一条新的通道。

第二节　心理主义范式的兴起及其危机

19 世纪后期，现代心理学的诞生以及人本主义哲学的出现不仅推动了心理学从哲学中分离出来，而且二者还推波助澜，开辟了一个心理主义社会学的时代。心理主义试图把一切社会现象还原为心理现象，并将心理变量作为最重要的因素去解释一切社会事实，这一理论试图提出人类心理意义上的另外一种"世界图式理论"。

心理主义在美国最初是以进化论的面貌出现。美国心理进化论代表人物莱斯特·沃德认为：社会力量也就是人的群体状态中发生作用的心理力量，支配社会运动的根本力量是心理力量。沃德于 1892 年出版《文明的心理因素》一书，提出了社会意识、社会意志、社会智力、社会统治等一系列重要概念，是社会心理学的雏形。另一位美国社会学家富兰克林·吉丁斯认为：我们确信，社会学是一门心理科学，那种认为用生物学术语对社会的描述是一种错误，对此我尽量注意到社会现象的心理方面。他在《社会学原理》（1896）中写道：社会就其语词原意来说，是指同伴关系，交谈和交往，一切真正的社会事实就其本质而言，都是心理事实。吉丁斯提出了"类意识"理论，所谓"类意识"理论是指"在生命的尺度上，无论是低等的还是高等的任何生命，将另一种有意识的生命视为己类的意识状态"。据此，他不是以阶级来划分人群，他将人群划分为四大类：（1）社会阶级，即社会的精英阶级；（2）非社会阶级，指那些胸无大志的群众；（3）伪社会阶级，指那些依赖他人的人组成的阶级社会；（4）反社会阶级，即由罪犯组成的阶级。吉丁斯的阶级划分理论体现了贵族立场。

索罗金（Pitirim A. Sorokin，1889～1968）对心理主义的解释是：将个体的心理特征作为研究变量，并试图将社会现象解释为心理特征的衍生物或具体表现。换言之，心理主义就是将社会现象还原到个体水平或心理与行为水平加以研究，从本质上说心理主义就是还原主义。[①]

---

① 　以上参见周晓虹：《西方社会学历史与体系》，上海，上海人民出版社 2002 年版；以及于海：《西方社会思想史》（第三版），上海，复旦大学出版社 2010 年版。

在人本主义哲学以及心理主义滥觞的大背景下，在美国，不但心理学发展迅猛，社会心理学也很快破土而出。一般认为，社会心理学是在社会学、心理学及文化人类学这些母体学科基础上发展起来的一门相对独立的学科，它得以形成的标志性事件，一个是 1908 年在美国两本同名著作《社会心理学导论》出版，作者分别是罗斯和麦独孤，他们分别代表着社会学的社会心理学以及心理学的社会心理学。另一个标志性的事件是，1924 年奥尔波特出版《社会心理学》，它代表着实验取向的社会心理学，更多的人将这本著作的出版看作是社会心理学诞生的标志。

社会心理学的发展首先是以心理学为先导和基础。但是，明确区分心理学与社会心理学并非易事，研究对象和研究方法对于区分二者具有一定的参考意义。从研究对象来看，一般心理学将个人视为独立于社会关系的个体，研究的重点是个体心理活动产生的基础及一般规律，如心理形成的生理机制，个体的感觉、知觉、思维、记忆、情绪、情感、意志、性格以及能力等；社会心理学更多地将人看作一种社会存在，侧重在社会关系维度中去研究人的心理和行为，如社会认知、社会感情、社会态度、社会角色、群体与互动、文化与人格以及社会变迁等。从研究方法来看，心理学研究既包括过去那种哲学思辨性的心理学研究，也包括冯特以来那些借助于科学实验手段来进行的现代心理学研究，社会心理学则几乎全部采用科学实证方法，这些方法包括观察实验法、调查研究法、文献研究法、实地研究法等。

但是，上述区分又不是绝对的。首先，正如弗洛伊德所说："只有在极少数、十分例外的情况下，个体心理学才可以忽视个人与他人之间的关系。在个体的心理生活中始终有他人的参与。这个让人或者作为楷模，或者作为对象，或者作为协助者，或者作为敌人。因此，从一开始起，个体心理学的该词语义就被扩充了的。然而，从完全合理的意义上来说，同时也就是社会心理学。"① 事实上，今天我们所说的社会心理学绝非全部是在讨论社会关系中的社会心理，而完全不去讨论相对独立的个体心理；而所谓个体心理学也不仅仅讨论相对独立的个体心理，它同时也会考虑个体心理的社会关联，因为所谓心理学和社会心理学的区分并不是绝对的。此外，从研究方法来看，社会心理学所特别看重的观察实验法，其来源是心理学研究，只不过社会心理学将这一方法标准化，并采用了其他更加多样化的实证研究方法。

---

① 转引自高觉敷：《西方社会心理学发展史》，北京，人民教育出版社 1991 年版，第 2 页。

　　社会心理学同时也以社会学为先导和基础。社会心理学的产生本身就是心理学对社会学侵入的结果。长期以来，社会学关于社会发展的研究将人和人的心理内容排斥在外，涂尔干强调，社会是一个事实，社会先于人，人不过是出入于社会的匆匆过客，我们永远不可能用人的动机来解释社会，他把人和人的心理内容完全阻隔在社会学之外。孔德是一位历史进步论的信奉者，他关注的是历史的整体进步以及社会秩序的重建，但是他的所谓进步和秩序是一种多少与具体的人——人的思想、人的情感、人的动机、人的信念无关的所谓社会结构、社会分工，以及它们各自所承担的社会功能。斯宾塞更把社会看作是一个超有机体，社会是一个与人无关的进化的过程，在这个过程中的只存在人们之间残酷的竞争。马克思同样是一个历史进步论的信奉者，但是他把经济基础看作决定上层建筑的东西，把阶级斗争视为历史进步的最大推动力，他对历史和社会发展的解释同样没有把具体的个人和个人的心理内容考虑进去。很显然，上述伟大历史人物所呈现的社会学理论在人们进入 20 世纪的时候遭遇到了某种困境，因为理性主义以及各种先验论始终没有把具体的人以及人的丰富的心理活动、心理内容放在应有的位置，这些理论遭遇到美国实用主义哲学之后不得不另寻出路，这也就是 20 世纪前后社会学在美国所遭遇的处境，一个心理学大举侵入社会学的时代必然到来。

　　20 世纪初，社会心理学开始从社会学中脱离出来，心理学和社会心理学都先后发展成为相对独立的学科，这种脱离其实已经预示着人文社会科学研究的中心开始发生了改变和转移，即从过去以"类人类"为主体的研究发展到真正的以具体的人为主体的研究；从过去着力探寻世界的本质、本源以及发展规律发展到追问人的本质、认知、情感、动机、意志；从过去抽象地去研究人与物的关系发展到研究具体的人与人的关系、人与社会的关系。我们从冯特对人的意识、记忆、思维等所谓内省领域的关注；从麦独孤和弗洛伊德对人类本能以及人格的研究；从库利、米德、布鲁默关于心灵、自我以及社会互动的发现；从华生对于人类行为的关注；从班杜拉对于人类认知过程的浓厚兴趣，以及从海德格尔、萨特等人对于人类精神本质以及精神处境和归宿的追问中都可以看到已经发生的这种大转移。总而言之，我们从过去一个多世纪不可胜数的哲学家、思想家、教育家、心理学家、社会学家、社会心理学家的大量著述当中可以真切地感受到他们那种对人自身的极度焦虑和关注。不但心理学和社会心理学已经发展成为相对独立的以研究人本身为主的独立学科，作为统领所有学科的哲学也发生了世纪大转移，过去理性主义绝对统治的殿堂已经动摇，作为世界真正中心的人以及人的非理性世界开始被照亮，哲学领域的人本主义开始兴起。以关注人、关注人的内心世界为己任的专门学科心理学和社会心理学诞生出来，并向包括传播学在内的几乎其他所有社会学科强劲渗透。

然而，心理学和社会心理学在一个多世纪的发展过程中也暴露出许多问题，甚至出现了危机，这些问题被带到其他社会科学领域，也对这些研究领域造成了许多负面影响。

叶浩生在《当代心理学的困境与心理学的多元化转向》① 一文中全面分析了心理学发展百余年间所遭遇到的困境，并深刻分析了造成困境的原因，他认为心理学发展过程中存在的问题主要体现在三个方面。

其一，心理学研究体系和研究范式的分裂和破碎。他认为，心理学发展过程中至少形成了四种不同的研究方向，即以冯特、艾宾浩斯（Hermann Ebbinghaus, 1850 ~ 1909）、铁钦纳为代表的研究范式，他们主要以意识内容为研究对象，以实验内省为研究方法；以布伦塔诺（Franz Clemens Brentano, 1838 ~ 1917）等人为代表的研究范式，这一研究范式以意识活动为研究对象，但是采用非实验研究模式；以弗洛伊德和荣格（Carl Gustav Jung, 1875 ~ 1961）为代表的研究范式，他们主要将潜意识作为研究对象，并用临床方法进行研究；最后是以高尔顿（Francis Gatlton, 1822 ~ 1911）和詹姆斯为代表的研究范式，他们将人类适应性行为作为研究对象。在这四类不同研究范式的基础上又形成了构造主义、机能主义、行为主义、格式塔心理学、精神分析等众多不同的心理学流派。但是这些不同的范式和流派缺乏共同的理论基础，因而造成了心理学研究的分裂和破碎。

其二，无法解决心理现象的社会植根性与研究取向上个体主义倾向的矛盾。叶浩生认为，西方主流心理学一贯坚持个体主义方法论，即总是从个体内部寻求行为的原因，并对心理和行为进行解释，却经常忽视个人所受到的文化和社会影响，看不到心理和行为发生的文化和社会根源，由此造成了上述矛盾。

其三，现代心理学存在与现实生活脱节的问题。具体表现在心理学研究由于固守科学实证方法，从而把一些无法用这些方法研究的人类精神领域排斥在心理学的研究范围之外，人本主义心理学无法在正统心理

---

① 参见叶浩生主编：《心理学新进展丛书：文化心理学》，上海，上海教育出版社 2007 年版，第 1 ~ 22 页。

学界获得应有的地位。

叶浩生认为，现代心理学研究对自然科学的科学观和方法论的盲目仿效是造成现代心理学困境的主要原因，由于心理学全盘接受了自然科学的科学观和方法论，心理学自然也接受了自然科学的基本假设，即决定论、还原论、机械唯物论以及元素论。决定论体现在心理学研究中导致了心理学家在研究复杂问题时简化对原因的解释，简化对复杂过程的概括的描述；机械唯物论体现在心理学研究中则导致了把人看作机器，把人看作非人；元素论则导致心理学家热衷于去寻找所谓心理或行为的元素，去发现心理元素和行为元素的结构组合规律。叶浩生认为，现代人源于自然，却又超越自然，人的心理和意识世界是一种高于自然现象的精神现象。人的经验世界具有原初性、整体性和意向性特征；人的经验世界只是部分遵循物理世界的原则，但是更多的时候，它是"非逻辑的，非理性的，无规律可循的"，因此对人的心理的研究不能完全采用科学研究的方法。叶浩生认为，只有通过改造主流心理学的科学观和方法论，通过进行一场"范式"革命，现代心理学才有可能摆脱困境。他主张心理学应该从现象学、释义学、历史主义的科学哲学等不同的哲学取向中汲取不同的科学观和方法论，形成一个多元的、互补的科学观和方法论。作为国内权威的心理学家，叶浩生的见解值得重视，他对心理学困境的分析同样也适合于社会心理学。

社会心理学是在理性主义、历史决定论的信仰大厦崩塌之后建立起来的一门新兴行为科学，它对历史和人的解释是具体的、渐进的，而且它对人的看法总的说来是被动的，认为人被环境所控制，人无力主宰自己，更无力主宰社会的发展。社会心理学要做的只是在科学的旗号下去解释人与环境的关系，或者更确切地说，去研究环境如何影响和改变每一个具体的人。社会心理学在它最隐含的意义上来说，它取消了人的自由意志，但是，当人类的自由意志被取消之后，就根本无法解释历史上许多的科学发明、科学创造以及社会改良和社会革命，也无法解释伟大的历史人物。社会心理学因为反抗传统社会学忽视自由而生，但是又走到了自由的反面；社会心理学因为反对理性主义和历史决定论而主张社会学研究回到具体的人，回到人的内心世界，但是在其后发展中，它又把人的心理和行为说成是对环境的适应和顺从，并认为人的心理和行为完全被环境所决定，社会心理学因而又走到了理性主义和历史决定论的老路，这确实令人唏嘘。

第二章　传播学研究中的社会心理学

大众传播是 20 世纪人类历史上出现的最为重要的社会现象之一，大众传播活动中包含着大量的社会心理问题，传播活动与社会心理相生相伴，形影相随，二者紧密相连。一方面，研究社会心理必然要触及大众传播这一 20 世纪人类历史上出现的最为重要的社会现象；另一方面，研究传播现象必然会触及人类心理，同时要借鉴社会心理学的理论和方法。

如果把社会学芝加哥学派成员中的杜威、库利、米德对传播问题的关注和研究视作美国传播学研究的起源的话，那么美国心理学的发展与美国传播学研究的发展基本上是同步的，总体来说后者发展要稍许晚一点。

美国社会心理学在发展过程中形成了众多流派，比较重要的流派包括机能主义心理学、行为主义心理学、新行为主义心理学、精神分析心理学、格式塔心理学、信息加工认知心理学以及人本主义心理学等，它们都不同程度地对传播学研究产生过影响。传播学在其发展过程中也经历了一些不同的阶段并形成了每个阶段不同的研究重点，应该看到，美国社会心理学对传播学研究的影响绝非以各自的学派或理论产生的同期时段对应发生的，这种影响也绝不是线性发生的，即某一种流派的心理是影响某一时期或某一理论取向的传播学研究，社会心理学对传播学研究的影响是整体性、散点渗透式的。

第一节　传播学研究与社会心理学相互借鉴、
　　　　相互影响的必然性

推动美国传播学发展的真正力量是现实的发展和需要。历史由现实的人组成，现实的人组成各种社会关系，包括传播关系，越是逼近现实的人和现实中的各种关系，就越是无法回避对人的情感、意志、动机、态度、思想以及行为等心理内容的关注。但是，现实并不承担有关学科分类的义务，新的学科总是围绕着某些特定、具体的现实问题，伴随着人才的成长、研究的深入、成果的积累以及学科意识的觉醒以及机构的建立而逐步发展起来的。

一个多世纪以来，美国传播学研究呈现出两大鲜明的特点，其一是以实用主义为哲学基础，以经验主义和实证主义为研究方法；其二是与社会心理学的密切结合，二者之间又是有紧密的逻辑关联。

19世纪后期，美国面临的与传播密切相关的主要问题包括：民主制度正在繁育和初建之中，大众传媒开始普及，大众社会初步形成，人口和移民迅速扩张，并向都市聚集，大型都市社区开始出现，各种种族问题、移民问题、文化冲突乃至犯罪问题相继出现。在很大程度上，新兴的芝加哥大学主动承担了对上述问题进行学术研究的使命，并催生了芝加哥学派；芝加哥学派开启的民主共同体研究、符号互动论研究、种族和移民研究、文化共同体研究以及都市犯罪研究等均是对这类现实问题的直接回应。芝加哥学派对上述问题的观察和研究采用了多重视角，它们既是社会学和社会心理学的，同时也是传播学的。或许杜威、库利、米德、帕克们在研究上述问题时已经意识到他们是在创立美国本土化的哲学、社会学和心理学，但是，或许他们并没有意识到他们同时也正在创立一种全新的美国本土化的传播学理论，并与他们所创建的社会学和心理学交融在一起。

同样被称为美国传播学研究第二阶段的舆论和宣传研究也是对美国现实的直接呼应，这个现实就是战争、法西斯主义、苏俄共产主义以及包括广播在内的大众传媒的进一步普及。李普曼在大学期间接受的主要是哲学、文学和艺术教育，他终其一生是一位报人、政治评论家和社会活动家，他对现实政治和国际关系问题的关注由他一生的言行所表明，但是他对现实问题的洞察与他对人心、人性的理解密切相关。在《公众舆论》《幻影公众》等所谓传播学著作中，他把人心、人性、人的成见、人的思维特点、理解能力、人的恐惧本能和非理性这些心理内容毫无保留地投射到作品中，作为他论述传播问题、政治问题以及民主制度问题的理论基础，他无意去创立一门后来人们称之为传播学的理论说教，他更没有想到如何将传播学和社会心理学相结合，但是今天看来，他的著作却恰恰是二者结合的经典，也是传播心理研究的典范。

拉斯韦尔虽然是一位政治学学者，但是他具有非常深厚的心理学素养，他关于大众传媒和政治问题的论著带有浓厚的心理学色彩，他甚至被公认为政治心理学的先驱人物。他在《世界大战中的宣传技巧》一书中关于宣传的论述同样很大程度上建立在对相关心理问题的基础之上，这些心理内容包括正义诉求、同情本能、死亡恐惧等，他的这部著作不仅仅属于政治学、传播学，也属于心理学。

20 世纪 30 年代后期，由拉扎斯菲尔德领导的应用社会研究局进行的一系列与广播效果相关的研究是对大众传播商业逻辑的回应。广播业的快速发展迫使产业主必须确切地知道：广播听众在哪里？什么样的节目最能吸引听众和广告？听众的个体差异如何？因为这些问题都与利润紧密相关，而上述问题既是传播问题，也是心理问题。应用社会研究局展开的"火星人入侵"恐慌研究、广播的使用与满足研究等都是为市场和利润逻辑服务的，这些研究在进入传播领域的同时，显然也进入了心理研究领域。

美国传播学研究深深植根于美国社会现实之中，美国传播学研究的基本主题包括，为民主制度运行提供舆论和意见研究，为对外战争提供宣传和情报研究，为公司和媒体利润提供市场研究等，它们共同指向功效、效率这一实用目标。这一研究目标的定位建立在实用主义哲学基础之上，这使得美国传播学研究脱离了欧洲传播研究思辨性的哲学传统。

由美国各大财团以及美国政府所赞助和支持的其他各类大型项目对传播学学科形成发挥了极大作用，其中最著名的项目包括由洛克菲勒财团所支持的广播研究项目（1937），拉扎斯菲尔德、斯坦顿等人是这个项目的主要领导者。二战爆发后不久，洛克菲勒基金会（Rockefeller Foundation）立即召集社会学家们就大众传播问题进行讨论，参与者包括拉扎斯菲尔德、拉斯韦尔、林德（Robert Lynd）以及布里森（Lyman Bryson）等。这些学者们开始试图建立起被今天的人们称之为传播学的新学科。这样的讨论举办了多次，为期 11 个月，讨论内容最后形成了两册备忘录，一册名为《公众舆论与危机》（*Public Opinion and Emergency*，1939），另一册名为《大众传播研究》（*Research in Mass Communication*，1940）。虽然这两册备忘录未曾出版，但它们是早期传播学研究的重要文献①。1937 年《公共舆论季刊》（*Public Opinion Quarterly*）的创刊也是美国传播学初步形成的一个重要标志。

其他著名的项目还包括，战时美国政府所支持的庞大战争信息情报

---

① 参见 Timothy Glander. *Origins of Mass Communications Research During the American Cold War：Educational Effects and Contemporary Implications*，Lawreuce Erlbaum Associations，Publishers，Inc. Mahwah，New Jersey，2000，p41。

以及舆论宣传项目，如 1942 年至 1945 年霍夫兰所领导的态度改变和劝服研究，这项研究在美国军队中进行，研究团队所属机构为"军队信息教育处研究部"（Research Branch of the Army's Information and Education Division），该部门历时数年的研究结果最终以《第二次世界大战中的社会心理学研究》（ *Studies in Social Psychology in World War Ⅱ* ）为名出版，该书系共三册，第一册书名为《美国士兵：军队生活中的心理适应》[①]，第二册书名为《美国士兵：战斗及其后果》[②]，第三分册书名为《大众传播实验》[③]。其中由霍夫兰等人撰写的《大众传播实验》一书成为传播学经典著作。稍后霍夫兰又联合其他 30 位学者在耶鲁大学继续从事有关传播心理方面的实验研究，并于 1953 年出版了另一本传播学经典著作《传播与劝服》[④]。1948 年，拉扎斯菲尔德等人在俄亥俄州伊利县（Erie）就当时该县进行的美国总统选举中的选民投票行为，以及传播对选民投票的影响进行调查和研究，提出了"舆论领袖"以及"两级传播"等重要理论，并出版《人民的选择》一书。1954 年，拉扎斯菲尔德与贝雷尔森继续对当时的美国总统大选中的选民投票行为进行调查研究，试图确定大众传播对选民投票的影响，并再次得出与 1948 年类似的结论。上述有关传播领域的宣传研究、公众舆论研究、传播市场研究以及受众心理研究构成了美国传播学研究的基本领域，也体现了美国传播学发展的实用主义特点。

　　对应用问题的高度关注决定了美国传播学研究必须考虑到研究对象的可观察性，研究结论的可验证性，这就决定了美国传播学研究中必须采用经验主义和实证主义等更为科学严谨的研究方法，为政府和企业公司提供具有可操作性的研究结论。

　　美国是实用主义哲学的发源地，也是实用主义思想的大本营，但是美国的实用主义哲学诞生在一个民主制度框架之中，并为民主制度服务。实用主义并非意味着为了功效可以放弃道德和法制原则，而是要解决在基本的道德与法制原则之下，如何更好地去求得最大功效。美国传播研究在实用主义哲学引导下并没有走向道德的堕落，相反，这些研究始终

---

① *The American Soldier：Adjustment During Army Life.*

② *The American Soldier：Combat and Aftermath.*

③ Carl I. Hovland, Arthura. Lumsdaine, Fred D. Sheffield. *Experiments on Mass Communication*, Princeean University Press,1949.

④ Carl I. Horland, Irving L. Janis, and Harold H. Kelly. *Communication and Persuasion*, *New Haven and London*, Yale University Press,1953.

将人放在核心地位，研究者必须将人的感受、情感、需求、态度以及行为作为最重要的观察对象和研究对象，去剖解人与大众传媒的互动规律，正因如此，社会心理学在传播学研究中自然获得了合法地位。在一个以非强制性为主要特征的民主社会中，离开了对人的尊重，离开了对受众真实心理过程的关切，这样的传播学研究显然是没有出路的。

美国心理学的发展是在实用主义哲学基础上展开的，实用主义哲学对质量、效率、实效的追求使得美国心理学实验化、操作化、精确化的特征异常突出。在美国心理学发展历史中，真正占主导地位的是以詹姆斯为代表的机能主义心理学，以华生为代表的行为主义心理学，以卢因为代表的团体动力心理学，以托尔曼（Edward Chace Tolman，1886～1959）为代表的新行为主义心理学，以班杜拉为代表的社会学习理论以及信息加工认知心理学，这些心理学理论对美国传播学研究的发展产生了较大的作用和影响。至于其他一些流派的心理学理论，如以铁钦纳为代表的构造主义心理学，以弗洛伊德为代表的精神分析学说，以马斯洛（Abraham H. Maslow，1908～1970）为代表的人本主义心理学，它们或者因为脱离心理功能的研究方向，或者因为偏离科学实证方向，并没有在美国心理学界取得应有的地位，它们对传播研究的影响相对也较小。

社会心理学对传播学研究的作用和影响是一个非常复杂的问题，简化这一问题的论述模式是不可避免的，也是必需的。严格地说，当面对现实中具体问题的时候是没有学科分野的，所有的知识、学科都是为了解决现实中的问题而被发现、发明和创造；并非因为有了知识、学科才有了现实中的问题，而是因为需要解决现实中的问题人们才去发现知识、创造知识，对于学科的划分尤其如此，而且，解决现实中的问题往往需要多门学科的共同参与。

第二节　社会心理学与传播学研究的相互作用和影响

社会心理学对美国传播学研究的影响主要体现在三个方面：其一，社会心理学基本观念和理论对传播学研究的影响；其二，社会心理学研究方法、手段对传播学研究的影响；其三，社会心理学与传播学研究在发展过程中的相互影响。此外，二者还具有一定程度的共生性，它们之间的影响有时候是相互的。当然，也应该看到社会心理学对传播学研究的影响并非都是正面积极的，社会心理学对传播学研究也产生了一定负面的影响。

对传播学研究影响较大的社会心理学流派主要包括符号互动论、行为主义心理学、新行为主义心理学、社会学习理论以及认知心理学等，所谓社会心理学对传播研究的影响，或者说传播学研究中的社会心理学传统主要是通过这些社会心理学的影响而体现出来的，它们形成了一条比较清晰的影响路径。

一、符号互动论与传播学研究：基于美国本土
社会心理学的传播学基础理论

符号互动论是在 19 世纪后期，经由库利、米德和杜威等社会学芝加哥学派主要成员的努力而发展起来的一种典型的美国本土化的社会心理学理论，1969 年，第二代芝加哥学派的主将布鲁默出版《符号互动主义》，对前代芝加哥学派，尤其是对米德的符号互动论思想进行了系统的总结，正式提出符号互动论。在标准的社会心理学教材中，很少有人将符号互动论列为主流社会心理学理论，这一理论对传播学研究的影响也没有受到足够重视。

符号互动论是一种实用主义、关系主义和行为主义的社会科学理论。

首先，它是一套关于民主实践的哲学理论，这一理论涉及自我的形成，人在社会组织中的协作与合作，现代社会的精神凝结方式等重要问题，它的最终指向是民主制度可能存在的方式。符号互动论把人借助于符号而进行的互动看作是自我形成的主要机制，人经由互动获得关于自我和他人的概念，人们在这个基础上完成必需的社会情感、社会认知和社会判断，从而实现有效的社会协调和社会组织。这种具体的人与人之间的互动是民主生存的必备条件，因为工业革命之后传统社会中人们联结的主要方式，即以家庭、教会、社区、学校为纽带的精神共同体——在库利看来主要是首属群体已经削弱或消失，民主的必备条件之一是要形成一种新的社会精神生活的联结方式，那就是借助于各种符号而进行的有效互动。库利、米德和杜威不但从人际互动的微观层面阐述了人何以通过符号中介进行互动而形成自我，他们还将这一互动推向更广阔的社会舞台，把人与人之间借以互动的语言符号推向更多样、更复杂的符号系统——大众传播符号系统；他们看到了大众传播在凝结精神、营造舆论、表达意见等方面的重要性，也看到了传播在民主生活中的重要性；他们用"大共同体""大社会""大生活"等概念来强调民主社会中公民这种精神生活对于民主的重要性。

在符号互动论者的眼中，民主已经不是启蒙思想家所信奉的人道、自由、权利等抽象原则，民主也不是已经被理性所承诺的先验的东西，他们创造符号互动论是要表明民主是具体的、实践的、行动的，民主存在于每一个公民之间的互动，存在于精神共同体之中，民主存在于人们借助于大众传播所进行的信息传通、意见表达之中。他们在人与人之间的具体关系、人与人之间的符号互动以及每个人的具体实践之中建构了一套关于民主何以生存的理论。因此，符号互动论是一种实用主义、关系主义和行为主义的哲学理论。

其次，符号互动论也是一套关于自我形成、自我在社会中进行角色扮演的社会心理学理论，他们关于自我形成的解释基本上都是心理学意义上的解释。为此，库利提出了著名的"镜中自我"理论，他说："人们彼此都是一面镜子，映照着对方。"[1] 这一理论认为自我是对他人对自己评价的一种反应，他人对自己的评价就像一面镜子，自己根据这面镜子去调整自己的态度和行为，从而获得自我意识。库利一再声称："人们彼此之间的想象是固定的社会事实。"[2] 他认为社会便是人们观念中的一种关系。米德基本上也是从社会心理的角度来建构有关自我与社会关系的理论，他的"主我""宾我"以及"普遍化的他人"等说词几乎就是库利"镜中自我"理论的升级版；米德更细致地剖析了人如何通过"主我"与"宾我"之间的对话协商而最终形成自我，作为社会原则体现的"普遍化的他人"如何进入个人思想中，并像一只无形之手对自我的形成进行调控，在米德看来，这些动作几乎都是借助于符号系统和想象而完成的。

很少有人注意到，创立于 19 世纪后期的符号互动论是一种真正美国本土化的社会心理学理论，同时也是心理学领域中的一场变革，这一理论没有局限于从内省的层面去考察单一个人的意识活动，而是第一次系统地在个人与他人的社会联系层面去探讨自我的形成及其社会意义。遗憾的是，此后美国社会心理学并没有沿着这样一条思路发展下去，而是走向了实证主义主导的所谓科学研究范式，这一范式主要把人的心理看作是对环境刺激的一种适应性反应，人未能成为社会实践的积极行动者，

---

① 〔美〕库利：《人类本性与社会秩序》，包凡一等译，北京，华夏出版社 1989 年版，第 118 页。

② 〔美〕库利：《人类本性与社会秩序》，包凡一等译，北京，华夏出版社 1989 年版，第 78 页。

反而成为被环境控制的适应者。

再次，符号互动论同时也是有关人际交流、人际交往以及意义共享的传播学理论。在社会科学领域，符号互动论第一次系统论述了符号在人际交往、人际交流以及意义共享中的重要作用，论述了它们对于社会组织协调的重要意义。符号互动论是有关人际传播领域中最原创、最基础的理论。不仅如此，符号互动论还把人际传播的价值意义推向更广阔、更深刻的社会生活领域，论述了人际传播对于精神共同体创建，对于民主制度生存的重要性，在符号互动论的理论框架中，以符号为中介的大众传播对于民主制度的重要性第一次得到深刻的表述。库利说传播的历史就是历史的基石，传播意味着民主；杜威说："社会不仅是由于传递，由于传播而得以存在，而且完全可以说是在传递、传播之中存在着。"[①]他又说："由蒸汽和电创造的大社会（the Great Society）可能是一个社会，但是它不是一个共同体，直到大社会被转变成一个大的共同体（Great Community），公众仍然被处于被遮蔽之中，仅凭传播就能够创造出一个大的共同体。"[②] 这些观点都对后来的传播学研究产生了很大影响。

对美国传播学研究形成较大影响的是作为哲学和传播学观点的符号互动论，作为社会心理学的符号互动论对此后美国传播学研究似乎并未产生太大影响，这与美国社会心理学的实证化、科学化发展趋势密切相关，实证化、科学化的社会心理学对美国传播学的影响显然更大一些。例外的情形是，20 世纪 40 年代卡茨（Elihu Katz，1926 ~ ）和拉扎斯菲尔德在有关大众传播在民主选举和政治投票中作用的研究中重新发现了人际传播网络的存在及其重要性，由此提出了二级传播理论，库利的首属群体理论为二级传播理论提供了一个注解。

所谓传播学研究的社会心理学传统也包括一些这样的事实，有些社会心理学理论本身就包含着传播学思想，二者具有共生的特点，符号互动论既是一种社会心理学理论，同时也是某种传播学理论。库利、米德在研究符号互动的时候发现了符号和传播，他们本意是要建构一套有关社会民主的哲学和心理学理论体系，却发现民主与传播也是密不可分的，由此触及了传播学领域。值得一提的是，杜威不仅仅是哲学家、教育家，

---

① 转引自〔美〕E. M. 罗杰斯：《传播学史：一种传记式的方法》，殷晓蓉译，上海，上海译文出版社 2001 年版，第 163 页。

② 转引自〔美〕E. M. 罗杰斯：《传播学史：一种传记式的方法》，殷晓蓉译，上海，上海译文出版社 2001 年版，第 169 页。

他也是一位重要的心理学家。1896 年杜威发表《心理学中的反射弧概念》，该文被认为机能主义心理学派出现的重要标志。

二、行为主义心理学与传播学研究：社会控制观念与"刺激—反应"模式

进入 20 世纪以后，美国的社会心理学并没有沿着符号互动论的方向发展，也没有完全沿着机能主义心理学的方向发展，或许是因为美国社会面临着比民主本身更实际、更迫切的问题，需要新的心理学理论去解释并承担，毕竟民主制度在美国已经建立并逐步完善，心理学面临的更为迫切的使命是如何完善民主制度设计之下的社会控制，以及如何解决自由市场经济之下的生产效率、质量管理之类的问题。如果说以詹姆斯为代表的机能主义心理学浸染了进化论思想的影响，强调人类心理是适应环境的产物，并暗含了社会控制及其合法性这一主题的话，那么进入 20 世纪后，机能主义心理学这一隐晦的主张显然已经不能满足时代的要求，正是在这一背景下，约翰·华生创立了行为主义心理学，拿著名心理学家波林在《实验心理学史》中的一句话来说："华生在这个混合队伍中放了一把火，因此乃有一度爆炸，产生了行为主义。"① 实际上，华生此时提出行为主义心理学理论主张远非"一度爆炸"那么简单；行为主义心理学是心理学史上的一次大革命，它影响了整个 20 世纪美国心理学的走向，并对传播学研究产生了实质性的影响。

1913 年，华生发表《行为主义者心目中的心理学》，初步阐述了行为主义心理学的理论主张，1914 年和 1919 年又分别出版著作《行为：比较心理学导言》和《从一个行为主义者的观点看心理学》，由此完成了他的行为主义心理学建构。行为主义心理学的首要目标是要把心理学发展成为一门真正的自然科学，为此，华生要把过去心理学研究的主要对象主观意识以及主要研究方法内省法从心理学研究中彻底赶出去。行为主义心理学的主要研究对象是人的外显行为，研究外显行为的目的就是要实现对人的社会行为的预测和控制。行为主义心理学是一种典型的环境决定论，华生认为，人的外显行为建立在"刺激—反应"这样的条件反射机制之上，心理学的任务就是要找到那些引起反应的刺激条件，或者根据已知的刺激条件去预测和控制行为。这样一种理论把人看作环境的奴

---

① 〔美〕E. G. 波林：《实验心理学史》（下册），高觉敷译，北京，商务印书馆 1981 年版，第576 页。

隶，同时又把人看作一部机器，认为按动机器旁边的某一个按钮，人体就一定会出现某一个对应的动作。在研究方法上，华生相信通过条件反射这类所谓科学的方法完全可以预知和控制人的行为，得出科学的结论。

尽管行为主义心理学的理论主张不无简陋之处，但是它的基于"刺激—反应"模式的行为控制和社会控制思想对此后的行为科学还是产生了强烈冲击，因为有效控制是几乎所有行为科学的诉求点，而关于人和社会的控制研究总是离不开人与环境关系这一视角，行为主义心理学对此提出了自己的解释。没有人能够否认人的生物性甚至动物性特点，在许多情况下人对于权力的驯服也是一个不争的事实，因此，在某些方面行为主义心理学确实切中了人类心理的要害。

如果说在传播学研究中确实存在社会心理学传统的话，那么，行为主义心理学应该就是这一传统的轴线。一个多世纪以来，传播学研究尤其是传播效果研究中对于传受关系的考察基本上是以"刺激—反应"为研究模式，以受众控制为基本导向，与行为主义心理学相关的一些实证研究方法几乎也被传播学研究全盘吸收借用，实证化、实验化、精确化成为传播学研究的规范标志，美国传播学研究与行为主义心理学不说是亦步亦趋，也可以说是形影相随。

将传播视为控制的观念几乎贯穿在所有的有关传播过程、传播效果以及受众研究之中，重要的研究包括：20世纪初的"魔弹论"；李普曼和拉斯韦尔代表的早期宣传研究；30年代前后佩恩基金研究；1938年的"火星人入侵"研究；1940年的伊利县调查；二战及"冷战"期间大量的公共舆论及宣传研究；拉斯韦尔的5W模式；1942年"电影效果评估研究"；1946年至1961年的耶鲁态度改变研究；1968年以来的议程设置研究等。

应该承认，具体到每一项研究，研究者对于控制的理解可能是有差别的，并非所有研究者都认可权力对媒介的控制，或者认可媒介对受众的控制，但是，几乎所有研究者都认可传播事实上构成了对受众的某种控制，传播也必然对受众构成控制，传播本身就是一种社会控制手段，他们正是在这一起点上对传播进行研究。

研究者对于传播控制的价值取向大致可以分为三类。

其一是积极立场。研究者认为应该尽量发挥传播的社会控制功能，为特定目标服务。例如，二战和"冷战"期间的宣传和公共舆论研究，霍夫兰主持的电影评估及态度改变研究都属于此类。这类研究将大量的社会心理学理论和方法带入项目中，力图发现最为有效的劝服方式和技巧，实现对舆论、意见和态度改变的控制，为美国战争利益和其他现实利益服务。还有一些代表商业利益的传播研究，如20世纪30年代拉扎斯菲尔德团队所进行的一些商业广播效果研究很多也属于此类，这类研究主要针对受众阅听习惯、受众到达率、受众心理需求等问题进行分析，试图为媒介经营提供决策依据，它的逻辑起点还是受众控制。

其二是消极立场。在这类研究中，研究者视媒介控制为有害之物，或者对媒介控制抱有深深的疑虑。例如，李普曼一战之后的宣传研究即属于此例，李普曼一方面看到了大众传播在民主生活中的重要性；另一方面更看到了大众传播对理性公共舆论的潜在威胁，面对现代传媒这个庞然大物，李普曼几乎陷入无所适从之地。又如佩恩基金研究，研究者拿出了大量证据证明电影确实对儿童产生了一些不利影响，他们的研究结论证明，当时美国教育界、宗教界对于电影这一现代化媒介的抱怨和批评并非无稽之谈，这些研究最后还导致了一些关于限制电影生产、制作和发行的立法。

其三是中立立场。研究者不对传播的社会控制进行价值判断，他们主要就控制的方式、控制的效果等问题进行中立客观研究，以期获得科学的结论。例如，拉斯韦尔在《世界大战中的宣传技巧》一书中对于战争宣传的研究，拉扎斯菲尔德关于二级传播和意见领袖的研究都属此类。应该说二战以来大部分有关传播问题的实证研究对于传播控制问题都是持中立立场的，这与美国传播学研究实证化、科学化的目标相一致。无论如何，传播控制的观念是传播学研究的一个基本逻辑起点。

与传播控制密切相关的另一个问题就是控制发生的机制。

所谓控制就一定有控制的一方和被控制的一方，在大众传播领域，控制和被控制的关系主要体现为传受关系，传者就是媒介（包括媒介所有者、媒介信息生产者、传播者等），受者就是受众。但是传者对受众的影响和控制是通过传播信息这个媒介而实施的，因此，传播学所研究的控制是指大众传播信息对受众的影响和控制。受行为主义心理学的影响，几乎所有的传播研究都把大众传播信息视为刺激物，将受众视为反应物，绝大部分传播学理论都是建立在行为主义心理学的"刺激—反应"模式之上，在这个基础上去研究传播控制问题，这构成了传播学研究的另外一个重要的逻辑起点。

早期强效果研究中的"魔弹论"将受众视为"靶子"，将媒介传播的信息视作子弹，受众接收到这些信息后就像靶子被击中，然后应声而倒。魔弹论是一种直接效果理论，也就是"均一效果理论"，这一理论认为每个受众都以同样的方式去理解媒介内容，它抹杀了受众个体差异的存在。这种对传播效果的解释完全建立在"刺激—反应"这一行为主义心理学模式上。其实，在传播学历史上找不到这一理论的正式表达，这一理论代表着 20 世纪初期社会对现代传播威力的一种恐惧感受，这正说明一般大众也是基于"刺激—反应"这一机制去看待大众传播的。

已有的大众传播理论在传受问题上虽然深受行为主义心理学"刺激—反应"模式的影响，但是并非每一种理论都像行为主义那样极端，完全把受众看作是媒介信息环境的奴隶，在多数传播理论中，受众的主动性、媒介信息环境与受众反应之间客观存在的一些中间变量也受到不同程度的重视。在"刺激—反应"模式的大前提下，研究者对受众的理解也形成了两种不同类型。

其一，被动受众。在 20 世纪 60 年代认知心理学出现以前，传播学理论大体都认为受众是被动的，即认为受众在媒介信息环境刺激下只能进行被动的反应，这种看法与行为主义心理学对人的看法高度一致。

华生在芝加哥大学期间从事过一段时间的动物心理研究，他相信可以比照对动物的研究来对人类心理和行为进行研究，事实上华生也确实从后者借用了同样的方法。他公开宣称行为主义是 20 世纪头 10 年间研究动物行为的直接结果。行为主义心理学的主要研究方法"条件反射法"的直接来源就是巴普洛夫（Иван Петрович Павлов，1849～1936）的条件反射学说，这一方法被巴普洛夫用于对动物的条件反射研究。华生既然将人的意识和行为降低到动物水平，他自然认为人是一种完全受环境刺激和控制的动物，这样一种思想迁移到传播学研究中，确实影响到许多研究者对受众的基本看法，那就是受众在传播过程中处于被动的一端。

这一基本偏向在 20 世纪 60 年代认知心理学以及传播学中主动受众概念出现之前的传播学研究中普遍存在。极端的例子是，在佩恩基金研究中就已经开始大量采用控制实验法，全面研究电影对儿童的影响，这些研究涉及信息获取、态度改变、情感刺激、健康损害、道德侵蚀、行为影响等。这一美国历史上最早的大规模媒介效果调查研究汇集了当时美国许多一流的社会心理学家，采用了当时最先进的实验方法，量化研究方法以及数据处理技巧。但是这项体现当时最高实验水平的传播效果研究仍然是在"刺激—反应"这一模式下进行的，受众被明确定位于被控制的实验对象，儿童态度、行为的改变被简化为单一电影信息刺激下的直接反应结果。

当然，很少有研究者走向华生那样的极端，多数传播研究几乎从一开始就意识到受众并非绝对被动，他们或多或少意识到受众的人格、个人偏爱、所处情境，以及社会归属等因素对于受众理解媒介信息并作出反应会产生一定影响。例如，1937 年赫佐格主持的日间广播剧"使用与满足研究"、1938 年坎垂尔主持的"火星人入侵"研究已经开始注意这些中间变量因素的存在，1940 年拉扎斯菲尔德主持的伊利县调查甚至将人际影响因素也考虑到传播效果当中。

其二，主动受众。媒介信息刺激与受众反应之间大量中间变量的存在也促使传播研究关注受众对劝服的抵抗，以及对媒介信息选择性接触之类的问题，研究者也注意到受众其实也是固执的，受众并非只是对媒介信息环境刺激作出简单反应，媒介不可能总是能够轻易控制受众。例如，霍夫兰在他的电影实验研究中就非常明确地提出过选择性接触、选择性理解等概念。但是，对"劝服抵抗""媒介信息选择性接触"之类问题的关注并不能改变受众处于被动地位这个基本事实。

传播学理论也在试图寻求研究思路上的突破。研究者也在探索是否有一种理论能够彻底摆脱"刺激—反应"这种简单的研究模式，从而彻底改变受众的被动处境。卡茨在 20 世纪 50 年代后期提出了这一问题，在其 1959 年发表的《大众传播研究与通俗文化研究》一文中，卡茨提出不应该老是问"媒介对人们做了什么"，而应该问"人们用媒介做了什么"。基于这种思考，卡茨提出了"使用与满足理论"。① 1974 年，卡茨等人发表《个人对大众传播的利用》，重提"使用与满足"理论，这篇文章提出了"使用与满足"的几个基本假设：（1）受众是主动的，他们使用媒介以追求特定的目的（生理与心理需求）；（2）在大众传播过程中，需靠受众把媒介的使用和需要的满足联系起来；（3）传播媒介和其他消息来源（如人际传播）互动竞争以满足需求；（4）就研究方法而言，得从受众个人提供的资料中推断他们使用媒介的目的；（5）对于传播的文化意义，拒绝任何价值判断，而由受众自己去讲。②

卡茨显然是想把研究的重心从传播控制转移到媒介使用以及受众满足方面上来，并减弱对"刺激—反应"这种解释模式的依赖，从而提高受众在传播过程中的地位，凸显受众的主动性、主体性，并强化受众媒

① 参见周葆华：《效果研究：人类传受观念与行为的变迁》，上海，复旦大学出版社 2008 年版，第 153 页。

② 参见周葆华：《效果研究：人类传受观念与行为的变迁》，上海，复旦大学出版社 2008 年版，第 160 ~ 161 页。

介行为的社会意义。他的这一倡导似乎也取得了一些收效，对 1980 年至 1999 年国际最知名的 10 本大众传播学刊物发表论文的统计显示，这 20 年间，有 12% 的论文采用了"使用与满足"理论。[①] 可见卡茨等人的理论倡导在学术界获得了一定响应。

主动受众观念的确定是对被动受众观念的一种反思，甚至否定，说明传播研究界对传播控制、"刺激—反应"这一研究模式已经感到不满，这是可以理解的，因为这种一元化、简单化的研究模式至少在 20 世纪 70 年代前的半个世纪中一直占据主导地位，几乎成为传播研究的"紧箍咒"，有识之士已经看出这一局面很难再持续下去。

但是，受众究竟是主动还是被动这是一个非常抽象的命题，这要看具体是哪个受众，还要看受众面对的是何媒介和信息；判定受众是主动还是被动的人似乎不应该是研究者和受众自己，也不应该是媒介或其他第四方、第五方。受众是主动还是被动应该有一个客观事实，研究者的目的是要去发现那个客观事实，然后再去作出科学判断。问题在于这个客观事实非常不易发现和把握，所以才导致传播研究中出现"主动受众""被动受众"之类的猜测或理论主张。主动受众之类的说法其实是想摆脱"传播控制"以及"刺激—反应"这两大基本研究模式，或者说是要摆脱行为主义心理学的影响，不过这两类研究模式看来很难彻底摆脱，从 20 世纪 80 年代以来使用与满足理论发展的实际情况来看，这一理论并未能完全超越"传播控制"和"刺激—反应"的基本框架，这也意味着传播学研究对于新的研究范式的追求还将继续下去。

三、新行为主义心理学与传播研究：个体差异与态度需求

以华生为代表的行为主义心理学在 1913 年至 1930 年间主导了美国心理学界，但是行为主义心理学对人的理解很大程度上建立在一种较低水平基础之上，对人类行为发生机制的理解也过于机械化和简单化，这必然在心理学内部引起质疑。大约从 20 世纪 30 年代开始，一些深受行为主义心理学影响的学者开始试图改造行为主义心理学，这些学者包括：克拉克·赫尔、爱德华·托尔曼以及稍后的弗雷德里克·斯金纳等。他们研究的共同特点是继续坚持行为主义的客观实证立场，仍然以决定论的眼光来看待人与环境的关系以及行为产生的原因。但是，他们在解释人

---

① 周葆华：《效果研究：人类传受观念与行为的变迁》，上海，复旦大学出版社 2008 年版，第 162 页。

类行为方面开始认真考虑其他一些主观因素的作用，他们在"刺激—反应"之间引入了一些重要的中介变量，从而将行为主义心理学向前推进了一步。人们把具有类似特点的研究称作新行为主义心理学，这个学术流派活跃于 1930 年至 1960 年的大约 30 年间。

赫尔于 1918 年从威斯康星大学获得哲学博士学位，并在该校执教。1927 年他读到巴普洛夫的《条件反射》一书后对心理学产生了浓厚兴趣，1929 年他受聘于耶鲁大学，出任该校人类关系研究所心理学教授。霍夫兰自 1934 年起在耶鲁大学就是跟随赫尔学习，并在 1936 年获得博士学位后继续留在该校任教。

赫尔对心理学的重要贡献之一是创造了一套"学习强化理论"，这实际上是一套关于社会学习的行为理论；赫尔将大量数学运算和几何证明带入这一理论中，以期达到绝对的精确。这一理论的最大特点之一是细化了"刺激—反应"的内部过程研究，他将华生的 S-R 模式转变成 S-s-r-R 模式。其中，S 表示外部环境刺激，R 表示行为反应，s 表示刺激痕迹，r 表示运动神经冲动。赫尔认为一个行为反应不一定由外部刺激即刻引起，环境刺激的影响可以存留在有机体中成为刺激痕迹（s）；与此同时，行为反应往往由多个刺激痕迹经由运动神经冲动（r）共同引起，赫尔的刺激反应模式显然是对旧模式的完善。

其次，赫尔还注意到在"刺激—反应"之间还存在需求和内驱力这样的中介变量，它们对行为也会产生影响。从这一点看，他又将华生的 S-R 模式转变成了 S-O-R 模式。其中，O 表示有机体，它可以代表某种需求，也可以代表某种内驱力。这一点尤其体现了赫尔理论的创新，它突破了行为主义心理学关于人类行为解释的简单框架，启发了同时代的学者和后来者去继续丰富和完善中介变量的价值和意义。

托尔曼于 1915 年在哈佛大学获得哲学博士学位，一生执教于多所大学，其中在加利福尼亚大学从教 30 多年。托尔曼在其关于人类行为的学习理论中明确引入了中介变量概念，他认为那些引起行为变化的因素除了刺激以外，还包括环境变量和个体差异变量。其中，个体差异变量与有机体本身关系密切，主要包括有机体的遗传特征、年龄，先前所受的训练，特殊的激素、药物和维生素所维持的生理状态等，它们同样会对行为产生影响。在卢因团体动力学思想的启发下，1951 年，托尔曼又将涉及有机体的中介变量进行了系统完善，他认为涉及行为的中介变量包括三类。其一，需要系统，指生理需要和内驱力等；其二，信念—价值符号排列矩阵图；其三，行为空间。后面两点主要与有机体的认知相关。

综上所述，新行为主义心理学在研究行为的同时，又开始进入主观意识领域，重新研究包括个体差异、需求、态度、信念、价值等在内的所谓中介变量，把刺激和中介变量看作是引起行为的共同因素。人的行为不仅与环境刺激相关，同时也与人的需求、欲望、价值观相关，这似乎是一个常识，新行为主义心理学向前迈进了一步似乎也只是向常识更靠近了一点，但是，相对于行为主义心理学对于行为这一概念的固守来说，这确实是一大步。德国心理学史专家吕克（Helmut E. Ltick）的话似乎可以帮助我们理解这一点。他说："行为主义广受欢迎的原因主要就在于，华生对环境对人类行为及其发展的重要性的强调，是别的任何其他心理学派都没有达到的。"① 华生之所以坚持研究行为，摒弃意识，坚持认为行为才是社会刺激的反应结果，原因在于他坚定地认为行为对于社会变革和工业化生产才是最重要的。对环境及行为的强调还导致了华生另外一个重要看法：人是环境的产物，只要改变环境就可以改变人。他有一句名言，大意是说：给我一打健康的儿童，交由我教养，我可以担保，我随便从他们中选出一个，都可以把他训练成任何一种专家；无论他们原生的能力、爱好、家庭、种族如何，我都能够把他培养成一个音乐家、艺术家或医生、律师、商界领袖，甚至把他培养成为乞丐或窃贼。② 正因如此，华生的行为主义心理学在心理学界、行为科学领域、工业界、商界，甚至在政界都大受欢迎，这一心理学学派被称作"第一势力"。新行为主义心理学能够在这样的气氛中破土而出，确实并非易事。华生行为主义观念的流行以及传播研究中控制观点和被动受众观点被人们广泛接受，证明了李普曼所言不虚：人们极易受成见、偏见的影响，人类思想史中也会经常出现"盲点"。

新行为主义心理学对美国传播研究的影响可能主要来自不同学者理论主张中的中介变量思想，即环境刺激不是导致行为的唯一原因，诸如个体差异和人的需求这样的中介变量也会对行为及其结果产生影响。但是，在新行为主义提出中介变量理论之前，有关传播效果的研究中已经比较多地关注这些因素，因此似乎不能简单地认定新行为主义心理学的影响在先；更合情合理的解释应该是，有关个体差异、个人需求等因素

① 〔德〕赫尔穆特·E. 吕克：《心理学史》，吕娜等译，上海，学林出版社 2009 年版，第141 页。

② 〔德〕赫尔穆特·E. 吕克：《心理学史》，吕娜等译，上海，学林出版社 2009 年版，第141 页。

影响人类行为是一个常识问题，很多领域，包括传播研究领域的学者都会很自然地注意并研究这一现象。此外，新行为主义心理学从酝酿、发展到成熟也有一个过程，在这个发展过程中，学术观点的影响也会不断扩散到其他领域。一种学术思想，尤其是跨学科思想的影响过程总是比较缓慢的，也许某种思想在当时没有对其他领域产生什么影响，但是若干年以后又为这一领域先前的研究提供了理论支持，新行为主义对传播研究的影响大概就属于上述种种情形。

新行为主义心理学与传播研究的交叉点就在于二者都看到了个体差异和态度需求等因素对行为结果的影响。新行为主义心理学，当然也包括其他流派的心理心理学通过对个体差异和态度需求这两个核心概念的理解，对传播研究产生了非常明显的影响。

其一，个体差异。个体差异是指个人由于在遗传或年龄、教育、职业、社会资本占有和社会归属等方面的不同而形成的差别，这种差别可能对个人的认知、评价、态度、价值观乃至行为产生重要影响。

对于通过遗传等生物性因素所造成个体差异的解释常常走向极端，最典型的极端是将遗传差异与种族问题联系起来，并无限放大这一差异，从而走向种族优越论和文化中心主义。在社会心理学中，遗传与本能这个概念密切相关，麦独孤认为，个体获得的最重要的遗传就是本能，他固执地用本能去解释人的一切行为，认为行为的根本动力就是本能；当然，麦独孤并没有根据他的本能理论去解释个体差异。实际上，按照他的绝对本能观是很难解释个体差异的，因为本能既然是人类共同的遗传物，那么其相似性应该大于相异性，那么人类的行为差别应该是更小，而不是更大。华生对本能的理解前后经历过一些变化，他在早年将本能视为通过遗传获得的类型反应，但是在后期他完全否定了本能这一概念。他认为人通过遗传得来的只是机体构造，而不是机能，父母行为中的一些特点不会遗传给后代，一切都是后天通过学习而获得的，人的一切均由环境所决定，因此华生基本上否定了个体差异中的生物遗传因素。

个体差异中的生物遗传因素最基本方面是性别差异，传播研究中比较关注的是这些最基本方面的因素。20 世纪 30 年代，赫佐格（Herta Herzog，1910～2010）关于日间广播连续剧听众的使用与满足研究就对女性听众给予了特别重视，研究调查的对象来自四个不同地区，总共 1 万多人，她们全部都是女性，因为女性被认为更沉迷于广播连续剧。在 40 年代一项关于意见领袖的迪凯特研究中，男女性别差异也受到特别关注，对于市场消费、时尚公共事务以及选择电影等多个领域中意见领袖的研究很大程度上都是基于性别差异。40 年代前后卢因在衣阿华大学进行的有关公共众饮食改变的研究，选择的对象全部是家庭主妇。在 60 年代以后有关电视效果的一系列研究中，不但性别差异继续受到关注，电视内容中的不同种族的形象呈现问题也进入研究视野。在有关电视与青少年攻击行为的研究中，对受众行为的解释许多也基于性别差异。随着 70 年代以来女权主义运动的兴起，有关女性主义传媒批评的各种理论大量出现，形成了内容分析批评、精神分析批评以及意识形态分析批评等多样化的研究方法和理论体系，它们的共同点是关注大众传播中的女性形象再现，媒介内容中所反映出的女性主体建构以及权力建构、女性独特的媒介感知等，女性主义传媒批判理论的基本视角是性别差异。

形成个人差异的更重要因素是教育、职业、年龄、能力、社会资源占有以及社会归属等因素。由于个人占有不同的社会资源，个人归属于不同的群体、团体或组织，当这些个体作为受众出现的时候，这些个体差异因素会造成他们各自媒介反应的差异。它们在心理学上的意义是，它们也是"刺激—反应"这一环节中的中间变量因素。在有案可查的重要传播学研究中，几乎找不到哪一项研究完全建立在"刺激—反应"这一简单心理学模式之上，美国规范的传播学研究从一开始起就注意到受众影响环节中的个体差异因素和其他中介因素。坎垂尔在研究广播剧《空中水银剧场》引起的恐慌时就区分了调查对象的学历背景，他认为教育程度与恐慌程度具有确定的关联。赫佐格的日间广播剧听众调查更是把受访对象的收入、学历、宗教和社交倾向、人格特点等作为变量参数，认为它们是受众收听行为的重要影响因素。霍夫兰在军队中的电影效果评估研究同样把受试者的受教育程度、宗教信仰、富有程度及智力水平作为变量去考察他们在受试中的观点和态度改变。在这项实验中，霍夫兰得出一个重要结论，即"受众成员的个体差异对大众传播的效果产生了很大影响，个体差异导致选择性接触、选择性理解和选择性改变"。[①]在此后的传播与劝服研究中，霍夫兰采用了更加严格规范的实验方法，他将智力水平和动机因素引入实验中，得出了同样的结论。

事实上，社会心理学中个体差异观念的强化也导致了传播研究中个体差异观念的不断变化，自魔弹论之后，人们不再倾向于把受众看作无差别的个体，不再认为媒介对受众产生的影响是均等的。研究者们用

---

① 〔美〕希伦·A. 洛厄里、梅尔文·L. 德弗勒：《大众传播效果研究的里程碑》，刘海龙等译，北京，中国人民大学出版社 2009 年版，第 102 页。

"选择性接触""选择性理解""固执的受众""使用与满足""积极的受众""行为的受众""女权主义受众"这样的概念去表达受众的主动性，所有这些说法的逻辑起点都是个体差异。传播学理论中有关强效果、有限效果的分野，多半也是因为对个体差异的不同理解。

在社会心理学中，需求、动机、人格、态度、信念、价值观这些概念内涵丰富，各有定义，但是，这些概念有一些共同特点。

首先，它们具有很强的社会属性，体现了个人对自身以及社会的某种认知和评价，暗含着某些以社会为参照系的行为准则；其次，暗含着一些行为的目标、行动的趋势以及行动的可能性；再次，它们是某种内化的精神上的东西，具有很强的主观性，它们也是造成个体差异的更为重要的因素。当然，在新行为主义心理学看来，它们也是引起行为变化的更重要的中介变量。

将需求、动机、人格、态度、信念、价值观这类中介变量带到传播学研究中有两个重要背景。

首先，20 世纪 20 年代以后社会心理学对这些概念的研究逐渐成熟，比如早在 20 年代托马斯就断言社会心理学就是研究态度的科学。奥尔波特也说："这个概念在美国当代社会心理学中，也许是最有特色的和不可缺少的概念。它已使自己成为美国社会心理学这座大厦的拱心石。"① 人格在社会心理学中同样占有重要地位，几乎所有重要的社会心理学家对人格都有专门的研究和论述，目前人格心理学已经成为社会心理学中一个独立的流派。

其次，20 世纪 30 年代前后一些重要的心理测验方法和其他测量和抽样方法不断出现，并被应用于具体研究中，如 1928 年瑟斯顿发明了态度量表，1931 年利克特发明了更为合理的态度测量手段，借助于这些测量工具和方法，诸如态度、意见、舆论等主观现象可以被比较客观地研究。1936 年盖洛普、克罗斯利（Archibald Crossley）、诺珀（Elmo Roper）借助于这些当时最先进的测量方法准确预测了总统大选结果。正是因为有了上述基础，传播学领域中的中介变量研究在 40 年代前后开始正式登场，其中最经典、影响最大的研究当属霍夫兰等人领导的电影效果评估以及态度改变项目；后一个项目从 1946 年一直持续到 1961 年，其最终研究成果在 1953 年以《传播与劝服》为书名出版。

---

① 转引自周晓虹：《现代社会心理学：多维视野中的社会行为研究》，上海，上海人民出版社 1997 年版，第 239 页。

　　然而，霍夫兰的研究重点其实是放在媒介信息刺激对态度、意见、观点改变可能造成的影响，这距离态度作为中介变量如何影响到行为还差了很大一段距离。作为一名当时已经崭露头角、前景辉煌的实验心理学家，霍夫兰假定："观点或（态度、价值、信仰等等）的改变是行为发生变化的关键。毕竟，如果观点的变化与行为的变化没有什么关系，那么仅仅是观念的改变也就没有多大意义了。"① 但是，他的这一推断值得怀疑。态度无论是作为情感、认知还是作为一种将要发生的行为的准备状态，它又同时具备短暂性、不稳定性以及与行为不对应性等特征，这就是说，态度往往是短暂的，容易消失的；态度往往是不稳定的、可变化的；更重要的是，态度往往并不逻辑地对应将要发生的行为，也就是说也许某人对某事或对他人的态度是正面的、肯定的，但是他做出的行为却完全有可能是否定性的，反之亦然。舒曼和普赖斯在 1981 年的一项研究表明，在有关堕胎权利的意见调查中，公众所持有的态度与随后的表现出来的政治行为确实一致，但是在有关枪支管制的意见调查中，支持管制的多数派并没有采取行动。② 1984 年里根竞选总统连任时，也出现了类似情形。一种被普遍认可的观点是，传播学中中介变量的发现和关注使得效果研究从强效果阶段进入了弱效果阶段，克拉伯为这种论调一锤定音。

　　1960 年，拉扎斯菲尔德的学生克拉伯（Joseph Klapper）出版《大众传播的效果》，对过去几十年中有关大众传播效果的研究进行了系统总结和阐述，尽管他承认大众传播有时对受众的影响是直接的，但是他更强调影响受众态度和行为的因素不仅仅来自大众传播，还来自更多的中介因素。他说："大众传播通常并不是影响受众的必要和充分的因素，但是，大众传播确实可以通过一系列的中介因素而对受众产生影响。"③ 克拉伯认为，媒介倾向于强化某种已有的效果，而不是改变某种结果。

　　应该看到，克拉伯所说的中间因素并不仅仅指受众个体差异以及需求、态度之类的东西，它们不包括那些更广泛的可能影响受众态度和行为的社会心理因素，这恰好反映了传播研究的困境：一方面，以行为主义心理学的"刺激—反应"模式去解释受众行为过于简化，它促使人们

---

① 〔美〕希伦·A. 洛厄里、梅尔文·L. 德弗勒：《大众传播效果研究的里程碑》，刘海龙等译，北京，中国人民大学出版社 2009 年版，第 99 页。

② 〔美〕文森特·普赖斯：《传播概念》（中英双语），邵泰择译，上海，复旦大学出版社 2009 年版，第 89 ~ 90 页。

③ Joseph Klapper. *The Effects of Mass Communication*, The Free Press, New York, 1967, p8.

去寻找并研究可能引起受众行为改变的中介变量因素；另一方面，这些可能引起行为改变的中介变量是如此之多，而且它们与行为改变的关联度又是如此模糊不清，如此缺乏准确的对应，无论是新行为主义心理学还是传播学关于中介变量的研究似乎再度陷入困境。如果确实无法弄清楚这样多的中介变量对人类行为的真实影响，是否还有一种更有价值的思路去研究人类心理问题及大众传播问题？

20世纪70年代前后，态度和行为改变问题终于开始从社会心理学领域消退，社会心理学将关注点转移到认知领域，由此也引起了传播学研究重心的转移，而且这两个学科领域中的重点转移基本上同步发生。

四、认知心理学与传播学研究：受众行为的认知来源

作为社会心理学的认知理论关心的问题是：影响人类认知的因素是什么？人在大脑中如何处理那些影响认知的信息材料？认知如何在大脑中形成？认知对人类的行为产生怎样的影响？认知心理学不仅仅关注行为，更关注认知过程本身，认知心理学其实已经介入人类高级思维过程这一层面。

首先，认知心理学的确也是一种关于人类行为的理论，这种倾向在认知心理学的前期发展阶段——格式塔心理学（完形主义心理学）那里体现得尤其突出。

格式塔心理学的重要代表性人物之一库特·考夫卡（Kurt Koffka，1886～1941）曾经讲述一个故事，大意为：一个大雪纷飞的夜晚，一行人驱车驶过冰雪覆盖之地，途经一旅店歇夜。店主问他从何处过来，行人指向来处，店主大惊失色，告诉客人，他行经之处是深不见底的康斯坦湖。客人闻之，立即惊恐而毙。[1] 考夫卡用行为环境和地理环境两个概念来阐释这个故事，他认为对于行人（或其他任何人）而言，存在两个环境，一个是真实世界中确实存在的环境，即地理环境，还有一个就是个人据此判断和行动的环境，也就是个人脑海中被建构起来的那个环境，即行为环境。个人其实是根据他自认为真实的那个环境采取行动，而并非根据地理环境。问题是，行为环境并不总是与地理环境相吻合，个人的认知常常偏离客观真实，这就解释了那个行人为何得知事实真相后惊恐而死。

---

① 参见叶浩生：《西方心理学的历史与体系》，北京，人民教育出版社1998年版，第431页。

卢因后来发展了考夫卡的思想，他认为决定人类行为的是"生活空间"，"生活空间"里集纳了个人生活的过去、现在和未来的一切经验、体验以及愿望，是一种心理场。卢因将它们表述为准物理事实、准社会事实和准概念事实，它们其实就是考夫卡所说的行为环境，不过是"生活空间"所包含的内容更丰富、更系统化罢了。卢因并不认为行为全部由"生活空间"或那些所谓的准事实决定，他认为行为是由上述因素与环境的互动而决定的，他用 B = ƒ（PE）这个公式表述行为的生成，其中 B 代表行为，P 代表人，E 代表环境；卢因认为行为是个人与环境相互作用的函数。

在格式塔心理学的另外一些研究中，研究者从团体关系和人际关系的角度去探讨认知的来源及其对行为的影响，例如，20 世纪 40 年代前后，卢因将自己的"生活空间"理论应用于对一些实际问题的研究，建立了群体动力学（Group Dynamic）理论，开始从个人与群体的互动角度来探讨个人认知的形成以及对行为的影响。50 年代前后他的学生和同事弗里茨·海德（Fritz Heider，1896～1988）和里昂·费斯廷格（Leon Festinger，1919～1989）沿着这一思路，分别提出了认知平衡理论和认知失调理论，他们从人际关系的角度去探讨认知的起源和行为的动力。叶浩生甚至这样高度评价卢因及其后来者的研究："心理学研究对象从外显行为到内在认知过程的转变，被称为'第一次认知革命'，这次革命的种子是卢因播下的。"[1]

认知心理学不仅仅是从认知角度去探讨行为变化，如果仅仅是这样，这一理论的革命性未见得有多么彻底；它更加关注的是认知本身，对认知本身的关注使得心理学研究又重新回到了人的意识领域，实现了心理学研究的否定之否定。更重要的是，随着信息加工认知心理学以及联结主义心理学的出现，它们共同推动心理学迈向科学化轨道。尤其是 20 世纪 80 年代后期兴起的联结主义认知心理学将自己的理论建立在神经心理学、脑科学以及计算机科学等医学科学和工程学基础之上，联结主义认知心理学被认为是"在认知解释方面的一场哥白尼式的革命"[2]。

如果说卢因、海德、费斯廷格是从群体动力、群体互动以及人际关系视角研究认知问题，贡献于认知心理学，并对传播研究产生了重要影响的话，那么班杜拉主要是从社会学习角度研究认知问题，并同时对社

---

①　转引自杨莉萍：《社会建构论心理学》，上海，上海教育出版社 2006 年版，第 73 页。

②　转引自叶浩生：《心理学通史》，北京，北京师范大学出版社 2006 年版，第 432 页。

会认知理论和传播学研究做出了贡献。

阿尔伯特·班杜拉与新行为主义心理学有着密切联系。但是，他既不满意新行为主义心理学过于忽视对中介变量中认知因素的研究，也不满足当时已经兴起的认知心理学忽视外显行为的倾向，他希望通过自己的研究把两个学派忽视的东西结合起来。他走的是一条折中道路，这种折中特点在他的社会学习理论中表现得尤其突出。

班杜拉所谓的社会学习又称作观察学习。班杜拉首先指出了一个基本事实：人类大部分的学习并非基于亲身体验，这不但不可能，也不必要，对个人来说凡事亲身经历有时也充满危险。班杜拉认为人类更多的学习行为是基于他人的示范，人完全可以通过模仿进行学习，因此他所说的观察学习也被称作无尝试学习或替代性学习。班杜拉尤其强调观察学习是一种认知过程，他将学习过程细分为四个阶段，即注意过程、保持过程、动作复现过程以及动机过程，他对学习过程中涉及的认知因素进行了详细的论证，这是他贡献于认知心理学最大的地方。他的社会学习理论中的许多内容来自他自己对电视内容的研究，这些涉及暴力的电视节目内容被认为是引起攻击行为的原因，班杜拉在 20 世纪 70 年代对此进行了大量研究，他的理论和方法被广泛运用于传播研究中。

20 世纪 70 年代前后对认知问题给予更大关注的是信息加工认知心理学。1967 年，美国心理学家奈塞（Ulric Neisser，1928～2012）出版《认知心理学》，标志着信息加工认知心理学学派的正式形成，它关注的重点是信息如何在人的大脑中被加工，人的认知如何形成。相对于各种派别的行为主义而言，它关注的重点已经不是行为本身，也不是行为产生的各种机制，而是认知过程本身。这是一个涉及高级思维过程的内部心理活动领域，在社会心理学中，这个领域被视作"黑箱"，因为这个领域无法被直接观察。信息加工认知心理学研究的具体内容包括语言、感觉、知觉、记忆、概念形成、信息选择与理解、问题解决策略等，信息加工认知心理学借助于计算机技术对人的思维过程的模拟，开辟了心理学研究的新的途径和方法。

从认知的角度，而不是从社会控制和"刺激—反应"，或者态度改变的角度去探讨人类行为的原因，标志着社会心理学研究的转向，这一新的社会心理学思潮对传播学研究产生了十分明显的影响。20 世纪 70 年代前后，传播学领域出现了一些重要的新理论，其中许多与认知心理学基本观点有着密切关联，这些理论包括培养理论、沉默的螺旋理论、议程设置理论，各种图式理论以及第三者效应理论等。如果说 70 年代以后传播学研究也发生了某些转型的话，传播研究对认知问题的高度关注也是转型的重要标志之一。如前所述，受众使用与满足理论的出现也是重要标志。

培养理论是一种关于媒介、尤其是电视媒介如何促成受众认知建构的一种理论，该理论最早由格伯纳（George Gorbner，1919～2005）在20世纪60年代后期提出，格伯纳在美国"暴力起因与防范委员会"资助的一个项目中研究发现，电视节目中的暴力内容导致受众高估现实环境中的危险，那些高度接触电视媒介的人，他们的个人不安全感更强烈；格伯纳认为，电视节目所表现的"象征性现实"与客观社会现实之间的反差造成了受众的这一错觉。1976年，格伯纳就这一问题进行了更深入的研究，进一步证实了这一结论。① 90年代以后，培养理论又有新的发展，"主流说"认为，那些重度依赖电视的人，他们的社会背景尽管有差异，但是他们的观点却非常趋同，而且与社会主流思想趋于一致，这是因为电视帮助他们建构了社会主流认知标准。"共鸣效果"理论认为，当电视帮助受众建立起来的认知世界与真实世界中发生的事情相互吻合时，电视的培养效果就更为显著。②

麦库姆斯（Maxwell McCombs）和肖（Donald Shaw）在1972年提出的议程设置理论同样也涉及这类认知问题，他们对1968年媒介就总统选举期间新闻报道议题设置对选民影响的研究证明，媒体通常不能规定"怎么想"，却能够通过议程设置影响受众"想什么"，这实际上就是将一种社会认知强加给了受众，从而使得受众以这种社会认知为依据做出投票等决定。议程设置实际上是一种媒介认知理论，它提醒人们，媒介通过对议程的设置来影响人们对公共事件的关注和认知，受众又将这类认知带到现实生活中，从而对舆论投票或其他公共政治活动产生影响。这样一种研究思路在各种图式（schema）理论中体现得更加清晰。

费斯克（John Fiske，1939～　）和泰勒认为，所谓图式就是一种认知结构，它反映了一个人对某个观念或刺激的总体认知。人的大脑中存在多种不同类型的图式，这些图式主要来源于过去的经验，图式的潜在功能是它们能够与现实中的某些议题产生关联，人们借助于这些图式去理解各种新闻报道和媒介信息。一旦这些图式被激活，它们就像是一种心灵速记（mental shorthand），可以帮助人们完成信息分类、信息过滤以

---

① 参见郭庆光：《传播学教程》，北京，中国人民大学出版社1999年版，第225页。
② 参见〔美〕哈里斯：《媒介心理学》，相德宝译，北京，中国轻工业出版社2007年版，第28～29页。

及信息联想。① 图式理论实际上是一种关于人类认知形成以及运用的社会心理学理论，它与框架理论基本上是同样的概念，这些理论也被运用到传播问题研究中。哈里斯（Harris）等人通过研究证明，持有不同图式和框架的人对一部关于拉美人的电视剧持有不同的反应。其他研究也证明，不同文化圈的人因而持有不同的框架，对同一部电影评价也非常不同。②当然，未必所有的图式都是对客观世界真实的反映，在与传播问题密切相关的图式中，最常见的负面图式就是刻板印象（stereotype），人们因为持有刻板印象这一图式，往往不能够正确评价现实中的人和事，或者做出不当和错误的决定。

传播研究对认知问题的关注并非始于 20 世纪 70 年代，早期许多有关传播效果问题的研究都不同程度地关注认知问题。但是 70 年代以后认知心理学的兴起确实使认知问题更明确地进入传播研究领域，成为一个显著的研究热点。我们也看到，20 世纪初李普曼关于"外部世界"与"我们大脑中的世界"这一哲学认识论的问题在传播研究领域再度复活。事实上，无论是认知心理学，还是关于认知问题的传播研究，其实都涉及一个李普曼式的追问：我们是否能够真正认识客观世界？如果我们无法认识客观世界，那将意味着什么？

当然，并非所有传播学对认知问题的研究都遵循着李普曼传统，20世纪 70 年代以后，还有一些关于传播认知问题的研究遵循的是卢因式的传统，这些理论更多地从人际互动、群体互动以及对他人认知的认知角度展开自己的思想探索之旅。

德国传播学者伊丽莎白·诺艾尔·诺依曼（E. Noelle-Neumann，1916 ~ 2010）在 20 世纪 70 年代基于德国议会的一次选举的深入研究提出了"沉默的螺旋"理论，1965 年的这次议会选举发生了一件不太寻常的事情：原本竞争双方不相上下的支持率在投票之际出现了"雪崩"，其中一方——基民盟和基社盟联合阵线以绝对优势击败竞选对手社会民主党。诺依曼对此的解释是：大多数选民对于联合阵线获胜的判断预期促成了这一变化，那些原本支持社会民主党的选民由于在内心预期联合阵线最终会取得胜利，在最后一刻也把票投给了联合阵线。诺依曼认为，这部

---

① 〔美〕文森特·普赖斯：《传播概念》（中英双语），邵泰择译，上海，复旦大学出版社 2009 年版，第 68 ~ 72 页。

② 参见〔美〕哈里斯：《媒介心理学》，相德宝译，北京，中国轻工业出版社 2007 年版，第 34 页。

分人是因为对周围意见环境的认知而改变了自己的意见，从而使整体舆论出现了螺旋，即支持社会民主党的意见越来越少，支持联合阵线的意见却越来越多。诺伊曼认为，其中发挥作用的是一种心理机制，即大多数人为了避免陷入少数派的心理恐慌而放弃了自己的意见主张。很显然，诺伊曼是从人际互动以及个人对他人认知的认知这一角度来讨论这个案例的。个人对他人意见倾向的判断实际上是一种认知，个人正是基于这一判断而改变自己的意见，个人改变自己意见的过程实际上也就是认知变化的过程。因此，整个过程体现了个人对他人认知的认知变化，它是基于人际互动和群体互动的视角。

无独有偶，20 世纪 90 年代后期一些学者陆续提出"第三者效果"（Third-Person Effect）理论。萨尔文（Salwen）在 1998 年的研究表明，人们通常认为媒介信息对他人的影响比对自己的影响更大，或者说人们倾向于相信他人更容易受到媒介的影响。不仅如此，个人对他人易受媒介影响的认知和判断还会对个人的实际行为产生影响，比如，个人可能会基于这种认知支持对媒介内容进行限制，以免对他人产生不利影响，或因为这类不利影响损害自己的利益。[①] 霍夫勒（Hoffner）和布克汉纳（Buchanan）在 2001 年和 2002 年的研究证明，第三者效果理论在解释那些反社会的媒介信息对人产生的影响时，理论效用性更高，大多数人倾向于认为那些含有暴力、色情和反社会内容的媒介信息对他人的影响更大一些。第三人称效果理论还导致了稍后的"假设影响模式"（presumed influence model）研究，即个人假定某种媒介信息会对他人产生某种影响，并在此假定基础上与他人进行互动。[②]

上述传播学有关认知问题的研究并非基于主客关系，而主要是基于人际互动、群体互动的视角，这些理论所讨论问题的共同点是，个人对他人或群体认知的认知成为个人行动的依据。事实上，人类认知可以得之于对客观事实探询的主观努力，也可以得之于社会学习，当然也可以得之于现实中的人际互动和群体互动。此外，对他人或对群体的感受、态度、评价和行为预期也可以转化为认知，不管这类认知是正确还是错误，它们都可能对自己的行为产生影响，实际上，这类研究主要体现了卢因、费斯廷格以及海德的传统，它们甚至还可以追溯到芝加哥学派的

---

① 参见刘晓红、卜卫：《大众传播心理研究》，北京，中国广播电视出版社 2001 年版，第 285 页。

② 参见〔美〕哈里斯：《媒介心理学》，相德宝译，北京，中国轻工业出版社 2007 年版，第 26 页。

符号互动论思想中去。

对认知问题的高度重视，是 20 世纪 70 年代前后心理学和传播学研究转型的一个重要标志，两门学科都放弃了对控制、"刺激—反应"以及态度改变之类问题的偏好，却对认知问题产生了极大兴趣，并试图从认知的角度去探寻行为的原因。但是，认知和态度是一对关联度非常高的概念，二者当然不能画等号，而严格区分二者的含义也并非易事。从逻辑上说，认知是态度改变的基础，没有必需的认知准备和积累，很难形成确定的态度；认知发生了改变，态度一般也会相应改变，那些引起人们行为改变的认知因素往往也就是引起人们行为改变的态度因素。这使人们有理由相信，社会心理学和传播学将研究重点由态度转移到认知并非多么了不起的一件事情，说它们是一场革命，或把它们说成是研究范式的转移，多少有点勉强。当然，或许真正的问题在于：相对于人类心理以及传播现象的高度复杂性而言，任何已有的心理学和传播学研究都很难说是伟大的。

第三节　社会心理学以及传播效果研究认识误区的思想根源

现代心理学是脱胎于哲学的一门学科，19 世纪中期以前，哲学领域有关心理学的研究其要害在于流于片面，比较随意，尤其是停留于抽象思辨，没有形成科学研究的手段和方法，这类所谓心理学研究不具备实证性，也很难对行为作出准确预测。1879 年，冯特创办世界上第一个心理学实验室，其最大贡献在于将现代科学实验手段带入心理学研究中，促使心理学向实证、量化、精确的方向发展，也最终使心理学从哲学中分离出来。对科学化的追求，甚至将心理学提升到自然科学水平的努力贯穿在过去一个多世纪西方心理学发展的整个历史之中。墨菲在《近代心理学历史引论》中评价说，过去的心理学"研究设计标准之严，控制之精巧，对零假设之注意，以及确定在研究工作某一特殊片断的基础上得到的结论可以推广到什么程度为止的企图——这一切都应用到全部心理学上。这些都同等地应用到异常心理学和社会心理学、发展心理学和神经心理学以及学习过程之中"①。一个多世纪以来，心理学和社会心理

---

① 〔美〕G. 墨菲、J. 柯瓦齐：《近代心理学历史导引》（下册），林芳、王景和译，北京，商务印书馆 1980 年版，第 690 页。

学的发展似乎已经越来越步入科学化的轨道，但是这其实也意味着危机的到来。吊诡的是，当社会心理学的基本理论和基本方法渗透到传播学研究中之后，社会心理学认识世界、解释世界的弊端也在传播学研究中逐渐暴露出来。

传播效果研究构成了传播学研究的主要内容，社会心理学对这一领域的影响最为深远。可以说，心理学的观念、理论和方法几乎全面渗透到传播效果研究中，也造成了传播效果研究中的一些认识误区。但是，探讨传播效果研究认识误区不能仅仅追溯到社会心理学，还要追溯到一些更为原发性的思想层面，因为这些原发性的思想往往也是造成社会心理学困境的原因。

其一，进化论的不当影响。美国心理学发展深受进化论思想的影响。如果说进化论激发了沃德、吉丁斯等人，从社会心理角度提出了初步的社会阶级分层理论的话，那么进化论对詹姆斯的影响则主要体现在它启发了詹姆斯从人类心理适应环境的角度去看待心理学。詹姆斯把心理看作是对环境适应的产物，由此开启了美国机能主义心理学的先河。但是，进化论把人的心理看作是对环境的反应和适应，人的主动性和创造性却被削弱，甚至被剥夺，这造成了心理学发展中的许多问题，它同样也影响到传播效果研究。传播效果研究传统中的一个基本思路框架就是把受众看作是对媒介信息的适应和顺从，在媒介信息的强大攻势之下，受众没有多少分辨能力，也没有什么抗争能力，他们无路可走，唯有适应和顺从。

然而，人与环境的关系其实是辩证的，人既有主动适应、顺从环境的一面，也有主动与环境抗争的一面，否则就无法解释历史进步和人对自身的超越。回到传播效果问题，媒介信息无疑会对受众产生影响，有时影响还很大，而且受众在很多情况下会去主动适应、归顺这些信息观点，因为这样做会减少冲突，甚至给自己带来利益，这符合进化论所宣称的适者生存观点。但是，另一方面，受众也会理性地去辨别信息的真假、观点的正误。自我探寻真相和真理，自我反思，自我否定，反抗乃至反叛现实中的成规教条不能说是人的天性，但至少可以说它们是人区别于动物的特性。一部分受众可能会成为媒介控制和权力驯化的对象，但是不可能全部受众都会这样，人群中总会有相当一部分人会去主动思考，从而走向觉悟和独立。事实上，人与环境的关系从来都是既适应顺从，又反抗斗争；没有必需的适应和顺从，人在现实社会中一天都无法生存，但是，没有必需的反抗和斗争，个人和人类也绝无进步的可能。

传播效果研究传统比较忽视人的主动性、创造性，比较忽视人自我主宰、自我控制、自我创造的潜能，过于把受众看成是适应和顺从媒介信息环境的被动群体，这种偏颇与进化论以及机能主义、行为主义心理学的影响有一定关系。

其二，实用主义的不当影响。实用主义对美国行为科学产生了深刻影响，实用主义对社会心理学和传播学研究的影响也十分明显。社会心理学及传播学对于研究结论精确化、研究手段实证化的追求都体现了实用主义的影响，因为实用主义追求的是质量、效率和效用，在研究者看来，只有精确化和实证化才能满足这一要求。

实用主义对美国传播学研究的影响还体现在，研究者倾向于把大众传播看作社会控制的手段，在许多研究者看来，大众传播无论是为战争服务，还是为民主制度服务，还是为"冷战"或商业利益服务，它最终不过是一种社会控制的工具。例如，几乎所有早期的宣传研究都是从社会控制这个角度切入，拉斯韦尔关心的是各种宣传技巧在现实中是如何运用的，如何更好地将这类技巧服务于战争、民主和意识形态之战。李普曼关心的是在哲学、认识论以及社会心理学层面，宣传可以达到何种效果？宣传和公共舆论对民主社会意味着什么？坎垂尔关心的是如何将公共舆论的调查方法运用到实践中，以便更好地运用宣传舆论这一工具。

早期应用社会研究局对广播、广告商业功能的研究干脆把受众视为潜在的购买者，他们关心的是何种媒介策划、广告策划和内容策划能够说服受众，并且相信最终能够说服受众。耶鲁态度研究更是将受众作为实验的对象，试图找到改变个人态度与行为改变的"点金术"。卡茨和拉扎斯菲尔德有关选举投票的一些研究试图分析大众传媒信息如何流动，对于人们的投票行为产生了什么影响，这类研究代表的主要还是政客和媒介经营者的立场。尽管20世纪60年代以后有关使用满足及社会认知方面的研究开始重视受众的主动性，重视从受众获益这一角度来研究传播过程，但是这类研究仍然没有脱离结构功能主义的思路框架。

这种把大众传播看作社会控制的思想直接导致了研究者把社会心理学的研究理论和方法带到传播研究中，研究者把受众看作社会控制的对象，将受众置于试验控制、程序控制、简化控制的环境来加以考察，或者希望从中发现大众传播影响的证据，或者希望从中总结大众传媒控制的技巧，甚至希望从中发现大众传播控制受众、控制社会的新方法，这种把受众视为控制对象，把大众传播视为社会控制手段的研究思路存在很大缺陷。

事实上，大众传播媒介确实是有比较强的社会控制功能，但这并非全部事实，大众传播业也提供很多娱乐、审美、艺术创造、科学知识、日常生活等方面的内容，媒介传播这些内容的动机并非进行社会控制，而在于全面提升人的精神生活，开发人的创造潜能。业已形成的传播效果研究传统将受众视为控制的对象，将大众传播视为社会控制的手段是对传播功能的简化，甚至扭曲，它暗含着非常实用主义的研究动机，那就是大众传播应该主要为现实政治、意识形态和商业利益服务。但是，受众绝不能成为大众传播控制的对象，也绝不可能成为被大众传播控制的对象；大众传播机构也并非全部把自己设定为社会控制的工具。问题并非全部出在受众和传播媒介，而主要出在研究者一方，这样的研究存在某些方向性的错误。

其三，科学实证主义的不当影响。科学实证主义推动社会心理学走向自然科学化的轨道，传播学研究在社会心理学的影响下也走向实验化、实证化、科学化的方向。几乎所有的宣传研究、舆论研究、劝服研究以及态度和认知研究，它们关注的重点其实都是受众在媒介信息刺激下如何表现。社会心理学把媒介工业和受众市场当成了一个巨大的心理实验室，那里有大量现成的信源、信宿、自变量、因变量、大样本、小样本，人们可以用各种数学手段对实验中取得的数据进行演算和分析。在这些所谓科学研究中，我们看到受众被当作小白鼠一样被放在实验室中，暴露在各类信息刺激之下，由此，研究者一会儿说大众传播具有强效果，一会儿说大众传播具有弱效果；或者说大众传播具有短期效果，大众传播具有长期效果，这些实验的目的不是基于人的自由立场，而更多的是基于社会控制的愿望和动机。社会心理学视角中的传播学研究倾向于把受众看作适应、顺从媒介信息刺激的群体，总是试图从这种"刺激—反应"模式中去寻求媒介效果的答案，这是一种明显的决定论思维模式，它忽视了人作为高级社会生物的丰富性、自主性、差异性、可塑性和创造性；心理学将自然科学中的机械决定论作为研究人类心理的基本逻辑起点，这一思维方式显然存在问题，因为人与环境的关系无法用全部用决定论来解释。受众与媒介的关系更是如此，因为受众的情感、认知、态度和行为除了受大众传播影响外，更受到来自社会和文化的广泛影响，将这些更广泛、更复杂、更深刻的影响排斥在传播效果的研究范围之外，幻想仅仅在媒介刺激的范围内去讨论受众态度和行为改变问题，这体现了研究者深刻的偏见。何况受众的情感、认知、态度和行为与媒介环境，乃至与社会环境绝非决定和被决定的简单关系。受众绝非社会大机器中的一个简单零部件，受众也不是一架完整的机器，不是媒介给受众一个刺激，受众就会自动去完成一个预期的反应动作。历史上无数事实证明了这一条：好莱坞制作人斥巨资投拍的大片往往血本无归；政客们精心策划的大规模宣传往往以失败告终；商品厂家投入巨额广告费用宣传某一产品，结果收效甚微，这些都充分说明人并非是被动的，而是主动的。而且，在这类反应中并不全部具有决定论的含义，因为人具有更复杂的感知、动机以及目标，自然科学所崇尚的决定论、机械论、元素论法则在人的领域无法完全奏效。

第三章 文献视角：美国传播学研究的社会心理学传统

传播学的发展一直受到指责，最严厉的指责是，人们批评传播学缺乏应有的学科独立性和自主性，《作为行为科学的人类传播学：杰克·海尔盖德和他的委员会》一文实际上就是针对这类指责的辩解和反驳。但是，施拉姆在强调传播学学科独立性和自主性的同时并没有否认传播学发生和发展的多学科来源这个事实，施拉姆在开篇就坦诚地说道："传播学研究领域有时候看起来就像是一片沙漠里的绿洲，在这里留下了许多跋涉者的足迹，但是只有少数人在此逗留。因为所谓传播就其本质而言是一种社会过程，任何一门关注人类行为和人类社会的学科必然会对传播予以关注，因此，我们自认为属于传播学研究的许多研究其实也构成了心理学、社会学、人类学、政治学以及经济学研究的部分。"① 在这里，施拉姆道出了一个主要事实，传播学本来就是一门跨学科领域，它的发展始终无法离开其他学科的参与，尤其在传播学发展的初期。

美国著名传播学教授詹姆斯·凯瑞（James W. Carey, 1934~2006）的观点更为极端，他在《芝加哥学派与大众传播研究》一文中甚至断言："严格地说，传播学研究并没有历史。从17世纪以前开始人们就可以看到许多学者、科学家、律师、神职人员、通讯记者、新闻记者、政治家以及自由作家一直针对报纸、广播、廉价惊险小说、书刊审查、明星名流、公共市民、言论和出版自由以及与此相关的许多问题进行写作。同样，19世纪以来更多的文章开始探讨电报、新兴广告、报业的经济权力、不断出现的国内杂志以及报业巨头。然而，所有这些方面的书籍、论文、演讲、回忆录、传记、政治宣言以及意识形态宣传都难以构成大众传媒

---

① Edited by Sarah Sanderson King. *Communication as A Field of Study*: *Selected Contemporary Views*, New York, State University of New York, Albany, 1989, p13.

研究的历史，甚至难以成为理解此类问题的必备素材。"① 尽管詹姆斯·凯瑞否认传播学研究的历史，但是他自己却开启了传播学文化研究的新视角并取得了学术界公认的成就。

　　事实上，正如施拉姆所言，早期传播学研究一开始就与社会学、社会心理学、政治学、人类学、文化学联结在一起，尤其是社会学和社会心理学对这门新兴学科的发展产生了最直接的影响。

第一节　传播学发展与社会心理学关系的文献分析

　　在英文文献中，社会心理学对传播学研究的影响得到一定程度上的反映，但是少有文献系统研究二者之间的关系，也没有看到有学者主张传播学研究具有一条清晰的社会心理学发展路径，我们只能从众多学者关于二者之间关系的片断论述中去捕捉这一脉络。

　　休斯（Hewes）和普奈尔（Planal）在《传播科学中个人的位置》(The Individual's Place in Communication Scienct) 中从人际传播的角度探讨和梳理了社会心理学对传播学研究的影响。② 作者认为，从社会心理学的角度来看，传播现象始终存在两个最基本的问题。其一，是影响（impact）。如果一个人的行为影响了另外一个人的行为或认知、情绪状态，那么传播就发生了，"影响"就其本质而言就是反应和控制。其二，是"主体间性"（intersubject）。在社会互动中的人们因为共享某些知识、经验，他们通过传播和交际确立了这种"主体间性"。如果不能建立这种"主体间性"，人们彼此之间就根本无法理解，"主体间性"为诸如合作、协调之类的传播和交流现象提供了基础。

　　社会行为的主角是个人，传播首先发生在"影响"和"主体间性"这两个最基本的个体层面上，因此，它们是研究传播问题的起始点。基于此，作者提出了与此相关的三个研究路径，它们分别是性格（trait）路径，性格是个体启动行为或对行为产生反应的重要元素；跨个体

　　① James W. Carey. "The Chicago School and Mass Communication Research". 本文收录于 Edited by Everette E. Dennis and Ellen Wartella. *American Communication Research : The Remembered History*, Mahwah, New Jersery, Lawrence Erlbaum Associates, Inc., 1996, p21。

　　② 该文收录在 Edited by Charles R. Berger &Steven H. Chaffee. *Handbook of Communication Science*, SAGE Publication, Inc. /The Publishers of Professional Social Science, Newburk, Beverly Hills, London, New Delhi, 1987, pp. 146 – 183。

（transindividual）路径，这一路径研究多边关系、群体及文化中的传播规律；最后一种方法是认知/解释（cognitive/interpretive）路径，这一路径强调个体复杂的认知能力对于解释和建立传播的重要意义。这三条路径的理论基础和研究方法基本上都是社会心理学。

人际传播主要研究人与人之间以及人与群体之间的关系。社会意义的形成源于人与人之间的交往、交流，其中介是语言、符号、非语言符号。其实，有关人际传播的基本理论往往也适用于大众传播研究，大众传播过程中的两端——传播者和受众之间其实也存在互动关系，在这一过程中，社会意义的建立同样也是通过语言符号（广播等）、非语言符号（电视等）以及文字符号（报刊等）或者全符号（互联网）这样的符号中介而完成，只不过在大众传播过程中，具体的个体面对的不是具体的他者。个体面对的是诸如收音机、电视机、报纸、计算机这样的传播工具，但是这些工具中呈现的声音、形象和生活场景仍然是现实中的人与事，这些人与事在接受者一方引起的心理反应与许多人际传播理论中所描述的内容相同或相似。人际传播中的认知/解释研究路径所提供的研究成果对大众传播研究具有直接的借鉴意义。事实上，20世纪60年代以来，美国心理学研究的重心已经转移到认知心理学，大众传播之中的认知问题也成为传播学研究的主流范式之一。

奥尔松（Scott R. Olson）在《大众媒介：范式的形成》（Mass Media：A Bricolage of Paradigms）[1] 一文中总结了大众传播研究中形成的四类典型范式，它们分别是"作为刺激物的媒介""作为工具的媒介""作为商品的媒介""作为文本的媒介"。"作为刺激物的媒介"范式主要形成于传播研究的早期阶段，也就是我们通常所说的"皮下注射理论"。这一范式把媒介看作是个体行为发生的刺激物，宣传研究、信息扩散研究、公众舆论研究、市场行为研究都属于这种范式。这种范式大体上建立在行为主义心理学的"刺激—反应"理论基础上，它与社会心理学的关系最为密切。与此相关的具体研究还包括拉扎斯菲尔德和卡茨的两级传播研究（《个人影响》，1954）、克拉伯的多级传播理论（《大众传播的效果》，1960）、拉斯韦尔的5W传播模式理论、拉斯韦尔和李普曼的宣传舆论理论。

奥尔松特别分析了这种"刺激—反应"模式的心理学研究方法，他

---

[1]　该文收录在 Edited by Sarah Sanderson King. *Communication as A Field of Study：Selected Contemporary Views*，New York，State University of New York，Albany，1989，pp. 57 – 83。

认为传播学研究并非完全局限在拉扎斯菲尔德所开创的行政化研究的范围内，许多研究其实也关注行为模式中的个人角色。他说，如果假定传播过程是个人化的，那么就应该承认传播过程中个人如何相互影响的重要性，这就是一个心理学的问题。如果假定媒介是社会过程的一部分，那么就应该追问社会群体与媒介关系的意义，传播效果问题因而就更成为一个心理学问题。

奥尔松认为，早期的受众研究以及二战之后的类似研究与詹姆斯和华生的心理学理论关系密切，它们的共同特点都在于强调受众的个体差异，由于这一差异，当不同的受众置身于媒介刺激中时，他们的反应也是不同的，布鲁默在《电影与行为》中的研究就体现了这一观点，这一研究传统还延续到 20 世纪 60 年代以后有关媒介情感宣泄、攻击暗示以及观察学习的功能研究之中，它们都是传播学研究心理学传统的组成部分。

麦奎尔（William J. McGuire）在《50 年代的耶鲁传播与态度改变研究》(The Yale Communication and Attitude-Channge Program in the 1950s)[①]一文中认为，传播学研究源于众多不同的学科领域，由此形成多个不同的研究路径，它们分别是由拉扎斯菲尔德领导的哥伦比亚大学广播小组所展开的研究，这一研究主要由社会学家所主导；由拉斯韦尔和他的同僚所进行的宣传、舆论、民意研究，这一研究主要由政治学和法律学专家所主导；施拉姆及其同事在伊利诺伊大学所展开的研究，研究者最初主要由人文学者和新闻学专家组成；由香农（Claude Elwood Shannon，1916~2001）所领导的贝尔实验室所开展的研究，主要由电子工程专家主导。此外有关语言传播方面的研究主要包括西贝克（Thomas Sebeok）、萨比尔（Edward Sapir，1884~1939）以及伊利诺伊大学的奥斯古德研究团队，他们主要是心理学家。麦奎尔认为，20 世纪 50 年代，耶鲁大学的传播与态度改变研究采用的理论和方法主要是实验心理学，同时又与社会心理学具有密切联系。麦奎尔认为这一研究与社会心理学是一种共生关系。[②] 霍夫兰领导的这一研究是在心理学领域出现的最大规模的态度改变传播问题研究运动。自 20 年代以来，态度改变一直是社会心理学研究

---

① 该文收录在 Edited by Everette E. Dennis and Ellen Wartella. *American Communication Research：The Remembered History*，Mahwah，New Jersey，Lawrence Erlbaum Associates，Inc. ，1996，pp. 39 - 59。

② Edited by Everette E. Dennis and Ellen Wartella. *American Communication Research：The Remembered History*，Mahwah，New Jersey，Lawrence Erlbaum Associates，Inc. ，1996，p40.

中的核心问题，五六十年代的 20 年间，这一研究领域由霍夫兰领导的耶鲁研究团队所主导，60 年代后费斯廷格在斯坦福大学的认知心理学研究取代了霍夫兰的地位，但是他们的研究都与传播问题相关。

斯波尔（J. Michael Sproule）在《传播：从概念、领域到学科》（Communication：From Concept to Field to Discipline）[①] 一文中追溯了传播学从概念到研究领域，最后形成自己学科的历史发展过程。斯波尔认为，早期的传播概念主要指演讲、新闻学、广播、电视、电影以及交流意义上的修辞学之类的研究。二战之前"传播"（communication）这个概念只是偶然被人提及，但是战争促进了传播研究的进程。斯波尔认为，战争期间拉斯韦尔在国会图书馆领导的宣传研究项目，以及霍夫兰在军队从事的劝服研究使得传播成为一个广为人知的术语。

作为跨学科性质的传播学研究在战后的发展受到社会心理学的明显影响，其中多本著作，如《二战期间的社会心理学研究》（*Studies in Social Psychology in World War* Ⅱ）与拉斯韦尔·莱特斯（Leites，1902 ~ 1977）《政治语言学》以及墨顿、拉扎斯菲尔德的《社会研究中的连续性》（*Continuities in Social Research*）对传播学发展产生了很大影响。此外，隶属于社会科学委员会（Social Science Research Council）的一些学科，如心理学、社会学以及政治学继续在传播学研究中寻找各自的兴趣点。1954 年召开了一次名为"公共传播研究学术研讨会"（Conference on Research on Public Communication）的学术会议，参加这次会议的有 16 位著名学者，这次会议的主旨是讨论传播研究的大致范围以及促进传播研究的最佳方式。斯波尔认为，这次会议对传播学学科形成至关重要，当时与会的贝雷尔森总结概述了传播学研究已经呈现出四个比较明显的努力方向，即以拉斯韦尔为代表的政治功能主义传播学研究方向，这一研究方向以政治学为学理基础，同时也结合了社会学及社会心理学研究方法；以拉扎斯菲尔德为代表的社会学及社会心理学传播学研究方向；以卢因为代表的群体动力学传播学研究方向，以及以霍夫兰为代表的实验心理学传播学研究方向，这四个研究方向基本上都与社会学和社会心理学发生着密切联系。[②] 斯波尔认为，到了 20 世纪 90 年代，传播学

---

① 该文收录在 Edited by David W. Park and Jefferson Dooley. *The History of Media and Communication Research：Contested Memories*，Peter Lang Publishing，Inc.，New York/Washington，D. C.，2008，pp. 163 - 203。

② Edited by David W. Park and Jefferson Dooley. *The History of Media and Communication Research：Contested Memories*，Peter Lang Publishing，Inc.，New York/Washington，D. C.，2008，p167.

研究基本上已经成为一门真正的学科，其重要标志是在大学体制中已经建立起传播学院系，出现了专职从事传播学研究的大批专家学者，设置了与传播学相关的众多专业，大量获得传播学学位的人员补充到教师和学者行列中。此外，心理学、社会学和政治学更加精细地融入传播学研究中。①

基思·德利亚（Jesse G. Delia）在《传播学研究历史》②（Communication Research: A History）中系统梳理了传播学研究的几大传统，它们是修辞传统，公共演讲传统，传播技术传统，传播体制及社会、经济、政治影响传统，文化传统，新闻及出版历史研究传统，传播教育传统。虽然在这篇旨在讨论美国传播学研究传统的重量级长篇论文中，德利亚并没有明确提及美国传播学研究的社会心理学传统，但是社会心理学对传播学研究的影响也受到了一定关注。

德利亚分三大板块内容讨论了美国传播学研究的历史。

其一，传播学发展的初创时期，主要内容包括：与日常生活，如社会互动、都市生活、都市文化、种族移民、电影效果等问题相关的传播学研究。主要代表为社会学芝加哥学派，代表性的人物为杜威、米德、帕克、林德、托马斯、伯吉斯（Ernest Wason Burgess，1886～1966）等人；与宣传、公共舆论等政治问题相关的传播研究，如拉斯韦尔的宣传技巧和内容分析研究、李普曼的公众舆论研究、《公共舆论季刊》所代表的研究等；与教育技术、传播技巧、教育战略及教育成果相关的教育传播研究；与媒介工业相关的商业应用传播研究，主要包括广告研究、广播效果研究、媒介内容分析等，广告研究方面的代表性人物是维利（Wiley）、罗斯、桑代克、明斯特伯格、华生，商业广播研究方面的代表人物是拉扎斯菲尔德和他领导的应用社会研究局。这一阶段传播学研究的时间大致为1900年至1940年。

第二大板块内容主要包括：卢因所领导的社会心理学和小群体研究，霍夫兰领导的劝服与态度改变研究，以及拉扎斯菲尔德和贝雷尔森等人所进行的政治选举民意投票研究等。这些研究都发生在二战结束至20世纪50年代中期的十几年间。德利亚认为这是传播学研究形成学科

①　该文收录在 Edited by David W. Park and Jefferson Dooley. *The History of Media and Communication Research: Contested Memories*. Peter Lang Publishing, Inc. , New York/Washington, D. C, 2008, p72。

②　该文收录在 Edited by Charles R. Berger &Steven H. Chaffee. *Handbook of Communication Science*, SAGE Publication, Inc. /The Publishers of Professional Social Science, Newburk, Beverly Hills, London, New Delhi, 1987, pp. 20 – 122。

并成熟巩固的时期。除了上述几人外，在这一时期做出突出贡献的学者还包括墨顿（1946）、史密斯（Smith，1946）、布莱森（Bryson，1948）、施拉姆（1948，1949）、拉斯韦尔（1949）、斯坦顿（Stanton，1949）、贝雷尔森和贾罗维茨（Berelson and Janowitz，1950）、詹尼斯和凯利（Janis and Kelley，1953）、贝雷尔森（1954）、卡茨和拉扎斯菲尔德（1955）等。

德利亚认为早期传播学研究过于坚守对民主的承诺，在诸如宣传、舆论研究中灌注了过多的价值立场，二战之后这一痕迹开始消退，霍夫兰等实验心理学家在这一转向中起到了关键作用。霍夫兰坚持认为科学研究应该独立于价值判断，其目标是客观性和权威性，实验心理学研究方法进入传播问题研究之中，极大地推动了传播学研究向规范学科的转型，霍夫兰的研究主要体现为心理学传统。拉扎斯菲尔德和贝雷尔森、卡茨在传播学研究定型过程中也起到了十分重要的作用，如果说霍夫兰关注的是传播过程中的个体态度及其改变的话，拉扎斯菲尔德关注的主要是传播过程本身以及由此形成的社会关系，它体现的是传播学研究的社会学传统。传播学效果研究很大程度上就是在社会心理学和社会学理论框架中形成的，传播效果研究范式的形成也是传播学学科得以确立的重要标志。

德利亚传播学研究发展历史叙述中的第三大板块内容是传播学研究的体制化。传播学研究发展并形成于大学体制之外，最终又回到了大学体制之中，对此作出重要贡献的学者包括明尼苏达大学新闻学院凯瑟（Ralph. Casey）、威斯康星大学的布尔耶（Smith W. G. Bleyyer）和纳夫芝格（Ralph Nafziger），其中贡献最大的当属施拉姆。

美国大学的演讲系（Speech Department）沿袭的主要是文学传统，在20世纪前后，演讲系才开始从传统的英语文学系中逐渐脱离出来，成为大学里的独立学术部门。一战之前与演讲系相关的一些学术团体组织开始出现，如公共演讲教师学会（Association of Academic Teachers of Public Speaking），现已改名为美国演讲学会（Speech Association of America，SAA）。相关的学术期刊也开始出现，如《演讲专刊》（*Speech Monographs*），该刊几年后改名为《演讲学季刊》（*Quarterly Journal of Speech*），现在的名称已改为《传播专刊》（*Communication Monographs*）。其他刊物还包括《演讲教师》（*Speech Teacher*），现已改名为《传播教育》（*Communication Education*）。目前又创办了另外一个刊物《大众传播批判研究》（*Critical Studies in Mass Communication*）。

演讲系涵盖的研究领域十分广泛，主要包括戏剧、演讲病理、广播教育，其中，演讲和传播是其主要研究领域。20 世纪 30 年代修辞和演讲成为传播系学术传统的核心。

20 世纪 40 年代后期，来自美国演讲院系的一些单位组成了"国会传播研究协会"（National Society for Study of Communication，NSSC），后改名为"国际传播学会"（International Communication Association，ICA），并创办《传播学期刊》（*Journal of Communication*，1950），稍后又创办《人类传播研究》（*Human Communication Research*）。德利亚认为，尽管美国大学演讲系的传播研究主要集中在修辞和演说领域，但是以霍夫兰和拉扎斯菲尔德为代表的劝服研究传统仍然对前者产生了强烈的影响，他们也把涉及修辞的诸多过程视为一个学习和行为变化的心理过程。60 年代以后，演讲系中的传播研究开始向群体讨论（group discussion）、组织传播（organization communication）和人际传播（interpersonal communication）等方向发展，但是对于这类问题的研究同样借鉴和引用了大量社会心理学知识和理论。① 这一特点在阿诺德（Arnold）和博瓦斯（Bowers）1984 年出版的《修辞及传播理论手册》（*Handbook of Rhetorical and Communication Theory*）一书中得到明显体现。

德利亚对美国传播学研究历史的描述并没有完全忽视社会心理学的作用和影响，尽管他关于二者之间关系的描述是片段式和散漫式的。德利亚认为美国传播学研究并非局限于单一的学科或领域，过去有关传播学历史的研究却忽视了这一点。他认为 20 世纪 20 年代后行为主义心理学和社会学量化研究方法对传播学研究产生了强烈的影响。②

他的主要观点包括：

社会学芝加哥学派有关社会互动、社会过程的研究直接推动了社会心理学的产生，他们有关这一领域的研究与传播学发展也具有密切的关系。社会心理学对传播学研究的影响在一战期间就已经显现，在 20 世纪 30 年代中期形成了一次高潮，与之相关的研究包含佩恩基金研究、劝服和态度改变研究、群体过程以及人际传播研究等。

---

① Edited by Charles R. Berger &Steven H. Chaffee. *Handbook of Communication Science*, SAGE Publication, Inc. /The Publishers of Professional Social Science. Newburk, Beverly Hills, London, New Delhi, 1987, p83.

② Edited by Charles R. Berger &Steven H. Chaffee. *Handbook of Communication Science*, SAGE Publication, Inc. /The Publishers of Professional Social Science. Newburk, Beverly Hills, London, New Delhi, 1987, p25.

20 世纪 20 年代到 30 年代，有关劝服和宣传的研究很大程度上被社会心理学所支配，在广播内容分析及受众反应研究中采用了大量的社会心理学实验方法，类似的研究还包括劝服信息判断（Sargeant，1939）、劝服效果持续性的评价（Reamers，1938）等。

此间有关儿童以及成年人互动过程问题受到高度关注，这些问题包括成员之间的合作、竞争、顺从、屈服，在这类研究中广泛采用了控制实验法、量度测量法（rating instruments）、社会测量法等研究方法。皮亚杰（Jean Piaget，1896～1980）的《儿童的语言和思想》（*Language and Thought of the Child*）探讨了儿童会话的特征以及他们在传播中的社会角色扮演，有关成人互动的研究重点放在社会互动对个人态度和行为的影响。

20 世纪 40 年代前后，有关群体动力（group dynamics）的研究开始出现，这些研究涉及的问题包括个人对他人行为的影响、个人和群体解决问题的比较研究；人际关系和社会规范对行为的影响（Maro，1933，Rothlisberger Dickson，1939）；儿童和成人的人际互动；群体中社会规范的起源（Sherif，1936）；态度的社会定位研究（Newcomb 等，1943）；还包括卢因及其团队进行的群体领导、群体气氛及决策研究。这类研究并非传播学研究，但基础理论在二战之后被运用到传播学研究中。

两次世界大战之间的 20 年中，社会心理学在广告研究中获得了广泛应用，行为主义心理学创始人华生扮演了重要角色。华生开启了消费行为和广告诉求的应用社会心理学研究领域，它采取了严格的实验控制法，有关消费行为和广告诉求的应用研究又被其他的大众传播效果研究所借鉴。

二战期间霍夫兰领导的劝服与态度研究将社会心理学的核心议题带进传播学研究领域，他的研究重点是劝服过程中个人及其态度中介作用，这一范式影响到后来传播学的发展，态度改变也成为此后传播效果研究中的核心问题。

德利亚对传播学发展过程中社会学的影响也给予了一定关注。德利亚认为这一影响的代表性人物是拉扎斯菲尔德以及他所领导的应用社会研究局。拉氏通过对媒介组织、媒介内容、受众及其反应等诸多问题的研究，确立了他在社会学领域的地位，同时也强化了传播学效果研究的传统，贝雷尔森、克拉伯、卡茨都代表着这一传统，这一传统还延续到 20 世纪五六十年代之后的国际传播问题研究、"守门人研究"以及创新扩散研究中。

第二节　另类文献：美国传播学研究的
　　　　心理战争背景

　　尽管少有传播学研究者明确声称美国传播学研究已经形成一条清晰的社会心理学传统，但是，如上所述，许多学者已经意识到二者之间具有或明或暗的对应关系，并对此进行了不同程度的探讨，这类探讨局限于学科发展的内部关系，是从学科发展的内部展开的研究。但是，如果进一步追问，是否存在一个更强大的外部因素推动了传播学研究的发展，并促成了传播学研究与社会心理学的共生与融合，由此拓展开的学术视野可能就会非常不同并令人惊讶。

　　20世纪90年代出版的一些著作创造了这一令人惊讶的学术景观，这些著作试图证明：美国传播学学科的发展和建立本来就是美国心理战争（Psychological Warefare）的产物，心理战争是现实战争以及"冷战"的重要组成部分。

　　美国心理战争的倡导者认为，美国不仅仅要靠常规战略战备赢得战争，美国还必须通过心理战争才能确保赢得战争。心理战争所借助的重要手段是舆论、宣传、新闻、演说、艺术，在战争时期它们全部成为劝服以及社会控制的工具，大众媒介成为一些劝服内容的重要载体，要实施有效劝服，就必须借助于已有的心理技巧、心理策略，发明创新有效的心理学理论，由此，现实战争、心理战争、宣传劝服、大众传播以及心理战略这些重要元素终于汇流到了一起。20世纪90年代后出现的这些著作为美国传播学发展的社会心理学传统提供了一个由历史史实构成的外部框架，它们包括辛普森（Simpson）的《强制的科学：传播研究和心理战争，1945～1960》[1]（1994）、葛兰德（Grande）的《美国冷战期间大众传播研究的起源：教育效果及当代意义》[2]（2000），与此相关的作者还包括萨玛拉吉瓦（Rohan Samarajiva）、巴克斯顿（William Buxton）以及斯波尔等。

　　《强制的科学》和《美国冷战期间大众传播研究的起源》就像是精彩

---

　　[1]　Christopher Simpson. *Science of Coercion：Communication Research and Psychological Warfare 1945 - 1960*，Oxford University Press，New York，Oxford，1996.

　　[2]　Timothy Glander. *Origins of Mass Communications Research During the American Cold War：Educational Effects and Contemporary Implications*，Lawrence Erlbaum Associates，Inc.，Publishers，Mahwah，New Jersey，London，2000.

的调查性新闻报道，它们共同描述了二战以及"冷战"期间推动美国传播学发展成为一门正式学科的强大的外部因素：战争的需要，美国政府以及军方强大的资金支持，前沿学者的学术鼓吹，大量相关机构的成立以及传播研究在大学内部的体制化，传播学研究范式的形成，而这一切发生的具体背景则是美国政府在战争以及"冷战"期间精心策划并全力实施的心理战争，美国传播学的发展被看作这一心理战争的产物，传播学研究被看作是美国心理战争的应用研究，它本身就是美国心理战争的组成部分。

心理战争并非杜撰之物，而是存在于历史中的事实，《强制的科学》作者辛普森获得的一份"冷战"期间美国军方的秘密文件充分证明了心理战的存在。这份文件被视作顶级机密，作者写这部著作时依据信息自由法案获得了这份文件档案，其中一份文件对心理战争进行了准确的描述。

所谓心理战争就是运用一切精神和心理手段，而不是常规军事手段达到以下目的：

（1）摧毁敌方的意志和能力；（2）离间敌方与盟友和中立国的关系，使其失去支持；（3）提升我方军队及盟友取得战争胜利的意志。

这份文件还指出，心理战争使用任何武器以影响敌人的思想，武器的使用是考虑心理效果，而不考虑其性质。这些武器手段包括：白色宣传、黑色宣传和灰色宣传以及其他任何宣传；颠覆、暗中破坏以及其他特殊活动；游击战、间谍战；政治、经济、文化、种族压力等都是有效的心理战争武器。因为，这些武器可以在敌方思想中产生分歧、不信任、恐惧和绝望，从而收到战胜敌人的特殊效果。心理战争不但针对敌人，也针对国内人民及美国的盟友。①

所谓白色宣传是指那些真实、平衡，以事实为主的公开信息传播和宣传，如通过《美国之音》这样的媒体传播的信息。所谓黑色宣传是指那些能够造成人们精神紧张、错乱和恐惧的信息传播，比如将敌方的文件信息披露给目标受众，使敌方的信誉受到损害。灰色宣传介于白色宣传和黑色宣传之间，是指那些真假参半的信息传播。但是美国政府在公开场合并不承认黑色宣传的存在。

英语中的"心理战争"这一术语来自德语"世界观点战争"（World-view Warefare）意思是刻意将宣传、恐惧和国家压力作为对付敌人的手

---

①　Christopher Simpson. *Science of Coercion*：*Communication Research and Psychological Warfare 1945 – 1960*, Oxford University Press, New York, Oxford, 1996, p12.

段，并获得意识形态的胜利，纳粹德国较早将这一战术用于战争之中。20 世纪 30 年代，德国的传播研究在很大程度上也成为纳粹世界观战争的工具，这些研究紧紧追随纳粹的宣传观点。1939 年，德国人沃伦道夫（Otto Ohlendorf）发起成立了一个著名的研究机构——Deutsche Lebensage-biete——从事有关传播效果的舆论调查研究，他后来成为高加索地区的指挥官，在那里他组织谋杀了 9 万人，主要是妇女和儿童。沃伦道夫的重要导师赫恩（Reinhand Hoehn）博士是柏林大学国立研究所的知名学者，战后他成为德国最知名的公共舆论专家。"沉默的螺旋"理论的创立者，伊丽莎白·诺艾尔·诺依曼早年也在戈培尔的一家学术刊物就职，她后来也成为欧洲最负盛名的传播学者之一。[①]

辛普森认为，美国推行心理战争的理由是，相对传统军事战争而言，心理战争是一种相对理性、破坏性较小的战争方式，因为这类心理战争的主要手段是劝服和宣传。"冷战"期间美国的心理战争主要针对斯大林统治下的苏联，苏联同样发起了针对西方世界的心理攻势。美国的心理战争还广泛应用于对付朝鲜、中国、菲律宾、中东、越南等国家和地区。

美国也高度意识到心理战争的价值，美国情报部门所属的战略服务办公室（Office of Strategic Service，OSS）主任多诺凡（William Donovan）认为，纳粹所使用的心理策略对美国而言同样十分重要。多诺凡认为，心理战注定要全面武装到美国军队中，其地位相当于陆军、海军和空军。

1941 年 7 月，在多诺凡的推动下，美国成立了信息协调办公室（Office of the Coordinate of Information，OCI），负责收集情报，协调与战争相关的情报分析，从事境内外宣传活动，这个机构由多诺凡负责。1942 年 6 月 13 日，战争信息办公室（Office of War Information，OWI）成立，它的成立可以看作是美国情报和宣传工作对 1941 年 12 月 7 日爆发的珍珠港事件的反应，该机构负责人为来自 CBS 的戴维斯（Elmer Davis）。1942 年年初，白宫将信息协调办公室负责的白色宣传归入新成立的战争信息办公室（OWI），将黑色宣传作为隐蔽项目并入战略服务办公室（OSS）中。

二战期间，美国在政府和军队系统中建立了大量与心理战争相关的机构，通过这些机构，心理战争得到有步骤的实施。与此同时，大批社会科学专家被组织到这些机构中，从事与情报宣传相关的心理战略、战

① Christopher Simpson. *Science of Coercion*：*Communication Research and Psychological Warfare 1945 - 1960*,Oxford University Press，New York，Oxford,1996,pp. 21 - 22.

术研究，这些都对传播学形成学科发挥了关键作用。

但是，这类心理战机构的发展又一个不断变化的过程，美国政府对于是否要在战争期间大规模建立这类机构一直抱有疑虑，因为一战期间政府所发起和参与的大规模宣传运动曾经在美国社会引起广泛争议，一战结束之后，像"克里尔委员会"这样的机构早已被解散，宣传、心理战争、秘密情报之类的运作与美国人民信奉的基本价值观不无悖逆。但是，战争爆发后罗斯福行政当局意识到，宣传、舆论、情报信息对于美国来说必不可少，1939 年，罗斯福（Franklin D. Roosevelt，1881 ~ 1945）批准成立了一个综合性紧急管理管理办公室（Office of Emergency Management，OEM）负责处理与战争信息相关的问题；1940 年，他又委派尼尔森·洛克菲勒（Nelson Rockefeller，1908 ~ 1979）担任另一个类似机构——美洲事务协调处（Coordinator of Inter-American Affairs，CIAA）负责人，其使命是监测拉丁美洲地区的宣传运动。1941 年 6 月，罗斯福设立国内防务办公室（Office of Civilian Defense，OCD），作为紧急管理办公室（OEM）下设的分支机构，它的主要职能是处理与士气、公共舆论、国内防务相关的内政问题，这个机构的负责人是纽约市长古迪亚（Firello La Guardia）。1941 年 7 月，罗斯福下令设立信息协调办公室，该机构负责人多诺凡是华尔街的著名律师，也是罗斯福总统的私人朋友，如前所述，他是美国心理战争的重要推动者。这个机构除了收集和分析与国内安全相关的情报、信息处，还执行少量的间谍任务，其下设机构国外信息服务处（Foreign Information Service，FIS，1941 年 8 月成立）主要负责在国外收集与美国利益相关的情报信息，剧作家希伍德（Robert Shrwood，1896 ~ 1955）为该处主任，《美国之音》就是归属在这个机构。

1941 年 10 月，罗斯福下令设立事实与数据办公室（Office of Facts and Figures，OFF）作为国内防务办公室的下设机构，其主要功能是评估公共舆论，罗斯福任命诗人、国会图书馆员马克利什（Archibold MacLeish）负责该机构。珍珠港事件爆发后，美国控制舆论和宣传的任务更为紧迫，美国实施心理战争的步骤明显加快。1942 年 6 月 13 日，罗斯福设立了另一个重要机构——战争信息办公室，任命 CBS 的戴维斯为主任，此前创建的两个机构——事实与数据办公室（OFF）和国外信息服务处（FIS）被合并到战争信息办公室中。就在同一天，刚刚成立才一年的信息协调办公室（OCI）经过调整改名为战略服务办公室，多诺凡继续担任这个新机构的主任。战略服务办公室是二战期间最重要的心理战机构之一，下设研究和分析处（Research and Analysis，R&A）、秘密情报处

(Secret Intelligence，SI)、士气操作处（Moral Operations，MO）以及多个与间谍、情报收集和心理战相关的部门，战争期间战略服务办公室雇用了3万名员工。上述组织机构多数都与美国心理战争相关，如战争信息办公室（OWI）、战略服务办公室（OSS）等①。

　　除此之外，还有一些与心理战争密切相关的军方心理战机构在葛兰德的著作中未加提及，这些机构包括斯托夫（Samuel Stouffer）主持的美国陆军士气研究部（Research Branch of the U. S Army'Division of Moral）；陆军准将麦克卢尔（Robert McClure）主持的美国陆军心理战争部（Psychological Warefare Division，PWD）；利克特负责的项目调查部（Division of Program Surveys），这个机构设在美国农业部，为美国陆军提供相关实地调查。此外还包括拉斯韦尔负责的位于国会图书馆的机构——战争传播处（War Communication Division）②

　　二战时美国动员了大量社会科学家参与到上述机构中，他们从事的工作和研究很多都与心理战密切相关。这些人包括：CBS总裁佩里（William Paley），他担任心理战争部副主任，CBS受众研究所主任斯坦顿（Frank Stanton）也参与到相关战时项目中。美国无线电公司（RCA）总裁萨诺夫（David Sarnoff）负责为盟军协调报纸及广播运作。战争信息办公室雇用的人员还包括耶鲁大学的多比（Leonard Doob），伊利诺伊大学的施拉姆，康奈尔大学的莱顿（Alexander Leighton），加利福尼亚大学的罗温萨尔（Leo Lowenthal），兰德公司的斯比尔（Hans Speier）和纳森（Nathan），哥伦比亚大学的巴雷特（Edward Barrett），社会心理学家布鲁诺（Jerome Bruner）、霍夫兰、卡茨，公共舆论专家盖洛普、诺珀，社会学家拉扎斯菲尔德、贾罗维茨、墨顿，人类学家米德，图书情报专家贝雷尔森，人文学者施拉姆以及其他许多学者，其中供职于心理战争部（PWD）的佩里（Paley）、贾罗维茨、莱纳（Danid Lerner）等人战后成为知名的传播学者。

　　庞大的心理战机构及专家队伍需要巨量的经费投入才能够得以维持和运转，葛兰德在《美国冷战期间大众传播研究的起源》中透露，美国心理战的主要机构战争信息办公室（OWI）从1942年6月创立到1945年

　　①　以上资料来源见 Timothy Glander. *Origins of Mass Communications Research During the American Cold War：Educational Effects and Contemporary Implications*，Lawrence Erlbaum Associates，Inc.，Publishers，Mahwah，New Jersey，London，2000，pp. 47 – 49。

　　②　Christopher Simpson. *Science of Coercion：Communication Research and Psychological Warfare 1945 – 1960*，Oxford University Press，New York，Oxford，1996，p26。

9 月 15 日解散，3 年多时间内总共花费了 1.33 亿美元，到 1943 年年底，仅这个机构的海外分部就投入 3400 万美元用于宣传项目，包括出版图书、印制宣传单、制作电影、广播电视节目等；战略服务办公室（OSS）在同期的预算开支超过 1 亿美元。① 在这些巨量经费中相当一部分资金用于建立与宣传、舆论、民意相关的学术研究机构，这些机构包括拉斯韦尔位于国会图书馆的战争传播处；坎垂尔位于普林斯顿大学的公共舆论研究项目；韦普尔斯（Douglas Waples）位于芝加哥大学的报纸和读者研究项目；拉扎斯菲尔德位于哥伦比亚大学的广播研究办公室等。各大学也获得了大量研究经费，战争期间，麻省理工学院（MIT）共获得经费 1.17 亿美元，加利福尼亚大学获得资助 8300 万美元，哈佛大学和哥伦比亚大学各获得 3000 万美元。②

战争目标推动美国政府在二战期间发起成立了众多与信息、情报、宣传舆论、战争士气以及与心理战争相关的组织机构，这些机构又将大量拥有专业知识的专家学者吸纳进去，包括社会学、社会心理学、传播学、政治学在内的学科知识在这样一个巨大学术实验场中得以孕育、验证或运用。这一情形似乎验证了知识社会学中的某些原则：在实用主义哲学根基深厚的美国，所有真正的知识都会被现实利益目标所采用，现实利益的驱动又会不断催生新的知识和学科领域，而权力完全可以掌握和控制知识的生产、组合、转化和运用。

或许是历史的巧合，或许也是历史的必然，美国的社会科学在战争中意外获得了绝好的发展机会，大规模实施的心理战争必然要依赖已经形成学科领域的社会心理学，同时也会催生传播学这样一门新兴学科，因为这门学科研究的基本问题就是信息的产生、传播、控制以及信息传播所产生的后果；是人的认知、情感态度以及行为；或者说传播学研究的就是信息与引起人们社会行为变化背后的心理活动的关系，美国传播学的发展受惠于战争是一个不争的事实。

二战结束后，美国的对内对外政策发生了重大变化，一个美国所宣称的西方世界与苏联共产主义意识形态对决的时代已经到来，丘吉尔

---

① Timothy Glander. *Origins of Mass Communications Research During the American Cold War：Educational Effects and Contemporary Implications*, Lawrence Erlbaum Associates, Inc., Publishers, Mahwah, New Jersey, London, 2000, p54.

② Timothy Glander. *Origins of Mass Communications Research During the American Cold War：Educational Effects and Contemporary Implications*, Lawrence Erlbaum Associates, Inc., Publishers, Mahwah, New Jersey, London, 2000, p55.

（Winston Leonard Spencer Churchill，1874～1965）将苏联所代表的那个共产主义世界称为"铁幕"（iron curtain）。

1945 年 9 月，日本战败投降后不久，杜鲁门（Harry S. Truman，1884～1972）总统开始制定战后美国外交政策。1947 年 3 月，杜鲁门发表公开演讲，宣称美国面临来自苏联的紧迫和直接的威胁，美国将采取遏制政策来对付来自苏联的威胁。在这一背景之下，二战期间美国大规模的宣传、舆论、劝服运动并没有偃旗息鼓，二战期间的心理战争经过调整之后又重新登场，这一主要针对苏联共产主义的心理战争成为传播学发展为一门独立学科的最大推动力量。

"冷战"期间美国一些重要心理战机构发生了变化，葛兰德在《美国冷战期间大众传播研究的起源》一书中给出的资料显示，战时重要的心理战机构——战争信息办公室（OWI）于 1945 年 9 月 15 日被解散，但其功能和人员被转移到一个新成立的机构——国际信息临时服务处（Interim International Information Service，IIIS）中；被转移到国际信息临时服务处的机构还包括尼尔森·洛克菲勒负责的美洲事务协调处。国际信息临时服务处（IIIS）归属于国务院司法部，由伯顿（William Benton）领导。1946 年早些时候，国际信息临时服务处（IIIS）又被整改成国际信息与文化事务办公室（Office of International Information and Cultural Affairs，OIC），1948 年，这个机构改名为国际信息与教育交流办公室（Office of International and Educational Exchange），下设办公室国际信息和教育交流办公室两个机构，这些机构均归属国务院（Department of State）。

根据 1948 年通过的史密斯－穆特法案（Smith-Mundt Act），美国政府可以提供资金支持有关美国政府、美国人民及美国政策的信息传播活动，以消除误会，促进和平。正是在这一法案背景下，美国政府通过国际信息办公室（Office of International Information）这类机构大量资助大学机构内与对外宣传相关的研究。1953 年，国际信息办公室更名为美国信息局（United State Information Agency，USIA），归属于国家安全委员会，但是类似的资助也得到继续。

二战期间另一著名的心理战机构——战略服务办公室（OSS）也经历了重大调整，1945 年 10 月 1 日，杜鲁门总统中止了战略服务办公室的活动，但是将其管辖的"研究与分析所"（Research and Analysis Division）转移到了国务院名下，仍然由哈佛大学历史学家朗格（William Langer）主管；1946 年 1 月 22 日，杜鲁门总统下令组建中央情报集团（Central Intelligence Group），人员主要来自原战略服务办公室（OSS），归属一个临时性的机构——国家情报局（National Intelligence Authority）管理。1947年7月26日，国会通过国家安全法（National Security Act），成立了国家安全委员会（National Security Council，NSC），杜鲁门随后下令成立中央情报局（Central Intelligence Agency，CIA），人员主要来自原中央情报集团，其职能涉及部分黑色宣传以及其他心理战项目。

国家安全法清除了"冷战"时期情报及心理战运作上的许多障碍，一些策划和咨询机构也应运而生，如国家安全资源小组（National Security Resource）、国家安全委员会（National Security Council）等，这些机构的成立需要吸收大批相关专家，包括与传播研究相关的专家。①

葛兰德在《美国冷战期间大众传播研究的起源》中披露，"冷战"期间中央情报局资助了大量社会科学研究，有关这些资助的原始档案或者被隐藏，或者被销毁，至今很难窥见其全貌。例如，1953年至1966年中央情报局资助了一个名为MKULTRA的大型研究项目，这个与行为科学和生物医药相关的项目涉及149个子项目，具体研究领域包括药物实验、睡眠剥夺、电子休克疗法等，其中部分研究也涉及传播学，共有185名研究者以个人名义参与到该项目中，这些专家来自美国众多知名大学。②

为了追随"冷战"期间美国对内对外政策，美国许多大学纷纷强化行为科学研究，尤其是社会心理学和社会学，许多大学也开始创办传播学教育和研究单位。二战结束之后，美国经济空前繁荣，由于政府对情报和宣传工作的高度重视，大批研究经费源源流入大学和研究机构，包括流入到与传播研究相关的机构。辛普森透露，仅在20世纪50年代初期，联邦政府每年就投入10亿美元用于心理战争相关的研究项目，政府每年向大学和思想库投入700万~1300万美元用于与传播问题相关的社会心理学、传播效果、人类学、海外受众及公共舆论等研究，这些经费投入极大促进了传播学学科的发展。与此同时，一些民间资助机构，如卡内基基金会和福特基金会也与政府部门及情报部门联合，资助一些大

---

① 以上资料来源见 Timothy Glander. *Origins of Mass Communications Research During the American Cold War: Educational Effects and Contemporary Implications*, Lawrence Erlbaum Associates, Inc., Publishers, Mahwah, New Jersey, London, 2000, pp. 59 – 62。

② Timothy Glander. *Origins of Mass Communications Research During the American Cold War: Educational Effects and Contemporary Implications*, Lawrence Erlbaum Associates, Inc., Publishers, Mahwah, New Jersey, London, 2000, pp. 59 – 63.

型传播研究项目。^①国家科学基金会（National Science Foundation，NSF）1952 年的统计显示，当年社会科学研究获得的资助 96% 来自联邦政府，其余 4% 的一部分来自民间基金资助。1952 年社会科学研究从联邦政府获得的资助共计 1.22 亿美元，从民间渠道获得的资助为 28 万美元。辛普森认为，至少有 6 家美国最重要的传播研究中心依靠国家安全机构提供的资金生存，这些传播机构对心理战资金的依赖性非常强，如果没有这些来自军方、中央情报局以及美国信息局的大量资金的支持，美国传播研究很难在 50 年代发展成为一个独立的学科领域。^②

受益于这些资金的重要传播研究机构包括：应用社会研究局；密歇根大学的社会研究院（Institute of Social Research）；国家舆论研究中心（National Opinion Research Center，NORC）；社会科学研究局（Bureau of Social Science Research）；兰德公司（Rand Corporation）以及麻省理工学院国际研究中心（Center for International Studies）。此外，还有一些从事传播学的研究机构在二战结束后的 20 年间一直接受来自心理战项目的资助，施拉姆领导的传播学研究就属于此例。

这些机构研究的内容涉及：

密歇根大学的社会研究院从海军研究办公室（Office of Naval Research，ONR）获得了一个为期 10 年的合同，研究与士气、领导层、大型组织控制相关的心理问题。这个机构成立于 1946 年，当时的名称是调查研究中心（The Surrey Research Center），负责人为利克特，大部分员工来自二战期间利克特主持的一个名为"项目调查处"（Program Surveys）的心理战机构。早期社会研究院还从事苏联社会心理方面的研究，他们在美国空军的资助下会见那些来自苏联的叛逃者和难民，这些研究旨在提供对苏宣传的理论依据。

国家舆论研究中心（NORC）在战后第一个 10 年包含的一个重要研究项目涉及个人或群体面对"社会灾难"（community disasters）的心理反应，这些灾难主要指地震、龙卷风之类的自然灾难。个人或群体在这些灾难面前的心理反应研究可以为美国制定应付化学武器和核武器攻击政策提供参考依据。国家舆论研究中心（NORC）在二战期间 90% 的经费

---

① Christopher Simpson. *Science of Coercion：Communication Research and Psychological Warfare 1945 – 1960*,Oxford University Press，New York，Oxford，1996，p9.

② Christopher Simpson. *Science of Coercion：Communication Research and Psychological Warfare 1945 – 1960*,Oxford University Press，New York，Oxford，1996，pp. 52 – 54.

合同来自战争信息办公室（OWI），其研究议题主要涉及战时政府对国内公众精神气士的监控。1944 年战争信息办公室取消后，这个研究项目仍然以秘密紧急合同的名义继续进行。

　　拉扎斯菲尔德的应用社会研究局（Bureau of Applied Social Research，BASR）在战后也因为从政府和军方获得大量资助而得以继续发展。资料显示，1941 年至 1946 年该机构 50% 的研究经费来自民间商业资助。如《时代》周刊、《生活周刊》和一些非营利性的舆论调查公司。还有一些经费来自洛克菲勒基金会及该机构所属的哥伦比亚大学。1949 年后应用社会研究局经历了一段严峻的经济困难时期，几乎接近倒闭，但是 1949 年年底该机构从美国军方和情报部门获得大量合同，1950 年至 1951 年度其经费的 75% 来自美国军方和宣传机构，其中包括两个来自美国空军的项目，专门研究海外情报收集，另外还有一个大型项目来自海军研究办公室（ONR）。应用社会研究局还与《美国之音》签订了多项合同，这些合同涉及在中东地区进行公共舆论调查。

　　美国政府和军方对人类预期态度和行为改变问题的强烈兴趣甚至导致"冷战"期间军方资助了大量与此问题相关的研究，这些研究当中的一部分因为涉及敏感领域并与伦理道德相悖，从而引起争议。例如，上文提到的由中央情报局资助的马库特拉（MKULTRA）大型项目中就涉及许多诸如通过药物试验、电子休克疗法以及睡眠剥夺甚至酷刑改变人们态度和行为的研究。再如，20 世纪 50 年代和 60 年代，位于加拿大蒙特利尔麦吉尔大学（McGill University）的爱伦精神病学记忆研究所（Allan Memorial Institute of Psychiatry）在中央情报局的一个重要机构——人类生态调查协会（Society for the Investigation of Human Ecology）的资助下，进行了一项声名狼藉的人类行为"去模式化"（depatterning）研究，这项研究旨在发现强制改变人们态度和信仰的方式途径。这个研究所的所长卡麦隆（Ewen Cameron）博士深受德国纳粹头目、纽伦堡监狱刽子手鲁道夫·赫斯（Rudolph Hess，1894～1987）的影响，并从他那里借用了许多经验。[①]

　　美国军方的科研基金评估和发放主要由人类资源委员会（Committee of Human Resources）管理和控制，这个隶属于国防部（Department of De-

　　① Timothy Glander. *Origins of Mass Communications Research During the American Cold War*：*Educational Effects and Contemporary Implications*，Lawrence Erlbaum Associates，Inc.，Publishers，Mahwah，New Jersey，London，2000，p64.

fense）的机构于 1947 年建立，其主要功能是协调美国军方用于社会心理学、社会学及传播学研究的经费拨付。1949 年这个机构负责监管的社会科学基金高达 750 万美元。人类资源委员会下设四个核心小组单位，其中人类关系与道德小组（Human Relation and Moral）对传播学发展影响最大。这个小组的主席是心理学家唐纳德（Charles Donald），成员包括斯比尔（Hans Spier）、莱顿、霍夫兰等。这个机构资助的项目包括斯托夫和霍夫兰主持的"美国士兵"研究等。[1]

社会学、社会心理学、传播学等行为科学的重要目标是根据已知条件去分析、判断和预测人的社会行为，评估这些行为对社会产生的后果，并根据这些预测和评估制定相应的政策或做出决策。正如查菲（Steven H. Chaffee）和贝格（Charles R. Berger）在《传播学者的贡献》（What Communication Scientists Do）[2] 一文中所说："人类传播科学的概念建立在一种乐观主义推测的基础上，那就是人类行为可以通过对符号系统的研究被理解和改变。而且，要改变人类行为，首先必须理解行为，这其实也是科学的基本目标。"[3] 无论人们如何解释传播学的性质，这门学科的重要目标就是通过对信息传播过程的研究，达到改变和控制人们行为的目的，与传播学密切相关的宣传、舆论、劝服等研究其最终目的都在于此。人类态度和行为的改变和控制，从某种角度来说就是社会控制，因此，传播学几乎就是一门关于社会控制的科学。显然，人类行为又总是与人类情感、认知、态度这类心理内容紧密相关的，它们更多地属于社会心理学研究的对象。但是人类行为是不可分割的整体，传播学和社会心理学对人类行为的研究不过是采用了两个不同的侧面，二者各有领地，又相互渗透和融合。"冷战"时期美国政府对这一行为科学的高度重视，必然会促进传播学和社会心理学等行为科学的快速发展，这两门科学也必然相互融合、相互促进和发展。

从任何角度来说，战后美国传播研究发展成为一门独立学科都具有

①　以上资料来源 Christopher Simpson. *Science of Coercion*：*Communication Research and Psychological Warfare* 1945 – 1960，Oxford University Press，New York，Oxford，1996，pp. 53 – 62。

②　该文见 Edited by Charles R. Berger &Steven H. Chaffee. *Handbook of Communication Science*，SAGE Publication，Inc. /The Publishers of Professional Social Science，Newburk，Beverly Hills，London，New Delhi，1987，pp. 99 – 122。

③　Edited by Charles R. Berger &Steven H. Chaffee. *Handbook of Communication Science*，SAGE Publication，Inc. /The Publishers of Professional Social Science，Newburk，Beverly Hills，London，New Delhi，1987，p99.

某种必然性。首先，"冷战"期间人类历史上最大的意识形态对立和冲突是这门科学形成的最大推动力，由于意识形态对宣传、舆论、情报、劝服这一态度改变和行为改变手段的迫切需要，美国政府和军方建立了大量宣传机构、情报机构，这些机构向大学科研单位投放了巨量研究经费，从而推动了传播学的学科发展和形成；其次，两次世界大战为20世纪50年代传播学的形成完成了知识、经验、研究手段以及研究人才的准备。有关宣传、舆论、劝服这类研究早在20年代就已经开始，二战期间继续受到高度重视，有关传播过程的研究，特别是有关受众的研究在50年代之前已然出现，这些与传播学相关的知识积累和经验积累，为50年代传播学的形成做好了准备。另外，以实证主义为基本特征的现代社会科学研究方法从20世纪才开始逐渐发展成熟，50年代前这些研究方法已经在传播研究中被广泛运用，50年代后被更广泛地运用于传播研究中，成为传播学发展成熟的一个重要标志。二战还为战后的传播学研究储备了大批专业人才，二战期间的以中央情报局为骨干的心理战机构实际上已成为集合美国社会科学领域知识分子的一个组织、联络、协调中心，在这个网络中相当一部分学者所从事的工作都与传播密切相关，战后这些原本来自不同学科领域的学者，很多都转移到传播学研究中。辛普森说："实际上，那些50年代在活跃于大众传播研究领域的社会科学家群体都在战争期间从事过有关美国国外宣传的应用研究、盟军战争士气研究、国内外公共舆论研究、战争服务办公室（OSS）的秘密研究，或者从事过从报纸、杂志、广播内容和情报分析以及邮件审查等工作。"[1]

　　关于美国心理战争与传播学学科发展之间的关系，辛普森通过研究得出以下几条基本结论：

　　其一，美国政府的心理战争项目促进了大众传播研究发展成为一个独立的学术领域，强烈影响到学术领袖的选择以及学科范式的选择。这种影响也许并不是直接的，但是对于谁能够说，谁不能够说，谁能够成为这一领域的权威产生了重要影响。[2]

　　其二，1945年至1960年间，美国政府的心理战争项目成为此间传播研究最为强大的推动力量。心理战机构向大众传播研究投入了巨额研究

　　① Christopher Simpson. *Science of Coercion*：*Communication Research and Psychological Warfare* 1945－1960，Oxford University Press，New York，Oxford，1996，p25.

　　② Christopher Simpson. *Science of Coercion*：*Communication Research and Psychological Warfare* 1945－1960，Oxford University Press，New York，Oxford，1996，p3.

经费，这些心理战项目将大众传播研究推向社会科学的应用研究轨道。

其三，美国的传播研究并非中立客观的研究，它与现存体制力量密切关联，它是一种被强制的科学。但是，由于许多心理战争的鼓吹者和传播研究者相信心理战争是一种相对廉价，更加灵活，相对常规军事战争来说不是那么残酷，甚至可能是减缓和避免战争的战争手段，他们乐于美国政府使用这类心理战争策略，以促进美国政府及美国学术界所信奉的人道主义以及民主价值观。①

《强制的科学》以及《美国冷战期间大众传播的起源》是 20 世纪 90 年代出现，标志着美国传播学史研究新动向的两部重要著作，两部书的作者一位是调查性新闻报道记者，另一位是教育学教授。两位作者都希望从知识社会学的角度探讨二战以及"冷战"期间美国传播学的形成和发展。辛普森的切入点是战争、权力、机构以及资金这些社会资源因素在传播研究中所发挥的作用，他更多的是从社会学的角度去探讨心理与传播研究之间的关系。葛兰德除了从社会资源控制、调配、集合这一层面讨论了二者之间关系之外，他还从教育学和传播学消长的角度探讨了心理战争对这两门学科的影响。虽然两本书关注的核心事实是二战及"冷战"中的心理战争，传播学与社会心理学、社会学以及政治学之间的关系确实没有进入作者的视野中（如上所述，葛兰德讨论了传播学发展与教育学的关系，而且在全书中这仅仅是一条暗线），但是，他们的研究确实支起了美国传播学发展与社会心理学内在关联的一个巨大历史背景框架。心理战争以及它所带动起来的社会科学研究融入了人类心理的几乎一切元素，在这一背景下发展起来的传播研究与社会心理学的密切关系几乎是不言而喻的。

---

① Christopher Simpson. *Science of Coercion*: *Communication Research and Psychological Warfare* 1945 – 1960, Oxford University Press, New York, Oxford, 1996, pp. 115 – 116。

第四章　美国早期传播研究的心理学影响

关于传播学研究的起源，施拉姆的断定应该是权威的，他认为传播学研究起源于 20 世纪二三十年代，《作为行为科学的人类传播学：杰克·海尔盖德和他的委员会》一文中，施拉姆写道："现代传播学研究起源于 20 世纪 20 年代到 30 年代，这一研究的兴起既是对大众传播媒介发展的回应，也是基于对政治宣传家们可能利用媒介进行政治宣传的恐惧和担忧。"[①] 施拉姆显然是把拉斯韦尔关于战争宣传的研究看作是传播学研究的正式开端，拉斯韦尔于 1927 年出版了《世界大战中的宣传技巧》，1939 年出版《世界革命宣传》。施拉姆认为拉斯韦尔关于宣传的研究，以及他所使用的内容分析方法和量化研究方法在当时影响了一大批追随者。此间，李普曼撰写了另外几部有关舆论的新闻传播学著作，它们是《公众舆论》（1922）和《幻影公众》（*The Phantom Public*，1925）。由拉斯韦尔和李普曼等人开启的宣传和舆论研究，同样未脱离社会心理学的视角，这些研究甚至是美国政府心理战争的衍生产品。由李普曼和拉斯韦尔等人开启的宣传和舆论研究是美国大规模大众传播研究的前奏，这类研究着眼于传播效果，将意见传播和劝服技巧作为研究重点，从一开始就将人类心理事实这一因素导入研究之中。

第一节　舆论宣传研究的历史背景

宣传和舆论研究在美国的兴起具有几个重要背景。其一，在美国等西方国家，民主制度的建立和运行仍然处于起步阶段，因为民主制度主

---

① Wilbur Schramm. "Human Communication as A Field of Behavioral Science: Jack Hilgard and His Committee"，本文收录于 Edited by Sarah Sanderson King. *Communication as A Field of Study: Selected Contemporary Views*, New York, State University of New York, Albany, 1989, p14。

要建立在民意基础之上，政治家和思想家们尤其关注经由大众传媒能否形成理性舆论，为民主制度提供有力支持。其二，随着大众传媒的日益普及，人们对由各种不同力量和背景所支持的舆论和宣传对人心的征服产生了普遍的焦虑。在现实层面，第一次世界大战的交战国几乎都在利用各自国家的传媒报道和传播对自己有利的信息，各国甚至还成立了专门从事战争宣传的机构和部门，在军事战争的同时，还启动了针对敌对国的心理战争。另一方面，战后德国纳粹主义登上历史舞台，纳粹不但控制了国家政治经济权力，而且也垄断了国家文化、传播和意识形态等权力，纳粹党将传媒变成彻头彻尾的宣传工具，并利用这一宣传工具推销其种族主义和战争政策，企图欺骗蒙蔽世界。早在 1933 年纳粹宣传与启蒙部部长约瑟夫·戈培尔（Paul Joseph Goebbels，1897 ~ 1945）就得意扬扬地向全世界宣布，德国准备将所有媒体收归国有，并宣称："德国新闻法是世界上最先进的新闻法律，我预言这些法律原则在未来十年内将被其他国家所采用，由国家统一监控意见和信息是绝对正确的。"① 所有这些都引起了人们对舆论和宣传现象的警觉和重视。其三，当时刚刚成立的社会主义国家苏联也利用国内外媒体宣扬共产主义学说，发起了针对西方世界的意识形态之战，这迫使西方学者不得不正视舆论和宣传问题，有关舆论和宣传的研究正是在这一背景下诞生的。

如果从更广阔的视角来看，李普曼和拉斯韦尔等人 20 世纪 30 年代前后有关舆论和宣传研究呈现的心理学特色是必然的，因为他们是美国政府和美国社会所启动的对内对外心理战争的一部分。早在 1917 年，美国总统威尔逊（Thomas Woodrow Wilson，1856 ~ 1924）就下令组建了一个名为"克里尔委员会"的机构，负责对内对外宣传事宜。与此同时，美国战争部也组建了一个小规模的心理战争组，这个心理战争组隶属于战争部的情报处，在美国欧洲远征军总部内也建有一个宣传处，尽管这些机构在战后被解散，但是它们却留下了有关舆论与宣传研究的重要遗产。

李普曼曾经是美国总统威尔逊的密友，在巴黎和会期间担任总统的咨询秘书，并帮助威尔逊起草了《十四点和平纲领》，他在隶属于美国远征军的宣传部任首席记者和编辑，他的两部重要著作《公众舆论》（1922）和《幻影公众》（1925）主要基于他当时战地记者以及重要社会

① Timothy Glander. *Origins of Mass Communications Research During the American Cold War: Educational Effects and Contemporary Implications*, Lawrence Erlbaum Associates, Inc., Publishers, Mahwah, New Jersey, London, 2000, p15.

活动家的经验。① 至于拉斯韦尔，尽管他在个人政治观念上是民主制度的信奉者，但在具体的政治实践问题上他是一个彻底的实用主义者，在舆论和宣传问题上，他显然倾向于政府动用公共资源影响和控制舆论的必要性与合法性，他由此也从美国政府和社会机构中获得了更多研究经费。

如果说一战前后有关舆论和宣传的研究经费主要来自洛克菲勒基金会等私人财团的话，二战之后美国包括舆论和宣传在内的传播研究经费则开始大量来自政府，这些经费所支持的所谓研究很大程度上构成了美国心理战争的重要组成部分。《强制的科学：传播研究和心理战争，1945～1960》一书的作者辛普森提供的数据显示，战后美国至少6个与传播有关的大型研究项目经费主要来自政府，政府资助资金比例高达75%以上。这些项目包括拉扎斯菲尔德领导的哥伦比亚大学应用社会研究局（BASR），坎垂尔领导的普林斯顿大学国际社会研究所（Institute for International Social Research，HSR）以及波尔（Ithie de Sola Pool，1917～1984）领导的麻省理工学院国际研究中心（Center for International Studies，CENIS）。此外，美国国务院还秘密支助全国舆论研究中心（NORC）有关美国大众舆论的研究工作，这是美国国务院在历史上第一次试图以公共经费资助的方式，将类似于全国舆论研究中心这类的机构装扮成独立的私人机构，进行所谓的舆论和民意研究，它们构成"冷战"期间政府游说国会的一项策略。基于上述种种事实，辛普森认为，政府心理战争项目促使大众传播研究成为一个严格的学术领域，明显影响了该领域的人选，决定了该领域的研究课题。他说："如果没有来自美国军方、情报部门以及宣传部门大量经费的支持，美国传播学研究很可能不会成为今天这种面貌。"②

战争以及和平时期政府操控舆论宣传的合法性问题在西方学术界一直存在分歧和辩论，正如葛兰德在《美国冷战期间大众传播研究的起源》一书中所介绍的那样，他说："在这期间，在有关宣传的合法性问题上存在两种分歧的立场，当这一分歧涉及诸如此类合法性问题时变得更为尖锐：当一个民主政府合法地介入宣传以影响人民的时候，是否还能够保

① 参见 Christopher Simpson. *Science of Coercion*：*Communication Research and Psychological Warfare 1945 - 1960*, Oxford University Press, New York, Oxford, 1996, p4。

② Christopher Simpson. *Science of Coercion*：*Communication Research and Psychological Warfare 1945 - 1960*, Oxford University Press, New York, Oxford, 1996, p4.

证这个政府的民主性质?"① 事实上，西方对于那些出于邪恶动机试图控制人心的舆论和宣传充满了厌恶和敌视。但是现实需要是推动学术发展的最大动力，尽管人们对宣传现象普遍感到厌恶，学术界仍然对这一重要社会现象予以了强烈关注，对于宣传和舆论的研究成为 20 世纪初以来美国政治学、社会学、社会心理学的一项重要主题，并成为美国传播学研究的开端。

第二节　李普曼舆论宣传研究的心理学特点

一、作为社会活动家的李普曼及其历史影响

如果说拉斯韦尔是一个坐在书斋里研究舆论和宣传问题的纯粹学者的话，李普曼则是在更为复杂的职业背景和社会活动背景中展开对舆论宣传问题的思考和研究的。李普曼是享誉世界的专栏作家、新闻记者、时事评论家、国际问题专家以及社会活动家。从 1910 年他从哈佛大学毕业在《波士顿平民报》（*The Boston Common*）担任见习记者算起，在他此后 64 年的生命历程中，他先后在《人人》《新共和》（1914～1919）、纽约《世界报》（1921～1931）、纽约《先驱论坛报》（1931～1963）以及《华盛顿邮报》（1963～1967）等众多报刊担任记者和专栏作家。在耶鲁大学为纪念李普曼而专门设立的阅览室中，收藏了李普曼为《先驱论坛报》撰写的《今日与明日》专栏文章 89 卷，其他文章 299 篇，为《世界报》撰写的社论 10 卷本。除了从事专栏写作，李普曼还撰写了大量著作，主要包括《政治导论》（1913）、《放任与驾驭》（1914）、《外交的赌注》（1915）、《自由与新闻》（1920）、《公众舆论》（1922）、《幻影公众》（1925）、《主宰命运的人》（1927）、《道德导言》（1929）、《自由之路》（1934）、《新的不可避免的事》（1935）、《良好的社会》（1937）、《冷战》（1947）、《舆论与美国》（1952）、《孤立与联盟》（1952）、《世界事务中的美国》（1953）、《人的形象》（1954）、《公众哲学试论》（1955）、《共产主义世界与我们的世界》（1959）以及《西方团结与共同

---

① Timothy Glander. *Origins of Mass Communications Research During the American Cold War*：*Educational Effects and Contemporary Implications*，Lawrence Erlbaum Associates，Inc.，Publishers，Mahwah，New Jersey，London，2000，p3.

市场》（1962）等。李普曼的评论和著述在西方世界产生了广泛影响，他分别于 1958 年和 1962 年两次获得普利策新闻奖。

李普曼不但"以言立身"，他自大学时代起便积极参与到各种社会活动中，他曾经作为志愿者在福利机构赫尔社（Hale House）和市民服务社（Civie Service House）工作。1908 年，切尔西（Chelsea）贫民窟发生大火灾，他连续几天参与救灾。在哈佛期间，李普曼还创立了一个社团组织"哈佛社会主义俱乐部"（Harvard Socialist Club），并担任主席，这个俱乐部不仅讨论思想和学术问题，还具体参与到社会政治实践中，例如为地方选举搭建社会主义意识形态平台，批评大学未能善待员工，为马萨诸塞州立法机关的社会改革计划进行游说等。[①]。大学毕业后李普曼在两家刊物短期从事记者工作，1912 年他获得机会出任纽约州 Sohenctady 市市长助理一职，该市新当选的市长伦恩（Reverend George Lunn）是一位社会主义的信奉者，李普曼的具体工作是草拟讲稿、安排会议、会见记者和工会代表。事实证明，李普曼很难忍受这类琐碎的工作，3 个月之后他辞去了市长助理职务，但是，这段经历仍然可以看作他的重要社会实践活动。

李普曼还以重要角色参与到一战当中。美国介入一战的时候，李普曼正值 27 岁，根据选募法，他应该被征入伍，但是李普曼更愿意以自己的智慧为美国服务。战争爆发的时候李普曼正与友人一起创办一份刊物《新共和》，因为采访撰稿的缘故，经常往来于纽约和华盛顿之间，结识了包括威尔逊总统的顾问爱德华·豪斯（Edward Mandell House，1858 ~ 1938）上校在内的许多重要人物。《新共和》为威尔逊竞选总统出力甚多，离开《新共和》之后，他应威尔逊总统的推荐参与到陆军部长牛顿·贝克（Newton Deihl Baker，1871 ~ 1937）的核心圈子中，1917 年至 1918 年间他成功地出任了几个重要职务。他的第一项职务是陆军部（Secretary of War）部长助理，主要处理与战争相关的劳工问题。1917 年秋天，他被任命为一个由一些知名学者组成的秘密咨询小组的执行秘书，这个咨询小组负责向总统提供有关领土、伦理、经济以及政治等方面的信息，为总统提出战争和解方案做准备，这些咨询工作很大程度上构成了后来的《十四点和平纲领》的基础。第三项职位是，他作为上尉被直接派往军队，在法国筹建了一个对德宣传的联络办，他在前线亲自起草了许多宣传单，这些传单起到了很好的宣传效果，这些传单也成为拉斯

---

① Larry L. Adams. *Walter Lippmann*, Twayne Publishers, A Division of G. K Hall Co., Boston, 1977, p21.

韦尔内容分析的重要来源和依据。李普曼战争期间接受的第四项职位是参与到威尔逊总统的核心幕僚豪斯上校领导的有关《十四点和平纲领》的解释和修订工作。这项工作的背景是，当时德国同意基于《十四点和平纲领》投降，但是英国和意大利要求对十四点的含义做出更加详细的解释，李普曼就其中十三点写了一份解释性的备忘录，这份备忘录获得总统批准，但是由于总统在某些问题上的固执己见，最终导致和平纲领未能被所有交战国接受。

战争中的特殊经历使李普曼直接接触到了宣传，使他认识到宣传、舆论、新闻以及情报在观念世界中的作用，也促使他思考宣传这类信息与真实世界的关系以及它们发挥作用的心理机制。

战争结束后李普曼重新返回《新共和》，随着他在美国新闻界和政界的声誉不断攀升，他开始在更加宽广的政治舞台上展开自己的社会活动。一方面，他总是及时针对德国纳粹问题、苏俄共产主义问题、罗斯福新政问题、极权与民主问题、世界联邦主义问题、"冷战"问题、朝鲜战争及越南战争等问题发表犀利而准确的见解；另一方面，他还积极参与到一些重大的历史事件进程之中。他曾经是美国 12 位总统的顾问，这些总统们不管是就竞选还是就相关具体事务，都乐于倾听李普曼的意见。他曾经两次访问苏联并与赫鲁晓夫（Никита Сергеевич Хрущёв，1894 ~ 1971）会晤。此外，李普曼与其他一些世界著名政要也有不同程度的交往，接见他的包括英国首相丘吉尔、印度总理尼赫鲁（Javāharlāl Nehrū，1889 ~ 1964）以及罗马教皇。法国总统戴高乐（de Gaulle，1890 ~ 1970）则因为二战期间李普曼对他的支持而对后者表示极大的赞赏和尊敬。1972 年周恩来总理曾邀请李普曼访华，因为身体健康等方面的原因，李普曼婉拒了这一邀请。1980 年美国著名历史学家斯蒂尔（Michael Steele）出版李普曼传记作品《李普曼和美国世纪》，暗示着美国在过去一个世纪中的崛起包含着李普曼思想的影子。笔者在英文文献中探索发现李普曼的传记至少还有其他 3 本，即《沃尔特·李普曼和他的时代》①、《沃尔特·李普曼》② 以及《沃尔特·李普曼：自由主义的冒险》③。由此可见

---

① Edited by Marguis Childs and Jamens Resto. *Walter Lippmann and His Times*, Books for Libraries Press, Freeport, New York, 1959.

② Larry L. Adams. *Walter Lippmann*, Twayne Publishers, A Division of G. K Hall Co. , Boston, 1977.

③ Walter Lippmann. *Odyssey of a Liberal*, by Barry D. Riccio, Transaction Publishers, New Brunswick and London, 1996.

李普曼在西方世界的影响。

二、李普曼早年教育中的心理学背景

　　1889 年 9 月 23 日，李普曼出生在纽约一个富有的犹太人家庭中，他的父亲是一个服装制造商并经营房地产，对艺术抱有兴趣，他的母亲毕业于亨特学院（Hunter College），是一位家庭主妇。李普曼一家从德国移民到美国，他是这个德国犹太移民家庭中的第二代成员。李普曼的祖父参加了 1848 年的德国革命，每年夏天李普曼的父母都要带他去德国和欧洲旅游。

　　李普曼自幼聪慧，他 7 岁时入读一所专为犹太人子弟开办的私立学校，他的考试成绩总是得 A，他的房间布满了拿破仑的肖像以及从教堂收集到的各种壁画。李普曼曾经一度想成为一个艺术史学者，他大量阅读文学著作，中学毕业时他因成绩优异而被哈佛大学免试录取。父亲希望他选修法律，将来做律师，母亲希望他学习艺术，他最终选择的却是社会批评（Social Critic）专业，同时他也对艺术、文化和政治抱有长久的兴趣。

　　李普曼在哈佛期间主修的课程主要包括哲学、语言、文学、经济和历史等，他获得的成绩几乎全部是 A，他仅用 3 年时间就修完了大学学业。

　　就读哈佛大学的几年中，3 位导师对李普曼的思想产生了重要影响，他们是实用主义哲学大师、著名心理学家威廉·詹姆斯；著名政治学家、心理学家沃拉斯（Caraham Wllas，1858～1932）；著名哲学家、诗人、散文作家桑塔亚纳（George Santayana，1863～1952）。这 3 位学者的研究领域都与心理学相关，他们的个人人格以及心理学观点都在不同程度上对李普曼产生了影响，李普曼后来将心理学思想带入政治学和舆论宣传研究中，他从社会心理的角度去评论和分析时政以及国际事务，与他大学期间接受的这些心理学思想启蒙不无关系。

　　李普曼结识詹姆斯的故事在当时的哈佛校园内还被当作一段佳话。作为一个具有激进社会主义思想的青年，李普曼曾经在校刊《哈佛插图评论》（*Harvard Illustrate Review*）上刊发一篇书评，针对温德尔（Barrett Wendell）《特权阶级》一书中的观念提出尖锐批评。温德尔是一位文化守旧主义者，他那本书的主要观点是为财富特权辩护。李普曼的反驳十分有力，他说："一个普通劳动者不停地建造房子，他却永远不能踏进去，除非这房子需要维修；他不停地生产粮食，他自己的孩子却饿着肚子去上学；他不停地制造汽车，却是为了供给那些时髦的阔太太带着她们的玩物去兜风。"① 詹姆斯读到这篇评论后对作者的反叛精神以及才华深表赞赏，于是在 1908 年秋天的一个下午，这位学术大师敲开了李普曼那间位于哈佛校园旁的宿舍房门。李普曼对詹姆斯不寻常的到访深表诧异，两人相谈甚欢，李普曼完全被詹姆斯的温雅所感染，他后来说自己"几乎是崇拜詹姆斯了"。② 此后，李普曼经常造访詹姆斯，作为大哲学家和心理学家的詹姆斯，其思想的开阔和深邃总能让李普曼感到兴奋和激动。詹姆斯的心理学思想不仅对李普曼有所影响，他的研究方法和学术思维也整体影响了李普曼。杰森（Sue Curry Jansen）在《传播学研究的先行者》一文中评论说："李普曼常常强调方法，他自己的学术方法被公认为是激进而开放的，这一方法源自詹姆斯的影响。"③ 李普曼在其后发表的一篇纪念詹姆斯的文章中说："他具有开放思想，他愿意倾听一切有价值的东西，去思考一切可能的、新奇的、可能是真理的东西，他为自己的观念而战，因为他坚信这些观念。"④

詹姆斯第一次造访李普曼的时候，他已经从哈佛退休，当 1910 年李普曼毕业离开哈佛的时候，这位大学者却已经辞世。

李普曼与沃拉斯的相识缘于他 1910 年参加了一个由沃拉斯主讲的研讨班，沃拉斯留给李普曼的印象是："一个低调、学究式，但头脑清醒的人"，"他显得不修边幅，有点挑剔，书呆子气，但又透出高贵的气质"。⑤ 实际上，沃拉斯是一个非常注重实践的学者，他多次参与到伦敦市政当局以及议会选举之中，他也曾经与一些费边主义（Fabians）者进行平等合作。他将政治风暴中心的信息带到研讨班中，对李普曼造成了极大的心灵冲击。

沃拉斯是当时英国著名的政治学家、心理学家、费边运动的领袖，他同时也是政治心理学的创立者。他在《政治中的人性》《伟大的社会：心理分析》《我们的社会传统》等著作中表达了这样的观点：人类生活在

---

① Ronald Steel. *Walter Lippmann and the American Century*, Boston, Little, Brown, 1980, p16.

② Larry L. Adams. *Walter Lippmann*, Twayne Publishers, A Division of G. K Hall Co., Boston, 1977, p21.

③ Edited by David W. Park and Jefferson Dooley. *The History of Media and Communication Research: Contested Memories*, Peter Lang Publishing, Inc., New York/Washington, D. C., 2008, p73.

④ Edited by David W. Park and Jefferson Dooley. *The History of Media and Communication Research: Contested Memories*, Peter Lang Publishing, Inc., New York/Washington, D. C., 2008, p73.

⑤ Larry L. Adams. *Walter Lippmann*, Twayne Publishers, A Division of G. K Hall Co., Boston, 1977, p22.

本质上是非理性的，人们的政治判断主要是基于本能、习俗和偏见，而不是基于理性。沃拉斯的观点很大程度上又是来源于詹姆斯，詹姆斯在其《心理学原理》中开创性地提出了人类本能、人类冲动以及无意识等心理因素在人类社会生活中的重要作用，从更广阔的背景上看，这些观念都是西方哲学心理学转向的产物。沃拉斯认为，人类生存的环境远远超过人类自身的经验范围，面对这样的环境，人类认识真理，把握现实的能力极其有限。类似的观点启发了李普曼从心理角度去研究舆论和宣传问题，李普曼在其后的著作中一再表达出来的意识世界能否真正反映客观世界，主观认识能否达至真理，新闻报道能否反映真实，公众舆论能否体现理性的追问，都可以从詹姆斯和沃拉斯那里找到思想影响的源头。李普曼与沃拉斯相识虽然很短暂，此后 30 年他们也相互分离，但是他们在学术上却一直惺惺相惜。

　　另一位对李普曼产生重要影响的人物是桑塔亚纳。桑塔亚纳当时在哈佛教授哲学，在李普曼看来，桑塔亚纳在性情和理论主张方面都与詹姆斯完全不同。总的来说，詹姆斯比较温和，桑塔亚纳则比较冷峻；詹姆斯强调经验的作用，桑塔亚纳则更强调模式；詹姆斯倾向于民主气质，桑塔亚纳则更倾向于贵族气质。这种差别的真正含义是：詹姆斯是一位重经验、重感性的实用主义哲学家，桑塔亚纳则是一位重本质、重理性的柏拉图主义者。桑塔亚纳在李普曼学生生涯中的出现，其重要意义在于调和了李普曼思想中绝对实用主义和经验主义的倾向，李普曼自己也说，桑塔亚纳阻止了他成为一个实用主义者。[1]

　　詹姆斯和桑塔亚纳的对立，使得李普曼能够以一种更灵活的方式去理解和分析现实世界中的问题，在 1922 年出版的《公众舆论》一书中，他既看到了现实世界中的舆论因为受到太多制度、体制、认识能力以及心理机能等经验层面东西的限制而不能达至公正、理性和完美，但在最后一章中，他又将真理、真相的获得寄托于人类理性。李普曼曾在一封信件上说："在我所熟知的最伟大的人物中，我最热爱詹姆斯，但我越发感到，桑塔亚纳是我无法摆脱的。"[2]

　　李普曼在个人情感上觉得比较难以接近桑塔亚纳，但大学毕业后他师从桑塔亚纳在哲学系读了一段时间的研究生，兼做后者的助理。仅仅

---

①　Larry L. Adams. *Walter Lippmann*, Twayne Publishers, A Division of G. K Hall Co., Boston, 1977, p22.

②　Ronald Steel. *Walter Lippmann and American Century*, Boston, 1980, p21.

几个月之后，他就放弃了哈佛的研究生学业，他对学术研究已经感到厌倦，他更不能忍受未来在大学里永远教同一门课程的单调与乏味，于是1910年6月，他在一份具有改良主义倾向的月刊《波士顿平民报》当起了见习记者。

在影响李普曼思想的人物中，另一位值得一提的人物是弗洛伊德。作为精神分析学家，弗洛伊德有关人类潜意识等非理性因素的研究，与同时代的詹姆斯等人本来就有许多相通之处，但是在20世纪初，能够真正认识到弗洛伊德理论价值的人并非太多，李普曼以其特有的敏锐意识到弗洛伊德理论在解释社会现象方面的特殊作用。在他1913年和1914年出版的《政治导言》《放任与驾驭》两本著作中，他就开始将弗洛伊德的理论应用到政治分析中，在其1922年出版的《公众舆论》以及1925年出版的《幻影公众》等著作中同样也能清晰地看到弗洛伊德的影子，它们都呈现出明显的心理学视角，李普曼显然比拉斯韦尔更早地介入了舆论宣传以及政治学的心理学研究当中。

三、李普曼《公众舆论》中的心理分析

李普曼对美国传播学研究的贡献尚没有得到充分研究，更少有学者关注到李普曼传播学研究的心理学特点。施拉姆在《美国传播学的先驱：个人回忆》中所列出的四位传播学之父，其中并不包括李普曼，但是施拉姆在1949年编辑的那本盛传一时的教科书《大众传播学》中却收录了李普曼《公众舆论》中的第一章，也是最重要的一章《外部世界与我们头脑中的景象》。

迄今为止，对李普曼的传播学研究作出最高评价的是詹姆斯·凯瑞，他说："沃尔特·李普曼的《舆论学》（即《舆论公众》）是美国媒介研究的奠基之作，它不是美国第一本关于大众媒介的书，但却是第一部对大众媒介进行哲学分析的严肃之作。书名虽是《舆论学》，但其主题与中心角色是大众媒介，尤其是新闻媒体，该书确立或至少澄清了该研究的长久传统。最后，该书自觉地重新阐述了大众媒介研究的中心议题。"[1]

英文世界中有关李普曼传播学思想的专门研究并不多见。杰森（Sue Curry Jansen）的长文《沃尔特·李普曼：传播研究的先行者》是一篇难得一见的文章，这篇论文收录在由 David W. Park 和 Jefferson Pooley 编辑

---

① 〔美〕詹姆斯·W. 凯瑞：《作为文化的传播》，丁未译，北京，华夏出版社2005年版，第54页。

的《媒介与传播研究的历史》一书中。① 作者认为，尽管李普曼的传播学研究被历史所极大地忽略，但是李普曼实际上至少影响了四位传播学之父中的两位，即拉扎斯菲尔德和拉斯韦尔。施拉姆将李普曼的部分论文收入《大众传播学》中也表明，施拉姆认可了李普曼对大众传播效果研究传统的贡献。作者认为传播学效果研究中的许多理论都可以在李普曼那里找到思想源头，如议程设置理论、把关人理论、刻板印象理论以及使用与满足理论等。

　　特殊的职业经历以及独特的思想追求使得李普曼从一开始就对宣传舆论等传播问题产生了浓厚兴趣，毫无疑问，李普曼首先是从政治学的层面来观察和思考宣传舆论问题的。一战前后，美国政治学对宣传舆论论问题视而不见，这一事实让李普曼感到非常惊讶，在他看来，宣传舆论问题已经成为公众政治生活中的重大问题，这一问题关系到民主政治的生存，关于到对外战争的胜负，也关系到公众能否获知真相和真理。沃拉斯在《伟大社会》中的观点对他产生了深刻的影响，沃拉斯认为，未来社会的发展趋势是：交通和传播将促使社会规模急剧扩张，对于社会心理的研究将为社会发展提供引导，宣传舆论研究应该成为政治学研究的重要议题。李普曼青年时代的几部著作，如《政治导言》《放任与驾驭》《自由与新闻》《公众舆论》以及《幻影公众》都是在这一认知背景下产生的。

　　李普曼撰写《公众舆论》的一个重要动机是想探究战争的根源。长期以来欧洲知识分子对理性主义抱有乐观的期待，尤其是对科学和技术推崇备至，认为它们是未来的希望和保障。但是第一次世界大战的残酷性和破坏性摧毁了欧洲知识分子的这一期待和幻想，历史进步的信念也因之而极大地动摇。当理性主义被抛弃之后，非理性主义便应运而生，知识界开始抛弃柏拉图、赫尔德（Johann Gottfried Herder, 1744~1803）、康德、黑格尔这些理性论、进步论、规律论的"始作俑者"，开始将哲学的关注点放在人自身，试图用生命冲动、生命本能、意识流、潜意识这些理论去发现人和历史的真相。这些非理性主义哲学的共同特点是试图把人置于更具体、更感性，甚至更生物学的水平上去加以观察和理解；在个人的政治和社会存在意义上，非理性主义更倾向于认为人是一种在

---

① 参见 Edited by David W. Park and Jefferson Dooley. *The History of Media and Communication Research : Contested Memories*, Peter Lang Publishing, Inc. , New York/Washington, D. C. , 2008. pp. 71 - 112。

认识能力、自控能力、政治辨别能力乃至民主履行能力等方面，都存在明显局限的社会动物。李普曼求学的时代正是理性主义式微、非理性主义崛起的时代，桑塔亚纳和詹姆斯对他的影响可以视作理性主义和非理性主义在他思想形成过程中的相遇和交锋。但是，这场他亲自参加的战争最终使非理性主义的东西在他思想中占了上风，经历了残酷战争的李普曼显然对人性的丑陋、人类见识的短浅、人类各种自身的局限更加洞若观火。尤其是，他几乎见证和参与了一战最高权力决策层的工作，他的工作与情报、宣传密切相关，战后他更感兴趣的问题是：战争的爆发与人们思想上受到的控制是一种什么样的关系？人们为何会受到宣传和舆论控制的影响？这个问题的更深含义是，人们能否真正认识客观真实？客观真实是如何被情报和宣传所扭曲？当客观真实被扭曲之后，它对民主制度将意味着什么？李普曼在《公众舆论》中思考了上述问题，他问题提出的方式是政治学的，但是他解答这些问题的方式却是心理学的。

　　政治学的核心问题之一是有关政治行为的可能动因。政治行为的发生显然基于政治家们对真实环境的反应和认知，但是李普曼第一次明确告诉人们，在真实环境和人们所认识到的环境之间存在一个"拟态环境"，这个拟态环境主要由间接经验以及媒体所报道的新闻事件所构成，无论是政治家还是一般公众，他们政治行为和社会行为的依据主要来自这种拟态环境，从某种角度来说，拟态环境也就是舆论。李普曼将舆论定义为人们头脑中的图像，集团或者领袖们主要依据自己头脑中的这类图像采取行动。他说："他人脑海中的图像——关于自身、关于别人、关于他们的需求、意图和人际关系的图像，就是他们的舆论，这些对人类群体或以群体名义行事的个人产生影响的图像就是大写的舆论。"[1] 但是，李普曼认为："直接面对的现实环境实在是太庞大、太复杂、太短暂了，我们并没有做好准备去应付如此奥妙、如此多样，有着如此频繁变化与组合的环境。"[2] 因此，人们不得不依靠拟态环境去做出决策，并付诸行动。他说："人们酷爱推测，这一事实足以证明，他们的虚拟环境世界在他们内心形成的图像，是他们思想、感情和行为中的决定力量。"[3] 显然，

---

① 〔美〕沃尔特·李普曼：《公众舆论》，阎克文、江红译，上海，上海世纪出版集团2006年版，第21页。

② 〔美〕沃尔特·李普曼：《公众舆论》，阎克文、江红译，上海，上海世纪出版集团2006年版，第12页。

③ 〔美〕沃尔特·李普曼：《公众舆论》，阎克文、江红译，上海，上海世纪出版集团2006年版，第19页。

这样的决策和行为充满了危险。

拟态环境的存在暗示着这样一种结论，在人类的认识领域中，主观真实与客观真实之间、人们的内心图像与外部世界之间存在着巨大的障碍。在《公众舆论》中，李普曼首先分析了形成这些障碍的外部因素，即人为的审查制度、社会交往的限制、个人关注新闻报道以及其他公众事务的时间、精力有限，报道者在简化和压缩新闻时对事实真相所造成的歪曲，语言描绘现实的局限等。不仅如此，李普曼还深刻分析了这些障碍形成的心理因素，它们主要是想象、偏见、成见以及个人兴趣等。正是因为后者，李普曼突破了传统宣传舆论研究的局限，因为过去的新闻学和传播学理论认为，损害新闻自由、破坏新闻真实性、妨碍公共舆论形成的主要因素在于制度、体制以及法律；如果制度、体制以及法律能够确保新闻自由，那么传媒界就能够真实地报道新闻，理性的舆论也能够自然形成。但是李普曼看到了问题的另外一面，即人自身的因素，尤其是人自身的心理因素也构成了真实报道以及理性舆论产生的障碍。对此，詹姆斯·凯瑞的评论十分准确。他说："李普曼使这个问题发生了转向。他认为一个自由的传播系统并不能确保完善的信息，因此即便在自由的条件下，也不能确保使事物的真实。而且，自由的敌人不是国家和自由的市场，而恰恰是新闻和新闻采集本质、受众的心理以及现代社会的规模。"① 严格地说，这种有关舆论、宣传研究的转向其实也就是心理学转向，即《公众舆论》的诞生标志着以功能主义为导向的传统新闻传播学研究开始渗入心理学的元素。

关于拟态环境形成的机制，李普曼还提出了一套颇具心理学色彩的解释，他说："对舆论进行分析的起点，应该是认识活动舞台、舞台形象和人对那个活动舞台上自行产生的形象所做的反应之间的三角关系。"② 活动舞台是三角关系的起点，是现实中客观存在的事件（event），它躺在那里静待人们去发现；舞台形象是指那些正在扮演这一事件的演员角色（actor），他们或者是收集情报的官方人士，或者是报道新闻的记者，或者是发表评论和观点的政治家；最后就是人们基于演员的扮演而形成的对真实事件的图像及其反应（response）。这种三角关系一旦回到现实之

---

① 〔美〕詹姆斯·凯瑞：《作为文化的传播》，丁未译，北京，华夏出版社2005年版，第55页。

② 〔美〕沃尔特·李普曼：《公众舆论》，阎克文、江红译，上海，上海世纪出版集团2006年版，第12～13页。

中，由于扮演者和观赏者各怀动机，各行其是，他们往往生活在各自的世界中，这场戏剧往往成为一场闹剧。李普曼列举了 1919 年 9 月 29 日《华盛顿邮报》一则错误报道在议员和专家之间所产生的混乱来证明他的观点。①

李普曼从认识论的角度讨论了外部世界与我们头脑中景象的关系，发现了横亘于这两个世界之间的外部障碍，尤其是心理障碍，他把自己的认识论建立在"刺激—反应"这样一种典型的行为主义心理学的理论框架之中，他的拟态环境概念折射出他对人类限于认识被动局面的无奈，但这与他所信奉的某些哲学观念是一致的。

李普曼有关成见、偏见、盲点等心理因素妨碍人们获知真理的论述令人震惊，充满了创造性。李普曼认为，任何新闻报道都是当事人和知情者的共同产物，旁观者在呈现这些事件时总是带有选择性倾向，而且会将自己的成见、偏见和想象渗透进去。"多数情况下，我们并不是先理解后定义，而是先定义后理解。置身于庞杂喧闹的外部世界，我们一眼就能认出早已为我们定义好的自己的文化，而我们也倾向于按照我们的文化所给定的我们所熟悉的方式去理解。"② 李普曼认为，人们在理解和呈现现实的时候之所以乐于坚持成见和偏见，是因为依据成见和偏见去行事更省时省力，更具有效率，同时成见和偏见往往也最能符合自己的愿望和期待，成见、偏见还能够给人带来心理上的平衡、和谐与安全。因此，捍卫成见和偏见也就成为一般人共同的心理倾向。③

关于成见、偏见发挥作用的方式，李普曼认为："其特点是先于理性而被投入应用，这是一种感知方式，它在我们所意识到的信息尚未经过我们思考前就把某种性质强加给这些信息。"④ "在一定程度上，来自外部的刺激，尤其是印刷品和口头语言发出的刺激，可以唤起一个成见系统的某个部分，就是说，真实感觉和先入之见会同时进入意识，两者交融

---

① 〔美〕沃尔特·李普曼：《公众舆论》，阎克文、江红译，上海，上海世纪出版集团 2006 年版，第 13～14 页。

② 〔美〕沃尔特·李普曼：《公众舆论》，阎克文、江红译，上海，上海世纪出版集团 2006 年版，第 62 页。

③ 〔美〕沃尔特·李普曼：《公众舆论》，阎克文、江红译，上海，上海世纪出版集团 2006 年版，第 72 页。

④ 〔美〕沃尔特·李普曼：《公众舆论》，阎克文、江红译，上海，上海世纪出版集团 2006 年版，第 74 页。

在一起，更像我们透过蓝色玻璃看红色，看到的却是绿颜色。"① 李普曼认为，成见、偏见的形成是一个漫长的过程，他说："人并不是亚里士多德哲学中的神，匆匆一瞥就能看破一切。他是进化的产物，几乎是稍纵即逝，只有片刻的时间去增加见识，获取幸福。"但是通过日积月累"他会逐渐在他脑海中为自己制作一幅视线所不及的那个世界的可靠图像"。②

李普曼并不认为成见、偏见可以通过生物遗传由父母传给后代，他也反对从"集体思想""民族灵魂"以及"种族心理"那里去寻找成见和偏见的源头；他认为成见和偏见之类的东西是通过托儿所、学校、教堂这些场所，由父母、教师、神父灌输的教育以及文化因素而逐渐培植起来的。③ 成见、偏见之类的东西在李普曼那里经常被表达为"刻板印象"（stereotype），刻板印象理论也许算不上是李普曼的独创，他从他的好朋友——艺术史学家贝雷尔森那里借用了这一术语，同时他也从沃拉斯关于人们头脑中的"染色盒"（painted boxes）的说法中获得过启发，他还有可能受到了詹姆斯有关人脑中"内在区域"（For the most part）说法的影响。④ 无论如何，由李普曼提出的"刻板印象"概念后来发展成为社会心理学中的一个重要理论，社会心理学奠基人之一的奥尔波特（Gordon Allport）在《偏见的性质》（*The Nature of Prejudice*）一书中对这一概念进行了发展和完善。这一社会心理学理论后来又被移入传播学研究中，被广泛用于分析和研究传播学中的种族问题、性别问题以及其他文化问题。

在偏见、成见当中还包含一种特别的心理元素，李普曼称之为盲点（blank point），人们由于坚守成见和偏见，在观察和思考某些问题时常常会不由自主地遗漏某些问题，甚至遗漏某些非常重要的问题，这些被遗漏的问题就是盲点。人们并非故意要遗漏，而是因为心理活动的局限。"每一套成见中都有一个点，在那个点上，全部努力均告停止，事情会按照你喜欢的样子自行发展，那种步步为营的成见会强有力地刺激行为，

---

①　〔美〕沃尔特·李普曼：《公众舆论》，阎克文、江红译，上海，上海世纪出版集团2006年版，第75页。

②　〔美〕沃尔特·李普曼：《公众舆论》，阎克文、江红译，上海，上海世纪出版集团2006年版，第21页。

③　〔美〕沃尔特·李普曼：《公众舆论》，阎克文、江红译，上海，上海世纪出版集团2006年版，第70页。

④　Walter Lippmann. *Odyssey of A Liberal*, by Barry D. Riccio, Transaction Publishers, New Brunswick and London, 1996, p60.

几乎使人完全忘记考虑一下这是什么样的行动以及为什么要这样行动。"①
李普曼认为，那个盲点会掩盖某种事实，"总有那么一刻，这个盲点会从
意识的边缘进入中心，那时，除非勇敢的批评家能够发出警告，领导人
能够认识到这种变化，人民有着宽容的习惯，否则，本来有助于简化努
力，集中精力的成见——比如1917年和1918年人们所表现的那样，就会
蒙蔽人们的双眼，从而妨碍人们的努力，浪费人们的精力，1919年时为
迦太基式的和平而哭泣，1921年时因凡尔赛条约而悲伤的人们就是如
此"。② 李普曼还列举了思想史上一些著名思想运动中存在的类似盲点，
如达尔文的生物进化论、斯宾塞的社会进化论以及被美国人所广泛接受
的历史进化论等。

李普曼过于突出和强调人们在认识世界过程中的障碍因素凸显了他
深刻的怀疑精神，李普曼终其一生是一位成就卓越的新闻记者、时政评
论家、专栏作家以及社会活动家，他同时也是一位勇敢的思想探险者，
可以说一直伴随着这位思想探险者的是怀疑精神。"他的一生从某种意义
来说就是长期艰难地思考在一个自由政体中知识分子的角色作用。"③ 他
希望能够找到社会与个人融为一体，二者和谐共处，从而成就个人完美
人生的法则和信仰。李普曼终其一生是一位自由主义者，但是他从来不
轻信前人所拟定的那些所谓自由主义的法则，他的一生都在经历着某种
思想上的探险。1996年Barry D. Riccio出版的李普曼传记，书名就叫《沃
尔特·李普曼：自由主义的探险》，可谓恰如其分。

李普曼在哈佛求学期间曾信奉社会主义，然而他年轻时所参与的一
些社会实践使这一信念幻灭；他曾经信仰过源自理性主义哲学的"大多
数同意"原则，这是古典自由理论的基本原则，但是美国资本主义的弊
端动摇了他的这一信仰；他对科学和技术的进步曾经抱有幻想，但是战
争摧毁了他的这一信念。他撰写《公众舆论》另一个目的是要重建自己
的某种信念或信仰，即他坚信民主制度的良好运行建立在公众对信息的
充分把握基础之上，民主社会仰赖于完美的新闻和理性的舆论，但是令
他感到不安的是，他看到了通往这个美好社会中存在的诸多障碍，而且

---

① 〔美〕沃尔特·李普曼：《公众舆论》，阎克文、江红译，上海，上海世纪出版集团2006
年版，第85页。

② 〔美〕沃尔特·李普曼：《公众舆论》，阎克文、江红译，上海，上海世纪出版集团2006
年版，第84页。

③ Edited by Marguis Childs and Jamens Resto. *Walter Lippmann and His Times*, Books for Libraries
Press, Freeport, New York, 1959, p190.

这些障碍许多源于人类自身的心理局限和缺陷。在惊恐之间，他苍白地提出通过强化信息情报及新闻传播专业教育，提高专业水平和提高专业化程度来挽救这一困境，而当他看到希望渺茫之后，他又不得不搬出理性来救场。他宁愿相信，只有理性才能够最终成就完美的舆论、完美的民主。因此，他在《公众舆论》一书中写下了令人荡气回肠的最后一章"诉诸理性"。[①] 他最终又回到了桑塔亚纳那里。

李普曼并非心理学家，他并没有从今天认知心理学的角度去研究真实世界与媒介世界何以无法统一，但他天才地分析了横亘于这两个世界之间的诸多障碍，李普曼对于理性舆论形成的诸多障碍性因素的发现和分析始终未脱离他对人性以及人类心理特质的深刻洞见，正是在这一点上，李普曼的舆论学烙上了心理学的深刻印记。

李普曼的学术旨趣主要在政治学领域，但是，他在研究政治学的时候触及了新闻学这块领地，而且触及得如此深入。李普曼的《公众舆论》出版的时候，美国正式的新闻学教育已经出现，但是传播学研究尚处于摇篮之中，正式的传播学这一称谓只是到 20 世纪 40 年代才开始出现。无论如何，李普曼在其舆论和宣传研究中导入了大量心理元素分析的成分，从而引发了传统新闻学理论的心理学转向，这是一个不争的事实，这一转向也渗入到正在孕育的传播学发展之中。

第三节　拉斯韦尔宣传研究的心理学特点

拉斯韦尔是施拉姆钦定的四位传播学之父中的一位，他一生著作丰富，涉及政治学、传播学以及政治心理学，他有关传播学的研究主要涉及宣传和公共舆论，他是美国宣传和公共舆论研究的先驱，也是内容分析研究方法的创立者。

一、拉斯韦尔早期教育中的心理学影响以及学术成就

拉斯韦尔 1902 年出生于美国中西部伊利诺伊州一个名为堂奈森（Donnellson）的小镇，他早年所受的教育以及他后来的学术成就都显示出他与社会心理学的明显关联。1918 年，拉斯韦尔年仅 16 岁的时候入读

① 参见〔美〕沃尔特·李普曼：《公众舆论》，阎克文、江红译，上海，上海世纪出版集团 2006 年版，第 291～296 页。

芝加哥大学，主修经济学，大学期间他广泛学习了政治学、经济学、国际关系与贸易以及生物学等课程。研究生期间他的论文导师是当时领导美国新政治运动的政治学教授查尔斯·梅里亚姆。梅里亚姆主张政治学研究应该为现实服务，政治学者应该参与政治活动，他自己身体力行，担任芝加哥市市政委员会成员，同时还参与市长职务的竞选活动，他还是美国学术界最早提出政治学研究应该与心理学研究相结合的学者，他的这一学术主张对拉斯韦尔产生了强烈影响，在随后的学术生涯中，拉斯韦尔通过自己的学术著述将精神分析学说以及其他心理学思想和方法应用到政治问题以及宣传问题分析中，成为美国政治心理学研究的先驱。①

在芝加哥大学求学期间，拉斯韦尔还师从著名社会学家和社会心理学家伯吉斯、帕克、米德和杜威等人学习，米德还介绍他与当时正在哈佛大学讲学的英国学者怀特黑德（Alfred Noth Whitehead，1861～1947）相识。杜威、米德等人的社会心理学思想对拉斯韦尔也产生了相当大的影响，拉斯韦尔从这些学术大师那里学习并接受了功能主义和实用主义观念和思想，他倾向于将政治学看作是一门实践和实用的科学，将政治行为理解成为受具体环境制约的社会行为。

完成研究生学业后，拉斯韦尔留任芝加哥大学讲师，在梅里亚姆的极力鼓动下，1923年他开始走访欧洲各国，历时近三年，其间，他对精神分析学说产生了浓厚兴趣。他在英国伦敦经济学院学习期间了解到心理动力学（psychodynamic）的最新发展，他还走访柏林、维也纳、巴黎、布达佩斯和其他欧洲城市，深入学习心理分析理论，他求教的导师包括阿德勒（Alfred Adler）、亚历山大（Franz Alexander）、弗伦兹（Sandor Ferenczi）、霍尔奈（Karen Horney）以及奈克（Theo Reik）等。② 拉斯韦尔深受精神分析学说的影响，他是最早将精神分析学说纳入政治学研究中的美国学者之一，他关于政治和宣传的研究基本上都贯穿着精神分析学说思想。

回到美国后，拉斯韦尔与一些志同道合的心理学志愿者开设了一些讲座，他有关弗洛伊德与马克思之间关系的讲座吸引了人们的关注，这

　　① 参见 Edited by Kristen Renwick Monroe. *Political Psychology*, Lawrence Erlbaum Associates, Inc. Mahwah, New Jersey, 2002, p15。

　　② 参见 William Ascher. *Revitalizing Political Psychology*, Lawrence Erlbaum Associates, Inc. Mahwah, New Jersey, 2005, p14。

些讲稿于 1935 年结集出版，书名为《世界政治与个人不安全》（*World Politics and Personal Unsecurity*）。1927 年拉斯韦尔获得政治学博士学位，博士论文题目为《世界大战中的宣传技巧》，该书于次年出版，这本著作融合了政治学及心理学理论与方法，对一战期间交战国使用的各类宣传技巧进行了全面的研究和总结，它是美国早期宣传研究的重要作品。

　　1927 年至 1938 年，拉斯韦尔在芝加哥大学工作期间发表的著作除上述两部外，还包括《政治人格类型》（1927）、《精神病理学与政治学》（1930）、《宣传及其推广：文献注释》（1935，与 Casey 合编）、《政治学：谁得到了什么？何时和如何得到》（1936）。涉及心理分析的篇章包括《希特勒的心理》（1933）、《宣传的研究及实践》（1935）以及《三重诉求原则：心理分析对政治学及社会科学的贡献》（1937）等，这些论著显示拉斯韦尔努力将政治学与心理学融合，他实际上成为美国政治心理学的重要开创者。

　　拉斯韦尔求学和最初工作的几年正是芝加哥大学的全盛时期，这所大学是美国社会学、社会心理学、哲学以及人类学的摇篮，拉斯韦尔有幸在这所大学完成全部高等教育，并受教于杜威、米德、帕克、伯吉斯、梅里亚姆、爱德华·萨比尔等这样的学术大师，并继续攻读政治学博士学位，这一背景使他一生的学术成就与实用主义、功能主义以及弗洛伊德精神分析理论产生了深刻的关联。

　　1938 年是拉斯韦尔人生的重要转折点，因为芝加哥大学校长哈钦斯（Robert Maynard Hutchins，1899~1977）拒绝提拔他为终身教授，拉斯韦尔最终选择辞去教职。此后，他在位于纽约的新社会研究学院（New School for Social Research）短期工作。二战爆发后，他开始在国会图书馆担任一个项目主任，这个项目的名称是"世界革命宣传"，旨在为美国政府提供战时宣传政策指导。战后，他在斯坦福大学的胡佛研究所继续从事宣传分析工作，1947 年他接受耶鲁大学法学院的任命，从事国际法及其分支学科研究，直到 1973 年退休。

　　1938 年后拉斯韦尔的主要论著包括《驻防国》（1941，*The Garrison State*）、《权力与人格》（1948）、《政治语言：语意的量化研究》（1949）、《宣传与大众不安全》（1950）、《民主性格》（1951）、《人格在政治参与中的选择性效果》（1954）、《政策学》（1951）等。此外，他与布鲁门斯托克（Dorothy Blumenstock）合编了《世界革命宣传》（1939 年）；他还与史密斯（Bruce Smith）及凯瑟合编了传播学发展史上的重要论文集《宣传、传播以及公共舆论》（1946）。其他著作还包括：《政治行为分析：经验方法》（论文集，1948）、《政治和社会表征物手册》（与 Russett，Alker，Deutsch 合编，1964）以及《权力与社会：政治调查框架》（与 Abraham Kaplan 合著，1950）等。

拉斯韦尔一生勤奋写作，著作甚丰。根据罗杰斯（E. M. Rogers）统计，拉斯韦尔一生共写了 325 篇文章以及 52 部著作（包括与他人合作）。施拉姆推测，拉斯韦尔一生著述字数达到了 500 万字到 600 万字。马维克（MarVick）在其编辑的《拉斯韦尔：论政治社会学》一书中对拉斯韦尔一生的著作进行了分类和统计，结果见表 4 - 1：

表 4 - 1   拉斯韦尔出版字数概览

关注领域	早期 （1923～1938）	中期 （1939～1954）	后期 （1955～1972）	总和
1. 当代问题	48%	14%	5%	18%
2. 人类心理	18%	13%	17%	15%
3. 符号诉求	19%	51%	11%	27%
4. 调查方法	13%	18%	39%	26%
5. 未来选择	2%	4%	28%	14%
总和	100%	100%	100%	100%
总字数（千字）	900	1300	1700	3900

（以上数据见 Edited by D. Marvick. *Harold D. Lasswell：On Political Sociology*，University of Chicago Press，Chicago,1977,p11。）

二、拉斯韦尔的传播学研究贡献：宣传研究视角及其心理学特点

如果说 20 世纪以来许多美国社会心理学家是因为研究社会心理问题而触及传播问题的话，拉斯韦尔却是因为研究政治问题而必然触及宣传舆论等现代传播问题，他的第一本著作《世界大战中的宣传技巧》首先是一部政治学著作，其次才是一部有关宣传和舆论的传播学著作，这部著作已经初步显示出他分析和研究问题的心理学特色，也是他的政治心理学奠基的先声。

1927 年出版的《世界大战中的宣传技巧》以价值中立的面貌介入对舆论和宣传的研究中，这部著作以翔实的材料介绍和分析了第一次世界大战期间交战国，主要是英国、法国、德国和美国在战争中所运用的各

种宣传策略、宣传技巧，试图由此总结归纳出有利于赢得战争的各种宣传策略。拉斯韦尔注意到一个重要事实，战争中的舆论和宣传是军事实力之外赢得战争的另外一个重要因素。他说："在战争期间，人们意识到仅仅动员人力和物力是不够的，还必须进行公众舆论上的动员。对公众舆论的控制权，正如对生命和财产上的控制权一样，都交到了官方的手中，因为让人们自由行事的危险远比让官方滥用控制权的危险大。事实上，毫无疑问，政府控制公众舆论不可避免地成为现代大规模战争的必然结果。"① 拉斯韦尔所理解的舆论和宣传实际上就是一场控制人心的心理战争。他说："国际战争宣传在上一次战争中扩大到了如此令人震惊的范围，是因为战争蔓延到了如此广阔的地区，这使得动员人民情绪成为必要。没有哪个政府奢望赢得战争，除非有团结一致的国家做后盾，没有哪个政府能够享有一个团结一致的后盾，除非它能够控制国民的头脑。"② 拉斯韦尔总结并论述的宣传技巧包括：如何组织宣传机构，揭露对方的战争罪行和战争目的，恶魔化战争对手，制造胜利幻想，渲染同盟国友谊，鼓舞战斗士气，瓦解敌方斗志等。这些宣传策略和技巧大多是诉诸人的情绪情感，其目的是引起交战各国人民和士兵的态度改变，通过态度改变来控制人心，使战争朝向有利于自己的方向发展。战争中所使用的这些宣传手段建立在人类普遍心理基础之上，如人类普遍的心理是热爱和平，厌恶战争，憎恨暴力和暴行；人类普遍恐惧死亡，渴望保全财产、家庭和生命；大多数人具有朴素的爱国情感和民族情感等。如果通过宣传揭露了敌对国悖逆这些人类普遍心理的罪行，或者通过宣传呈现了人们头脑中某些美好的期待，那么这类宣传显然就已经获得了成功。由此可见，心理事实已经成为现代战争中的重要社会事实，拉斯韦尔的战争舆论和宣传研究在很大程度上就是战争中的心理事实研究，这类研究呈现出鲜明的心理学特色。

拉斯韦尔宣传研究中的心理学特点还比较鲜明地体现在《世界革命宣传：芝加哥研究》一书中，这是 20 世纪 30 年代美国学术界和思想界关于宣传研究的一部重要著作，该书以芝加哥地区广泛兴起的共产主义宣传为研究对象，试图探讨这些宣传活动的规律特点以及它们对美国社

① 〔美〕哈罗德·D. 拉斯韦尔：《世界大战中的宣传技巧》，张洁、田青译，北京，中国人民大学出版社 2003 年版，第 16 页。
② 〔美〕哈罗德·D. 拉斯韦尔：《世界大战中的宣传技巧》，张洁、田青译，北京，中国人民大学出版社 2003 年版，第 22 页。

会和世界所发生的影响。全书分为五大部分，第一部分为宣传议题，概述了世界范围内激进共产主义宣传运动产生的背景，以及苏联和第三国际在这类运动中扮演的角色；第二部分为宣传渠道，调查了芝加哥地区从事共产主义宣传的主要组织机构及运作方式，包括示威组织，出版机构以及其他附属媒体；第三部分为宣传技巧，从标语使用、符号运用、示威技巧等技术角度总结并论述了激进共产主义运动的宣传技巧；第四部分为宣传总量，分别从宣传品的发销量、宣传活动的费用开支以及人们的关注度等方面对芝加哥激进宣传运动的活动总量进行了调查和研究；第五部分为宣传影响，主要论述了激进宣传运动产生的社会影响以及这些影响的限制性因素，如民族主义、个人主义、情感心理因素等。

同 20 世纪 20 年代相比，30 年代美国社会对宣传问题警觉更加普遍，各种利益集团更加自觉地运用各类宣传手段以达到各自目的，更多社会科学家也开始投入与宣传相关的而研究活动中，并产生了大量有关宣传的学术成果。一项针对明尼阿波利斯（Minneapolis）地区的宣传及广推活动的调查表明，30 年代该地区已经出现为数众多的职业宣传专家，这些专家受雇专门从事宣传及推广工作，其中 8242 人受雇于百货店、银行、旅馆、剧院、保险公司、公关组织、雇员组织等商业机构，14 人受雇于政党、改革协会、政府机构，其他人则散布在福利、教育、文化及共济会等机构中。此外，该地区还有 4500 名从事宣传活动的志愿者，另有 570 名职业广告推销人员。① 与此同时，越来越多的著名历史学家、社会科学家投身到宣传研究中；在美国大学的政治学系、社会学系和社会心理学系，开始普遍开设宣传方面的课程；职业宣传专家、新闻记者、广告人、革命家、心理学家以及其他社会科学家越来越多地撰写宣传方面的文章；社会科学期刊对于宣传问题也越来越关注；由盖洛普领导的美国公共舆论研究所（American Institute of Public Opinion）发明了一系列手段和方法测量公共舆论；主要从事宣传研究的《公共舆论季刊》也于 1937 年在普林斯顿大学公共事务学院创刊，编辑部成员包括波尔（Dewitt C. Poole）、拉斯韦尔、坎垂尔、彻尔德（Harwood L. Childs）、赫瑞（E. Pendleton Herring）以及里格尔（O. W. Riegel）等人，坎垂尔还创立了"宣传分析研究所"（The Institute for Propaganda Analysis）。

研究芝加哥地区的激进共产主义宣传运动并非意味着拉斯韦尔是这

---

① Harold D. Lasswell & Dorothy Blumenstock. *World Revolutionary Propaganda：A Chicago Study*, Books For Libraries Press，Freeport，New York，1939，p6.

类运动的同情者和支持者，更不意味着他是这类政治信仰的支持者和信奉者，拉斯韦尔更多的是以价值中立的态度介入这一领域的研究中。当然，作为一个信奉自由民主思想的学者，拉斯韦尔也表露出对未来的隐忧。在该书序言中，作者开宗明义地说道："这是一个经济大萧条的时代，这个时代的领袖是共产主义宣传家。""我们只对事实感兴趣，我们小心去发现这些事实，但是我们主要关注的是这些事实对于我们理解未来意味着什么。"① 作者真正关心的是：共产主义将会征服美国吗？我们正在抛弃个人主义的美国而在接受一个苏维埃式的美国吗？作者声称，我们对未来的预测和期待关乎我们个人、家庭、国家民族的命运，也关乎地球上每个人以及整个世界的命运。作者发问道："那些在感情上认同共产主义宣传的人最终会统治美国和整个世界吗？"作者因此声明，正是基于此才去研究共产主义宣传运动。当时的芝加哥是美国工业中心之一，同美国其他地区一样，这个城市在 20 世纪 30 年代后期正经历着经济大萧条的冲击，以共产主义为旗号的工人运动在这座城市的发展十分迅猛。作者声称："有关芝加哥案例的研究可以获得大量有效数据资料，以评估美国和世界共产主义运动的发展。"② 显然，拉斯韦尔是以一个政治学者的角度切入宣传研究中去的，他对世界政治运动研究的切入口是宣传。如果说十几年前他在《世界大战中的宣传技巧》看重的只是宣传在战争中的重要性的话，那么，在《世界革命宣传》中他更看到了宣传在决定世界政治走向中所扮演的角色，该书也体现出拉斯韦尔强烈的政治立场。

《世界革命宣传：芝加哥研究》是拉斯韦尔继《世界大战中的宣传技巧》之后又一研究宣传问题的力作，同样体现出一定的心理学特点。

1946 年，由拉斯韦尔和史密斯等人合著的《宣传、传播以及公共舆论》一书由普林斯顿大学出版社出版，这本著作既是对过去十几年中美国宣传和舆论研究的理论化总结，也是对美国传播学研究的一种理论草构，奠定了美国传播学研究的"拉斯韦尔模式"。在某种程度上它是美国宣传研究和传播学研究的一个分水岭，即告别美国宣传和舆论研究阶段，开启了美国传播学研究的新阶段，在美国传播学研究中据有重要地位。

该书全名为《宣传、传播以及公共舆论：综合文献指南》全书正文

① 　参见 Harold D. Lasswell & Dorothy Blumenstock. *World Revolutionary Propaganda*：*A Chicago Study*，Books For Libraries Press，Freeport，New York，1939，Preface。

② 　Harold D. Lasswell & Dorothy Blumenstock. *World Revolutionary Propaganda*：*A Chicago Study*，Books For Libraries Press，Freeport，New York，1939，Preface.

部分由四篇论文组成，依次为凯瑟撰写的"传播渠道"，史密斯撰写的"新时代的政治传播专家"，以及拉斯韦尔撰写的"传播内容介绍"和"传播效果介绍"，全书还包括几份长达 300 页的文献，附录了美国有关宣传、传播以及公共舆论研究的 150 篇优秀论文目录等。作者在该书序言中写道："这本书包括 4 篇介绍文章和相关文献资料，4 篇论文旨在探讨传播如何影响现实世界方面的有用科学知识，这种知识主要是指精致化的宣传。"①

虽然全书旨在为人们提供有关宣传、传播及公共舆论研究的文献指南，帮助人们去发现研究这些问题的相关信息，但是该书也明确提出了传播学这一概念。

作者仍然将宣传定义为通过精心选择并运用有关符号进行观点的传播，从而影响和改变他人的行为。作者对宣传在现代社会中的作用给予了高度化的理论概括："各类政府、私人企业以及人们的政策和和策略目标之一就是控制公共传播（public communication）。当今世界上的政府，无论是专制政府还是民主政府，无论是战时还是和平时期无不依赖宣传，宣传可以使战略、外交以及经济协调发展，从而完成使命。个人和社会，诸如政党、压力群体、贸易组织及其他组织由于被政府禁止诉诸暴力，这些个人和团体也特别依赖宣传。"作者并不讳言宣传的正面功能，例如作者认为宣传可以团结人民，凝聚人心；宣传可以体现不同观点，从而影响和改变社会结构。当然作者也声称，理性的宣传足能存在于民主制度之中，在美国，成功的宣传应当虔诚于宪法、人权法案和独立宣言。作者认为心理学在宣传研究中具有重要地位，作者论述道："近些年来在动物行为、幼儿行为、原始行为、精神行为及一般行为方面，科学研究的进展正在不断地丰富心理学法则，心理学方面的研究进展又反过来促进了宣传活动的改善和提高。"②

与早前的宣传理论不同的是，作者在该书中特别将宣传与传播结合起来，将宣传视作传播中的一个环节，认为宣传是实现传播功能的一个要件。

更为重要的是，该书从宣传理论研究入手，及时总结了传播学理论研究的基本模式："纵观过去几年中的发展，有关传播问题的科学研究主

① Bruce Lannes Smith, Harold D. Lasswell, and Ralph D. Caswy. *Propagad: Communication and Public Opinion: A Comprehensive Reference Guide*, Princeton Uniiversity Press, 1946, Preface.

② Bruce Lannes Smith, Harold D. Lasswell, and Ralph D. Caswy. *Propagad: Communication and Public Opinion: A Comprehensive Reference Guide*, Princeton Uniiversity Press, 1946, p3.

要集中在传播行为的四个连续性的方面，及传播方式在什么渠道？谁在传播？传播了什么？传播影响了谁？如何影响？"① 书中四篇论文集中探讨了上述四方面的问题，这四篇论文是美国传播学研究中较早系统研究传播渠道、传播者、传播内容及传播效果的文献。三位宣传研究专家集各自十几年的研究经验和成果，系统提出了传播学研究的理论构想，介绍了一些重要的研究方法。其中，拉斯韦尔的内容分析研究的理论视角主要是政治学和国际关系学，其效果分析主要从关注、理解、欣赏以及行为等角度去分析研究传播内容对受众态度和行为的影响，带有明显的社会心理学的研究视角。

1948 年拉斯韦尔发表另一篇重要论文《社会中传播的结构和功能》，该文收录在布里逊（Lywan Biyson）编辑的《观念的传播》一书中，② 该文是传播学研究的另外一篇重要文献。在文章开头作者便写道："描述传播行为的一个便捷途径就是回答以下问题：谁，说什么，通过什么渠道说，对谁说，效果如何？"③ 并明确将上述五个方面的问题对应于控制分析、内容分析、媒介分析、受众分析和效果分析。

三、政治心理学理论框架下的宣传研究

拉斯韦尔是美国政治心理学的奠基人，他努力将精神分析学说和其他心理学思想和方法带入政治问题和宣传问题分析之中，他主导了 20 世纪 20 年代到 50 年代美国政治心理学的发展。他所建立的政治心理学理论反过来又成为他分析宣传舆论问题的理论基础，并使他的宣传舆论研究成为他的政治心理学的组成部分。

1930 年拉斯韦尔出版《精神病理学与政治学》，是他的政治心理学学说体系建立的重要标志。在这部著作中拉斯韦尔提出了著名的"转移假设"（displacement hypothesis）理论，这一理论直接借鉴了弗洛伊德有关压抑、潜意识以及升华等概念，对政治人和政治行为进行了全新界定，他的"转移假设"理论可以用下述公式表述：

$$p \} d \} r = P$$

其中 p 代表个人动机（private motives），d 代表个人动机转移为公共

①　Bruce Lannes Smith，Harold D. Lasswell ，and Ralph D. Caswy. *Propagad*；*Communication and Public Opinion*；*A Comprehensive Reference Guide*，Princeton Uniiversity Press，1946，p3.

②　Edited By Wilbur Scharmm. *Mass Communications*，University of Illinois Press ，Urbana，1960.

③　HaroldD. Lasswell. The Structure and Fuction of Communication Society，见 Edited By Wilbur Scharmm. *Mass Communications*，University of Illinois Press ，Urbana，1960，p117。

事务对象的过程（displaced onto public objects），r 代表个人根据公共利益动机转移而自我理性化的过程，P 则代表经过上述过程而完成的政治人（political man）。拉斯韦尔试图依据上述公式说明现实生活中的政治人或者说政治家形成的社会过程，他所依据的理论基础是弗洛伊德的潜意识学说。拉斯韦尔认为现实生活中的个人充满了各种动机，但是那些深度介入公共政治事务的个人必然将个人动机转移到公共事务或冠以公共事务的面貌才有可能被公众所接受，在这一过程中，个人必须根据公共利益对自己进行理性化包装或处理。但是，就像弗洛伊德宣称的那样，个人动机往往是那些自己并未意识到的潜意识，它们往往与个人早年经历、痛苦体验、压抑、挫折感、原始冲动等心理内容相关联，个人将这些包含大量潜意识的个人动机转移成公共事务对象的过程是一个类似于弗洛伊德所说的自我升华的理性化过程。拉斯韦尔强调，这一过程本身往往也是无意识的，个人未必能够清楚意识到自己正在进行这类转移。①

　　拉斯韦尔不仅用这一理论假设去解释政治人的形成，他还据此去解释包括政治人格、政治态度、政治行为等在内的众多政治学问题，在其1936 年出版的《政治学：谁得到了什么？何时和如何得到》一书中，拉斯韦尔开宗明义地写道："政治研究是对权势和权势人物的研究。政治学的任务在于阐明情况，而政治哲学则要为政治选择提供辩护。"② 他为政治选择辩护的理论主要就是个人动机转移理论。在这部小册子中，拉斯韦尔分析了历史中一些著名政治人物的人格类型、态度需求以及它们与各自早年经历和所处时代的关系，分析了这些个人态度、动机需求如何打着公共利益的旗号进入政治公共领域并影响到历史进程。他将权势人物定义为能够取得最大价值的精英，价值主要以尊重、收入和安全等指标衡量，他对尊重这类与个人潜意识相关的指标尤其重视。他说："所有政治人格的一个共同特性是对尊重所具有的强烈的要求，当这样一种动机与纵横捭阖的技能相结合，又遇到适宜的环境时，一个活生生的政治家就会应运而生。一个充分发展的政治人格总是以公共利益为名，在充满公共事务的世界中实现他的命运的。他总是打着集体利益的旗号把私

---

① 参见 William Ascher. *Revitalizing Political Psychology*, Lawrence Erlbaum Associates, Inc. Mahwah, New Jersey, 2005, p23。

② 〔美〕哈罗德·D. 拉斯韦尔：《政治学》，杨昌裕译，北京，商务印书馆 1992 年版，第 8 页。

人动机转移到公共事务方面。"① 为了证明自己理论假设的正确性，拉斯韦尔详细分析了美国总统林肯（Abraham Lincoln，1809～1865）的性格特点，这些性格与他早年生活经历与感情挫折的关系，林肯又是如何把这些心理内容转移到公共事务中，并对他的政治行为发生重要影响，拉斯韦尔对拿破仑等历史人物也进行了类似的心理分析。

拉斯韦尔还将动机转移理论以及其他精神分析法应用到宣传问题研究之中。如果在《世界大战中的宣传技巧》一书中拉斯韦尔还只是表层性地分析了一些具体宣传技巧的话，那么在他随后的大量著述中，他建立了一套完整的有关符号象征操控、宣传人格、宣传动机、宣传技巧的庞大理论体系，政治心理分析的思想和方法渗透在这一理论体系之中。

拉斯韦尔认为，符号的重要功能之一是可以激起人们广泛而多变的联想，人们对符号刺激的情绪反应往往模糊不清、变动不居，不同的人对不同或相同的符号刺激往往具有不同的反应，甚至同一个人对同样的符号刺激也有可能因为时机、环境等条件的变化而做出完全不同的反应。他认为人们对符号刺激的反应并非如詹姆斯等人所宣称的那样可以通过训练而获得，人们对符号刺激的反应方式具有更深层的人格机制和心理动力学机制，这类反应受制于人格、动机、需求，它们与弗洛伊德所说的本我、自我、超我具有广泛的内在关联。在《世界政治与个人不安全感》中，他将人们对符号刺激反应的历史追溯到人类的孩提时代，试图由此证明这一反应深层机制的存在。他认为人们往往根据他人赋予某一事物的符号定义而去认识该事物，这就是使得通过符号操纵政治成为可能。②

就像李普曼认为的那样，拉斯韦尔特别强调联系二者的桥梁是被政治精英所操纵，以符号为表征的意识形态。他说："任何精英都以共同的象征作为旗号来为自己辩护和维护自己的利益。这些象征就是现行制度的'意识形态'，即反对派精英所谓的'空想'。精英利用各种已经约定俗成的言辞和姿态从群众中骗取血汗钱、劳动、税金、赞扬。在政治制度运转正常的情况下，群众对这些象征推崇备至，向来伪善而大胆的精

---

① 〔美〕哈罗德·D. 拉斯韦尔：《政治学》，杨昌裕译，北京，商务印书馆 1992 年版，第 11 页。

② 参见 William Ascher. *Revitalizing Political Psychology*，Lawrence Erlbaum Associates，Inc. Mahwah，New Jersey，2005，pp. 40－41。

英从不会因为感到不道德而产生痛苦。"① 拉斯韦尔将符号象征视作政治家操纵环境的一种重要手段以及政治家必备的技能。他特别强调象征操纵的技巧大多属于心理策略，在《政治学：谁得到了什么？何时和如何得到》一书中，他列举出许多行之有效的宣传心理学策略。例如，宣传家必须采用不同的宣传手法以满足公众情绪的变化；为了泄导危机时刻公众中存在的攻击情绪，应该采用移花接木式的"投射式"宣传；要善于利用公众中广泛存在的恐惧心理进行有效宣传；在革命宣传中有意造成群众对现有权力的感情背离，通过宣传制造不同群众间的仇恨等。

拉斯韦尔运用个人动机转移理论具体分析了作为政治人物的职业宣传家的人格特点，他认为鼓动家往往具有强烈的尊重需求，他们希望通过在政治舞台上的表演而使自己区别于他人，并获得令自己感到满足的个人形象。鼓动家早年的生活环境往往比较纵容迁就，中途却遭遇变故而中断，这又培养了他们善于应对心理环境变化的各种技巧，社会危机又使他们早年的内心困境得到化解。

在拉斯韦尔的影响下，对于政治家人格的心理研究成为政治心理学和宣传研究的一个重要领域。二战期间拉斯韦尔在司法部支持下领导了一个小组，进行了大量有关职业宣传家人格特点的研究，这个小组的成员包括莱特斯、乔治（Alexander Geoger）、波尔（Ithiel Pool）、格拉兹（Sehastian De Grazia）等，这个项目后来在哥伦比亚大学当代文化研究中心（Center for the Study of Contemporary Cultures）得以继续进行，这些研究所采用的主要是人类学及心理学理论与方法。主要成果包括对希特勒人格特征的分析，对日本、缅甸、苏联等国家著名宣传领袖的人格分析；这类研究的共同特点是都比较关注政治宣传家的早年生活经历，关注个人动机与政治人格、政治行为的关系。这类研究一直持续到战后很长一段时间，广为流传的著作包括《政治局的符号操作》（*Operational Code of the Politburo*，1951）、《战争中的苏联人格类型》（第二版）（*Soviet Style in War*，1988）等。②

拉斯韦尔还从心理需求角度对不同政治体制下的宣传策略心理基础进行了详尽分析，他据以分析的理论依据是所谓的"三重诉求原理"

---

① 〔美〕哈罗德·D. 拉斯韦尔：《政治学》，杨昌裕译，北京，商务印书馆1992年版，第19页。

② 参见 Linda Shepherd. *Political Psychology*，Barbara Budrich Publishers，Opladen&Farmington Hills，2006，pp. 36 – 37。

（the triple-appeal principle），他所说的"三重诉求"是指对应于人格结构中的本我、自我和超我的三类不同诉求。在其 1935 年出版的《世界政治与个人不安全感》（*World Politics and Person Insecurity*）一书中，拉斯韦尔对所谓的"三重诉求原理"进行了解释，他认为"三重诉求"的基本前提是，对某一个人而言，任何社会目标的含义都依赖于个人的具体诉求而获得解释。他说："符号意义常常是在人格系统中获得重新组织，符号意义主要与本我、自我和超我密切相关，尽管这类联系并不是唯一的。"①拉斯韦尔将这类具有本我、自我、超我特点的个体人格放大为社会人格和体制人格，将个体心理放大为集体心理，并在这一假定下具体分析了专制和民主体制下宣传策略的心理基础和心理特点。

　　1950 年，拉斯韦尔出版《宣传与大众不安全》（*Propaganda and Mass Insecurity*），他认为不同的政治体制对于宣传有着不同的需要。极权体制的重要本我冲动（id impulses）之一是攻击性和恐惧性，对于极权体制而言，攻击性和恐惧性的本我冲动会促使这一体制制造出那种确保其得以释放的诉求方式，这种方式的特点是自上而下、由内到外（be turned downward and outward）。他认为在极权国家中宣传所显示的精神团结，上下一致既可以打击异见者，又可以减缓和泄导始终伴随着专制体制的不安全感。爱的需求被导向权力的最高层，并导致人们对领袖、政党和信条的绝对崇拜。为了满足极权社会对"自我诉求"（ego demands）的需要，统治者常常采用的有效宣传策略是模糊现实发展和政策制定的一般进程，强调异见者的危险性和破坏团结的危害性，以确保获得绝对的安全和服从。与此同时，外部世界被描绘成环境险恶、充满阴谋，这无异于是在说一般群众根本无法认清现实，也没有能力制定政策。拉斯韦尔认为在极权体制中，大部分人的"自我功能"（ego function）被刻意置于饥渴之中，最终退化枯萎，并沦为浅薄庸俗。②

　　事实上，在极权体制下，那些担负信息传播、评论解释、政策解说等功能的独立媒体都被视为政治不忠诚，这些媒体甚至根本无法存在，极权体制下的所有宣传诉求都在强调领导控制和社会稳定，久而久之，这类诉求潜移默化成为社会大众的自我诉求。

　　拉斯韦尔论述的第三种诉求是超我诉求（superego demands）。在弗洛伊德那里，超我位于人格的最高层，它是经过自我控制和过滤而升华的

---

①　Lasswell. *World Politics and Personal Insecurity*, 1935, p49.

②　参见 Lasswell. *Propaganda and Mass Insecurity*, 1950, p19。

本我；超我体现的是现实原则，它是个人与社会道德规范以及社会意识形态协商妥协的产物。拉斯韦尔认为，极权制度下的宣传总是竭尽全力打压传统社会中的权威，贬低和摧毁传统社会中的社会超我意识，以建立新的社会权威和社会超我意识。早在 1933 年拉斯韦尔就发现纳粹德国正试图通过自己的宣传，大肆利用德国社会中既存的某些社会超我意识实现其专制独裁目的。拉斯韦尔注意到德国社会超我意识中的一项重要内容是对所谓纯洁性（purity）的高度重视，德国民众对当时社会道德的普遍堕落深感不安，纳粹德国刻意通过宣传将德国社会道德的堕落与种族混血、种族杂居等问题联系起来，暗示或宣称道德不纯是由于族种不纯而引起的，通过这样的宣传，传统社会中的社会超我诉求发生了变化，一种以种族主义为核心的新的社会超我诉求得以确立。

极权政体下的宣传还必须应付由于自我与超我诉求之间的紧张关系而引发的冲突，拉斯韦尔认为极权政体所要求的政治行为与公众所具有的内在道义感经常处于对立状态，从而在公众个体中引起道德坚守与自我保护之间的冲突。极权宣传总是巧妙地削弱和腐蚀公众的道义感，采取的方式多种多样，例如组织声势浩大的集会、游行，高举旗帜、高呼口号，取消辩论，将领袖装扮成全能的先知，通过这类方式麻痹公众，销蚀他们的主体诉求和道义责任感。

拉斯韦尔认为民主体制下所采用的宣传心理诉求策略更为多样复杂，因为在民主体制下政治环境相对宽松，媒体以私有制和多元化的方式运行，社会政治角色形形种种，各行其是。政党领袖和宣传家行事的主要依据是那些由政党所支持的"本我冲动"（idimpulses），他们在宣传上总是突出竞争和获胜的兴奋，同党团结一致的豪情以及各类竞选活动的狂热，政治争端经常被描绘成充满竞争冲动和刺激的激烈竞争。宣传所体现的自我诉求则主要集中在那些影响政策努力的效率、理解公共政治问题的能力等方面。在常态时期，这类宣传尤其关注相关利益集团的利益是否被真正代表，宣传家总是鼓吹个人或代表群体能够理性选择并追求各自的利益。在危机时期，取而代之的挑战是如何安抚由危机引发的各种焦虑，并提醒公众政府在处理危机时可能发生的举措失当。

拉斯韦尔的政治心理学和宣传研究深受弗洛伊德思想的影响。弗洛伊德最伟大的发现是人类不仅具有意识，还具有无意识，他从无意识理论出发建构了一套人格理论模型。弗洛伊德认为人格主要是由本我、自我、超我三个层面构成，本我主要与无意识相关联，它包含着大量本能内容，是人格形成的基础，也是行为的主要驱动力量，它主要受快乐原则操纵，这是人最真实的部分。而自我主要是与意识、与现实相关联的那一部分，它从本我中分离出来，其使命是压制本我的冲动，使行为与环境相适应，它是我们人外显的那一部分东西，它所体现的是现实原则。但是，仅仅依靠自我并不能完全控制本我的破坏性冲动，必须有一种超我同时对自我进行监督，所谓超我就是从自我中分离出来，专门监督自我的那个人格中的顶层结构，它经由人类所接受的文化影响、道德熏陶以及社会规范而获得，它体现的是至善原则。作为具体的个人时刻挣扎于意识与无意识，挣扎于自我、本我与超我之间。

所谓"三重诉求原则"，是拉斯韦尔直接引用弗洛伊德有关本我、自我、超我三层人格结构理论而建立起来的一套有关宣传心理策略和宣传心理机制的理论说辞。拉斯韦尔认为个人诉求很大程度上受制于人格，他似乎完全赞同弗洛伊德的人格结构理论，拉斯韦尔不但认为个人具有人格，他似乎也认为社会作为整体也具有人格，社会个体或社会整体"人格"中的本我、自我、超我要素都可能对宣传产生不同的诉求；另一方面，政治家或宣传家无论是作为社会个体还是作为统治者群体，他们也具有各自的人格，这类人格中的本我、自我、超我元素同样会对他们所奉行的宣传策略产生影响，并奠定一个社会的宣传策略心理基础。

拉斯韦尔在宣传研究的心理学化方面开辟了一条十分专业化的路径，这条深邃的路径直通精神分析学说、社会心理学、文化人类学以及政治心理学。这条路径极大地不同于李普曼，也极大地不同于拉扎斯菲尔德、卢因所走的道路，因为他的宣传研究已经深入集团政治心理、集体无意识的深层结构之中。

第五章　社会心理学家参与
传播学建设的历程

　　施拉姆说："传播学先驱们都具有比较相似的职业经历，他们早年就具有丰富的学术素养，求学于一流的大学，接触到伟大的思想，兴趣广泛。他们学习和研究的学科并非今天我们称之为传播学的学科，但是当他们日后遇到许多现实问题需要面对和解决的时候，他们转向了传播学研究。"① 的确，20 世纪 50 年代之前，美国尚未形成独立的传播学学科，在此之前，有关传播问题的研究很大程度上是由社会学家和社会心理学家主导，并在社会学和社会心理学等学科框架内展开。

　　美国传播学研究是对现实问题的直接回应，这些现实问题主要包括媒介机构的商业利润、舆论宣传、民意调查、大众传播效果，乃至美国政府主导的心理战争。二战前后至 20 世纪 50 年代后期，美国为数众多的社会心理学家（也包括社会学家）深度参与到美国传播学研究之中，他们的研究成果已经为美国传播学理论奠定了基础。这些社会心理学家和社会学家包括拉扎斯菲尔德、霍夫兰、卢因、坎垂尔和施拉姆等，他们的传播学研究都具有明显的心理学特点，他们在很大程度上主导了美国传播学研究的发展。

　　美国传播学研究深深植根于社会学和社会心理学的理论基础和研究方法中，这些学科发展之间的关系是一种共生关系，美国社会心理学家对传播学的发展做出了突出贡献。

---

① 　Wilbur Schramm. *The Beginnings of Communication Study in America：A Personal Memoir*，Edited By Steven H. Chaffe and EverettM. Rogers，Thousand Oaks／London／New Delhi，Sage Publications，Inc.，1997，p25.

第一节　拉扎斯菲尔德：传播学研究的社会学传统

拉扎斯菲尔德（Paul Lazarsfeld，1901～1976）是美国传播效果研究的先驱人物，应用社会研究局的创始人，他成功地将社会科学研究方法运用于传播效果研究中，在应用社会研究局运行的 20 多年间，这个由拉氏领导的机构一直是美国传播学研究最活跃的中心。

拉扎斯菲尔德 1901 年出生于奥地利维也纳，他的父母都是狂热的社会主义者，他的父亲是一位律师，母亲是一位没有经过正规训练的心理学家，这个家庭较深地卷入当时奥地利的政治活动中，当时奥地利社会民主党的主要人物维克多（Victor，1881～1961）、阿德勒（Friedrich Adler，1879～1960）以及卡尔·伦纳（Karl Renner，1870～1950）等人都是他们家里的常客，卡尔·伦纳 1945 年成为奥地利第二共和国的总统。

拉扎斯菲尔德从小才华出众，但如何选择大学专业却难住了他，当时尚在监狱中的阿德勒给他写信，建议他选择数学专业，阿德勒自己是一位数学家和物理学家，1916 年他因为刺杀奥地利首相史德格（Count Sturgkh，？～1916）被判入狱，拉扎斯菲尔德听从这位异见人士的建议，选择了维也纳大学应用数学专业学习。

1925 年，拉扎斯菲尔德获维也纳大学应用数学博士学位，并在奥地利第二中学讲授心理学和统计学。在大学和任教期间，拉扎斯菲尔德像许多奥地利青年一样十分关心政治，并迷恋心理学和弗洛伊德的精神分析学说，他经常参加与心理学相关的各种讲座，结识了一大批心理学家。1925 年，他成立了一个研究所，致力于将心理学应用于诸如职业选择问题、地方选举以及市场调查之类的问题分析。1933 年，拉扎斯菲尔德在德国出版了一部著作《马里塔尔的失业者》，这部著作基于他和两位助手对维也纳南部地区一个名为马里塔尔的小村庄失业问题的调查而写成。这部著作设定的调查主题之一是：大萧条时期广泛的失业对个人和社会可能造成的后果，这一后果是人民革命还是社会冷漠？调查的结论非常令人失望，拉扎斯菲尔德的结论是，失业似乎只能使人们变得更加冷漠，他采取的是心理分析的手法。当时恰逢希特勒（Adolf Hitler，1889～1945）上台，这部著作很快被禁。在汉堡（Hamburg）举行的一次国际心理学会议上，拉扎斯菲尔德报告了这一研究，参加这次学术会议的包括一些世界最知名的心理学家，洛克菲勒基金会的欧洲代表也获知了这份报告，决定资助拉扎斯菲尔德前往美国从事为期一年的研究。

1933 年 10 月他来到美国，希望获得美国研究机构以及企业的资金以继续他在维也纳的市场研究工作。1935 年因为纳粹意图发动对欧洲的战争，加紧了对犹太人和社会主义者的迫害。当时他的父母因为隐藏一位社会主义者而遭到逮捕，拉扎斯菲尔德向洛克菲勒基金会申请第二个年度的资助，获得批准。在哥伦比亚大学社会学教授林德的帮助下，拉扎斯菲尔德在新泽西州的诺瓦克大学（University of Newark）获得了一份工作。1937 年普林斯顿大学的坎垂尔说服洛克菲勒基金会出资 6.7 万美元发起了一项针对广播效果的研究项目，经过林德的推荐，拉扎斯菲尔德成为这个项目的主任。但是这个项目最初实际上是在诺瓦克大学进行的，经过多方协商，1940 年这个广播项目最终由普林斯顿大学迁入到哥伦比亚大学，重新命名为哥伦比亚广播研究室（Columbia Office of Radia Research），这也是后来应用社会研究局（Bureau of Applied Social Research）的前身。

20 世纪 30 年代到 40 年代，应用社会研究局围绕着广播效果、受众分析以及人际传播等方面进行了大量的调查研究工作，其中包括“火星人入侵”调查、日间连续剧“使用与满足”调查等。1945 年 7 月对纽约 8 家主要报纸罢工期间的读者调查，伊利县调查等。应用社会研究局在当时凝聚了一大批才华出众的学者，如墨顿、贝雷尔森、科尔曼、卡茨、克拉伯、西尔斯、格洛克、洛文塔尔、安海姆、赫佐格等。

应用社会研究局出版的主要著作包括：《广播研究：1942～1943》，（由拉扎斯菲尔德和斯坦顿合编，该书前 30 页收录了赫佐格的“火星人入侵”报告《我们对日间连续剧知道多少?》）、墨顿的《大众劝服：战争期间的社会心理》、拉扎斯菲尔德与斯坦顿合编的《传播研究：1948～1949》、拉扎斯菲尔德、贝雷尔森和古迪特（Gaudet）合著的《人民的选择》（1944）、卡茨的《个人影响》（1955）、克拉伯的《大众传播效果》（1960）等。应用社会研究局提出的重要理论包括“二级传播”理论、“意见领袖”理论、受众使用与满足理论等。应用社会研究局的研究一直持续到他去世之后才告结束，但是拉扎斯菲尔德 1956 年退休后再也不愿继续从事传播领域的研究工作，而改为研究数学社会学，直到 1976 年因癌症去世。据他生前对“沉默的螺旋”理论的发明者诺依曼透露，他一生都在各种私人基金资助下从事传播研究工作，私人基金资助的压力使他已经不堪重负。

拉扎斯菲尔德以及他所领导的应用社会研究局 20 多年的研究成就构

成了美国传播学研究的第二个重要阶段，它主要代表了美国传播学研究的社会学传统。首先，这一团队中的许多研究者都具有社会学术背景；其次，他们将社会结构、媒介功能、受众特征、社区组织以及人际关系网络这些具有明显社会学特征的理论和概念带入传播问题研究中，开创了一个具有社会学特征的传播学研究领域，同时，也拓展了社会学研究的应用领域。

但是，这并非意味着拉扎斯菲尔德和应用社会研究局的工作不具备心理学特征，事实上，是他们将人格特征、个体差异、受众动机、群体互动这些心理内容纳入传播问题研究中，并且开始大量采用与社会心理学相关的研究方法进行传播问题研究。

第二节　霍夫兰：作为传播学核心议题的态度改变研究

霍夫兰是20世纪40年代至50年代美国传播学研究的中心人物，他对传播学的主要贡献在于他和他的耶鲁团队在实验室设计了大量的心理实验程序对态度转变这一传播学核心议题进行了大规模的研究。施拉姆在《美国传播学研究的先驱：个人回忆》一书中说，在传播学研究领域，霍夫兰是"作为一个实验心理学家去思考和工作，而拉扎斯菲尔德的工作方式却像是一位实证调查型的社会学家，但是二人都在各自的研究领域掀起了一场风暴，并受到人们的尊敬"①。

霍夫兰1912年6月12日出生于芝加哥，1936年在耶鲁大学获得博士学位，此间他深受赫尔行为主义思想的影响。博士毕业后他留在耶鲁大学人类关系研究所（Institute of Human Relations）从事实验心理研究，1941年他被任命为该校研究生部的主任。作为赫尔的研究助理以及重要合作者，霍夫兰在耶鲁大学主要从事与学习过程相关的实验心理研究，他是《学习记忆的数学推导原理》（*Mathematics—Deducitve Theory of Rote Learning*）一书的主要作者，该书由霍夫兰、罗斯、赫尔、唐纳德、费奇合著，于1940年出版。

①　Wilbur Schramm. *The Beginnings of Communication Study in America*：*A Personal Memoir*，Edited By Steven H. Chaffe and Everett M. Rogers，Thousand Oaks／London／New Delhi，Sage Publications，Inc.，1997，pp. 89 – 90.

二战期间，耶鲁大学人类关系研究所作为一个机构被合并到特殊服务办公室（OSS），霍夫兰暂时离开了这个研究所，1942 年他被委任为隶属于战争部的信息与教育处研究部的首席心理学家，他的使命是率领一个研究小组进行与劝服相关的态度改变研究。这是一个此前从未被系统关注的领域，军方并非要建立一套系统的传播学理论，他们关心的是如何通过电影、宣传等传播手段提高士兵的士气。作为实验研究小组的负责人，霍夫兰和他的小组设计了大量实验方案对态度转变等问题进行实证研究，他们以专门为实验研究而制作的七部系列影片《我们为何而战》作为主要的信源，通过不同实验来验证这些影片对士兵的影响，由于得到军方的支持，霍夫兰不但拥有充足的研究经费，他还可以根据研究需要调用大批士兵作为研究样本。

通过实验研究，霍夫兰取得了大量有关影片对士兵影响的数据，研究结果显示，电影在影响士兵态度方面效果有限，士兵可以通过影片获得有关知识和观点，但并没有明显提升士气，这一研究结论意味着，影响士兵态度改变和士兵的因素非常复杂：影片制作是否精良，实验设计是否合理对士兵最终的士气和态度改变会都造成不同的影响；士兵之前具有的态度、价值观、信仰以及来自社会的规范、家庭压力、士兵对战争中伤亡的恐惧等也是影响士兵态度改变的重要因素，对这些影响因素的进一步研究成为 1946 年到 1961 年期间霍夫兰领导的耶鲁研究计划的重要议题，霍夫兰二战期间有关士兵说服的研究成果在 1949 年以《大众传播实验》为名出版。

二战结束后霍夫兰重新回到耶鲁大学，并担任心理学系主任。不久，他获得斯特林教授职位（Sterling Professorship）资助（另一种说法是由洛克菲勒基金会资助），发起成立了一个名为"传播与态度改变耶鲁研究项目"（Yale Program of Research on Communication and Attitude）的研究机构，在长达十几年的时间中对与传播相关的态度改变问题进行了更系统的研究，这个研究团队吸纳了一大批优秀学者，其中包括凯尔曼（Herbert Kelman）、凯利（Harold M. Kelley）、麦奎尔（William McGuire）、罗森伯格（Morris Rosenberg）以及阿伯尔苏（Robert Abelsor）等，他们之中许多人日后成为美国一流大学心理学系中的知名教授，这些学者对美国心理学和传播学的发展做出了很大贡献。

耶鲁研究计划的核心是态度改变，过去一个世纪以来，态度一直是心理学研究的核心问题。

麦奎尔认为，20 世纪 20 年代至今，美国心理学界有关态度的研究经历了五个阶段，即 20 年代至 30 年代瑟斯顿等人发明的态度测量技术；1935年至 1955 年卢因领导的群体动力社会心理学研究；50 年代霍夫兰领导的态度改变研究以及 60 年代费斯廷格领导的差异类型（divergent style）研究；80 年代至 90 年代有关态度结构的研究。[①] 上述有关态度研究的五个阶段基本上都与传播问题密切相关，但这些研究几乎完全由心理学家所主导。

耶鲁研究试图找到有效说服的方法的途径，为此研究者进行了 50 多项实验，以确定影响说服效果的主要因素。通过研究，霍夫兰和他领导的小组发现，影响说服效果的主要因素包括传播者的特征，讯息的内容和结构，受众的个性特征和社会学特征以及受众的反应模式等。耶鲁研究采用的研究方法主要是控制实验法，确定的研究对象更加明确地指向传播者、讯息、受众和受众反应，这意味着这项研究具有了更为鲜明的传播学特征。这项研究成果在 1953 年以《传播与劝服》为书名出版，这本著作与以前出版的《大众传播实验》成为传播学经典著作。

如果说拉扎斯菲尔德是以社会学家的角色参与到传播学研究的话，那么霍夫兰基本上是以社会心理学家的角色参与到传播学研究之中。事实上，当大量的心理学家参与到传播问题研究中的时候，他们的研究不过是心理学研究的拓展和深化，或者说他们开拓了一个新的心理学研究的应用领域。反过来说，当传播学研究大量吸收心理学思想资源和研究方法的时候，传播学研究无疑也烙上了明显的心理学的印记。

如何理解学术史上这两门不同学科的相互渗透融合呢？或许我们可以从社会心理学的发展过程获得一些启示。众所周知，现代心理学起源于 1879 年冯特在莱比锡大学创办世界上第一个心理学实验室，而社会心理学的诞生以 1908 年麦独孤和罗斯出版的两本同名著作《社会心理学导论》为重要标志。由于社会心理学主要由社会学和心理学两门不同学科相互融合而产生，人们自然地将社会心理学区分为"作为社会学研究的社会心理学"和"作为心理学研究的社会心理学"。[②] 同样，从传播学发展历史来看，它与心理学和社会心理学的关系极为密切，在一定程度上，我们或许也可以将传播学区分为"作为心理学研究的传播学"以及"作为传播学研究的心理学"两大类。或者，我们也有一定的理由认为"传

---

① Edited by Everette E. Dennis and Ellen Wartella. *American Communication Research：The Remembered History*，Mahwah，New Jersery，Lawrence Erlbaum Associates，Inc.，1996，pp. 41 – 42.

② 参见周晓虹：《现代社会心理学：多维视野中的社会行为研究》，上海，上海人民出版社 1977 年版，第 10 页。

播心理学"这样的独立学科通过应用社会研究局、耶鲁态度改变研究项目等众多学者的努力在 20 世纪 50 年代前后就已经孕育和萌芽。

1953 年，在完成六卷本的耶鲁态度改变丛书中的第二本《传播与劝服》之后，霍夫兰的兴趣转向了其他方面，在后来的差不多 10 年里，霍夫兰主要研究概念传播（concept communication）和计算机认知模拟，直到 1961 年他死于癌症。作为当年耶鲁态度改变研究团队中的重要成员之一，威廉姆·麦奎尔概括了霍夫兰一生中在三个不同重要研究领域中所做的贡献。他说："在 1933 年至 1942 年早期工作中，霍夫兰因为对语言学习的研究而获得全国声誉；1942 年至 1952 年他分别在美国战争部，然后在耶鲁大学从事传播和劝服研究；最后，从 1953 年至 1961 年他创造了有关思维过程的宏观分析方法。"[1] 麦奎尔认为，霍夫兰对传播学研究的贡献主要体现在社会影响的心理学方面，尤其是受众基于信息而发生的态度改变方面，他同时认为霍夫兰对传播学更大的贡献在研究方法上，他说："霍夫兰向人们展示了如何创立一个与传播问题相关的高度复杂的研究项目，并以极高的水平去完成它。霍夫兰在传播研究中所采用的方法、策略和技巧不仅适用于他个人的研究，同时也适用于传播研究的许多其他领域。"[2]

第三节　卢因：群体动力学和认知心理学的先驱

同霍夫兰一样，卢因（Kurt Lewin，1890～1947）更多的是以心理学家的身份参与到与传播相关的心理问题研究的，他的主要理论贡献是人际传播以及群体传播，他的学生如费斯廷格、巴弗拉斯（Bavelas）等后来也成为这一研究领域中的佼佼者。另外一些学者，如海德和纽库姆等人基本上也属于这一研究阵营。他们的研究揭示了人们如何建立行为规范，如何确立自己的角色，群体结构如何形成模式并对传播活动产生何种影响。卢因的主要著作包括《拓扑心理学原理》（*Principles of Topological Psychology*）和《心理能的测量》（*Measurement of Psychological Force*）等。

---

[1]　Edited by Everette E. Dennis and Ellen Wartella. *American Communication Research：The Remembered History*，Mahwah，New Jersery，Lawrence Erlbaum Associates，Inc.，1996，p54.

[2]　Edited by Everette E. Dennis and Ellen Wartella. *American Communication Research：The Remembered History*，Mahwah，New Jersery，Lawrence Erlbaum Associates，Inc.，1996，p57.

卢因于 1890 年 9 月 9 日出生在波兹兰（Posen）普鲁士省的一个小村庄（现为波兰），他的父亲经营一个小商店和一个农庄，这是一个节俭和舒适的中产阶级家庭。还在小学的时候卢因便被送到省会城市波兹兰，以便接受更好的教育，他当时寄宿在一个家庭中，1905 年他们全家迁往柏林，15 岁的卢因继续在柏林的一所学校上学。少年时的卢因并未显出特别优秀，但是进入高中后他开始变得出类拔萃，1907 年他经人介绍开始学习希腊哲学，他一下子就沉迷进去，从此哲学成为他的终身爱好，他的学习成绩也明显提高。

1909 年 4 月卢因完成了中学学业，他先是在弗雷伯格大学（University of Freburg）注册成为一名学生，他最初想学医学，打算将来做一名医生，但由于恐惧解剖课，他最后选择了生物学，他只在这所大学上了一个学期的课就转到了慕尼黑大学（University of Munich），一个学期后他又转到了柏林大学，并在这所大学攻读博士学位，他最终决定将来要做一名大学教师。同拉扎斯菲尔德一样，卢因出身于犹太家庭，在当时德国反犹情绪十分普遍的情况下，卢因将来成为大学教授的可能性很小。尽管他的父母并不赞成卢因的职业规划，但是他们并未提出反对，并继续为卢因求学提供经费。

卢因选择的专业是哲学，当时德国大学里仍然承袭中世纪习惯，只设四个专业，即宗教学、法理学、医学和哲学，学习哲学的学生，不能选修其他三个专业的课。但是卢因对自然科学非常感兴趣，尤其是对偏重实验研究的最新学科心理学极感兴趣。当时主导德国心理学界的是以莱比锡大学心理学教授冯特为代表的心理物理学，但更令卢因着迷的却是柏林大学斯托夫（Wilhelm Stumpf, 1848 ~ 1936）教授创立的格式塔心理学，他选择斯托夫作为自己的论文导师。[①] 这意味着他今后将开始我们今天称之为心理学的研究工作，他将开始研究人类行为和关系，这些对于当时的哲学家来说都是过于经验化的东西。

1914 年卢因完成博士学业后应征入伍，直到 1918 年退役，他因为作战勇敢获得一枚铁十字勋章，随后他进入柏林大学心理学研究院任教。由于自己的犹太血统背景，在柏林大学他无法晋升到教授职位，而副教授是当时他这类犹太人可能获得的最高教职，尽管他的研究工作已经取得了公认的成就。

---

① 参见 *The Practical Theorist. The Life and Work of Kurt Lewin*, Alfred J Marrow. Basic Books, Inc. , publishers, New York, London, 1969, p7。

1929 年，卢因应邀参加在耶鲁大学召开心理学国际会议并用德语宣读了一篇论文，他的论文给列会的许多顶级心理学家留下深刻印象，他的名字随后出现在西方一些著名的英语学术刊物上。1932 年，他作为访问学者应邀到斯坦福大学讲学一个学期，就在卢因访问斯坦福大学期间，德国国内的形势日渐恶化，他的家庭也陷入困境和危机，他的妻子就要生孩子，但是法律规定犹太人医生不许为病人治病，卢因决定带妻子移民美国，若干年后当他回到德国准备将母亲也带离德国的时候，他得知母亲已经死于纳粹集中营。①

20 世纪 30 年代的美国正处于经济大萧条时期，1933 年年初到美国的时候，卢因勉强获得一个为期两年的资助，他在康奈尔大学家政学院从事一项有关儿童饮食习惯的研究，这项资助由洛克菲勒纪念馆以及"流亡外国学者紧急援助委员会"提供。1935 年卢因刚刚结束康奈尔大学的研究工作，他由于机缘获得了衣阿华大学儿童福利研究所的教职，在这里他对儿童心理产生了浓厚兴趣，他在这个研究所工作了 10 年，吸引了一大批才华横溢的学生，进行了一系列前沿实验，这使他在美国学术界声誉鹊起。1945 年卢因离开衣阿华大学前往麻省理工学院，他在那里发起了组织了一个重要研究机构，即群体动力研究中心（Research Center on Group Dynamics）。两年后的 1947 年 2 月 11 日，由于一直处于高度紧张的工作状态，他死于心脏病。1948 年卢因创办的群体动力研究中心在 D. 卡特赖特的领导下并入密歇根大学的社会研究所，这个研究所至今仍然是美国心理学研究的重镇。

卢因终其一生很少直接参与传播学研究，但这并非意味着他是一个与传播学无关的心理学家。有人说拉斯韦尔一直处于传播研究领域之中，卢因却不是这样，施拉姆不同意这样的观点，他认为卢因是从人类关系的角度论述传播问题，这是一种宏观角度；施拉姆也承认，卢因主要是"通过他的思想和他的学生，而不是通过直接参与传播研究，或与其他传播研究者相互合作，从而对传播学研究产生了重要影响"②。

卢因最初在德国柏林大学因为提出场论（也称作生活空间理论）而

① Wilbur Schramm. *The Beginnings of Communication Study in America：A Personal Memoir*, Edited By Steven H. Chaffe and EverettM. Rogers, Thousand Oaks/London/New Delhi, Sage Publications, Inc. , 1997 , p75.

② Wilbur Schramm. *The Beginnings of Communication Study in America：A Personal Memoir*, Edited By Steven H. Chaffe and EverettM. Rogers, Thousand Oaks/London/New Delhi, Sage Publications, Inc. , 1997 , p76.

闻名于世，场论探讨的主要是行为与环境的关系，或者说探讨个人行为由何种环境因素所决定。卢因所论及的环境并非仅仅指物理环境，更重要的是指决定个人行为的所有心理事实，拿卢因自己的话来说，它包括"所有的事实，关系以及在给定时间内一个人基于生存的各种能量"。具体来说，它们包括"需求、目标、无意识、记忆、信念、政治事件、经济、社会性质以及其他可能对行为产生影响的任何事物"①。卢因认为个人行为由心理场中所包含的全部事实所决定，这种事物包括全部物理事实、准社会事实和准概念事实；卢因所说的这些事实都是指个人主观感觉到的事实，它们与事实之间存在差距，或者说这些事实都属于个人主观的东西，或者更准确地说，它们是个人的认知结构。卢因据此提出了个人行为与环境之间的关系函数公式，即 $B = f(PE)$。这个公式表明个人行为（B）是人（P）与环境（E）相互作用的函数。卢因的场论揭露了个人行为与环境，尤其是个人行为与心理环境的复杂关系。后来卢因和他的学生将场论思想应用于有关精神紧张与记忆、遗忘之间关系的研究，进一步验证了场论的正确性。卢因的场论虽然探讨了个人行为和个人心理，但是人的需求、目标、动机几乎无不产生于人们之间的互动，因此他的场论其实已包含了后来群体动力学的雏形。这一学说也启发了卢因后来在美国的学生和合作者，如费斯廷格、海德等人关于认知平衡等问题的研究，而后者涉及的问题与传播学问题更为紧密。

从德国来到美国之后，卢因开始将研究重点由个人转向群体，开始了以群体动力学为核心的社会心理学研究。卢因认为个人所属的群体是个人生活空间中更为基本和重要的因素，研究个人的行为绝不能忽视个人所属的群体。卢因从群体之中人与人之间相互依存的关系来看群体的性质和特点，他认为群体之中任何一部分的变化都将引起其他部分的变化，这些相互关联的变化最终决定了群体的性质和特点。

在心理学史上，人们对是否存在个人之外所谓群体、集体以及社会这样的实体一直存在分歧。卢因认为这样的实体确实是存在的，在1939年发表的《社会空间》一文中，他将群体定义为心理学的有机体，他认为群体的存在有赖于群体成员之间的相互需求关系，团体的价值体现在它是否能够满足人们的安全感、归属感等心理需求，也取决于它是否能够满足人们的信息需求、交往需求以及社会支持需求等。在群体动力学

---

① *The Practical Theorist：The Life and Work of Kurt Lewin*，Alfred J. Marrow. Basic Books，Inc.，publishers，New York，London，1969，p35.

思想的指导下，卢因和他的研究团队进行了一系列著名试验，如 1938 年至 1939 年在衣阿华大学儿童福利研究院进行的有关专制型领导和民主型领导的实验；稍后在衣阿华大学进行的有关公众饮食改变的实验研究；1940 年至 1947 年针对一家睡衣厂进行的参与式管理试验等。这些研究均证实了群体内的成员资格角色关系，成员之间的需求关系以及群体成员的组织和交往关系等都可以引起群体特征和性质的变化。这些经典实验尤其证明民主管理的方式比专制管理方式更容易引起个人态度和行为的改变；如果要改变个人的态度和行为，那么通过改变群体的方式比单个地去改变个体更为容易。

卢因和他的合作者开创的这些实验具有十分深刻的意义。从社会心理学角度而言，这些研究证明了个体如何通过复杂的关系（包括各种心理关系）组成群体这样一个事实，而群体又如何通过其特有的组织关系成为高于个体的某种存在。从政治学角度而言，这些实验证明了参与、讨论、沟通以及尊重人格、尊重个人权利这些民主要素可以创造出更高的效率以及更合理的秩序。从组织管理学角度而言，这些研究直接导致了一种特殊而有效的职业培训方式，即"敏感性训练"的产生。这些社会学研究对传播学研究也不无启发，那就是民主型的管理方式、透明型的信息传递方式、参与型的讨论方式更容易引起人们态度和行为的良性改变，卢因所奉献的研究成果可以引发人们对传媒组织方式、大众传播方式以及受众传媒关系之类的问题进行更为深入的思考。

事实上，卢因开创的另外一些社会心理学研究包含着更多的传播学思想，并启发了其他学者去进行更为深入的研究。最突出的例子是上面已经提到的有关战时公众改变饮食习惯的研究，这项研究除了证明参与式、讨论式的民主型信息披露和引导方式更容易使人接受烹饪和食用腺型肉类这类平时不常食用的食品外，另外一项重要发现是，腺型肉类最终是否被某个家庭接受很大程度上取决于这个家庭中负责采购食物的主妇，这些主妇是腺型肉类的"把关人"。后来，另一位传播学者怀特借用"把关人"这一概念，对报纸和电讯稿编辑过程中控制因素进行了系统的分析，提出了传播学的"把关人"理论。这一事实证明卢因开创的社会心理学理论具有极强的学科兼容性以及学科穿透力。

在卢因领导的群体动力学研究团队中，对传播学研究做出最直接贡献的是费斯廷格，1942 年，费斯廷格在卢因的指导下完成博士学习，并在卢因领导下的群体动力学研究中心工作。卢因去世 10 年后，他于 1957 年发表《认知失调理论》，系统阐述了卢因及其追随者的思想，这些思想包括海德的认知平衡理论、纽库姆的 A-B-X 模式理论、奥斯古德以及坦伦鲍姆（Tannenbaum）的认知一致性理论。费斯廷格从认知角度分析了认知失调的表现、原因以及消除认知失调的动力、途径。他的认知失调理论不仅仅是对社会心理学的重要贡献，也是对传播学的重要贡献。今天认知失调理论以及上述其他理论已经广泛应用于传播内容分析、受众认知以及态度改变分析等传播学研究领域。

第四节　坎垂尔：心理战视野中的公共舆论研究

坎垂尔长期在普林斯顿大学担任心理学教授，他同时也是美国传播学史上最具影响的人物之一。他与斯坦顿共同发起了由洛克菲勒基金会资助的广播研究项目，该项目重要研究成果之一《火星人入侵：广播导致百万听众恐慌事件的心理研究》由坎垂尔撰写。坎垂尔的其他著作还包括：《评估公众舆论》（Gauging Public Opinion）、《国家之间如何看待彼此：公共舆论研究》（How Nations See Each Other：A Study in Public Opinion，与 William Buchanan 合著）、《人类关心的模式》（The Pattern of Human Concerns）、《社会运动的心理学》（The Psychology of Social Movement）以及《广播心理学》（The Psychology of Radio，与奥尔波特合著）等。

葛兰德认为坎垂尔是建立传播研究道德标准和思想标准的核心人物。他与奥尔波特合著的《广播心理学》促使洛克菲勒基金会决定出资创办一个大众传播研究机构；他婉拒了出任广播办公室主任的委托，而推荐拉扎斯菲尔德出任该所所长，自己则担任副所长；由于他的努力，另外好几个公共舆论研究机构得以建立；他发表了大量有关大众传播研究方面的结果，并且帮助创办了《公共舆论季刊》（Public Opinion Quarterly，1937）；他从政府机构引入了大量资金，这些资金极大地促进了传播学研究和发展。

坎垂尔 1928 年毕业于达特茅斯学院（Dartmouth College），在这所学校里与尼尔森·洛克菲勒同住一间宿舍。坎垂尔 1931 年获得哈佛大学社会心理学博士学位，指导导师是大名鼎鼎的奥尔波特教授，在这之前他还在德国柏林等地学习两年。博士毕业之后，他在哥伦比亚大学短暂任教，1935 年他进入普林斯顿大学任教长达 34 年，其间曾担任心理学系主任。

就像许多在二战前对宣传和大众传播持批评立场的学者一样，战争爆发后，坎垂尔的兴趣也转向了与公众舆论相关的宣传技巧研究。尽管二战前坎垂尔对宣传和大众传播持比较严厉的否定立场，但他对大众传媒宣传的优势也有一些肯定性的评价，他与奥尔波特合著的《广播心理学》（1935）一书的中心议题就是宣传，他的分析更多的是基于心理学的角度。在《火星人入侵》报告中，坎垂尔认为《世界大战》广播剧之所以在听众中造成大恐慌是因为人们对广播的盲目信赖，作者认为：“作为一种新发明，广播对人类社会以及人的社会行为造成了深刻的影响和改变，同时也造成了影响深远的心理问题。”作者说：“广播是一种新兴传播媒介，作为一种社会控制手段无可匹敌，它开辟了一个控制人类精神的新纪元。”① 作者进而设想：“全球每个国家中的人在同一时刻听到来自坐在中央广播厅中的某个奇人的宣教和命令，这样的日子并不遥远，这样的人无疑拥有了比阿拉丁（Aladdin）更神奇的魔力。”② 作者对广播这种新媒介在现代社会中可能扮演的角色持乐观态度，相信广播能够促进民主，原因在于它可以凝聚人心，塑造“群体思想”（crowed mind）。与大多数自由主义者不同，坎垂尔认为民主的先决条件（尤其在战时）是创造共识、和谐以及安全，他认为广播可以帮助社会实现这些目标。

1940 年，在洛克菲勒基金会的帮助下，坎垂尔发起成立了一个名为“公共舆论研究办公室”（Office of Public Opinion Research）的机构，这个办公室设在普林斯顿大学内一个小阁楼上。根据坎垂尔回忆，这个机构的主要目标是：（1）系统学习和研究公共舆论宣传技巧；（2）研究分析公共舆论的心理元素，如大规模舆论兴起的心理原因；（3）建立有关公共舆论的数据库，供学者们使用；（4）致力于以小规模样本，采用实证调查手段，高效率地捕捉世界各国舆论反应，为美国赢得战争胜利服务。坎垂尔遵循上述思路，采用小规模样本成功预测了美国一些地方州政府的选举结果，后来他又派人前往加拿大，以暗访的方式调查加拿大公众对有关征兵问题的舆论反应，据此做出的预测结果同样十分准确，误差率仅为 4.5%。

坎垂尔的研究引起罗斯福总统和行政当局的重视，1940 年 9 月，坎

---

① 转引自 Christopher Simpson. *Science of Coercion*：*Communication Research and Psychological Warfare 1945*，*1960*，Oxford University Press，New York，Oxford，1996，p86。

② 阿拉丁是阿拉伯民间故事集《一千零一夜》中的一个著名人物，他拥有神灯和魔指环，并用这些道具召唤神怪按照自己的吩咐行事。

垂尔应时任美国美洲事务协调处协调员尼尔森·洛克菲勒的邀请，调查拉丁美洲的公共舆论。坎垂尔与盖洛普合作，依靠美国应急管理办公室（U. S. Office of Emergency Management）提供的资金成立了一个非营利性质的机构——美国社会调查所（American Social Surveys），并派出研究人员前往拉丁美洲执行上述任务。珍珠港事件后，美国政府了解公共舆论的愿望更为迫切，1942 年年初，坎垂尔与富有的广告商莱姆伯特（Gerard Lambert）共同组织了一个名为"研究委员会"（Research Council, Inc.）的机构，试图建立全国性的舆论调查机制。这个机构也设在普林斯顿大学，与坎垂尔领导的公共舆论研究办公室在同一幢楼。坎垂尔领导的这个研究委员会似乎总能够从位于纽约的总部获得不受限制的经费，坎垂尔也意识到这些经费或许来自白宫。他们研究涉及广泛的舆论问题，研究报告被送往罗斯福总统的六位匿名助理手中，无论是在战时还是在战后，这个研究委员会都对白宫政策产生了很大的影响。①

　　1977 年 12 月，《纽约时报》揭开了"研究委员会"的神秘面纱，在过去的十几年中间，这个委员会的所有研究经费来自中央情报局（CIA），在中央情报局的约束下，坎垂尔和他的研究团队深度参与了有关美国国内公共舆论以及对外事务的分析研究和政策咨询。坎垂尔认为传播学研究的基本观念应该是："尽量创造有效的方式与人们对话，使人们了解真相，不要把时间、精力和金钱投入到无谓的争辩中，这样的争辩无益于事，也无法传播真相。"

　　事实上，二战期间美国在全球范围内发起了一场大规模的心理战争。例如，美国国务院北美军事情报处（Branch of Military Intelligence）领导了有关美国公众对国际事务心理反应的研究；战略服务办公室（Office of Strategic Services）领导了有关德国公共舆论的研究等。坎垂尔领导的研究委员会在战后很多年内仍然继续这类研究工作，在美国与多米尼哥、波兰、印度等国的关系方面提供政策建议，甚至为美国总统艾森豪威尔（Dwight David Eisenhower，1890～1969）提供公共演讲咨询和建议。1952 年，坎垂尔就荷兰和意大利针对美国及其动向的公共舆论进行了一项重要研究，这项研究试图确定存在于这些国家之中人民可能的"合理诉求"到底是什么，也试图测量这些诉求在改变人们思想方面可能造成的冲击。

　　①　Timothy Glander. *Origins of Mass Communications Research During the American Cold War*：*Educational Effects and Contemporary Implications*，Lawrence Erlbaum Associates，Inc.，Publishers，Mahwah，New Jersey，London，2000，pp. 88 – 89.

这份心理战争中的"合理诉求"研究报告最终为美国宣传专家提供了一种方法，通过这种方法可以提前预测心理战争中的任何传播效果。

第五节　施拉姆：美国心理战中的重要角色

施拉姆在《作为行为科学的人类传播学：杰克·海尔盖德和他的委员会》一文中追溯了过去半个多世纪对传播学的发展作出了重要贡献的学者，他们是哈罗德·拉斯韦尔、保罗·拉扎斯菲尔德、库特·卢因、罗伯特·默顿以及卡尔·霍夫兰等。在《美国传播学研究的先驱：个人回忆》一书中，施拉姆又将这份名单追溯到更早时期的一些学者，他们是库利、帕克、爱德华·萨比尔等。施拉姆不无深情地感叹说："人类传播史上那些最辉煌的篇章，那些最具影响的洞见、判断和创造至今仍然深埋在时间和空间的雾霭中，关于他们我们知道得非常少。但是他们以及他们的作品产生于我们这个时代，这些学者们在本世纪领导了一场有关传播学研究的意义深远的革命。"①

《美国传播学研究的先驱：个人回忆》是施拉姆一生中的最后一部作品，也是一部没有完成的作品。1987 年 12 月 27 日当他与妻子在家中观看电视的时候，他安静地离开了这个世界，几个星期后当朋友们前来帮助整理他的遗物时在他的个人电脑中发现了这部没有完成的手稿，包括六章内容，计划中的最后一章没有完成，也没有来得及做注释。应施拉姆妻子和女儿的邀请，查菲（Steven H. Chaffe ）和罗杰斯（Everett M. Rogers）整理和完成了这部书稿，他们补充了两章新内容，即第七章"传播学创始人施拉姆"和第八章"美国大学中传播学研究的体制化"。②施拉姆永远不会想到他在自己的最后一本书中大声疾呼，为拉斯韦尔、拉扎斯菲尔德、卢因和霍夫兰四位传播学教父盖棺定论，而他的朋友却在他的遗作中将他添加到传播学研究教父的位置，当然，就施拉姆对传播学研究的贡献而言，他确实当之无愧。

当 1987 年 12 月 27 日施拉姆去世时，美国《纽约时报》仅在讣

---

① Wilbur Schramm. *The Beginnings of Communication Study in America：A Personal Memoir*，Edited By Steven H. Chaffe and Everett M. Rogers，Thousand Oaks/London/New Delhi，Sage Publications，Inc. ，1997，p3.

② 参见 Wilbur Schramm. *The Beginnings of Communication Study in America：A Personal Memoir*，Editor Foreword。

告栏中发布了一个简短的消息，列举了他在传播学研究领域的主要成就。与之形成鲜明对比的是，施拉姆曾经就职的一些大学，如衣阿华大学、伊利诺伊大学以及斯坦福大学却对这位死者给予了深切的哀悼，对施拉姆过去近半个世纪中在这些大学所作出的杰出贡献给予高度的评价。

施拉姆是美国传播学形成过程中最为关键的人物之一。施拉姆的传记作者查菲认为，施拉姆是美国传播学研究领域中的塔尖式人物，1933年至1973年的美国传播学研究被称为"施拉姆的时代"；坦卡德（James Tankard）也认为施拉姆对于传播研究所做的贡献比任何人都大；辛普森则认为施拉姆是1948年至1970年间美国传播学研究的中心人物。[①]

事实上，虽然施拉姆流传于世的传播学著作不是太多，仅包括《大众传播的过程和效果》《大众传播的责任》《大众媒体与国家发展》《儿童生活中的电视》等，但是，由于他深深地介入美国政府在全球范围所发起的心理战中，他的许多研究工作具有深厚的美国政府部门、军事部门、情报部门背景，至今人们还很难窥见施拉姆的一生经历以及研究工作的全貌；他的许多研究成果因为美国保密条款的限制，至今仍然锁在美国军事和情报部门的秘密档案中。不过有一点可以肯定，施拉姆的许多传播学研究成果是美国对内对外心理战争的直接产物，同前面介绍的几位社会学家、心理学家一样，虽然施拉姆获得的是美国文学博士学位，但是却以明显的心理学角度参与到美国传播学创建工作中。

施拉姆于1907年8月5日出生于俄亥俄州一个称作玛丽埃塔（Marietta）的小镇，他的父亲做过教师，后来成为一名地方遗嘱法庭律师，他的母亲是一名家庭主妇，同时也是一名本地路德会教堂中的活跃分子。在玛丽埃塔镇，施拉姆一家属于中产阶级，他父母的音乐才能激发了他对音乐的兴趣，大约在15岁的时候施拉姆开始口吃，口吃极大地改变了施拉姆日后的生活，甚至最终促使他走向了传播学研究的人生道路。

1924年，施拉姆从玛丽埃塔高级中学（Marietta High School）毕业，随后在玛丽埃塔学院（Marietta College）注册成为一名大学生，四年间他培养自己在音乐、篮球、棒球以及新闻写作等方面的广泛兴趣，他同时还在学校一些行政部门兼任助理，为他日后在众多学术单位中从事行政管理工作积累了初步的经验。1928年，施拉姆以优异成绩从玛丽埃塔学

---

① Christopher Simpson. *Science of Coercion*：*Communication Research and Psychological Warfare 1945，1960*，Oxford University Press，New York，Oxford，1996，p107.

院毕业，获得历史学及政治学学士学位，父亲希望他子承父业，建议他去法学院继续求学，他却选择了哈佛大学美国文明（Arts Program in Literature）硕士课程。在哈佛的两年间，施拉姆兼职为《波士顿先驱报》（*Boston Herald*）撰稿，为一些俱乐部的流行乐队演奏风笛，并以5美元一场的酬劳陪打篮球，当时正值经济大萧条时期，施拉姆经济状况也颇受影响。1930年夏天，当施拉姆结束了哈佛大学的硕士学业后，他打理行装来到了衣阿华，在衣阿华大学英语系注册成为英国文学专业的博士研究生。

施拉姆选择衣阿华大学从事博士学习除了因为那里有自己喜爱的活跃学术思想氛围以及国内一流的英语文学专业外，还因为那里有国内最好的演讲病理学（Speech Pathology Department），施拉姆希望利用这一便利条件医治好他的口吃，在此期间他确实进行了一些治疗，病情有所缓解，尽管最终没有痊愈。

1932年，施拉姆在衣阿华大学获得英国文学博士学位，随后他又跟随衣阿华大学著名的心理学教授西肖尔（Carle E. Seashore, 1866~1949）从事实验心理学博士后研究。显然，作为日后美国传播学研究的重要奠基人，施拉姆与心理学的结缘始于他的口吃，而他在衣阿华大学两年实验心理学博士后生涯使他系统学习了有关社会科学的定量研究方法和手段，打造了他作为一个传播学者的社会心理学背景。

施拉姆涉足传播研究始于二战期间他在事实与数据办公室（Office of Facts and Figures, OFF）和战争信息办公室（Office of War Information）的那段日子，事实与数据办公室实际上一个战争期间美国政府组建的宣传机构。1941年12月15日，也就是珍珠港事件之后的第八天，施拉姆写信给时任事实与数据办公室负责人的马克利什（Archibald Macleish, 1892~1982），那时马克利什刚刚从国会图书馆转到这个职位上，他从1939年以来就不断提醒美国政府和公众关注欧洲法西斯主义的危险，他的自由主义背景使他自然获得该项职位。事实与数据办公室主要负责测量公共舆论，创建广播电台，制作并传播爱国信息，审查国内媒体以及监听和分析国内媒体信息。施拉姆在信中表达了他以及衣阿华大学的其他同事们希望在这个机构中服务的意愿，他提出这场战争比原先任何战争看起来都更像是传播战争，他认为只有通过传播才有可能保持士气和团结，才能阻止谣言。施拉姆还提议将衣阿华大学的资源，诸如写作小组、教育电台、新闻系、艺术及心理系等机构和人员组合到政府宣传战争中。马克利什对施拉姆的这些建议印象深刻，1941年12月底，施拉姆向学校告假来到华盛顿特区，开始在事实与数据办公室服务，并很快被提名为经过重组的战争信息办公室教育处主任。

1942 年 1 月 31 日，施拉姆草拟了一份备忘录，在这份 19 页的备忘录中，施拉姆系统提出了建构一个全国性宣传网络的设想，这个全国性的宣传网络以大学教育广播系统为中心，同时整合大学内的印刷媒体、教科书以及校报等资源，借助于院系组织以及学生群体的力量，既传播信息，也监控公共舆论，同时建议将这一宣传系统延伸至战后。就像当时许多人认为的那样，施拉姆认为当时美国处于一种失控之中，需要采取某些新的特殊手段重整秩序。他意识到要控制大众社会中的公共舆论，首先就要控制那些受过良好教育人士当中的舆论和意见。施拉姆详细阐述了这样一种以教育广播系统为中心的全国性宣传网络对于美国政府宣传战的价值和意义①。

施拉姆看重大学体制以及大学专家学者在宣传战中的地位和作用，这一观点与拉扎斯菲尔德以及卡茨等人提出的意见领袖以及"二级传播理论"不谋而合，而且施拉姆先行了一步。据查菲介绍，施拉姆有关联合美国大学资源为战争目标服务的建议得到采用②。但葛兰德认为："很难确认施拉姆的这项建议在多大程度上被采纳，在大学单位中组建军事化的机构并进行符号宣传式的训练大概很难被广泛接受，它的象征意味使人们想起臭名昭著的德国纳粹主义。"③ 但是无论如何，当 1947 年施拉姆返回衣阿华大学后，他更加投身于教育广播这项工作，他的许多关于教育广播的构想在战后也通过美国之音等媒体得到实施。

施拉姆在事实与数据办公室和战争信息办公室的工作急剧改变了他的学术研究方向以及人生方向，使他由一个人文学者迅速转为一名社会学者。他在事实与数据办公室和战争信息办公室的同事包括斯托德、霍夫兰、希尔加德、拉扎斯菲尔德、拉斯韦尔、卢因、玛格丽特·米德（Margaret Mead，1901 ~ 1978）等著名社会学家、心理学家以及人类学

① Timothy Glander. *Origins of Mass Communications Research During the American Cold War：Educational Effects and Contemporary Implications*，Lawrence Erlbaum Associates，Inc.，Publishers，Mahwah，New Jersey，London，2000，pp. 146 – 150.

② Wilbur Schramm. *The Beginnings of Communication Study in America：A Personal Memoir*，Edited By Steven H. Chaffe and Everett M. Rogers，Thousand Oaks/London/New Delhi，Sage Publications，Inc.，1997，p133.

③ Timothy Glander. *Origins of Mass Communications Research During the American Cold War：Educational Effects and Contemporary Implications*，Lawrence Erlbaum Associates，Inc.，Publishers，Mahwah，New Jersey，London，2000，pp. 146 – 149.

者。这些成员几乎每个月都要在华盛顿一家旅馆聚餐，并讨论有关社会学科的跨学科发展问题，施拉姆也经常参加这样的聚会。据说施拉姆的传播学思想正是诞生在此间。查菲评论道："战争努力需要某种跨学科方法解决许多问题，这些问题常常与传播研究相关，战争问题在很大程度上被看作'言辞之战'，传播则被看作是动员美国公民自愿参战，取得共识的基本工具。它有助于凝聚全国资源以赢得战争胜利。至关重要的是，二战创造了建立传播学领域的条件"。① 加之施拉姆个人所学的实验心理学以及社会科学训练，他的学术转向并非突然。

战争信息办公室的一项重要任务是创作各种文艺作品以提升士兵士气，巩固全国团结，达到为战争服务的目的。从传播角度而言，这是一个通过操纵符号，创造神话，使人们能够团结在战争旗号下的一项心理攻势和宣传工程。在此期间施拉姆负责为罗斯福总统撰写"炉边讲话"，并创作了一些短篇小说，这些小说发表在《大西洋月刊》《星期六晚邮报》等报刊，1942 年他创作的短篇小说 *Windwagon Smith* 获"欧·亨利文学奖"。

1943 年秋天施拉姆返回衣阿华大学，他谢绝了校方任命他为图书馆馆长的建议，恰逢原新闻学院院长莫特（Frank Luther Mott）辞职并前往密苏里大学新闻系任主任，施拉姆很快被任命为衣阿华大学新闻学院院长一职。在 5 年任期中，他将传统的新闻学专业改造成为包含社会学、心理学、经济学、政治学等众多人文社会科学课程，并从事公众舆论、研究方法及宣传分析等诸多主题研究的传播学专业，他还在全世界开设了第一个大众传播博士课程。查菲的调查表明，没有太多学生被吸引到施拉姆设计的如此严格的博士课程中，到 1947 年施拉姆离开衣阿华大学为止，只有两名博士生接近完成他们的博士学位。② 除此之外，施拉姆还仿效哥伦比亚大学拉扎斯菲尔德领导的广播研究所发起成立了一个类似的研究所，这个研究所从校报以及一个广播电台获得了少量资助，主要从事受众研究。另外，施拉姆还与位于纽约的一家广告公司建立了合作关系，并获得资助，这家公司的主任是盖洛普；盖洛普曾经在衣阿华大

---

① Wilbur Schramm. *The Beginnings of Communication Study in America：A Personal Memoir*, Edited By Steven H. Chaffe and Everett M. Rogers, Thousand Oaks／London／New Delhi, Sage Publications, Inc. , 1997, p135.

② Wilbur Schramm. *The Beginnings of Communication Study in America：A Personal Memoir*, Edited By Steven H. Chaffe and Everett M. Rogers, Thousand Oaks／London／New Delhi, Sage Publications, Inc. , 1997, p139.

学新闻学院完成学业，并在该校应用心理学专业获得硕士和博士学位。

1947 年，当施拉姆向校方提出更多的年度预算以使传播学专业获得更快发展的建议遭到拒绝后，他开始向其他地方寻求发展。此时，他原先在衣阿华大学的同事兼好友斯托德（George Dinsmore Stoddard，1897 ~ 1981）被委任为伊利诺伊大学的校长，并雄心勃勃地要推动大学的快速发展。斯托德原本打算将施拉姆拉入自己的核心顾问班子当中，但是施拉姆坚持要将自己在衣阿华大学的研究项目带到伊利诺伊大学，并在更大规模上加以实施。斯托德接受了施拉姆的设想，任命他为大学出版社主任、校长助理，并将学校报纸、广播电台等许多与新闻媒体相关的部门交付给施拉姆管理。在斯托德的支持下，1950 年，施拉姆又整合了学校原有的演讲系、新闻与传播学院、图书馆学院、大学图书馆、校广播电台、体育系宣传处、校友办公室、大学宣传部以及校会议中心等众多资源，使之成为一个统一的单位，并统一置于施拉姆的管理之下。早在 1947 年 4 月 21 日，在施拉姆刚刚接任传播研究所职位的时候，斯托德即致信对他接受委任表示感谢并说：“我感觉到总有一天教育史专家会记住这一事件。”斯托达德坚信，传播学研究的体制化将是美国教育史上的一件大事。[①]

施拉姆没有辜负斯托德的厚望，传播学研究体制在伊利诺伊大学建立起来后，施拉姆即着手大力吸纳人才。1948 年施拉姆引进的访问教授包括哥伦比亚大学应用社会研究局创办人拉扎斯菲尔德、全国舆论研究中心主任哈特（Glydew Hart）、联邦通讯委员会的经济学家斯密塞（Dallas W. Smythe）、年轻的教育心理学家格拉斯（Harry Grace）。1949 年施拉姆又引进了心理学家奥斯古德、广播专家哈德逊（Robert Hudson）。加盟到传播研究所的专家还包括来自明尼苏达州立大学的社会学家查尔斯·斯万逊（Charles Swanson）、华盛顿州立大学的政治学专家约瑟芬·贝克尔德（Joseph Bachelder）。

随着每年秋季 15 名博士生的注册入学，教材建设也迫在眉睫，为此，施拉姆组织了一个高水平的学术会议，并将与会顶级专家提交的论文编辑成册，这册名为《现代社会中的传播》（*Communication in Modern Society*）（1948）的教材的作者包括拉扎斯菲尔德、霍夫兰、纳夫兹格

①　Timothy Glander. *Origins of Mass Communications Research During the American Cold War*：*Educational Effects and Contemporary Implications*，Lawrence Erlbaum Associates，Inc.，Publishers，Mahwah，New Jersey，London，2000，p134.

（Nafziger）、凯瑟（Casey）以及其他顶级的传播学者。1949 年施拉姆编写了另外一本更全面的教材《大众传播学》（*Mass Communication*），1954年施拉姆出版《大众传播的过程与效果》。1949 年，施拉姆还安排出版了香农（Claude. E Shannon）的《传播的数学原理》。

　　然而，施拉姆自 1947 年来到伊利诺伊大学至 20 世纪 70 年代，最能体现其角色的是，他以一个传播学研究者和组织者的身份深度介入了美国政府发动的心理战与宣传战之中，他那至今并未展现出全貌的研究成果也因此而与社会心理学发生了必然的勾连。

　　辛普森在《强制的科学：传播研究和心理战争，1945 ~ 1960》一书中说，施拉姆 20 世纪 50 年代以来许多关于传播方面的研究至今并不为外人所知，因为这些研究与中央情报局以及军事部门掌管的心理战项目密不可分，根据美国的法律，这些文件的保密期限仍在 30 年以上，此间施拉姆的研究主要涉及以下这些领域：

　　1. 朝鲜战争期间美国空军所主导的美国心理战术研究，这些研究由政府资助，以学术面貌和其他通俗方式完成，形成多种语言版本，这些研究成果最终被军方收回。

　　2. 为美国信息局（USIA）完成的多项研究，其中包括一项对该机构运作的评估研究。

　　3. 为国家安全委员会（NSC）所做的有关自由欧洲电台（Radio Free Europe）和自由广播电台（Radio Liberation）的分析与咨询研究，自由欧洲电台表面上是私营电台，实际上由中央情报局指导。

　　4. 有关国防安全方面的宣传心理战以及秘密行动操作特别项目研究。

　　5. 在具有重要影响力的国防科学委员会（Defense Science Board）中出任职务。

　　6. 美国信息局（USIA）和美国之音资助的一些研究，研究成果包括《传播的过程与效果》（1954）、《宣传理论论文四种》（1955）以及《人类传播科学》（1963）等。

　　7. 海军研究所（Office of Nation Research）资助的大量研究项目。

　　8. 为美国国际发展署（U. S. Agency for International Development, AID）所做的有关萨尔瓦多、哥伦比亚和其他国家传媒发展的研究。

　　上述研究表明，施拉姆在美国心理战中扮演了举足轻重的角色。事实上，自 20 世纪 40 年代起美国情报部门和军事单位就开始资助位于伊利诺伊大学的传播学研究。葛兰德在《美国冷战期间大众传播研究的起源》一书中例举了与之相关的大量事实。

　　1947 年 11 月 15 日，施拉姆亲自草拟了一份题为《传播与洲际战争》的研究计划，这些研究计划着眼于未来可能发生的洲际战争，研究人们应对此类战争的心理准备以及各类宣传技巧。施拉姆认为，人类思想之战已经在洲际规模上开始显现，在未来 5 年或者 10 年内人们如何思想决定了是否会发生这一战争。对于美国人民来说，他们需要的是劝服，而不是命令，当战争到来的时候，大众传媒指导并武装人们的思想必不可少。为此，施拉姆寻求 25.5 万美元的研究预算。目前，还难以确定施拉姆是否从情报部门或军方获得过这笔预算，但就这一研究计划而言，它与宣传和心理战的关联毋庸置疑。可以确认的是，1952 年 6 月，施拉姆接受了一笔来自国务院（State Department）的资助，这笔 6.5 万美元的资助用来研究美国之音等境外媒体在国外的宣传效果。

　　1950 年至 1953 年期间，施拉姆领导的传播研究所与具有军方背景的人力资源研究所（Human Resources Research Institute，HRRI）建立了十分密切的关系，这个研究所位于阿拉巴马州麦克斯韦尔空军基地（Maxwell Air Force Base）的空军大学（Air University）。人力资源研究所创办于 1949 年 6 月，由 50 名研究成员组成，其中大部分是军官，其主要使命是为空军研究相关的社会科学。1949 年至 1951 年许多美国大学都从这个研究所获得过资助，这些大学包括芝加哥大学、哥伦比亚大学、哈佛大学以及密歇根大学等。

　　1951 年 2 月，人力资源研究所决定为施拉姆提供一个永久职位，被他谢绝，但施拉姆为该所做了好几项心理战培训项目。1951 年 3 月，施拉姆应人力资源研究所负责人的要求草拟了一份研究计划，题为《伊利诺伊大学规划阶段的心理战与情报战研究》，这项研究包括奥斯古德关于传播信息中"隐含内容"的测量研究、国外传播系统分析、苏联宣传技巧分析、原子战争中的信息审查、政策以及传播实验室建设等。这项大规模综合性研究的预算为 16.7 万美元，尚不清楚这笔预算是否获得人力资源研究所的批准，但是 1952 年春天，施拉姆和奥斯古德确实从人力资源研究所拿到了三份研究合同，总金额为 14.7991 万美元。

　　随着 1950 年朝鲜战争爆发后局势的日益紧张，美国军方也加快了心理战研究的步伐。1950 年 12 月 7 日，施拉姆写信给国务院助理秘书（Secretary of State）爱德华·W. 巴雷特（Edward W. Barrett）表示自愿为国务院提供研究服务。巴雷特是前《新闻周刊》编辑部主任，同时也是战争信息办公室（Office of War Information，OWI）海外情报工作的负责人。施拉姆在信中建议为政府提供"新闻情报服务"，包括研究苏联等国家的阅读、收听、收视习惯，媒介宣传效果等。他认为这类研究对美国非常重要。施拉姆还建议美国应该加强对西欧的一些友好国家以及阿拉伯地区国家和南亚国家的宣传攻势。具体建议包括：

1. 强化在这些国家中的情报收集工作，研究和分析这些国家的传播和舆论模式，派驻到某些国家的大使最好是传播以及宣传方面经验丰富的专家。

2. 向欧洲和其他相关地区派驻由两到三人组成的调查组，研究分析与传播及宣传相关的问题，为期 3 个月左右。

3. 将某些奖学金项目，包括富布莱特这样的资助项目提供给美国国内的一些专家，资助这些专家去国外研究所在国的传播及公共舆论模式，这些学者和专家组在他国从事学术交流和研究，这种方式更容易摆脱"间谍"的色彩。

施拉姆建议的具体研究项目包括：这些国家中不同群体的阅读、收听以及休闲的时间习惯；不同群体的人到底信任哪些媒体；不同群体的兴趣爱好如何，哪类信息对他们更有吸引力；不同群体如何形成他们的思想，哪些思想相对牢固，在哪些领域他们更易于开放；不同群体焦虑、紧张以及需求模式。

施拉姆认为在弄清相关问题之后，就可以利用美国之音之类的媒体有针对性地传播有关信息，以获得所需要的传播效果。显然，施拉姆的这类研究已经深入传播心理研究的深层领域。

早在 20 世纪 40 年代，美国军方和政府以及情报部门就开始资助伊利诺伊大学传播研究所的研究工作。1947 年到 1955 年施拉姆负责该所期间接受了大量来自军方、政府部门以及情报部门的研究资助。葛兰德还透露，施拉姆离开该所后，仅 1960 年至 1963 年美国中央情报局至少出资 19.3 万美元等继续资助该所的研究工作，[①] 此时该所负责人为奥斯古德。

施拉姆接受军方的资助至少还包括两次到朝鲜战场进行实地考察研究，这些研究工作同样是美国心理战争的一部分。

1950 年 11 月 25 日，施拉姆应人力资源研究所的邀请，跟随一个小组赴朝鲜进行了为期两个月的访问，这次访问的使命是秘密调查美国空军在战场中的表现，包括研究军队中的士气，美国和朝鲜实施心理战的效果，为此他讯问朝鲜战俘，提出有关朝鲜战争期间美方最佳的宣传建

---

① Timothy Glander. *Origins of Mass Communications Research During the American Cold War: Educational Effects and Contemporary Implications*, Lawrence Erlbaum Associates, Inc. , Publishers, Mahwah, New Jersey, London, 2000, pp. 154 – 155.

议。他利用此次访问获得的材料与另一位心理学家以及心理战专家编写出版了《一座红色军队占领的城市：共产主义者对汉城的占领》（*The Reds Take a City：Communist Occupation of Soul*）这是一部针对美国国内读者进行宣传的访谈性作品，包括医生的逃亡、律师的逃亡、教师遭遇、记者遭遇、官员遭遇等章节。之所以挑选这类从业人员作为故事主角，只要是因为这些人物的命运更能在美国社会引起共鸣。正是这次访问确定了施拉姆作为心理战专家的地位，自此之后，来自军方和政府的大量研究经费被吸引到了传播研究所中。

施拉姆不但与人力资源研究所这样的军方单位进行合作研究，他还积极寻求与更多的政府机构进行合作，以促进心理战和宣传技巧的发展。1951 年 11 月，施拉姆应美国军方另外一个机构战略研究办公室（Operation Research Office）第二次赴朝鲜战场访问，这次为期两周多的短期访问显然也与心理战密切相关，但是这次访问的真正使命至今仍然未能清晰展现出来。

从 20 世纪 30 年代拉扎斯菲尔德在哥伦比亚大学建立应用社会研究局以来，美国传播学研究就走上了一条应用社会科学的发展道路。为了取得现实战争和未来战争的胜利，美国政府和军方在新兴传播学研究领域投入了巨大的资金，成为这一新兴学科发展的强大动力，由政府和军方投入的资金资助的研究主要与心理战和宣传战相关。这类战争谋求的是通过资讯的收集、制作、传播去改变和控制人的态度、思想和观点，这决定了此类研究体现为强烈的社会心理研究特点。

施拉姆在伊利诺伊大学所从事和领导传播学研究显然极大地受惠于美国政府和军方资金的推动。大量的资金和美国的"时代精神"使施拉姆成为美国传播学研究的先驱，也使他的研究必然地与心理学相结合。辛普森认为："美国传播学研究的科学发现之路当然并非完全由政府或者任何个人预先决定，但政府确实在很大程度上决定了谁在传播研究问题上具有优先发言权，同时也间接决定着这一研究领域中哪些人的学术观点能够优先被其他人了解和接受。这种对心理战争项目的'肯定性反馈'（positive feedback）本来就意味着以政府合同形式体现的大量资金，这些资金反过来又给研究者带来收益回报：即以极大的职业影响力参与学术社交圈子中，（如 Clause 的社会测量方法的研究）；相对便利地发表研究成果；被邀请参加学术会议以及职业晋升的机会等。"[1] 施拉姆在伊利诺

---

[1] Christopher Simpson. Science of Coercion：*Communication Research and Psychological Warfare 1945，1960*，Oxford University Press，New York，Oxford，1996，pp. 110 – 111.

伊大学所取得的成就包括在这一背景中。

1953 年夏天，伊利诺伊大学校长斯托德因为在一次校董事会议中被投不信任票被迫辞职，导致他辞职的直接原因是他被卷入一场有争议的医学研究之中，由于他反对禁止在学校使用一种欺诈性的治癌药物，遭到强烈批评。但是真正促使其下台的原因可能是他是一个坚定的宗教自由主义者，在麦卡锡主义时代，他的宗教和政治观念不被某些掌控宗教的实力集团所接受。

斯托德的辞职显然对施拉姆在伊利诺伊大学的地位造成了强烈的冲击，他很快向学校请了两年长假，这期间他受雇于国家安全委员会（The Nation Security Council）从事一项秘密性质的研究，1955 年他应斯坦福大学传播与新闻系 C. R. 布什之邀前往斯坦福大学创办了另外一个传播学研究所（Institute for Communications Research at Stanford University），成为该所首任主任，直到 1973 年他从这一职位退休。[①] 但据罗杰斯在《传播学史》一书中说，C. R. 布什自 1953 年担任该所主任，直到 1955 年施拉姆来到斯坦福后，布什主动将该职位让给了施拉姆。

施拉姆在斯坦福大学的重要贡献之一是成功地将以新闻职业技能培训为主的传统新闻学改造成为具有强烈社会科学特征的传播学专业，他的这一构想主要是通过传播研究所的博士培养计划实现的。施拉姆在斯坦福大学培养了大批具有全新知识结构的博士研究生。这些博士生毕业之后遍布美国各知名大学的传播学系，斯坦福大学传播学研究所被誉为"种子研究所"，罗杰斯认为从 1955 年至 1970 年斯坦福大学支配了美国传播学研究领域。施拉姆在斯坦福大学期间还领导了一系列有关国家传播、发展传播以及电视对儿童影响的研究，极大地拓展了传播学研究领域。他在国际传播研究方面的代表作是 1959 年出版的《世界新闻界的一天》，该书以 1956 年 11 月 2 日苏军坦克攻入匈牙利布达佩斯，以及苏伊士运河危机中美国和以色列军队进攻埃及这两件发生在同一天的重大新闻事件为样本，比较分析了苏联《真理报》、美国《纽约时报》以及法国《世界报》对这两项重大国际事件的不同报道，试图证明意识形态对国际新闻报道的深刻影响。1964 年，施拉姆出版《大众媒体与国家发展》，1957 年出版《大众传播的责任》，1961 年出版《儿童生活中的电视》，调

---

① Timothy Glander. *Origins of Mass Communications Research During the American Cold War: Educational Effects and Contemporary Implications*, Lawrence Erlbaum Associates, Inc., Publishers, Mahwah, New Jersey, London, 2000, p172.

查了北美洲不同社区中电视对儿童的影响。1978 年晚年之时，他还出版了《男人、讯息和媒介》，施拉姆一生共出版和发表数以百篇的论著（包括与人合作）。

20 世纪 40 年代到 60 年代是美国传播学学科发展形成的关键时期，从根本上来说，第二次世界大战以及二战结束之后持续数十年的"冷战"是美国传播学发展的根本动力。战争以及"冷战"促使美国政府高度重视舆论、宣传以及情报，正是在这一大背景下美国政府和军方发起了大规模的心理战争，美国传播学研究在很大程度上就是这一心理战争的产物，这一新兴学科无可避免地受到社会学尤其是社会心理学的影响。包括社会学、社会心理学、人类学、语言学等众多学科领域的专家参与到美国传播学研究之中，其中社会学家尤其是社会心理学家们对传播学学科的发展贡献最大，因为传播学的发展需要社会学家和心理学家们提供心理分析相关的理论基础和研究方法，拉扎斯菲尔德、霍夫兰、卢因、坎垂尔、施拉姆出色地完成了这项使命。当然，贡献于美国传播学发展的社会学家和社会心理学家绝不仅仅限于这四位。

第六章　美国传播学研究与心理学
关系的文献再分析

　　传播学研究的一些重要文献显示，美国传播学发展与社会心理学之间具有十分密切的关系。《公共舆论季刊》发表的大量论文涉及舆论和宣传，这些研究具有明显的社会心理学特点，它们主要服务于美国对内对外心理战争；20世纪上半叶50年间，美国学术界有关传播问题的研究大部分发表在社会学和社会心理学刊物上；过去一个多世纪以来，美国有关大众传播效果研究的主要成果绝大多数明显涉及人类心理内容。在以非强制性为主要特征的民主社会中，社会心理学理论和方法必然会融入传播学研究中，唯有高度尊重个人和个体差异，高度重视受众真实的心理过程，传播学研究才能够获得合法地位。

第一节　《公共舆论季刊》与美国
传播学发展的关系

　　传播学这一术语在20世纪40年代以前很少出现在美国社会科学文献中，与传播学研究相关的议题主要涉及宣传与公众舆论研究、广播研究、印刷研究、读者研究、受众研究、电影研究等，这类研究主要发表在心理学、社会学、政治学、市场学、教育学以及公共舆论等学术刊物中。根据米歇尔·斯波尔（Michel Sprioule）对《心理学摘要》（*Psychological Abstracts*）的检索，整个30年代几乎没有出现冠以"传播学"名称的研究，在冠以"传播"字样的研究中有3/5的论文是论述昆虫或鸟类传播的。对《公共舆论季刊》的检索表明，50年代早期之前，有关媒介与舆论的研究主要与宣传有关。1942年包含传播学字样的研究开始正式出现，1942年到1947年此类文章共计42篇，1948年此类文章达到16篇，1949年为32篇，1950年为48篇，整个50年代此类文章激增至5100篇，而在

60 年代和 70 年代，此类文章又增加了 100 倍。①

　　20 世纪 50 年代前后出版的与传播学研究术语相关的著作主要包括史密斯、拉斯韦尔及凯瑟（Casey）合著的《宣传、传播以及公共舆论》（1946），布莱森的（Bryson）《观念的传播》（1948），施拉姆的《现代社会中的传播》（1948），拉扎斯菲尔德、斯坦顿的《传播研究：1948—1949》（1949），施拉姆的《大众传播学》（1949），贝雷尔森及贾罗维茨的《公共舆论及传播中的读者》，这些著作的出现极大地推动了学术界对传播学这一术语的重视和接受。②

　　美国传播学研究的兴起与二战前后有关宣传公共舆论、劝服以及民意测量这类研究密切相关。有关这方面的研究相当部分发表在《公共舆论季刊》上，这些研究主要服务于美国的心理战争。《公共舆论季刊》（*Pubilic Opinion Quarterly*，PQQ）创刊于 1937 年的普林斯顿大学，创办人为德威特·波尔，他是当时美国国务院负责东欧事务的一位官员。

　　事实上，《公共舆论季刊》的许多编辑都与美国心理战及中央情报局关系密切，其中 1/3 以上的编辑从美国心理战项目中获得资助，这家重要刊物发表的许多论文也与心理战密切相关。1945 年《公共舆论季刊》发表了一篇论文，论述了如何运用民意测验技术获取军事情报，探讨如何运用此项技术针对日本实施有效宣传。1945 年至 1949 年发表了 7 篇针对德国公众以及军队士气的研究；3 篇关于如何使用传单和明信片进行宣传的案例研究；6 篇有关美国军队士气以及培训项目的研究；至少 12 篇有关战时宣传以及心理战的书评；15 篇有关美国和苏联宣传的研究。③。尽管这份刊物小心翼翼地遮掩自己与美国心理战的关系，但是 1946 年秋季号该刊发表的一篇有关美国心理战政策的通讯却将刊物的宗旨暴露无遗。这篇通信声称，问题的关键在于如何最大限度地运用已知的心理学和人类学知识，运用强制性的心理策略，针对目标人群施加有效影响，并声称这就是心理情报与心理战争政策的关系。该通信的作者麦克格雷

　　①　J. Michel Sproule. "Communication：From Concept to Field", Edited By David W. Park&Tefferson Pooley. *The History of Media and Communication Research* Peter Lang Publishing, Inc. , New York, 2008, p164.

　　②　Jess G. Delia. "Communication Reseach：A History", Editors By Charels R. Berger & Steven H. Chaffee. *Hand Book of Communication Science*, SAGE Publications, Inc. , Newburg Park/Beverly Hills/London/New Delhi, 1987, p57.

　　③　Christopher Simpson. *Science of Coercion：Communication Research and Psychological Warfare 1945, 1960*, Oxford University Press, New York, Oxford, 1996, p43.

汉（McGranahan）认为，过去美国的心理战术过多地使用于广告等商业领域，但是今后应该更多地将这一战术运用于对内对外宣传。1948 年春季号该刊发表汉斯·萨比尔（Hans Speier）的文章《心理战争的未来》，主张将美国心理战延伸到战后。

《公共舆论季刊》发表文章的另外一项主题是，劝服读者认可和接受"冷战"期间美国针对敌对国家的一系列政策，论证传播学研究在"冷战"期的角色地位。这一立场主要是通过涉及外交事务的书评体现出来。1946 年至 1947 年该刊发表了 27 篇此类书评，其中 7 篇关于苏联，所有评论文章的作者都出自一人之手，都强调东西方之间的"冷战"是必然的，"冷战"的根源在苏联。

事实上，《公共舆论季刊》编委会的许多人都深深地卷入到了美国心理战之中，其中多名编辑依靠政府资金生存，这些人包括坎垂尔、拉斯韦尔、拉扎斯菲尔德以及利克特等。美国其他一些重要学术期刊，如《美国社会学评论》（ASR）以及《美国社会学期刊》（ATS）也沿袭了《公共舆论季刊》的模式，这些期刊有关大众传播以及公共舆论的研究同样与美国心理战密切相关。

综上所述，战后 10 年间，《公共舆论季刊》以及其他一些美国重要社会科学期刊，在三个重要的方面体现出与美国心理战的关联。其一，战后《公共舆论季刊》发表了大量案例研究、研究报告、宣传和心理战术；其二，《公共舆论季刊》不仅就心理战本身发表学术见解，而且围绕宣传主题进行了大量研究；其三，刊物的许多成员与当时美国政府的秘密宣传和情报运作保持着紧密关系。

第二节　发表在社会心理学学术刊物上的传播学论文数据分析

20 世纪 50 年代以前，有关传播问题的学术论文大多数发表在心理学和社会心理学学术刊物上，这一事实也说明传播学很大程度上是在心理学的理论土壤中生长起来的。由于研究条件的限制，目前还无法准确统计出 50 年代以前这些有关传播问题的学术论文具体发表在那些心理学和社会心理学学术刊物上，到底有多少篇。但是，詹姆斯·安德森（James A. Anderson）以及珍妮特·考尔文（Janet W. Colivn）的统计研究为我们提供了一些与此相关的事实。他们在《媒介研究 1900～1945：主题与内容》一文中，统计分析了 1900 年至 1945 年间发表在西方世界 34 种重要学术刊物上的 225 篇有关传播问题的学术论文，对这些论文的年度主题分布、发表刊物分布以及数量比例等进行了统计分析。[①]

　　表 6 - 1 是对他们选取的 34 种重要学术刊物的一个数据分析，从这项分析中我们可以了解他们选取的 34 种学术刊物中心理学和社会心理学刊物的比重。

表 6 - 1　1900 ~ 1945 年 34 种发表媒介研究论文的重要学术刊物

刊物所属学科	刊物名称	数量总和	占总数（34）比例
心理学和社会心理学	1.《美国心理学期刊》（*American Journal of Psychology*） 2.《心理学档案》（*Archives of Psychology*） 3.《心理学期刊》（*Journal of Psychology*） 4.《心理学学报》（*Psychological Bulletin*） 5.《应用心理学期刊》（*Journal of Applied Psychology*） 6.《普通心理学期刊》（*Journal of General Psychology*） 7.《社会心理学期刊》（*Journal of Social Psychology*） 8.《心理学专题》（*Psychological Monographs*） 9.《个性与人格》（*Character and Personality*） 10.《变态社会心理学期刊》（*Journal of Abnormal and Social Psychology*） 11.《心理学评论》（*Psychological Review*）	11	32.4%
社会学	12.《社会学》（*Sociology*） 13.《学校与社会》（*School and Society*） 14.《社会学研究》（*Studies in Sociology*） 15.《美国社会学评论》（*American Sociological Review*） 16.《应用社会学期刊》（*Journal of Applied Sociology*） 17.《美国社会化社会公报》（*Proceedings of the American Sociological Society*） 18.《政治和社会学学刊》（*Academy of Political and Social Science*）	7	20.6%

　　① Edited by David W. Park and Jefferson Dooley. *The History of Media and Communication Research*：*Contested Memories*，Peter Lang Publishing，Inc.，New York/Washington，D. C.，2008，pp. 321 - 343.

续表

刊物所属学科	刊物名称	数量总和	占总数（34）比例
新闻学与传播学	19.《新闻学季刊》（*Journalism Quarterly*） 20.《公共舆论季刊》（*Public Opinion Quarterly*） 21.《演讲学季刊》（*Quarterly Journal of Speech*） 22.《记者公报》（*Journalist Bulletin*）	4	11.8%
教育学	23.《中学教育加利福尼亚学刊》（*California Journal of Elmentary Education*） 24.《教育研究公报》（*Educational Research Bulletin*） 25.《神学教学法》（*Pedagogical Seminary*） 26.《教育学评论》（*Educational Review*） 27.《学校评论》（*School Review*）	5	14.7%
其他（语言、法学、伦理学、医学、自然科学）	28.《学术交流》（*Clearing House*） 29.《英语学刊》（*English Journal*） 30.《美国刑法与犯罪学学院学刊》（*Journal of American Institute of Criminal Law and Criminology*） 31.《国际伦理学期刊》（*International Journal of Ethics*） 32.《科学月刊》（*Scientific Monthly*） 33.《美国年鉴》（*Annals of the America*） 34.《儿科期刊》（*Journal of Pediatrics*）	7	20.5%

　　由上表可知，在安德森以及考尔文选取的 34 种重要学术刊物样本中，心理学以及社会心理学刊物共 11 种，占全部样本的 32.4%；社会学刊物 7 种，占全部样本的 20.6%；而新闻学和传播学刊物仅 4 种，占全部样本的 11.8%。尽管这样的样本选择带有作者一定的主观性，但是，考虑到这是一项涉及 45 年时间跨度的大规模媒介研究论文发表数据分析，作者对刊物样本的合理性已经做过比较充分的评估，因此，他们的取舍在一定程度上可以说明问题。

　　1900～1945 年间正是美国传播学孕育和成熟的关键时期，从上述刊物样本选取可以看出，作者明显将心理学、社会心理学以及社会学刊物作为传播学论文发表的最重要刊物（三者之和高达 53%），由此可以推论，45 年间有关媒介和传播研究的学术论文主要发表在这些刊物中，心理学和社会心理学与传播学发展的密切程度可见一斑。

第三节　"传播效果研究里程碑"中的社会心理学家以及社会心理学观点

洛厄里（Shearon A. Lowery）和德弗勒（Melvin L. DeFleur）合著的《大众传播效果研究的里程碑》概括了过去一个多世纪以来美国有关大众传播效果研究的主要成果，共计 14 项，除了两项研究没有明显涉及人类心理内容外，其他研究都与人类心理内容非常密切，并且在研究时引入了大量社会学和心理学理论以及研究方法。它们分别是：

1. 1928 年至 1933 年有关电影对儿童影响的佩恩基金研究；

2. 1937 年由哥伦比亚大学广播研究室赫塔·赫佐格主持的有关日间广播连续剧听众的"使用与满足"研究；

3. 1938 年由普林斯顿大学广播研究室的坎垂尔等人主持的"火星人入侵"研究；

4. 1940 年由拉扎斯菲尔德领导的有关美国总统大选的民意调查的伊利县调查；

5. 1942 年由安德森、费南以及霍夫兰等社会心理学家参与的"电影效果评估"研究；

6. 1946 年至 1961 年由霍夫兰主持的耶鲁大学"态度劝服"研究；

7. 1944 年至 1945 年由卡茨和拉扎斯菲尔德等人主持的"两级传播"研究（研究报告 10 年后以《个人的影响：大众传播流中人民的作用》为书名发表）；

8. 1958 年至 1960 年由施拉姆领导的电视对儿童影响的效果研究；

9. 1968 年由麦库姆斯以及唐纳德·肖进行的议程设置研究；

10. 20 世纪 60 年代后期实施的有关媒介与暴力关系的"媒体特派小组报告"，具体成果收录到罗伯特·贝克和桑德拉·波尔主编的《暴力与媒体》一书中；

11. 1971 年由美国国会资助的有关电视与社会行为之间关系的《卫生局长报告》；

12. 1982 年有关电视与社会行为关系的另外一项大规模研究《电视与行为：10 年的科学发展和对 80 年代的启示》。

表 6 - 2 是关于这 12 项研究与心理学关系的一个分析简表。

表6-2　大众传播效果研究里程碑与社会心理学内在关系分析简表

项目名称以及基金来源	项目主要参与者学科背景	项目主要研究内容及性质	与社会心理学的关系
1. 佩恩基金研究，1928 年至 1933 年，佩恩基金会支持	肖特，1897 年毕业于耶鲁神学院；查特斯，芝加哥大学教育系教授；布鲁默，1922 年芝加哥大学博士博士毕业，符号互动论重要理论家；瑟斯顿，1917 年获芝加哥大学博士学位，1923～1953 年任该校心理学教授	涉及电影对儿童的态度、情感、道德、健康及行动的影响等，在本质上是一项与电影传播相关的社会心理调查活动	参与者大多是社会学家或社会心理学家，开始广泛采用包括控制实验、实地调查、个人采访等在内的社会学研究方法；研究者无意去建构一套传播学理论框架，但是这项研究客观上成为美国媒介效果研究的源头
2. 有关日间广播连续剧的"使用与满足"研究，1937 年，洛克菲勒基金会资助	赫塔·赫佐格，拉扎斯菲尔德的学生以及第二任妻子	广播连续剧受众的人口统计学数据包括个人兴趣、人格特点、价值观等；受众的使用动机调查与分析，受众使用媒介效果分析等	这是美国历史上有关媒介使用与满足的第一次正规研究，这项研究的社会心理学视角非常明显，听众的心理因素受到了高度重视
3. "火星人入侵"研究，1938 年普通教育董事会资助；实施单位：普林斯顿大学广播研究室（该研究室由哥伦比亚大学迁入）	坎垂尔，1931 年获哈佛大学社会心理学博士学位，普林斯顿大学心理学教授，主要著作《评估公众舆论》《广播心理学》《社会运动的心理学》等；赫塔·赫佐格（同2）	该剧引发恐慌的社会情境与社会心理条件，具体包括该剧的听众数量调查、听众受到惊吓的心理分析、节目内容对听众的影响	研究者借这次"火星人入侵"事件去研究"恐慌心理"，并在研究中提出了个体差异、恐惧遗传这类具有心理学价值的概念；战后几十年中坎垂尔继续从事舆论、宣传和情报研究，是美国情报心理战的重要参与者

续表

项目名称以及 基金来源	项目主要参与者 学科背景	项目主要研究 内容及性质	与社会心理学的 关系
4. 伊利县调查，1940 年，洛克菲勒基金会、哥伦比亚大学广播研究室、《生活》杂志等资助	拉扎斯菲尔德，1925 年获维也纳大学应用数学博士学位，哥伦比亚大学应用社会研究局的创始人；贝雷尔森，1941 年在芝加哥大学获图书情报学博士学位，其导师 Douglas Waples 是二战期间芝加哥大学战争心理研究组主任	伊利县调查从本质上说是有关政治选举中人们投票行为的一项社会学调查，这项调查充分考虑了大众传播对投票行为的影响；研究的初步结果体现在拉扎斯菲尔德等人撰写的《人民的选择》一书中	这项研究发现在大众传播信息传递以及态度影响过程中存在显著的"二级传播"以及"意见领袖"现象，早期芝加哥学派重点研究的初级群体以及人际互动心理现象在大众传播时代被再次发现并证实，这一发现具有重要的社会心理学意义
5. "电影效果评估"研究，1942 年	霍夫兰等社会心理学家。霍夫兰，1936 年在耶鲁大学获得博士学位，试验心理学家	以特别制作的 7 集影片《我们为何而战》为信源，研究影片是否能够影响士兵的态度改变，研究结果显示，影片在不同方面具有不同程度的影响效果，但是整体来说，效果不是很显著	态度改变一直是心理学研究的重要议题，霍夫兰领导的"电影效果评估"研究是战争时期有关态度改变的一项心理学应用研究，本质上属于学习和认知心理学研究
6. 耶鲁大学"态度劝服"研究，1946 年至 1961 年	霍夫兰等社会心理学家	主要通过实验室控制手段，研究不同信息对不同被试所产生的态度和行为改变影响，通过研究发现传播者特性、讯息的内容和结构、受众的个性特点等，都是态度改变的重要因素	是"电影效果评估"研究在战后的延续和细化，本质上是一项基于"刺激—反应"模式的态度改变研究，这项研究进一步推动了心理学中的学习理论和认知理论的发展

续表

项目名称以及 基金来源	项目主要参与者 学科背景	项目主要研究 内容及性质	与社会心理学的 关系
7. 个人影响以及"两级传播"研究，1944 年至 1945 年	卡茨、拉扎斯菲尔德	1945 年伊利县调查的最终分析和研究报告，重点研究二级传播中意见领袖对周围人群的影响，这些观点反映在卡茨和拉扎斯菲尔德 1955 年出版的《个人的影响：大众传播流中人民的作用》一书中	性质同 4
8. 电视对儿童影响的效果研究，1958 年至 1960 年，旧金山学校系统以及全国教育电视与广播中心提供研究资助	施拉姆等人，施拉姆 1932 年获衣阿华大学英国文学博士学位，1932～1934 年在衣阿华大学跟随著名心理学教授西肖尔从事实验心理学博士后研究，是传播学奠基之一	对美国和北美 10 个不同社区进行了 11 项调查研究，调查主题涉及电视节目内容，电视的功能，儿童对电视的态度，儿童的电视节目收视趣味，电视对儿童产生的影响等，主要内容收录到《儿童生活中的电视》一书中	本质上是一项有关儿童电视使用与满足的电视效果研究，这项研究充分考虑了儿童使用电视的心理因素，如智力因素、娱乐心理、幻想满足等，同时研究了电视所产生的生理、认知、情感以及行为等心理效果
9. 议程设置研究，1968 年，国家广播协会和北卡罗来纳大学资助	麦库姆斯、唐纳德·肖	1968 年麦库姆斯和唐纳德·肖等人就当时的总统竞选发起了一项针对媒体竞选报道内容与选民对候选人看法关系的调查，调查证实，媒介对于不同的	是一项关于媒介长期效果的实证研究，这一研究试图从媒介方面找到大众传播效果的源头，但是也没有忽视作为效果主体的受众，其逻辑源头可以追溯

续表

项目名称以及 基金来源	项目主要参与者 学科背景	项目主要研究 内容及性质	与社会心理学的 关系
		竞选议题给予了不同的强调，选民往往也就把媒体所强调的议题当作真实的重要议题，这一研究证实了议程设置的存在；此后，麦库姆斯和唐纳德·肖等人又对1972年的美国总统选举进行了类似调查，再次证明了这一结果，研究结果《美国政治一体的出现：新闻的议程设置功能》于1977年出版	到李普曼对外部世界与人们头脑中的图像问题的思考；语言和传播建构了一个有别于真实世界的拟态环境，人们依靠这样一个拟态环境去获得意义，理解世界并完成社会化过程，议程设置理论正是在这一点上与社会学社会心理学发生了密切的联系
10. 媒介与暴力关系的"媒体特派小组报告"，20世纪60年代后期	由"暴力原因与防范国家委员会"组织实施；研究者包括格伯纳等人	这是一项有关媒体与暴力关系的大规模调查活动，七个特派小组和五个调查组共提交了15卷本的报告，其中由罗伯特贝·克和桑德拉·波尔主编的《暴力与媒体》一书对电视内容进行了广泛和深入的分析，比较了电视虚构的暴力世界与现实暴力世界的关系，研究了电视暴力对受众的短期和长期影响	这项研究与社会心理学相关的内容同样包括：电视如何建构现实，人们如何通过媒介拟态环境来理解现实，完成社会化过程；研究的理论基础主要是社会学习理论和社会认知理论，这项有关媒介暴力的研究同时也深化了社会心理学理论

续表

项目名称以及基金来源	项目主要参与者学科背景	项目主要研究内容及性质	与社会心理学的关系
11.《卫生局长报告》，1971 年，国家心理健康研究所负责组织实施，由美国国会资助	主要成员包括美国心理学学会、美国社会学会、美国精神病学会和 CBS、NBC 等知名电视媒体中的知名专家，12 名电视问题顾问委员会中就有 4 名心理学家、3 名社会学家、2 名精神病学家	电视与社会行为之间的关系研究，从 1969 年 8 月到 1970 年 4 月提出了 40 项研究项目，其中 23 项得以立项，这些项目包括：媒体内容与控制、电视与社会学习、电视与青少年攻击行为以及电视效果等；调查结果结集为五卷本《卫生局长报告》出版	通过对电视效果的研究提出了新的学习理论，其中，班杜拉等人就电视与青少年攻击行为之间的关系进行了大量心理学研究
12. 1982 年《电视与行为：10 年的科学发展和对 80 年代的启示》，由国家心理健康研究所负责组织实施	相关文献分析由国家心理健康研究所负责组织实施，顾问成员包括媒介专家、行为科学家、儿童发展研究专家以及心理健康专家，共计 7 人	有关电视与社会行为关系的大规模研究，针对 1971 年《卫生局长报告》之后至 20 世纪 70 年代末美国学术界关于电视影响的主要研究成果进行了文献分析，该成果于 1982 年出版；主要内容涉及暴力与攻击行为、亲社会学行为、电视收看的认知和情感、电视与健康、社会信念与社会行为等七个方面	在解释暴力电视节目影响时提出了观察学习理论、态度转变理论、生理唤起理论以及合理化过程理论；在电视认知影响方面，提出了注意惰性编码影响等心理学解释；在研究社会信念与社会行为时，提出了社会期待理论；这些理论都体现了传播学与心理学的融合创新发展关系

上述简表比较明显地呈现出美国传播学研究发展与社会心理学的关系，这12项研究体现出一些显著特点。

其一，参与到研究中的人许多具有社会学和社会心理学学术背景。

传播学在美国发轫的时候，也正是社会学和社会心理学在美国起步发展的时期，后者比前者领先大约二三十年。20世纪初，美国学术界已经出现一大批知名的社会学家和社会心理学家，30年代前后又有一批出类拔萃的社会学者从欧洲来到美国，其间，美国大学又培养了众多社会学和社会心理学博士。在这12项传播学研究里程碑中，起主导作用的明显是社会学家和社会心理学家。当然，大约在50年代当传播学建立起来后，其中一些社会心理学家和社会学家也转移到传播学研究领域中。

其二，项目的研究性质大多数是与传播问题相关的社会心理学问题。

推动传播学发展的根本动力是社会现实，从表6－2可以看出，12项传播学研究里程碑中，与传播相关的社会问题主要包括电影影响、广播影响、政治选举中的传播影响，以及电视影响等，这些问题被后来的传播学者概括为传播效果问题。但是，当时的研究者更多地是把它们当作社会心理问题去研究。从某种角度说，传播学就是在社会学家和社会心理学家对与传播相关的社会心理问题研究的过程中被发现和建立起来的，或者说传播学和社会心理学本来就是一种共生关系，它们在融合中不断自我创新，并发展出各自的理论和方法。

其三，大量采用实证研究方法，包括心理实验方法。

社会学和社会心理学在美国起步比传播学稍微早一些，20世纪二三十年代社会学和社会心理学研究方法已经比较成熟，这些以实证研究为主要特点的研究方法运用于实际问题中往往被证明是行之有效的，它们本身也是美国社会实用主义的产物，可以满足社会各界在量化、效率和利润等方面的要求。当美国社会遭遇到大量与传播相关的实际问题时，这类方法自然也被社会学家和社会心理学家运用到实际问题的研究之中。

第七章　社会学芝加哥学派开启的传播学研究传统

探讨美国传播发展的源头无法回避芝加哥学派，否定芝加哥学派对美国传播学发展贡献和影响是不符合历史现实的，因为芝加哥学派是美国历史上第一个真正意义上完整的社会科学学派，也是第一个在美国全国产生影响的大型学术派别，在这个学派中产生了杜威、米德、库利、托马斯、帕克这样的一大批学术大师，即使在今天，这些人物在美国社会学界的影响力仍然无所不在。当然，无限夸大芝加哥学派对美国传播学发展的影响也是不符合实际的。事实上，与杜威、库利、米德、托马斯、帕克等人同时代的哲学家、社会学家和心理学家还有很多，如实用主义哲学的创始人皮尔斯、詹姆斯等，还有吉丁斯、罗斯、沃德等，他们对美国社会科学发展，包括传播学发展的影响同样不可忽视。

传播学是一门借助于众多学科参与而发展起来的一门新兴学科，在短短百年的发展历史上，传播学的发展也经历许多阶段，但是，芝加哥学派对传播学初期发展无疑产生了重大影响。

第一节　社会学芝加哥学派的发展历史和学术成就

社会学芝加哥学派的诞生是 20 世纪初以来几十年间美国社会科学研究发展中的一件大事，这一学派大致经历了早期孕育、全盛时期以及衰败时期等几个重要发展阶段。在早期孕育阶段杜威、米德、库利等人为芝加哥社会学的发展提供了哲学思想，并开创了一些社会学基础理论研究领域，斯莫尔等人在介绍欧洲社会学理论等方面贡献甚多，托马斯等人则通过对波兰移民等问题的研究开启了社会学研究美国化以及应用化的时代，使美国社会学研究脱离了欧洲社会学研究的学院式抽象思辨传统。在芝加哥社会学发展的全盛时期，帕克、伯吉斯等人介入都市生态结构以及都市行为研究，进一步强化了美国社会学研究的本土化和应用化特征，并丰富了社会学研究的实证研究方法。芝加哥社会学的发展从根本上来说是对美国 20 世纪初以来社会变化与发展的一种反应，20 世纪三四十年代以后，诸如都市问题、移民问题、种族文化问题开始淡化并淡出，美国社会学研究的关注点也发生转移，社会学芝加哥学派也随之而衰落。

社会学芝加哥学派不但对美国社会科学产生了深刻影响，同时也催生了美国传播学这样一个新兴研究领域，社会学芝加哥学派的一些重要成员还直接参与了美国新闻传播学的研究之中。

一、芝加哥大学的创办

芝加哥大学创办于 1890 年，1892 年招收首届学生，这是一所由当时的工业巨头洛克菲勒捐资创办的大学，从 1890 年到 1910 年洛氏共为芝加哥大学捐赠了 3500 万美元。作为标准石油公司的所有者，洛克菲勒热衷于扶持教育，当时耶鲁大学希腊语和希伯来语教授哈珀建议他捐资创办一所大学，洛氏接受了这一建议，他委派哈珀筹建芝加哥大学并任命哈珀出任首届校长。

哈珀（William Rainey Harper, 1856 ~ 1906）是一位精力充沛、富有朝气和远见的学者，大学创办伊始他便以全新的理念和举措经营和管理这所大学。哈珀十分看重大学的研究性质，当时的芝加哥大学规定，资深教授只为研究生院学生授课，研究生教育的主要目标"不是让学生储存已知领域中的知识，而是培训学生探索发现的能力"[1]。学校鼓励教员从事科研发展成果，在学校招收首届学员之前，哈珀就建起了芝加哥大学出版社，为教师发表成果创造条件。哈珀另外一项重要举措是以重金招募一流学者，并给予丰厚福利，这些一流学者包括拉丁语教授黑尔（William G. Hale, 来自康奈尔大学），经济学教授劳克林（J. Lawrence Laughlin, 来自康奈尔大学），地理学教授钱伯林（Thomas C. Chamberlin, 威斯康星大学校长），历史学教授霍尔斯特（Hermann von Holst, 来自 University of Freibury），社会学教授斯莫尔（Albion Small, Colby College 校长）。此外，克拉克大学的 15 名一流学者也加盟到芝加哥大学，密歇根

---

① 　Ribert E. Park. "The City: Suggestions for the Investigation of Human Behavior in the Urban Environment", *American Journal of Sociology* 20(1915):577. 转引自 Martin Bulmer. *The Chicago School of Sociology*, The University of Chicago Press, Chicago and London, 1984, p15。

大学的杜威教授也于 1894 年来到芝加哥大学。1892 年首批来到芝大的 77
名教授和讲师中，14 人拥有德国博士学位，其中 5 人来自莱比锡大学；
21 人拥有美国博士学位，其中 9 人来自耶鲁大学。芝加哥大学付给教师
的薪酬是当时美国最知名大学的两倍。①

哈珀还创造性地改变了传统的学期设置，一般大学传统上将一学年
划分为两学期，但是哈珀将一学年划分为四个学期，以避免教学设施在
漫长的夏季闲置和浪费，同时也便于学生培养。在四个学期中，仅要求
教授授课三个学期，如果教授选择授课四个学期，可以额外获得一学期
的报酬；教授也可以选择授课三个学期不领取报酬，但可以获得全年的
带薪休假，这样的改革为学生和教师创造了更灵活的发展机会。②

芝加哥大学在创办之初就定下宏愿，要把这所学校建成美国规模最
大、质量最好的大学，经过短短二三十年的努力，这一目标可以说已经
实现，重要标志之一就是 20 世纪前后已经在美国和世界范围内初步形了
所谓的芝加哥学派。所谓芝加哥学派是芝加哥大学建校几十年所形成的
众多成就卓著、影响深远的不同学术派别的总称，这些学术派别包括哲
学芝加哥学派、政治学芝加哥学派、经济学芝加哥学派、建筑学芝加哥
学派，当然也包括社会学芝加哥学派。

芝加哥学派这一称谓最早由美国大名鼎鼎的实用主义哲学家威廉·
詹姆斯提出，他在 1903 年 10 月 29 日的一封信件中谈道："芝加哥大学
（哲学系）在杜威领导下经过 10 年孕育，在过去 6 个月可谓修成正果。
这些成果光彩夺目——这是一个真正的学派，真正重要的思想。在哈佛
大学，我们有思想，但是没有学派；在耶鲁大学有学派，但是没有思想。
而在芝加哥大学二者兼备。"随后他在一篇关于杜威的《逻辑理论研究》
的评论文章中公开发表评论称："杜威教授以及他至少十几位追随者集体
向世人展示了异彩纷呈，又神归一宗的学术思想，尽管这些学说思想仍
然有待改进，但它堪称一种全新的哲学体系。"③ 他把这全新的哲学体系
称为芝加哥学派。当然詹姆斯的这一说法与后来人们所说的芝加哥学派
意义有所不同，后人所说的芝加哥学派是对肇始于芝加哥大学，具有共

①　Martin Bulmer. *The Chicago School of Sociology*：*Institutionalization*，*Diversity*，*and the Rise of Sociological Research*，The University of Chicago Press，Chicago and London，1984，p21.

②　Robert E. L. Faris. *Chicago Sociology*：*1920 – 1932*，Chandler Publishing Company，San Francisco，1967，p24.

③　参见 Darnel Rucker. *The Chicago Pragmatists*，University of Minnesota Press，Minneapolis，1969，pp. 3 – 4。

同学术特色的不同学术派别的总称，它们至少包括哲学芝加哥学派、政治学芝加哥学派、社会学芝加哥学派以及经济学芝加哥学派和建筑学芝加哥学派等。当然在所有这些不同学派中，哲学芝加哥学派在一定程度上确实起到了统领的作用。

社会学芝加哥学派从出现到崛起其实也经历了一个过程。一般认为，从 1892 年芝加哥大学社会学系创办到 1915 年为社会学芝加哥学派早期发展阶段；1915 年至 1935 年为社会学芝加哥学派的全盛时期；1935 年之后社会学芝加哥学派进入衰败时期。其实，对于是否在一个清晰可见而又统一化整的芝加哥社会学派在美国学术界一直存在争议，贾罗维茨（Janowitz）争辩说："事实上，即使是在芝加哥的鼎盛时期，所谓芝加哥（社会）学派的理论观点和学术旨趣其实也是非常不同的。"[1] 刘易斯（J. David Lewis）和史密斯（Richerd L. Smith）也认为："社会学教材所言及的传统包括杜威、米德、托马斯、布鲁默、法里斯以及其他人，但是很少有人注意到这些人的理论学说的明显差异，结果对芝加哥思想的一种过于简单的描述便呈现在人们眼前。"[2]

二、草创时期的芝加哥大学社会学系

芝加哥社会学系创办于 1892 年，首任系主任为斯莫尔。斯莫尔出生于缅因州的布克菲尔德（Buckfield, Maine），早年在科尔比学院（Colby College）主修神学，1876 年研究生毕业，其后 3 年他在柏林和莱比锡主修历史学，1879 年他从德国返回美国，进入著名的约翰·霍普金斯大学深造并于 1889 年获得博士学位。1889 年至 1892 年斯莫尔任科尔比学院教授并出任校长，此间他对社会学产生兴趣，出版《社会学导论》（*An Introduction to the Science of Sociology*）。1890 年芝加哥大学校长哈珀会见斯莫尔，希望他加盟到新创办的芝加哥大学，斯莫尔建议哈珀组建社会学系，这一建议得到采纳。斯莫尔于 1892 年成为新创办的社会学系教授并出任系主任，直到 1925 年他从这个职位上退休。他的主要著作包括《普通社会学》（*General Sociology*, 1905）和《社会学的起源》（*Origins of Sociology*, 1924）。

---

① Edited by Morris Janowitz. *W. I. Thomas on Social Orgnaization and Social Personality*, The University Chicago Press, Chicago and London, 1966, pVII.

② J. David Lewis and Richerd L. Smith. *American Sociology and Pragmatism*, The University of Chicago Press, Chicago and London, 1980, p154.

斯莫尔在学术上的贡献主要在于让美国社会学界开始关注德国的社会学成就，他同时也是《美国社会学杂志》（*American Journal of Sociology*）的创办者（1895 年创办），他在学术的独创性方面成就有限，法里斯（Ellsworth Faris，1874～1953）在《芝加哥社会学》一书中评价说："除了自己的学生外，很少有社会学家认为斯莫尔的学说是有用的，当他退休后，他的作品仅仅被少数对社会学发展感兴趣的人所阅读。"① 但是法里斯也承认斯莫尔对社会学系的建设贡献很大，应当受到人们的尊重。

事实上，芝加哥大学社会学系的创立使美国社会学向前迈出了关键的一步。社会学作为一门学科诞生于 19 世纪的欧洲，尽管在此之前许多学者在道德哲学的名义下撰写了许多有关社会问题的论著，但是直到孔德创造出社会学这一术语，这门学科的地位才最终得以确立。在 19 世纪的欧洲学术界，斯宾塞、塔尔德、涂尔干、齐美尔等人对社会学的发展作出了重要贡献，而美国学者直到 19 世纪的最后几年才开始涉足社会学，主要学者包括沃德、萨姆纳、吉丁斯以及罗斯等。这些学者充满个性和自信，雄心勃勃，试图在社会学领域取得领先地位。

然而，摆在美国社会学建设面前的任务是艰巨的，其中之一就是社会学发展的体制化，芝加哥大学社会学系的创办大大刺激了美国其他大学社会学发展的步伐，在芝加哥大学社会学系建成后的一两年内，哥伦比亚大学、堪萨斯大学和密歇根大学都先后创办了社会学系。不久耶鲁大学、布朗大学也先后开办了社会学系。十几年后，哈佛大学、普林斯顿大学、约翰·霍普金斯大学以及加利福尼亚大学也先后开办了社会学系。②

一般来说，学派形成的标志主要包括在某一学术领域出现了若干领军的学术领袖，有一批志趣相投的学术追随者，有相对固定的研究机构和平台，有比较充沛的学术研究经费来源，能够就某些共同的领域开展有效研究并取得相当的学术成就，此外，研究者采用比较相似的研究方法并有着类似的表达风格。对照这些标准，很难说早期芝加哥社会学派是一个成熟的学术流派。但是，芝加哥大学建校之初确实出现了一批为美国社会学建设添砖铺瓦、影响卓著的人物，这些人物不仅仅来自社会

① Robert E. L. Faris. *Chicago Sociology*：*1920 - 1932*，Chandler Publishing Company，San Francisco，1967，p12.

② Robert E. L. Faris. *Chicago Sociology*：*1920 - 1932*，Chandler Publishing Company，San Francisco，1967，p11.

系，同时也来自政治系，尤其是哲学系。他们是哲学系的杜威和米德，社会学系的斯莫尔、托马斯、文森特（George E. Vincent）和亨德森（Charlies Henderson）。杜威和米德虽然不属于社会学系，但是杜威的实用主义哲学，米德的符号互动理论以及心理学理论对美国早期社会学的影响极其深远，他们不仅是芝加哥哲学学派的领军人物，同时也是芝加哥社会学的重要创始人。另一位被视为早期芝加哥社会学派的先驱人物的是库利，库利终身执教于密歇根大学，但因其学术思想与杜威、米德等人的相互承继、相互影响，也因为库利与杜威、米德曾经互为师生，共同执教于密歇根大学，学术界将库利也归入到早期芝加哥社会学派。

当然早期芝加哥社会学派的主要力量在社会学系。芝加哥大学校长哈珀一向认为要创建一所全新的一流大学，教授有责任和义务探索和发现新知识并在课堂中传授。事实上，在新创立的社会学系每一个教授都责无旁贷。法里斯如此描述当时社会学系创基者所面临的紧迫局势，他说："当1892年芝加哥大学社会学系成立的时候，沃德、萨姆纳、斯宾塞以及吉丁斯的声音主导着美国社会学界，涂尔干代表着国外社会学界的声音，芝加哥大学没有其他任何部门提供社会学方面的培训。因此，未来将要创造什么样的社会学，未来的使命究竟如何，一切都不甚明了。"[1] 社会学系系徽的图案设计成一只绝美的凤凰从烈火中飞腾而出，寓意着让科学辉耀人生，徽碑下方篆刻如诗的格言：探索和发展。

在芝加哥社会学派的诸位建基者中，如果说斯莫尔的主要学术贡献是把德国社会学思想介绍到了美国的话，那么，文森特、亨德森以及托马斯等人则在各自领域对社会学发展做出了独特贡献，其中托马斯的贡献尤大。

托马斯出生于弗吉尼亚州拉塞尔乡（Russell County）的一个农庄，1884年毕业于田纳西大学（University of Tennessee），主修文学和古典，1886年成为该校第一位博士毕业生并留校讲授自然史和希腊文学。1888年至1889年他在德国柏林和莱比锡继续求学，专攻心理学和民族学，这段研究经历极大改变了他的思想方向。1889年他返回美国并在奥伯林学院（Oberlin College）讲授英语，期间通过阅读斯宾塞的作品对社会学产生兴趣。1893年在他30岁的时候，他前往芝加哥大学注册成为该校的研究生，并于1896年获得他的第二个博士学位。1895年起他成为芝加哥大

---

① Robert E. L. Faris. *Chicago Sociology：1920－1932*，Chandler Publishing Company，San Francisco，1967，p8.

学社会学与人类学系讲师，1910 年成为全职教授，1918 年因涉及一桩丑闻，托马斯被迫离开了芝加哥大学前往纽约继续从事美国化研究工作①。1923 年起他开始在"新社会研究学院"（New School for Social Research）担任教职，也间断在哥伦比亚大学和哈佛大学授课。1927 年，托马斯当选为美国社会学学会（American Sociological Society）主席，1942 年在伯克利（Berkeley，Califorria）退休。

托马斯是早期芝加哥学派主要成员中研究成果最多、学术思想最丰富的学者。法里斯在《芝加哥学派》一书中这样评价托马斯："他是一个充满力量、精力充沛、富有创新精神，而且成果丰富的人，因为他不受陈规限制，追求完美。他能够超越任何学术禁锢，他对美国社会学的贡献比他在早期芝加哥大学的任何同僚都要大。"② 他的主要作品包括：《社会起源导论》（Souce Book for Social Origins，1909），与兹纳涅茨基（Florian Witdd Znaniecki，1882～1958）合著的《欧洲和美国的波兰农民》（1818～1920）、《野性女孩》（Unadjusted Girl，1923）以及《原始行为》（Primitive Beharior，1937）等。托马斯在其作品中创造性地提出了社会失序（Social disorganization）、情境定义（definition of the situation）以及生活秩序（life-organization）等理论和概念，他的"四项基本欲望"理论在 20 世纪 20 年代也颇为流行③。

托马斯对于社会学的贡献首先在于他较早摆脱了传统社会学在个人与社会发展解释上的生物学观点，而代之以历史分析和现实分析的观点。刘易斯和史密斯在《美国社会学和实用主义》一书中如此评论道："尽管托马斯因为他的作品而被人们铭记，但是人们忘记了他是以一个纯粹的生物社会学家开始他的职业生涯的。"④ 欧洲社会学深受达尔文生物进化

---

①　关于托马斯被芝加哥大学开除的原因，由一事件引发。1918 年 4 月，托马斯携 Mrs. Granger 以假身份在旅馆开房，此举涉嫌违反 Mann Act，托马斯因此遭警方逮捕。因为案件中的另一当事人 Mrs. Granger 是现役军人的妻子，加之托马斯的妻子是亨利·福特和平运动（Henry Ford' Peace Movement）的活跃分子，此事被媒体大加渲染，尽管法庭最终没有追究托马斯，但校方却做出决定，将托马斯开除，据说当时系主任斯莫尔听到这一消息，不禁声泪俱下，但一切已经不可挽回。

②　Robert E. L. Faris. *Chicago Sociology: 1920 - 1932*, Chandler Publishing Company, San Francisco, 1967, p13.

③　所谓四项基本欲望，是指认知、反应、新经验以及安全（recognition，response，new expenience，and security），托马斯用这四个基本要素解释人类动机，在一定程度上表明他已经开始摆脱过去的生物学观点，而开始注重人类行为的社会根源。

④　J. David Lewis and Richerd L. Smith. *American Sociology and Pragmatism*, The University of Chicago Press, Chicago and London, 1980, p159.

论思想的影响，以生物学观点解释个人与社会发展已经成为欧洲社会学学术传统，其中，斯宾塞的社会有机体学说是典型代表。托马斯早年求学于德国，沉迷于斯宾塞，一段时间中他也深受欧洲这一社会学传统的影响。例如，在早期的一些作品中，托马斯认为男人天生就是一种偏爱流浪、攻击和狩猎的动物；他认为冲动衰退是一种病态，而农业和定居这类生活方式会使人类器官退化；他认为男人在形态上的发展比女人更重要，异族通婚源于男性寻求更多陌生妇女的愿望；他认为人类对食物和性的追求是人类生存中最主要的驱动力，他将社会看作是一种纯粹的生物环境。上述观点体现在他的博士论文《论性代谢的差异》（On a Difference of the Metabolism of the Sexes）中，他的博士论文首页就写明："一个日益明显的事实是，一切社会事实都源于生理现象。"但是当他1907 年出版《性与社会：性别的社会心理研究》（Sex and Society：Studies in the Social Psychology of Sex）时，他的观点却开始出现了变化，他在解释人类行为方面开始摆脱生物决定论的影响。此后，托马斯提出了态度价值以及情境定义等重要概念，既反对生物决定论，也反对心理还原主义，而是强调人与社会环境的互相作用和相互影响。

托马斯对社会学的贡献还体现在开创了社会学研究的文化人类学传统。文化人类学发源于欧洲，这是一门从人的角度出发研究文化的科学，至 19 世纪末期文化人类学已经相当成熟，大师级的学术人物和学术著作均已出现，如英国弗雷泽的《金枝》、泰勒的《原始文化》等。事实上，芝加哥大学社会学系的全称为"社会学与文化人类学系"，直到 1929 年文化人类学才成为该校一个单独的部门。托马斯研究的课题主要集中在性别种族、社会人格以及文化差异、文化同化等方面，例如，他在 1909 年出版的重要著作《社会起源导论》中对种族智力存在差异的观点提出了尖锐批评，这一立场和观点与哥伦比亚大学教授、著名人类学家博厄斯（Fanz Boas）的观点十分接近。在其 1937 年出版的《原始行为》一书中，他以收集到的谚语等材料研究各种族不同的智力天赋，揭示古代民族的思维方式。托马斯的研究领域显然与芝加哥社会学系其他早期同人的研究领域不太相同，例如亨德森的研究领域主要集中在慈善机构、劳工问题以及社会保险等方面，与其他同人相比，托马斯的研究对象和研究题材与欧洲文化人类学研究更为接近。

事实上，正是托马斯开启了社会学芝加哥学派文化人类学研究的传统，在 20 世纪前后几十年间，在托马斯的影响下芝加哥大学社会学系的一批学者纷纷走上了社会学、文化人类学研究方向，在这一领域作出了卓越贡献，这些人物包括斯塔尔（Frederick Starr）、法里斯、林顿（Ralph Linton）以及萨比尔和科尔（Fay Cooper Cole，1929 年成为分离出去的文化人类学系首届主任）等。

托马斯对社会学最为重要的贡献恐怕在于他通过自己的努力，将经验主义理论和方法应用于社会学研究，开启了芝加哥社会学派实用主义和经验主义的研究方向。詹姆斯和杜威的实用主义哲学影响了整个芝加哥学派的发展，为芝加哥学派提供了哲学基础和研究方法，但是真正将这一思想和方法应用于具体的社会学研究，并取得最初一批研究成果的却是托马斯，他在这方面划时代的巨作是《欧洲和美国的波兰农民》，这一巨作由托马斯与波兰学者兹纳涅茨基合作完成，于 1918～1920 年出版，共 5 册，2232 页。马丁·布鲁默认为这套书的出版标志着社会学从抽象理论和学院式研究的传统转移到更切合实际的经验研究方向①。

托马斯早期一些作品抽象思辨色彩比较浓厚，但是从《社会起源导论》起，他的作品中经验材料明显增多。《欧洲和美国的波兰农民》则被视为经验描述与理论概括的典范之作，这部著作的研究对象是当时身处欧洲和美国的波兰农民（主要是当时美国的波兰移民）。他利用捐赠人提供的 5 万美元研究经费，在 1809 年至 1913 年间走遍欧洲许多国家，进行走访调查。1913 年在最后一次访问华沙时，他认识了当时供职于波兰移民保护局的兹纳涅茨基博士，后者很快成为他的得力助手以及合作者。在国内外旅行中，托马斯广泛收集来自波兰农民群体的书信、有关新闻报道数据、庭审记录、祷文、小册子等材料，以作为自己研究的第一手资料，托马斯将这些材料称为"偶然材料"。这些材料的大部分来自美国国内，托马斯通过在报纸刊登广告有偿阅读的方式获得这些信件②。

移民是当时美国社会乃至世界变化的一个缩影，从某个角度来说，关注欧洲和美国的波兰移民就是关注整个美国和整个世界当时正在发生的巨变。1899 年至 1910 年的 11 年间，在美国移民总数中波兰移民占1/4，这些波兰移民大多选择在芝加哥、匹兹堡、水牛城（Buffalo）和底特律这样

① Martin Bulmer. *The Chicago School of Sociology*：*Institutionalizarin*，*Diversity*，*and the Rise of Sociological Research*，The University of Chicago Press，Chicago and London，1984，p45.

② 据说这一做法得之于偶然，一次托马斯在回家的路上紧急躲避高楼倾泻下来的垃圾，他发现垃圾中有一封信，拾起阅读后发现这封信出自一位波兰女孩。这是一封正在一家医院实习的波兰女孩写给父亲的家信，托马斯意识到这类信件可以作为研究波兰移民的重要材料，他以每封信 5 美分的价格收集这类信件，阅读研究后再将它们归还给主人，事实证明，这一方法十分有效。

的大都市居住，仅 1907 年的移民高峰中就有 128 万波兰人移民到美国，这些来自波兰和东欧的移民在原居住地或者在政治和文化上遭受迫害，或者在经济上陷入穷困，他们大多因为这些原因选择移民美国①。

选择波兰农民作为研究对象的一个重要原因在于这些波兰移民在差异性的社会环境下所表现出来的显著特征，托马斯试图从这一社会群体中去发现诸如社会人格、情境决定、态度和价值之类的秘密，揭示个人与社会相互作用和影响的社会心理事实。托马斯收集到的那些书信之类的"偶然材料"在他的研究中起到了关键的作用，这些"偶然材料"真实地记录了波兰移民在相互交往的历史中所发生的一切真实的故事，他们的经历、文化、传统、情感、态度、价值观、信仰等。用这类"客观材料"研究波兰移民群体是研究方法的创新和突破，它避免了来自主观因素的干扰。事实上，为了确保研究的客观性和研究结果的准确性，托马斯甚至拒绝在研究中采用访谈之类的东西，他认为这种面对面的访谈本身就是对访谈对象和生活过程的干预，甚至操控。

《欧洲和美国的波兰农民》的面世为社会学经验研究提供了范本，它是社会学芝加哥学派形成的一个重要标志。

三、社会学芝加哥学派的全盛时期

伴随着 1913 年帕克加盟芝加哥大学社会学系，加之前期社会学系学术成果的孕育和催生，芝加哥社会学进入到全盛发展阶段，这一阶段一直持续到 20 世纪 30 年代中期。法里斯如此描绘当时的情景，他说："帕克、伯吉斯、法里斯成为社会学系的核心人物，在整个 20 年代他们如日中天，所有的障碍已经被先行者斯莫尔、文森特和托马斯等人清除。士兵们已经从战场返回，渴望加入研究的阵营，国家一片欣欣向荣，整个城市充满了生机。更加不可忽视的是，大量研究经费很快变得唾手可得，社会学已经一切准备就绪，一个全盛时期即将在芝加哥大学出现。"②

但是所谓全盛必须要有具体的人去做具体的事，要付出辛勤的努力去创造才可能到来。就在 1915 年芝加哥社会学即将步入全盛之际，其实

---

① Martin Bulmer. *The Chicago School of Sociology*: *Institutionalizarin*, *Diversity*, *and the Rise of Sociological Research*, The University of Chicago Press, Chicago and London, 1984, pp. 50 – 51.

② Robert E. L. Faris. *Chicago Sociology*: *1920 – 1932*, Chandler Publishing Company, San Francisco, 1967, p26.

潜伏着种种危机。马丁·布鲁默的分析十分冷峻。他说："在 1915 年的时候绝对没有迹象显示在未来 15 年中芝加哥社会学会主导未来美国社会学的发展。"① 布鲁默给出的数据显示，在 1915 年至 1925 年的 10 年间，在社会学系执教的教师从 8 名减少到 5 名。在此期间，亨德森教授于 1915 年去世，托马斯教授于 1918 年被校方除名，斯莫尔教授于 1924 年退休（一说是 1925 年退休）。在芝加哥社会学处于巅峰时期仅有 3 名社会学教授，他们是帕克、伯吉斯和系主任法里斯。

学术界倾向于认为芝加哥社会学走向全盛与帕克加盟社会学系关系甚大。② 帕克于 1913 年进入芝加哥社会学系，帕克的一生充满职业传奇和学术传奇，他 1887 年毕业于密歇根大学哲学系，大学毕业后做了 11 年新闻记者，1897 年入哈佛大学攻读硕士，1899 年赴德国继续求学，并于 1904 年获博士学位。在哈佛大学任了一年哲学助教之后，他又到美国南方从事黑人民权活动近 10 年，在他 50 岁的时候再次回到大学讲坛。

帕克进入芝加哥大学的最初几年中潜心教学，培养学生，只发表了为数不多的论著：包括论文《次级群体中的种族同化》；60 页的小册子《人类行为的原则》；其中最著名的作品是《城市：都市环境中的人类行为调查》。1921 年他与伯吉斯合编的教材《社会学导论》出版，这部 1000 多页的教材为他带来了极大声誉，该书包括 14 个社会学主题，收录 196 篇阅读篇目，参考文献多达 1700 项，这本教材受到学生的热烈欢迎，分别于 1924 年和 1970 年再版。法里斯评论说："由帕克和伯吉斯撰写的这部著名的教科书被许多社会学家认为是最具影响的社会学著作，1921 年之后美国社会学的方向和内容主要就是由帕克和伯吉斯的这本教科书设定的。"③

伯吉斯 1908 年毕业于肯菲舍学院（Kingfisher College），随后进入芝加哥大学社会学系继续求学，并于 1913 年完成博士学业。1912～1913 年在托莱多大学（Toledo University）任教，1913～1915 年在堪萨斯大学任教，1915～1916 年在俄亥俄州立大学任教。1919 年伯吉斯重返芝加哥大学社会学系，直到 1957 年退休。在芝加哥大学社会学系，伯吉斯成为帕克最密切的学术合作伙伴，他们二人除合作出版了《社会学导论》外，

---

① Martin Bulmer. *The Chicago School of Sociology*: *Institutionalizarin*, *Diversity*, *and the Rise of Sociological Research*, The University of Chicago Press, Chicago and London, 1984, p109.

② 关于帕克的详细介绍和论述见第四章。

③ Robert E. L. Faris. *Chicago Sociology*: *1920 – 1932*, Chandler Publishing Company, San Francisco, 1967, p37.

还合作出版了《城市：都市环境中的人类行为调查》（1925）等作品。

真正使芝加哥社会学形成学派，流传身后的成果是此间进行的"都市生态结构研究"以及"都市行为研究"，法里斯评论说："20世纪20年代芝加哥社会学系最引人注目和广为人知的进展是他们在都市生态方面进行了前所未有的高度原创性研究。"① 帕克和伯吉斯等人在这些大规模的研究活动中扮演了总设计师的角色。

"都市生态结构""都市行为研究"这样的理论念头和设计出自帕克大脑之中一点也不奇怪。帕克1914年进入芝加哥大学之前的主要职业是新闻记者和社会活动，他十分看重实践和实验活动。在从事新闻报道的十几年中，他就养成了观察城市发展和城市生活的习惯，他1925年出版的著作《城市：都市环境中的人类行为调查》就是他早年对城市观察和研究结果。他说："城市在扩展，滋生于其中的各类人性也在不断显现，这使得城市变得非常有趣和迷人。在这里我们可以找到研究人心秘密，人性以及社会的种种场所。"②

进入社会学系之后，他在学术上更自觉地将实用、实验和效用作为社会学研究的主导方向。在《社会学导论》中，他非常明确地阐述道："从某种流行的观点来看，现在的社会学已经成为一门实用科学，社会学很快将成为这样一门科学，它在解决某一问题时得出的结论也将完全适用于同类其他问题。实验方法将进入社会生活、工业发展、政治生活以及宗教生活的各个领域，在所有这些领域，人类实际上被各种或明或暗的法则所制约引导。但是，这些法则很少被人们以理论假设的方式和实验证明的方式予以阐明。如果要区别这两种方法，我们选择调查而不选择研究。"③

帕克将正在兴起的芝加哥这座都市看作一个巨大的社会实验场，他说："社会学研究工作应该定位于芝加哥的都市文化，芝加哥就是一个社会实验室，这意味着应该去收集那些影响城市社会生活的各种材料，并

① Robert E. L. Faris. *Chicago Sociology:1920 – 1932*, Chandler Publishing Company, San Francisco, 1967, p51.

② Martin Bulmer. *The Chicago School of Sociology*: *Institutionalizarin*, *Diversity*, *and the Rise of Sociological Research*, The University of Chicago Press, Chicago and London, 1984, p92.

③ Robert Ezra Park and Ernest W. Burgess. *Introduction to the Science of Sociology*, University of Chicago Press, Chicago, 1921, p45.

对材料进行归纳和分析。"[1] 他的学术研究目标是要摸清楚这个大都市的要素分布和要素功能，并解剖都市中的各种人类行为。就像当时许多社会学家一样，帕克深受达尔文和斯宾塞进化论和社会进化论学说的影响，以生物学的思想和方法去观察城市，解剖城市所延伸出来的概念就是都市生态。

帕克 1902 年在德国求学时跟随黑特纳（Hettner）学习地理，他坚信："每一个社会学专业的学生都应该了解地理学，尤其是人文地理学。其实，文化归根到底就是一种地理现象。"[2] 到芝加哥大学后，在他开设的课程中有一门课程就是"现场研究"（Field Studies），正是通过这门课程，帕克鼓励研究生们走进城市、走进社会，以绘制地图的方式去呈现这座城市地产、商业、舞厅、毒品、犯罪等个行各业的分布和结构，研究各色人等的心理和行为。其他各种实证研究方法，如访谈、观察、数据收集、文献分析也被广泛运用。这类经验研究方法的广泛应用对芝加哥社会学派的最终形成至关重要，这些经验方法极大地影响了社会学未来的发展方向。

但是研究都市生态并不是终极目的，最终目的是要透过都市生态去研究人类行为。正如法里斯所说："都市结构只是丰富复杂的社会现象的一个背景，生态学不过是进入这背景中的一条路径，它们最终都指向都市行为。"[3] 芝加哥社会学派所倡导的都市生态研究最终指向行为偏差、城市犯罪、文化同化、社会失序等具体的都市人类行为课题，围绕这些课题产生了一大批调查研究，这些成果大多由社会学系的研究生完成，并且许多作品获得出版。这些研究作品包括：

1. 《芝加哥的组织化犯罪》（*Organized Criminal Chicago*，1929，John Landesco）

2. *The Jack-Roller*，1930，Edited by Shaw

3. 《一个青少年违法犯罪职业的自然史》（*The Natural History of a Delinquent Career*，1931，Edited by Shaw）

4. 《青少年犯罪的社会因素》（*Social Factor in Juvenile Delinquency*，

---

[1]　Martin Bulmer. *The Chicago School of Sociology*：*Institutionalizarin*，*Diversity*，*and the Rise of Sociological Research*，The University of Chicago Press，Chicago and London，1984，p93.

[2]　Winifred Raushenbush. *Robert E. Park*：*Biography of Sociologist*，Duke University Press，Durham，N. C. 1979，p85.

[3]　Robert E. L. Faris. *Chicago Sociology*：*1920~1932*，Chandler Publishing Company，San Francisco，1967，p64.

1931，Shaw and Mckay）

此外，还有一些与芝加哥这座城市无关的其他研究，如：

1. 《芝加哥黑人》（*The Negro in Chicago*，1922，Charless Johnson）

2. 《流浪汉》（*The Hobo*，1923，Nels Anderson）

3. 《家庭失序》（*Family Disorganization*，1927，Ernest R. Mower）

4. 《匪帮》（*The Gang*，1927，Frederic Thrasher）

5. 《自杀》（*Suicide*，1928，Ruth Shonle Cavan）

6. 《贫民窟》（*The Ghetto*，1928，Louis Wirth）

7. 《芝加哥的黑人家庭》（*The Negro Family in Chicago*，1931，E. Franklin）

8. 《出租司机舞厅》（*The Taxi-Dance Hall*，1932，Paul G. Gresty）

9. 《芝加哥犯罪》（*Vice in Chicago*，1932，Walter Reckless）

10. 《旅馆生活》（*Hotel Life*，1936，Norwan Hayner）

11. 《金海岸与贫民窟》（*The Gold Coast and the Slum*，1929，Harvey Zorbaugh）

12. 《都市区里的精神紊乱》（*Mental Disorders in Urban Areas*，1930 年完成，1939 年出版，Robert E. L. Faris and H. Warren Dunham）

涉及城市犯罪的研究包括：

1. 《革命的自然史》（*The Natural History of Revolution*，1927，Lyford Edwards）

2. 《罢工》（*The Strike*，1928，Hiller）

3. 《俄罗斯镇的朝圣者》（*The Pilgrims of Russian-Town*，1932，Pauline Young）

在 20 世纪 30 年代前后芝加哥大学社会学系的都市研究中，帕克和伯吉斯起到了重要的指导工作，他们为这些调查的实施提供了关键的理论概念、理论框架和具体的研究方法手段，他们合作的都市生态学著作《都市社区》（*The Unban Community*，1927）以及《人格与社会群体》（*Personality and Social Group*，1929）还为学生们提供了写作范本。劳申布什（Raushenbush）在《帕克：一位社会学家的传记》中给出了帕克具体指导学生从事都市研究的详尽数据。

在 1921～1931 年 15 项有关城市生活的研究中，有 7 项研究获得出版，帕克为其中的 3 本书写了序言。

在 42 本有关种族、文化、伦理关系的学生著作中，帕克给于具体指导或写序言的著作如下（其中部分作品为学生们毕业后所写）：

1.《日本入侵者》（*The Japanese Invasion*，1917，Jesse F. Stainer）

2.《作为文化接触的基督徒》（*Protestant Missions as Culture Contact*，1924，Maurice T. Price）

3.《贫民窟：隔离研究》（*The Chetto：A Study in Isolation*，1926，Louis Wirth）

4.《俄罗斯镇的朝圣者》（*The Pilgrims of Russian Town*，1932，Pauline V. Young）

5.《种植国的阴影》（*Shadow of the Plantation*，1934，Charles S. Johnson）

6.《夏威夷的异族通婚》（*Interracial Marriage in Hawaii*，1937，Romanzo Adams）

7.《种族关系的仪式》（*Eliquette of Race Relations*，1937，Bertam Doyl）

8.《边缘人》（*The Marginal Man*，1937，Everett V. Stonequist）

9.《巴西的黑人》（*The Negro in Brazil*，1938，Donald Pierson）

10.《岛屿社区》（*Island Community*，1939，Andrew Lind）

值得一提的是，帕克的学生中还有几位学生的论文写的不是都市、种族和文化，而是新闻传播，它们是：

1.《新闻的社会学研究》（博士论文）（*News：A Sociological Study*，1931，Carol Dewitt Clark）

2.《人类趣味故事》（博士论文）（*The Human Interest Story*，1940，Helen Mac Gill Hughes）

事实上，芝加哥社会学的成功仰赖于多方面的努力，正如法里斯所评论的："纵观20世纪20年代芝加哥社会学成功的历史，这些成功应归功于大量在册学生，知名学者，大量优秀的师生作品以及创新精神。所有这些凝聚成极高的士气，使社会学系的繁荣一直延续到30年代。"①

芝加哥大学社会学系即使是在全盛的12年中规模都不是太大，这种类型灵活的机构建制反而使社会学系能够充分利用学生进行科研创造，同时接纳本校其他专业领域的学者参与进来，共同打造具有明显跨学科

① Robert E. L. Faris. *Chicago Sociology：1920 – 1932*，Chandler Publishing Company，San Francisco，1967，p132.

特征的社会学体系。以下数据可以显示社会学系的发展状况。①

1895～1915 年美国大学共授予社会学博士学位人数 98 人，各大学数量分布见表 7－1。

表 7－1　1895～1915 年美国大学社会学博士学位授予情况

授位学校	授予人数
芝加哥大学	36 人
哥伦比亚大学	24 人
宾夕法尼亚大学	13 人
耶鲁大学	10 人
纽约大学	8 人
威斯康星大学	6 人
密歇根大学	1 人

从表 7－1 可以看出，芝加哥大学社会学博士学位授予数量明显领先。

表 7－2　芝加哥大学社会学系不同年份博士和硕士学位授予数量比较

1900～1915 年间，授予博士学位 24 人，硕士学位 53 人
1916～1930 年间，授予博士学位 59 人，硕士学位 101 人
1900～1930 按每 5 年为一个时段统计
博士授予情况： 1901～1905 年授予博士学位 7 人 1926～1930 年授予博士 28 人
硕士授予情况： 1901～1905 年授予硕士学位 10 人 1926～1930 年授予硕士学位 46 人

表 7－2 是芝加哥大学社会学系博士硕士培养的数量情况。在过去 40 名美国社会学家学会（American Sociological Society，ASS）主席中，至少 19 人为芝加哥大学研究生毕业，或为该校社会学系现任教师。1923 年之

---

① 参见 Martin Bulmer. *The Chicago School of Sociology：Institutionalizarin，Diversity，and the Rise of Sociological Research*，The University of Chicago Press，Chicago and London，1984，pp. 42－44。

前，13 位主席中 3 位来自芝加哥大学，这一数据反映了芝加哥大学社会学系的培养质量。

四、社会学芝加哥学派的衰落

一般认为，芝加哥社会学派从 20 世纪 30 年代中期以后开始衰落，原因主要包括以下几个方面。

第一，第二代芝加哥社会学派主导核心人物的先后离场。作为社会学系凝聚人心的核心人物，帕克于 1931 年到 1932 年间进行了为期一年的世界旅行，1934 年退休。此间另一个核心人物伯吉斯却忙于自己的婚姻家庭，似乎已不像从前那样专注和执着。往更后面说，系主任法里斯（1874～1953）1939 年退休，奥格本（1886～1959）于 1951 年退休，沃思（1897～1952）于 1952 年过早离世，伯吉斯（1886～1966）也于 1951 年退休。法里斯认为布鲁默、斯托夫、休斯（Everett Hughes）等人构成了芝加哥社会学派的第三代人物，但是，他们的学术成果学术影响被世人接受却在更后。

第二，在激烈竞争中学术竞争力衰退。20 世纪 30 年代以来美国社会学界竞争环境发生重大变化，哥伦比亚大学、密歇根大学、威斯康星大学、北卡罗来纳大学、加利福尼亚大学等院校的社会学建设发展迅猛，迅速跃居为美国社会学的领军机构。与此同时，哈佛大学也在谨慎发展社会学专业，先后引进了索罗金、齐默曼（Charle C. Zimmerman）以及帕森斯（Talcott Parsons）等领军人物。二战以后哈佛大学社会学发展更是突飞猛进，斯托夫加盟哈佛大学社会关系系（Department of Social Relations），新建的实验室投入使用。遍及全国的社会学专业纷纷在全国许多院校出现，这些院校包括俄亥俄大学、印第安纳大学、康奈尔大学、衣阿华大学、华盛顿大学、夏威夷大学、普林斯顿大学、约翰·霍普金斯大学以及耶鲁大学。

第三，年轻人才队伍退化，社会学发展后劲不足。20 世纪 30 年代中期以后，芝加哥大学社会学学术著作出版逐渐萎缩，博士论文出版数量很少，学生们离开学校后很少再从事社会学研究并出版著作，除了休斯和斯托夫等人之外，很少有人对美国社会学发展有所贡献。

社会学芝加哥学派衰落的一个重要的标志性事件是《美国社会学评论》（*American Sociological Review*）的创刊以及社会学研究学会（Sociological Research Association）发起成立。在此之前，以芝加哥社会学系为核心的《美国社会学杂志》（*American Journal of Sociology*，1895 年创刊）和美国社会学家学会（American Sociological Society）在美国社会学发展中扮演着重要角色，但是它们的排他性也限制了其他院校社会学的正常发展。对于学术资源的独占引起了同行的不满，最终导致新的学术刊物和学术组织的诞生，这一事件标志着美国社会学重心的转移。

布鲁默认为芝加哥社会学派衰落的另外一个重要原因是伴随着美国地方化和区域化的逐渐消失，一个统一的、一体化的美国开始形成，20世纪 30 年代以前芝加哥社会学所关注的都市问题、移民问题、种族文化问题开始淡化并淡出，一些全国性的话题上升为社会学关注的主题，研究方法也从田野考察转移到观察研究（survey research），在这一大背景下，芝加哥社会学派的优势地位开始被他人所取代。①

第二节 社会学芝加哥学派对早期传播学研究的贡献

大众传播是一种高级社会活动，这一活动涉及信息的采集、制作和传播；涉及信息的选择、鉴别和控制；涉及受众的接受、理解以及信息传播的社会效果；还涉及信息技术的发展、媒介生态的变化等诸多方面的内容。显然，任何一门单一学科都无法独立承担研究传播这一复杂现象的任务，对传播现象的研究必然要融入多学科知识，传播学必然要借助于社会学科的全面参与才有可能获得自身的发展。另一方面，传播学最终必须建立起自己独立的概念、范畴和体系才能够最终从其他社会科学中相对独立出来，最终形成一个相对独立自足的学科体系。毫无疑问这个过程将是漫长的，迄今为止，无论是在美国还是欧洲很难说已经形成了真正独立的传播学体系，整体上看传播学的发展仍然处于社会学、社会心理学、新闻学、文化学、政治学等多学科相互融合、相互吸收的阶段。

一、芝加哥学派传播学研究的文献梳理

对早期传播学发展影响最大的应该是芝加哥学派，芝加哥学派的主要成员如杜威、库利、米德、帕克、罗伯特·墨顿等基本上都是社会学家和社会心理学家。美国著名传播学教授詹姆斯·凯瑞在《传播学的文

① Martin Bulmer. *The Chicago School of Sociology*: *Institutionalizarin*, *Diversity*, *and the Rise of Sociological Research*, The University of Chicago Press, Chicago and London, 1984, p206.

化研究路径》一文中开篇就说："几年前当我慎重决定要读几本传播学著作的时候，一位智者建议要我从读杜威的著作开始，这是一个我永远不会后悔为之接受的建议。"① 凯瑞后来专门写了一篇文章，论述芝加哥学派与早期传播学研究之间的关系，题目就叫《芝加哥学派与大众传播研究》。② 施拉姆在《传播学大师》一文中谈到传播学发展时说："只到 19世纪的最后 10 年和 20 世纪的最初 10 年，传播学才在大学研究中形成独立和引人注目的研究焦点，大名鼎鼎的芝加哥学派开辟了这一道路。"③

那么，芝加哥学派究竟在哪些方面、在何种程度影响了早期传播学的发展？这一学派主要成员的学历教育、职业经验、学术著作以及学术领域与社会学和心理学的关联程度如何？

芝加哥学派的主要成员主要从事哲学、社会学家和社会心理学研究。但是他们的著述中有一部分也涉及传播问题，如帕克在成为学者前就干过多年记者，杜威也创办过报刊，帕克还直接参与了佩恩基金会关于电影对儿童影响的大型媒介研究活动。但是，社会学芝加哥学派对传播研究的影响更多的体现在基础理论和研究方法等方面，正如有学者评论的那样，如果没有詹姆斯和杜威在 20 世纪初领导的那场有关心理学革命的讨论，美国社会学和心理学很可能将一直深陷于以麦独孤为代表的本能心理学的欧洲传统中，在詹姆斯和杜威的影响下，美国社会学和心理学奠定了实用主义和实证研究的方向。其实，社会学芝加哥学派的那场有关心理学革命的讨论不仅仅影响了美国社会学和心理学的发展方向，也深刻影响了传播学的发展，半个多世纪以来，美国的传播学研究基本上是在实用主义的指导下研究一些非常具体的实用问题，如二战期间的宣传问题、民主社会运行所必需的共同体以及舆论问题、媒介企业市场生存必须考虑的传播效果（广告、报刊发行量、收视率）等。

如何客观评价芝加哥学派对传播学的影响和贡献，这方面已有的学术成果并不多见，系统的研究基本上没有。笔者广为搜罗，下面是笔者

---

① James W. Carey. "A Cultural Approach to Communication"，本文收录于 Edited by Denis Mc-Quail. *McQuail' Reader in Mass Communication Theory*，London/Thousand Oaks/New Delhi，SAGE Publications Ltd. ，2002，p37。

② James W. Carey. "The Chicago School and Mass Communication Research"，本文收录于 Edited by Everette E. Dennis and Ellen Wartella. *American Communication Research：The Remembered History*，Mahwah，New Jersery，Lawrence Erlbaum Associates，Inc. ，1996。

③ Edited by Everette E. Dennis and Ellen Wartella. *American Communication Research：The Remembered History*，Mahwah，New Jersery，Lawrence Erlbaum Associates，Inc. ，1996，p124.

在英文世界中找到的比较重要的研究成果。

著作类：

1. 《从小镇到大共同体：进步知识分子的社会思想》（Jean B. Quandt. *From the Small Town to the Great Community*：*The Social Thought of Progressive Intellectuals*，Rutgers University Press，New Brunswick，New Jersey，1970），这本著作从社会共同体的角度介绍了美国 19 世纪前后进步运动中 9 名重要知识分子的思想，其中包括杜威、库利和帕克。在美国思想史上所谓上共同体是一个与民主政治紧密相关的重要概念，在杜威、库利和帕克等人看来，实现大共同体的基础条件之一就是大众传播，虽然这不是一本传播学著作，但作者对三人传播学思想的论证和解释十分深刻。

2. 《媒介与美国人的思想：从莫斯到麦克卢汉》（Daniel J. Czitrom. *Media and American Mind*：*From Morse to Mduham*，University of North Carolina Press，Chaple Hill，1982），该书分两大部分，第一部分介绍了电报、电影和广播等媒体的出现以及社会影响，第二部分介绍分析美国主流传播学思想，其中比较详尽阐述了库利、杜威和帕克的传播学思想，另外也介绍了以拉斯韦尔、拉扎斯菲尔德等人为代表的以行为科学为基础的传播学经验研究，以及以英尼斯（Harold Adams Innis，1894 ~ 1952）、麦克卢汉（Marshall McLuhan，1911 ~ 1980）为代表的传播学技术学派。这本书并非芝加哥传播学研究的专著，但比较集中探讨了芝加哥学派中对传播学发展影响最大的几位重要代表性人物。

3. 《美国社会学的诉求：罗伯特·帕克和芝加哥学派》（Fred H. Matthews. *Quest for An American Sociology*：*Robert E. Park and the Chicago School*，McGill-Queen's University Press，Montreal and London，1977），这是一部有关帕克的传记作品，除了详细介绍了帕克的生平外，也全面论述了帕克的学术思想，其中也包括对帕克新闻传播思想的介绍。

4. 《传播学批判研究：美国的传播历史和理论》（Hanno Hardt. *Critical Communication Studies*：*Communication History and Theory in American*，A Division of Routleage Chapman and Hall，Inc.，London and New York，1992），该书已经有中文译本。

5. 《传播学学史：一种传记式的研究方式》（Everett M. Rogers. *A History of Communication Study*：*A Biographical Approach*，The Free Press，A Division of Simon&Schuster Inc.，New York，London，Toronto，Sydney，Singapore，1997），罗杰斯在该书第二部分第五章专门介绍和研究芝加哥学派及其与传播学的关系，这一章综合了美国学术界有关芝加哥学派的研究成果，

重点介绍了杜威、库利、米德和帕克等人的传播学思想，提出了一些比较深刻的观点。但许多论述没有充分展开，资料价值大于学术价值，该书已有中文译本。

6. 施拉姆《美国传播学研究的先驱：个人回忆》（Wilbur Schramm. *The Beginnings of Communication Study in America: A Personal Memoir*, Edited By Steven H. Chaffe and Everett M. Rogers, Thousand Oaks/London/New Delhi, Sage Publications, Inc. , 1997），该书第一部分简介绍了库利、帕克和爱德华·萨比尔（Edward Sapir）等芝加哥学派成员的生平和传播学思想，这可能是美国学术界第一次将这四人定位为美国大学传播学研究的先驱人物。

7. 彼德斯《交流的无奈：传播观念的历史》（John Durham Peters. *Speaking into the Air: A History of the Idea of Communication*, The University of Chicago Press, Chicago and London, 1999），该书梳理了大量欧洲和美国经典哲学家、作家和思想家关于传播的论述，深入探讨了传播的含义、传播的价值意义以及传播的社会影响，试图勾勒出西方和美国传播观念发展的历史过程。其中作者也以不少篇幅介绍了库利、杜威、米德、斯莫尔以及帕克等社会学芝加哥学派代表人物的传播学思想。

8. 卡斯帕里《杜威论民主》（William R. Caspary. *Dewey on Democray*, Cornell University Press, Ithaca and London, 2000），该书第一章"参与民主、实用主义和冲突解决"中有一小节"共同体与传播"，专门对杜威著作中涉及传播问题的论述进行了文献归纳，但作者没有进行论述。

9. 辛默森《重建大众传播：片段史》（Peter Simonson. *Refiguring Mass Communication: A History*, University of Illinois Press, Urbana, Chicago, and Springfield, 2010），全书共收录了 6 篇文章，展示了美国不同时期传播学研究的历史片段，其中第四篇标题为"库利的先验论诉求"，比较全面和深入地论述了库利的传播学思想。

重要论文：

1. 詹姆斯·凯瑞《芝加哥学派和大众传播》（James W. Carey. "The Chicago School and Mass Communication Research", 1996），收录于《美国传播学研究：难以忘怀的历史》一书中。该文比较深入地论述了芝加哥传播学研究的社会背景，以及此后美国传播研究的历史承继关系，是芝加哥传播学研究的一篇高质量论文。

2. 巴克斯顿《从帕克到克里斯：芝加哥社会学的媒介与大众文化研究》（William J. Buxton. "From Park to Cressy: Chicago Sociology's Engagement with Media and Mass Culture", 2008），收录于《媒介以及传播研究的历史：

竞争回忆》一书中。该文主要介绍了芝加哥社会学系参与 20 世纪 30 年代佩思基金会关于电影研究的情况，梳理了芝加哥传播学研究的传统。

二、社会学芝加哥学派传播学研究的总体评价

对于某一学科发展过程的描述最困难的阶段就是其发轫阶段，因为在这一阶段学科尚未形成，催生和影响学科形成的因素非常多，先行者们步履尚蹒跚，人们还难免要走许多弯路，对美国早期传播学发展的描述也面临着类似困难。

美国传播学研究早在 19 世纪后期即开始萌芽，前期社会学芝加哥学派主要成员如杜威、库利、米德等是美国传播学研究的重要先驱人物，尽管他们的学术成果主要集中在哲学、社会学、心理学和社会心理学等领域，但是他们同样也关切传播问题，他们对传播问题的关注始终未脱离社会心理学和心理学的视角。杜威对共同体概念以及民主等核心问题的论述很大程度上是建立在大众传播基础之上的。在他看来，大众传播是创建美国民主政治和民主生活的重要手段，大众传播创造并维系着美国人的精神共同体，是美国人精神的重要纽带。库利不仅仅看到了传播创建一个新美国的可能性，他更从微观层面论述了通过人际互动完成个人社会化过程，进而完成社会联结的心理过程。此后，米德等人对符号意义以及符号互动进行了更加深入的探讨，符号互动论在本质上是一套社会心理学理论，米德创建了以人际互动为心理基础的社会心理学，他是美国历史上将互动理论应用于传播问题研究的先驱。

社会学芝加哥学派开启的符号互动学说是美国传播学研究的最早源头，这一学说解释了人的社会化进程，社会的组织结构乃至民主社会何以通过人际互动得以完成，它为美国传播学的发展奠定了最为基础的理论。符号互动学说在本质上是一种哲学学说和心理学说，尤其是库利的"镜中自我"理论、米德的自我形成理论，这些理论基本上把社会事实归结为心理事实，把社会关系归结为心理关系，把人还原为心理关系的产物，尽管这些理论存在某些固有的缺陷，但是美国传播学基础理论的创立从根本上源于社会心理学这一事实却难以否认。

芝加哥学派对美国社会科学多有贡献，其中对美国早期传播学的发展影响深远，尤其是社会学芝加哥学派中不少学者直接涉足新闻学和传播学研究。罗杰斯在《传播学史》中从四个方面概括了芝加哥学派对传播学发展的影响和贡献。第一，他认为芝加哥学派是美国诞生的第一个广为流传的社会科学学派，这个学派将欧洲理论，尤其是将德国社会学

家齐美尔的思想介绍到美国，起到了思想登陆点的作用。第二，罗杰斯认为芝加哥学派具有改良主义（amelioristic）、进步主义和实用主义的特征，它通过研究具体的社会问题致力于改善现实。芝加哥学派尤其关注美国的民主能否生存一个都市化的美国之中，能否生存于都市急剧膨胀而造成的大量移民以及贫民窟中，这一研究特征很大程度上决定了美国社会科学有关社会问题研究的经验主义取向。第三，在传播问题上，芝加哥学者们提出了人格社会化概念，对芝加哥社会学家而言，传播在人的社会化过程中至关重要，他们反对用本能理论解释人类行为，而以符号互动论代之。第四，芝加哥学派开启了后来称之为媒介效果的大众传播研究领域。[①] 罗杰斯的上述概括极为抽象，在随后的章节中论述也不够充分，或未予展开论述，但是这段论述不失为我们理解芝加哥学派传播学的一条路径。

社会学芝加哥学派与美国传播学发展的关系既是一个无法回避的学术领域，同时也是一个十分艰难的学术领域。那么，社会学芝加哥学派与美国传播学的发展到底有着什么样的关联？笔者认为二者的关联主要体现在以下几个方面。

其一，正如罗杰斯所言，社会学芝加哥学派对于美国社会科学，包括传播学的发展确实起到了思想登陆点的重要作用。在催生和繁育美国传播学的过程中，芝加哥学派更像土壤或者桥梁，这个学派为传播学的产生和发展提供了必需的学术土壤，同时也将美国和欧洲的社会科学思想导入到尚未成型的传播学领域，加快了传播学繁育的过程。施拉姆认为："帕克、库利和萨比尔三人先于其他学者和后继者孕育了人类传播研究的思想，只到拉扎斯菲尔德领导的第二次传播学研究高潮到来，这一学术疆界才被打破"。[②]

关于思想登陆点的说法其实不仅适用于社会学，同时也适应于几乎所有美国的社会科学。美国社会科学的发展与欧洲大陆的哲学、史学、社会学有着难以割舍的关系，这些社会科学介绍到美国之后都经历了一个美国化的过程。社会学芝加哥学派的许多重要成员都具有欧洲大陆，尤其是德国的教育背景，例如米德曾经在莱比锡大学受教于冯特等名

---

① 以上参见 Everett M. Rogers. *A History of Communication Study：A Biographical Approach*，The Free Press，A Division of Simon&Schuster Inc. ，New York，London，Toronto，Sydney，Signapore，1997，pp. 137 – 138。

② Edited by Everette E. Dennis and Ellen Wartella. *American Communication Research：The Remembered History*，Mahwah，New Jersery，Lawrence Erlbaum Associates，Inc. ，1996，p125.

师，帕克在德国洪堡大学和斯特拉斯堡大学曾受教于齐美尔、文德尔班，库利和托马斯都有过德国游学的经历。作为芝加哥大学社会学系的创始人，斯莫尔也曾留学德国并娶了一位德国将军的女儿为妻，他不遗余力地将齐美尔的作品介绍到美国社会学界，对齐美尔学术思想的传播贡献甚大。路易吉·托马斯（Luigi Tomasi）在《社会学芝加哥学派的传统》一书中专文介绍了斯莫尔、帕克等人在介绍齐美尔等德国社会学家思想方面所做的努力，尤其分析了齐美尔的思想对美国社会学和芝加哥学派的影响。路易吉·托马斯试图证明，社会学芝加哥学派努力建设独立学科社会学的信念，社会学致力于解决实际社会问题的目标定位以及社会学研究方法的经验取向和实验取向，其理论根据很大程度上来自齐美尔的学说。[①]

欧洲和德国社会科学思想移入美国后不仅深刻影响到美国社会学的发展，也影响到美国传播学的发展。麦奎尔在《大众传播理论麦奎尔读本》一书中列举了一批欧洲学者的名字，他们是滕尼斯（Ferdinand Tonnies，1855～1936）、齐美尔、塔尔德、韦伯（Max Weber，1864～1920）以及谢夫莱（Albert Schaffle，1831～1903）等。[②]

其二，芝加哥学派为美国传播学的发展提供了哲学思想和研究方法。实用主义哲学不但为芝加哥各学派提供了最为有力的哲学基础，同时也为当时以及后来美国传播学的发展提供了思想基础。

美国传播学的最大特点是实用主义，由拉斯韦尔等开启的早期宣传研究立足于为参战方提供信息、情报以及宣传技巧，其出发点是为现实中的战争服务。李普曼等人开启的公众舆论研究的基本诉求是试图准确把握大众传媒与社会舆论之间的互动规律，为现实中的民主制度服务。由拉扎斯菲尔德等人开启的广播研究主要是要了解广播收听率，帮助大众传媒机构创造更多的利润。由霍夫兰等人领导的劝服和态度研究同样也是为美国军方参战服务。由此可见，利润、战争和民主制度运行是美国传播学发展的最大驱动力。以詹姆斯、皮尔斯以及杜威为代表美国实用主义哲学强调效用即真理，实用即科学，强调学说理论的可验证性，这些思想深刻影响了美国传播学的发展，使美国传播学走上了一条与欧

①　参见 Edited by Luigi Tomasi. *The Tradition of the Chicago School of Sociology*, University of Trento, Italy, Aldershot, Brookfield USA, Singapore, Sydney, 1998, pp. 25－35。

②　Edited by Denis McQuail. *McQuail'Reader in Mass Communication Theory*, London/Thousand Oaks/New Delhi, SAGE Publications Ltd., 2002, p4.

洲传播学批判学派完全不同的道路。

另一方面，实用主义哲学也决定了美国传播学在研究方法上开始背离欧洲哲学思辨型的研究传统，而更多地采用经验方法开展传播学研究。社会学芝加哥学派的最大特色之一就是研究方法上的经验取向。《美国和欧洲的波兰农民》《移民报刊及其控制》《旧世界的特点及其转移》都是经验主义研究的开山之作，20 世纪 30 年代由帕克所指导的城市生态研究更是广泛采用经验研究方法。社会学芝加哥学派创造了现场观察、访谈、田野考察、民族志、问卷调查、小组实验、人文地理、数据分析等一系列实际有效的研究方法，此后，这些方法广泛应用于美国传播学研究中。在美国传播学发展过程中实用主义价值取向与经验主义研究方法互为表里，由此形成了美国传播学研究的最大特点。

其三，芝加哥学派开启了美国传播学发展的基础研究领域。

芝加哥社会学崛起于世纪之交，这是美国历史上的一个关键时期，民主制度的建立亟须培植与之配套的公共精神与公民领域；公众的民主参与亟须打破美国传统社会中的个人存在方式，必须寻求到新的精神存在和联结方式；农业社会向工业社会的快速转型，都市化的急剧发展和扩张带来了人口的高度聚集，由此造成了人员物流运输方式的变革，也造成了社会组织结构的变革，新的交通运输方式和交通运输网络开始出现；新兴城市各种新型功能的出现引起人们的关注，人口大规模聚集，尤其是民族杂居、移民杂居引发了严重的都市犯罪、种族冲突以及文化冲突。所有这些现实问题都迫使刚刚兴起的社会学去提供问题解决方案，同时也为社会学在美国土壤上生根成长提供了丰富的养分。正是因为具有这一独特的社会背景，以芝加哥大学为代表的美国社会学率先突破了欧洲社会学的研究母题，他们生发于美国的现实土壤，真正关注美国的社会现实。作为对美国现实的回应，芝加哥社会学派提出了"大共同体""首属群体""镜中自我""符号互动""情境变迁""都市生态"等一系列独特的社会学概念和理论。但是吊诡的是，理论一旦触及真正的现实，理论所结出的科学之果就不再以所谓的学科为边界，这一理论所触及的真实越深入，它所涵盖的理论边界也就越趋于多元和无穷。世纪之交芝加哥社会学之所以迅速崛起，声名卓著，一个重要原因就在于这个学派所创造的理论触及了美国社会最为真实的底线，因而使社会学的学科边界远远超越了自身，而扩展到其他众多学科。

正是在这一背景下，社会学芝加哥学派在有意无意之间触动到了传播学这一更为年轻的学科领域。当库利受其父亲影响开始关注美国铁路运输系统的飞速发展的时候，他敏锐地意识到铁路里程的急剧扩张以及铁路网络的快速覆盖带来的不仅仅是交通运输工具和运输方式的物理改变，同时更带来了人们精神交往方式的改变；在库利眼中新兴的铁路系统不仅仅是在传输人口货物，更是在传播精神和文化，现代交通运输系统不仅仅迅速强化了社会的物质基础和经济基础，更为重要的是，它最终造就了建立在传播基础上的社会结构和社会制度。当库利和杜威等人看到边远乡村的人口纷纷开始向城市聚集，大都市如雨后春笋般在美国中西部地区出现的时候，他们敏锐地意识到过去美国那种以原子个体存在的社会联结方式开始解体，首属群体方式繁衍生出来的个体情感、信仰以及价值观已经无法将个体带入到一个依靠民主规则运行的现代国家中去了，以公共精神和公共领域为特征的大共同体的出现势在必然，它将取代原子个体和首属群体，孵化出民主社会生存所必需的个性、感情、价值观、文化和精神，最终造就民意和选票。这些社会学的先驱者几乎不约而同地认为大共同体出现的基本前提是传播，只有借助于大众传播，民主社会生存的生命线——大共同体才能真正出现并维系。20 世纪 30 年代前后帕克、伯吉斯等人目睹芝加哥这座大都市存在的种种问题，开启了都市生态研究和种族文化研究，研究主题涉及社会失序、文化同化、文化冲突以及种族冲突、种族融合等，帕克坚定地认为传播是解决上述问题的核心。由此可见，当芝加哥社会学理论家们触及真正社会问题并试图提出解决方案的时候，他们许多人的眼光最终都不约而同地落在当时美国社会最迫切，但又最不易发现的问题——大众文化、教育以及传播，帕克等人关于文化传播、教育传播的思想可以看作是美国传播学文化批判学派的思想源头，他们确实是在有意无意之间开启了美国传播学研究的大门。

　　社会学芝加哥学派对符号互动论的研究更能说明这一问题，对符号互动论做出贡献的学者包括杜威、托马斯、库利、米德等人，其中米德的贡献最大。1969 年布鲁默出版《符号互动主义》一书，将米德及其他前人的符号互动思想进行了系统总结，并提出了系统的符号互动理论。符号互动论颠覆了欧洲理性主义传统，这一理论将意义、自我、心灵、意识等主观的东西归结为具体环境的产物，而不是把它们说成是神意、天命或者理性，这一理论的诞生表明，美国在完成独立战争，建立民主制度之后理性主义已经完成历史使命，关于意识、意义、自我、心灵等主观问题需要有某种更科学、更积极的理论去加以解释。米德等人将意义、心灵、自我视为人际互动和环境产物从本质上来说就是一种实用主义，因为民主制度建成之后，人们已经无须理性主义提供社会目标和社会理想，人们需要的是具体的社会建设以及社会行动的效率，为此哲学和心理学必须提供有关具体社会行为的解释、预测，以提高社会行为的效率，符号互动论满足了美国社会发展的这一新的要求。

但是符号互动论的核心是如何理解符号的功能价值，了解意义以及自我的产生过程，要建立起符号互动这一理论大厦，就必须科学解释各种符号现象。米德进入这一神秘领域，并发现了人们借助于符号完成自我建构和社会协调这一事实，正是在这一点上米德的理论深深介入了传播学领域。我们今天所面对的所有大众传播都是符号的传播，大众媒介借助于符号完成信息和意义的传递以达到影响人、改变人的目的，传播学后来发展出来的成套理论，如媒介效果理论、受众理论、传播控制理论，它们共同的基础都是符号互动理论。只不过米德那里所谓的符号互动是指互动的个体借助于彼此发出和接收的符号信息进行互动，完成自我建构和社会协调，所谓大众传播符号互动则体现为受众借助于大众传媒发出的信息完成与传媒的互动，并最终完成自我建构和社会的协调。与此同时，米德有关自我形成的理论其实已经触及后来的认知心理学的领域，认知心理学成为现代受众理论的重要组成部分。

其四，芝加哥社会学不仅仅高度关注美国的社会现实，关注上一个世纪之交美国社会的巨变，开启了美国社会学诸多重要母题，由此无意间触及了传播学这一处女地，他们当中的许多学者还直接参与到了传播学的理论建构之中。

第三节　社会学芝加哥学派直接参与的新闻传播学研究：佩恩基金"电影与青年"项目研究

社会学芝加哥派成员中直接参与到新闻传播学理论建构的主要有帕克、赫伯特·布鲁默、保尔·格瑞斯以及海伦·休斯（Helen Mac Gill Hughes）[1]等。帕克在成为芝加哥大学教师之前有着长达十几年的新闻从业经历，他对新闻传播实践和理论终生怀有浓厚的兴趣，他的都市生态

---

[1]　休斯的博士论文题为《人类趣味故事》（The Human Interest Story，1940，Helen Mac Gill Hughes）。

学开山之作《城市：都市环境中的人类行为调查》就是他成为职业记者对各种都市现象进行描述和分析的理论成果，他的《移民报刊及其控制》一书开启了美国新闻传播学功能研究的先河，迄今为止，学术界没有认真对待这部新闻传播学研究的经典著作。帕克还著有《报纸》(The News-paper) 以及《报纸的自然史》(The Natural History of Newspaper) 等重要论文，对新闻和报纸的性质、功能和作用进行了深刻论述。

　　社会学芝加哥学派不但开启了美国传播学的基础研究领域，同时也直接参与了一些重要的传播学应用研究。由佩恩基金支持的"电影与青年"研究项目是美国学术界第一次大规模的大众传播效果研究活动，芝加哥大学社会学系的帕克、布鲁默等人也参与了这项研究，其中布鲁默的研究最为出色。他主持的两项研究以实证主义研究方法恰当地揭示了电影对青少年的影响。佩恩基金"电影与青年"研究项目拉开了美国大规模媒介调查的序幕，确立了美国传播学实证主义研究的基本特征。

一、佩恩基金支持的"电影与青年"研究的背景

　　由佩恩基金支持的"电影与青年"研究项目始于 1928 年，历时约 5 年，这是美国学术界第一次大规模的大众传播效果研究活动。芝加哥大学社会学系的罗伯特·帕克 (Robert E. Park, 1864～1944)、赫伯特·布鲁默、保尔·格瑞斯等人也参与了这项研究活动。

　　20 世纪二三十年代，"电影与青年"研究项目的创建和实施首先得力于威廉姆·哈里斯·肖特 (William Harrison Short, 1868～1935)。肖特 1868 年出生于衣阿华附近的一个小农庄，他于 1897 年在耶鲁神学院 (Yale Theological School) 获得神学学位，1897 年至 1908 年他在一所教堂出任牧师，并被委任为纽约和平会 (New York Peace Society) 秘书，1922 年至 1925 年间他出任"20 世纪基金"(Twentieth Country Fund) 秘书并任"全国非党派联盟"(League of Nations Non-Partisan Association) 执行主任，1926 年他成为弗罗里达罗林斯学院 (Rollins College) 的财务和业务主管。肖特并非社会科学家，但是他与佩恩基金学者们的通信显示，他深谙社会科学研究的原则和方法。从 1927 年肖特一手创办"电影与青年"研究项目，直至 1935 年 12 卷本的系列研究成果面世，肖特一直独自一人掌管着一个名为"电影研究委员会"(Motion Picture Research Council, MPRC) 的机构。创办这个机构的初衷是通过研究电影对美国青年的负面影响去游说美国国会进行相关立法，加强对美国电影业的审查

和控制。

"电影与青年"研究项目的实施其次还得力于佩恩基金的赞助。有关佩恩基金的背景，以及这个基金与美国历史上第一次大规模电影研究的关系一直不甚明了，颇为神秘。但是近些年来美国学术界开始逐渐揭开这一面纱。有关佩恩基金以及"电影与青年"研究项目的大量原始材料在两个地方被发掘出来，其一是位于斯坦福大学的"胡佛战争、革命与和平研究所"（Hoover Institution on War, Revolution and Peace），这里存有76箱有关佩恩基金以及它所支持的电影效果研究的原始材料；其二是在俄亥俄州克利夫兰市的历史社区遗存图书馆（Library of Western Reserve Historical Society）中存有81箱关于弗朗西斯·佩恩·波尔顿（Frances Payne Bolton）的原始资料。波尔顿夫人是富有的企业家查尔斯·威廉姆·宾格汉姆（Charles William Bingham）的女儿，由于她的努力，佩恩研究项目（Payne Study）以及实验基金项目（Experiment Fund）于1927年成立，这一项目以她外祖父亨利·B. 佩恩（Henry B. Payne）的名字命名。此外，俄亥俄州立大学图书馆也存有大量有关查特斯（W. W. Charters）的邮件，查特斯是俄亥俄州立大学教授，同时担任佩恩"电影与青年"研究项目的研究主任，这些档案材料提供了大量与佩恩基金有关的历史。[①] 佩恩研究基金的首笔经费并非来自波尔顿夫人，而是来自她的姐姐伊丽莎白·布鲁桑（Elizabeth Blossom），这笔经费总计65800美元，当时捐赠者的身份保密。

佩恩基金研究是美国电影业发展的产物，同时也在一定程度上代表着美国上流精英社会对电影业发展的过度警惕和反应。自从1896年4月23日在纽约的一家音乐厅（Bial's Music Hall）举行首次商业电影放映以来，商业电影在美国发展极其迅猛，这样一种价格低廉的新型娱乐方式吸引了数量巨大的美国中低收入阶层。丹尼尔·J. 切特罗姆（Daniel J. Czitrom）在《媒介与美国人的思想》一书中给出的数据显示，1907年美国已经出现3000～5000家廉价影院，日观众到达200万人。1911年廉价影院的数量激增至11500家，日观众达500万人。而到了1914年廉价影院更高达1.8万家，日观众达700万人，年零售收入额高达3亿美元。切特罗姆提供的下列数据更能说明问题，见表7-3。

---

① 参见 Garth S. Jowett, Ian C. Jarvie, Kathryn H. Fuller. *Children and the Movies: Media Influence and the Payne Found*, Cambrdge University Press, 1996, pp. 19-20。

表 7 - 3　美国城市影院上座率（1911~1918）①

城 市	人口 （1910 年）	年 份	周上座数	影院数
纽约	4766883	1911	1500000	400
克利夫兰	560663	1913	890000	131
底特律	465766	1912	400000	
旧金山	416912	1913	327500	
密尔沃基（Milwaukee）	373857	1911	210630	50
堪萨斯市	248381	1912	449064	81
印第安纳波利斯（Indianapolis）	233650	1914	320000	70
托莱多（Toledo）	18784 （1915 年）	1918	316000	58

　　新兴电影业的快速发展日益引起美国社会的紧张和不安，宗教人士尤其是基督教新教的信奉者认为电影冲击了美国传统的生活方式和价值观，道学家们指责电影败坏了社会风气，是青少年犯罪的诱因，甚至一些医生也证明影院内黑暗的环境会损害观众的眼睛和身心健康。学术界呼吁警惕电影甚至主张立法限制电影业的声音也开始出现，1916 年哈佛大学心理学教授胡高·明斯特伯格在《故事影片的心理研究》（The Photo Play：A Psychological Study）一文中说道："电影故事片如此吸引观众，难免会产生社会效果。故事片中的情景栩栩如生，仿佛现实，观众的思想完全被电影所主宰，显然电影故事片这种强大的影响充满了危险。电影越是栩栩如生，人们越是容易模仿和效仿。"② 他呼吁公众和教育工作者警惕电影业，并呼吁建立国家审查制度，以防范电影业对公众的侵犯。

　　几乎就在同一年，另一名学者威廉姆·赫利（William Healy）发表论文《个体犯罪》（The Individual Delinquent），试图证明电影对青少年犯罪的影响。他声称电影可以诱发人的性本能，他认为真正的危险在于放映电影的那种黑暗的场所。他说："在幽暗中邪恶的交流蠢蠢欲动，人们极

---

　　① 数据来源：Daniel J. Czitrom. *Media and American Mind：From Morse to Mduham*，University of North Carolina Press，Chaple Hill，1982，pp. 41 - 42。

　　② Garth S. Jowett，Ian C. Jarvie，Kathryn H. Fuller. *Children and the Movies：Media Influence and the Payne Found*，Cambrdge University Press，1996，p21.

易染上恶习，电影剧场还特别容易诱发同性恋。"① 1928 年，威斯康星大学著名社会学家爱德华·爱斯华斯·罗斯（Edward Alsworth Ross）警告说，电影已经使"越来越多的在那些城镇出生的十几岁的青少年比先前任何一代人都更加性早熟、性兴奋、性沉迷"。他说："由于他们过早接触那些刺激性的电影，他们的性本能比起那些在良好家庭中长大的男孩和女孩们更早地在生活中呈现出来，结果'追逐爱情'成为他们生活中的主要内容。"②

美国上流社会对新兴电影业的攻击很大程度上代表着基督教新教的情绪和观点，因为在 20 世纪前后的美国，基督教新教的地位已经开始被迅速到来的信息社会所动摇，家庭、学校和教会等传统教育方式被后起的报纸、通俗文学、杂志和电影所取代，电影因其社会影响巨大而成为文化卫道士攻击的首要目标。不仅如此，反对力量还不断进行政治努力，希望通过立法来限制电影业的发展，为了达到这一目的，反对派必须拿出证据证明电影确实对社会和青少年产生了恶劣影响，借此说服公众和议会。肖特掌管的电影研究委员会（MPRC）正是在这一背景下成立的。

二、佩恩基金研究的主要内容以及芝加哥学派的贡献

这项有关电影影响的佩恩基金研究必须依靠美国学术界的通力合作才有可能完成。从 1927 年 11 月电影研究委员会成立，肖特就开始寻访美国著名学者，当时芝加哥大学社会学在美国学术界已经处于领先地位，他的重点寻访对象是芝加哥大学、耶鲁大学、衣阿华大学、威斯康星大学、密歇根大学、明尼苏达大学的社会学家以及心理学家，他也特别寻求那些与自己观点相近的学者参与到佩恩基金研究中来。肖特在芝加哥大学拜访了教育系的弗朗克·弗里曼，弗朗克·弗里曼在稍早的时候出版过《课堂里的电影》一书。肖特还拜会了查特斯，当时查特斯是芝加哥大学教育系教授，查特斯应邀参加了佩恩基金研究，并担任这个项目的研究主任。在社会学系肖特会见了帕克，帕克当时正与伯吉斯以及研究生们合作从事城市生态学方面的研究，帕克本人对戏剧和电影也一直

①　Garth S. Jowett, Ian C. Jarvie, Kathryn H. Fuller. *Children and the Movies: Media Influence and the Payne Found*, Cambrdge University Press, 1996, pp. 26 – 27.

②　Edward Alsworth Ross. "What the Films are Doing to Young American", 转引自 Stanford M. Lyman, and Arthur J. Ridich. *Selected Works of Herbert Blumer: A Public Philosophy for Mass Society*, Urbana and Chcago University of Illinosis Press, 2000, p37。

抱有浓厚的兴趣，早在 1918 年帕克从事移民报刊研究的时候，他最初的研究题目并非《移民报刊及其控制》，而是《外语报刊以及剧院》（*The Foreign Language Press and Theater*）。[①] 帕克一直认为戏剧电影是都市生态中不可忽视的文化现象，但是由于帕克已经安排好于 1929 年访问日本和中国，他未能参加这项研究工作，他介绍赫伯特·布鲁默和其他几位研究生参与到这项研究中。

佩恩基金研究的目的是要了解电影对青少年尤其是对儿童的影响，这项研究涉及的问题包括：电影是否影响到青少年的态度、是否影响他们的行为、是否影响到他们的睡眠？电影与青少年犯罪是否存在因果关系？是否能以量化方法研究电影？由于在此之前美国还未有过如此大规模的大众传播研究，这项研究在当时无疑处于领先地位。

"电影与青年"项目的研究成果在 1933 年至 1955 年间由麦克米兰公司以 12 部学术专著的形式陆续出版，分别为：

1. 《电影与青年：总论》（*Motion Pictures and Youth：A Summary*，by W. W. Charters）

2. 《从电影中获得观念》（*Getting Ideas from the Movies*，by P. W. Holady and George D. Stoddard）

3. 《电影与儿童的社会态度》（*Motion Pictures and the Social Attitudes of Children*，by Ruth C. Peterson and L. L. Thurstone）

4. 《社会行为与电影迷的态度》（*The Social Conduct and Attitudes of Movice Fans*，by F. K. Shuttle Worth and Mark A. May）

5. 《儿童对电影情境的情绪反应》（*The Emotional Responses of Children to the Motion Picture Situation*，by W. S. Dysinger and Chrisian A. Ruckmick）

6. 《电影与道德标准》（*Motion Pictures and Standards of Morality*，by Charles C. Peters）

7. 《儿童的睡眠》（*Children's Sleep*，by Samuel Reushaw，Vernon L. Miller，and Dorothy Marquis）

8. 《电影与行为》（*Movies and Couduct*，by Herbert Blumer）

9. 《电影的内容》（*The Content of Motion Pictures*，by Edgar Dale）

10. 《电影的儿童上座率》（*The Children's Attendance at Motion Pictures*，by Edgar Dale）

---

① Winifred Raushenbush. *Robert E. Park：Biography of Sociologist*，Duke University Press，Durham，N. C. 1979，p89.

11. 《电影、青少年犯罪以及犯罪》（*Movies Delinquency, and Crime, by Herbert Blumer and Philip M. Thrasher*）

12. 《如何欣赏电影》（*How to Appreciate Motion Pictures*, by Edgar Dale）

此外，保尔·格瑞斯和弗雷德里克·施拉舍（Frederick M. Thrasher）还合作撰写了《男孩、电影以及城市街区》，但当时未出版。

在上述 12 项研究中《电影与青年：总论》的作者查特斯当时是芝加哥大学教育系教授，他于 1904 年在芝加哥大学获得博士学位，指导导师为杜威，1925 年至 1928 年在芝加哥大学任教，1928 年进入俄亥俄州立大学，任教育研究所主任，直至 1947 年。《电影与儿童的社会态度》一书的作者之一路易斯·雷恩·瑟斯顿（Louis Leon Thurstone, 1887～1955）于 1917 年在芝加哥大学获得博士学位，1923 年至 1953 年执教于芝加哥大学，是这所大学的心理学教授。1928 年瑟斯顿还与另外一位心理学家博加达斯发明了态度量表，将态度这类的主观问题转换为数学量化表达，态度量表成为社会学、社会心理学以及传播学研究的重要根据。瑟斯顿于 1932 年当选为美国心理学学会（American Psychological Association）主席，并于 1932 年创办《心理测验》（*Psychometrick*）。芝加哥大学社会学系的布鲁默完成了两项重要研究，即《电影与行为》和《电影、青少年犯罪以及犯罪》（与他人合著）。如前所述，帕克虽然没有全程参与佩恩基金研究项目，但是对这项研究给予了大量指导，他对布鲁默等人的学术影响不可忽视。其他两位对佩恩基金研究作出贡献的学者弗朗克·弗里曼和菲利普·豪瑟（Philip M. Hauser, 1909～1994），前者为芝加哥大学教育系主任，后者当时是芝加哥大学社会系研究生，后来在社会系获得博士学位并终生在芝大任教。

值得一提的是，佩恩基金的 13 项研究成果中。一些参与者虽然不在芝加哥大学执教，但是它们当中一些人也曾经受教于芝加哥大学，如《电影的内容》《电影的儿童上座率》以及《如何欣赏电影》三本书的作者埃德加·戴尔（Edgar Dale, 1900～1985）1928 年在芝加哥大学教育系获得博士学位，指导导师为查特斯，1929～1970 年，埃德加·戴尔执教于俄亥俄州立大学教育研究所，成为非常知名的教育传播学术家，二战期间他担任战争信息办公室（Office of War Information, OWI）附属的电影处（Bureau of Motion Pictures）主任。《社会行为与电影迷的态度》一书的作者之一马克·梅（Mark A. May, 1891～1977）1912 年毕业于芝加哥大学，后在哥伦比亚大学获得硕士和博士学位。

三、布鲁默在佩恩基金研究中的重要贡献

芝加哥大学学者中参与佩恩基金研究的最重要的人物是赫伯特·布鲁默，布鲁默是后期芝加哥社会学派的重要人物，也是符号互动论的集大成者。

布鲁默 1900 年 3 月 7 日出生于密苏里的圣路易斯（St. Louis），他的父亲是个木匠，母亲在很小的时候成为孤儿，被一对德国夫妇抚养成人。布鲁默在一所离家两英里远、仅有一间教室的学校里完成了他最初的教育，当他高中刚刚读完一半的时候，他家里经营的店铺遭遇火灾被烧毁，布鲁默被迫离开学校帮助父母重建家园。他的父母鼓励他上商业学校，将来成为一名速记员；在他年仅十几岁的时候，他就开始靠帮人速记，养家糊口。

布鲁默喜爱社会主义文学（Socialist Literature），并且梦想将来成为一名人道主义领袖，当意识到自己所受的教育不足以担当如此重任的时候，他开始发愤自学，他用 7 个月的时间补完了两年高中的课程，1918年他在密苏里大学注册成为该校的一名正式学生。[①]

在密苏里大学，布鲁默第一次接触社会学课程，在此之前他对社会学一无所知，他以为社会学是一门关于社会主义的课程才选修它。1922年布鲁默成为密苏里大学的社会专业硕士研究生，指导教师就是主讲社会学课程的艾尔伍德（Ellwood）教授，他的硕士论文题目是《社会革命理论》（Theory of Social Revolutions）。

硕士毕业后布鲁默在密苏里大学任教，1924 年他在芝加哥大学注册成为博士生，同时任讲师。因为受到帕克等人的启发和影响，他的兴趣很快从社会主义的改革立场转移到社会学研究中，除此之外他还跟随米德学习了几门课程。

布鲁默的博士论题是《社会心理学方法》（Method in Social Psychology），主要指导教师是艾斯沃斯·法里斯（Ellsworth Faris）。[②]

1928 年布鲁默完成博士学业并开始在芝加哥大学社会学系正式执教。1931 年因为米德生病，他应米德邀请接手米德已上了多年的社会心理学

---

① 布鲁默生平介绍据 Edited by Thomas J. Morrione. *George Herbert Mead and Human Conduct*, A Division of Rowman&Littlefield Publishers, Inc., Walnut Creek, Lanbam, New York, Toronto, Oxford, 2004, pp. 179 – 183。

② 另一说法是，布鲁默的博士指导教师为米德和帕克。

课程，这些为后来布鲁默系统提出符号互动论打下了良好的基础。1939年，布鲁默加入伯克利的加利福尼亚大学，成为著名的符号互动论和社会心理学专家。1952 年至 1967 年一直担任该校社会学系主任，1955 年担选为美国社会学学会主席（ASA）。

布鲁默的主要研究领域是符号互动论，但是由于他早年参加佩恩基金研究以及所取得的成果，使得他成为美国早期传播学研究的重要人物。

佩恩基金的研究强调以实证方法去调查电影对少年儿童的影响，布鲁默主持的两项研究同样遵循了这一原则。在《电影、青少年犯罪以及犯罪》一书中，作者开宗明义地写道："这项调查需要特别考虑：（1）电影在男性和女性青少年犯罪中所起的作用；（2）电影对那些身处教育改造学校，少年管教所以及监狱中的罪犯们的影响；（3）暴力犯罪电影对非青少年罪犯们的影响。"① 为了调查这些问题，作者主要采取了当事人口述经历的方法进行研究，调查的样本包括：（1）大型少管所中的 300名青年罪犯，大多数年纪在 16 岁到 24 岁之间，为调查相关问题共发放问卷表 110 份，回收简要说明文件 258 份，电影相关个人经历 40 份；（2）55 名犯有前科的罪犯，他们大多数处于假释或缓刑阶段，年纪在 19岁到 31 岁之间，向这些人收取了电影相关个人经历；（3）大型教育改造学校里的 300 名女孩及妇女，年纪在 13 岁至 28 岁之间，发放并回收问卷表 252 份，回收简要说明文件 118 份，电影相关经历自述 50 份。除此之外，作者还分别向逃课生、行为偏差学生、待判决男女青少年、在校正常学生等青少年群体发放并回收了类似文件，调查者与被调查者的合作完全基于双方自愿。②

《电影与行为》一书采用了同样的实证调查方法，这本书涉及的访谈调查对象包括 1115 名在校大学生以及 583 名在校中学生，全书摘录了326 份有关访谈和解释材料，作者对建立在如此大规模样本下的调查结论大体上是自信的。

佩恩基金研究的主要发起者肖特持有比较明显的限制和反对新兴电影业的立场，而且他在寻求合作者的时候也特别关注合作者的立场是否与自己相近。但是，佩恩基金的实际参与者们在具体研究时都比较注意

① Herbert Blumer, and Philip M. Hauser. *Movies*, *Delinquency*, *and Crime*, Arno Press and the New York Times, New York, 1970, p1.

② Herbert Blumer, and Philip M. Hauser. *Movies*, *Delinquency*, *and Crime*, Arno Press and the New York Times, New York, 1970, pp. 3 – 4.

与肖特的强烈反电影态度保持距离。布鲁默主持的两项研究同样保持着比较严肃的科学态度，在解释有关电影影响的过程和结果时，作者充分意识到这一问题的复杂性，得出的结论也是比较谨慎和留有余地的。

《电影、青少年犯罪以及犯罪》一书中最后的总结比较科学和客观。作者的调查结论显示，电影确实构成了青少年犯罪或其他犯罪重要直接影响因素。较之于男性，女性更容易受到电影的不利侵蚀而沦落犯罪，对青少年犯罪者的调查表明，电影造成青少年犯罪或其他犯罪重要而直接影响因素的比例男性为10%，女性为25%，当然这是一个比较保守的数据。电影作为影响犯罪的一个重要因素，更多地体现在潜移默化上，这一结论意味着还有更多青少年犯罪与电影无关或关系不是非常明显。与此同时，作者还认为："电影可以施加截然相反的影响，它既可以导致青少年犯罪，也可能强化某些传统行为。电影在影响犯罪方面既可能使他们振奋和快乐，也可能使他们忧伤和绝望；既有促成维系现有价值和程序的功能，也有可能导致错罪行为；既可以鼓舞罪犯们改过自新，也可以令罪犯更加敌视社会。"① 作者认为造成这一局面的主要原因在于，一是电影主题和表现题材的多样性；二是欣赏者社会背景、社会态度的差异性。作者最后总结道："电影在那些社会失序地区生长的儿童生活中扮演着特别重要的角色。电影的（不利）影响似乎总是与家庭、学校、教堂以及社区邻里基础的薄弱成正比例，在那些传统秩序和体制发生转变的地方，传统的社会态度以及行为方式土崩瓦解，电影因而更容易成为人们生活中的思想和观念来源。"②

不仅如此，布鲁默也充分意识到限制电影与言论自由之间的冲突。布鲁默从来不对电影制作商个人抱有太多的幻想，他认为电影业从来没有什么文化目标，也不会去制定什么文化策略和文化项目，电影制作商不过是对商业利益抱有兴趣的一群人，如果电影制作商刻意在使大众获得自由的框架内去追求某种文化目标，那么电影业可能会一败涂地。③ 但是，另一方面，布鲁默坚信真理只有经由"意见的自由市场"而发现。尽管意见的自由市场本身存在危险，但是美国人应该勇于承担这种风险去获取新的思想和不同的社会组织安排。在《电影与行为》一书中，作

① Herbert Blumer, and Philip M. Hauser. *Movies, Delinquency, and Crime*, Arno Press and the New York Times, New York, 1970, p201.

② Herbert Blumer, and Philip M. Hauser. *Movies, Delinquency, and Crime*, Arno Press and the New York Times, New York, 1970, p207.

③ 参见 Herbert Blumer. *Moulding of Mass Behavior Though the Motion Picture*, 1935。

者写道：在我们的社会中，男女青少年常常被置于新的和陌生的生活中，在这样的社会中不可能存在担保者，没有人能够保证真理能够胜出，或者良好的意愿能够战胜邪恶的意念。电影赞美爱、忠诚、正义以及爱国主义既可能诱引一些青年走向犯罪，导致不良行为，但是也可能引导青少年向正面发展。布鲁默争辩说："电影尽管缺乏文化，但是却有可能潜移默化地帮助人们创造一种自由、世俗的生活秩序。"电影审查阻碍了人们自由想象的活力，从而限制了新的生活秩序出现的可能性。很显然，在权衡了电影的利弊后，布鲁默站在了反对电影审查的立场。

布鲁默独立完成的《电影与行为》以及与菲利普·豪瑟合作完成的《电影、青少年犯罪以及犯罪》均于 1933 年由麦克米兰公司出版。布鲁默以比较严格的社会学观点和视角去探讨和研究电影及其影响，在《电影、青少年犯罪以及犯罪》一书中，作者将电影上座率看作是现代社会中的一种独特群体行为，美国的电影观众构成了这样一类大众群体。在传统习俗弱化的地方，类似的大众群体行为就容易出现。作者也注意到作为大众群体的电影观众很少采取具体的、联合的、群体的活动，或者发起社会运动，相反，电影观众总是根据自己的需要、自己的感受以及自己所处的情境对影片作出相应的反应，而且电影主要是通过其展示的奢华场面、精美服饰、香车美女等刺激和诱惑观众，从而导致部分青少年观众犯罪，同时电影中所呈现的犯罪技巧有时也会导致直接犯罪行为。作者认为："电影对犯罪具有潜移默化的作用，或者说电影可能会强化那些本来就有犯罪的倾向的人们的犯罪动机。"①

1935 年，布鲁默发表论文《通过电影塑造的大众行为》进一步阐明电影与大众行为之间的关系。他认为电影不断地描绘和展现诸如勇敢、忠诚、慈爱、率真、正直、爱情、聪慧、英雄主义和友情之类的主题，去表达同情与反感、好与坏、爱与憎之间的矛盾；电影对观众的最终影响是确认人类的基本价值而不是败坏风俗。但是电影常常以反传统和陌生化的方法去表达这些东西，电影中的这些内容常常代表着对传统生活方式的背离。因为电影要吸引观众就必须去塑造复杂的人物性格、设计离奇的故事情节、追求新奇的表现手法、从这个意义上来说，电影确实无意间侵犯了既成的习俗和道德规范。但是，另一方面，电影也弥补了学校教育、家庭教育和教堂教育的不足，并且对后者所竭力灌输的道德和价值标准造成了冲击。正因如此，那些主张对电影予以审查以捍卫公

---

① Herbert Bulmer and Philip M. Hauser. *Movies*, *Deliquency*, *and Crime*, p46.

众美德的人实际上是针对现代主义、都市主义以及世俗主义发起了一场战争，以维护美国乡村化的生活方式和新教价值观。

四、佩恩基金"电影与青年"研究对美国传播学发展的影响

佩恩基金支持的"电影与青年"项目是美国历史上第一次大规模的媒介效果调查研究，社会学芝加哥学派在这项研究中发挥了重要作用。如果说早期社会学芝加哥学派领军人物，如库利、米德以"镜中自我"理论、人的社会化理论以及符号互动等理论开启了美国传播学的基础研究领域的话，那么到了帕克和布鲁默这里，他们已经开始将前期积累起来的社会学、社会心理以及传播学基础理论成果带进了实际传播问题的研究之中，通过"电影与青年"项目进一步拓宽了传播学研究的应用领域，这一研究对日后美国传播学研究的发展产生了重要影响。

其一，帕克、布鲁默等人参与的"电影与青年"项目研究是美国传播学研究实用主义传统的早期重要源头。众所周知，对传播学应用领域的关注是全盛时期的社会学芝加哥学派的一个显著特点，帕克早在1922年出版的《移民报刊及其控制》探讨的实际是战争期间美国的移民忠诚问题，即在战争期间移民报刊在何等程度上确保了数以千万计的移民对美国保持忠诚；帕克等人所领导的都市生态研究始终将文化、教育和传播作为解决新兴都市问题的核心手段，他们的都市生态研究面对的是20世纪二三十年代美国如雨后春笋般迅速崛起的都市及其问题，所有这些都烙上了实用主义的印记。同样，布鲁默等人参与的"电影与青年"项目针对的是迅速兴起的美国电影业，以及这一新兴媒介对美国青年和美国社会产生的重大影响这一新的社会现实，"电影与青年"项目研究也确实使国会通过了一些旨在限制电影业的重要法律，可以说社会学芝加哥学派的传播研究是美国实用主义传播学研究的重要源头。

当然，美国实用主义传播学研究并非仅仅关注效用、效率等问题，这类研究往往也同时关注价值，"电影与青年"项目的启动就具有强烈的价值预设立场，项目主要主持人肖特关注的是电影对青少年的侵害，尽管这一关注具有一定的宗教背景，但是，面对电影这样一个新兴的陌生媒介，避免使之成为侵害青少年和公众的新型工具，这一研究出发点是无可指责的，这其实也是一种研究的价值导向。在美国此后的一些大型媒介调查活动，如1940年拉扎斯菲尔德领导的"伊利县调查"，1958年施拉姆领导的电视对北美儿童的影响等大型研究其实也都预设了类似的价值立场。事实上，实用主义主导的美国传播学研究在追求效用和效率

的同时，始终坚持言论自由、媒体独立、自由市场这样一些民主社会运行的基本价值，一个多世纪以来，美国传播学研究是始终没有脱离自由主义框架之内的实用主义诉求。

其二，"电影与青年"项目研究拉开了美国大规模媒介调查研究的序幕，开启了美国传播学实证主义研究方法的源头。在过去的一个多世纪中，美国的传播研究表现出显著的集体参与特征，即在不同的历史阶段，来自不同学科领域的社会科学学者围绕某一特定问题，开展大规模的调查研究活动，由此提出理论范式和解决方案。如果说在"电影与青年"项目之前，由李普曼、拉斯韦尔等人率先开启的舆论宣传研究主要体现为个体研究的话，那么"电影与青年"项目之后，美国学术界有关传播学的研究则发生了明显的转型，开始由个体型研究向集体型研究，从大规模的内容研究向大规模的调查研究转变；研究方法也开始逐渐摆脱哲学思辨式的定性研究方法，开始向实地调查、个案访谈、控制实验等实证研究方法转变。在《大众传播效果研究的里程碑》一书中，作者评论说，佩恩基金调查"在把媒介调查变成一个严肃的科学性领域方面，做出了许多开拓性的努力"①。作者认为："佩恩基金的调查成为媒介调查领域科学化的先驱，它预言了到现在才提出的意义理论、模型理论，并且还关注了一些新兴的研究领域中的课题，如态度转变、休眠效应、使用与满足内容分析、模仿的影响和现实的社会建构（Social Construction of reality）。"②

其三，尤其重要的是，"电影与青年"项目研究开启了美国传播效果研究中的一些重要主题，此后美国传播效果研究很大程度上建立在大众传播信息如何影响受众认知、情感、态度以及行为改变这一基础之上，"刺激—反应"这一行为主义心理学的基本理论也被纳入传播效果研究中，作为分析受众认知、情感、态度以及行为改变的基本理论依据。例如，稍后赫佐格进行的有关日间广播连续剧的使用与满足研究、1938年坎垂尔领导的"火星人入侵"研究、1940年拉扎斯菲尔德等人领导的"伊利县调查"、二战以及战后霍夫兰领导的"电影效果评估"以及态度改变研究、20世纪60年代以来施拉姆以及哥伯纳等人开展的大规模电视

---

① 〔美〕希伦·A. 洛厄里、梅尔文·L. 德弗勒：《大众传播效果的里程碑》，刘海龙等译，北京，中国人民大学出版社2009年版，第26页。

② 〔美〕希伦·A. 洛厄里、梅尔文·L. 德弗勒：《大众传播效果的里程碑》，刘海龙等译，北京，中国人民大学出版社2009年版，第27页。

影响研究等，基本上都沿袭了"电影与青年"项目研究的思路和方法。此外，"电影与青年"项目研究从一开始就充分考虑到儿童受众年龄、性别、家庭出身、个性特点等个体差异因素，并充分考虑了儿童受众个人经历、原有价值观等中介因素对于他们接触电影后态度与行为改变的影响，这些分析传播效果的思路也被后来者所继承并强化，并导致了传播效果理论在 50 年代之后开始逐渐摆脱"强效果理论"的传统模式，人们越来越重视大众传播对受众的间接影响和长期影响效果，更重视受众在接受信息过程中的主观能动性。尤其可贵的是，布鲁默从一开始起就敏锐意识到包括电影在内的大众传播媒介进入现代社会生活不可避免，在所谓的大众传播媒介有可能危及传统社会价值观并侵害社会道德与"意见的自由市场"之间，他坚定地站在了后者的立场上，这无异于为后来以实用主义为基本价值导向的美国传播效果研究打了一剂自由主义价值观的"强心剂"。

传播问题的高度复杂以及美国社会对效用和效率的实用主义要求最终促使美国的传播学研究选择了多学科、多人员参与的大型调查研究模式，并确立了以定量研究为主的科学实证研究方法。但是，始于 20 世纪 20 年代后期的"电影与青年"项目无疑对美国传播学研究模式以及实证主义研究方法的确立起到了重要的示范和推动作用，尤其是在"电影与青年"项目中汇集了众多来自芝加哥大学或具有芝加哥大学背景的社会学家和心理学家，他们对佩恩基金研究的贡献功不可没。

第八章　库利的传播学研究及其思想价值

作为美国第一代最为重要的社会学家和社会心理学家，库利在社会学和社会学心理学研究方面作出了重要贡献。库利贡献于社会学和社会心理学的地方其实也是他贡献于传播学的地方，他的博士论文不但研究了铁路系统作为交通运输手段对于美国社会产生的影响，同时也考察了铁路在传播信息，凝结美国精神文化等方面的重要作用。他的"镜中自我"理论、首属群体理论不但从社会学角度探讨了人的社会化过程等问题，而且也探讨了传播在社会组织、社会过程、社会秩序以及共同体建设等方面发挥的重要作用。库利的传播学研究是对 19 世纪美国社会转型的回应，他的传播学思想包含着对民主的期盼。

第一节　库利涉足传播问题研究的职业和学术背景①

汉诺·哈特在《传播学批判研究》中对 19 世纪后期以来美国传播学研究发生的背景作了比较恰当的评述，他说："民主理论为美国的传播理论和研究的历史指引前进方向，技术对传播性质的冲击也指引着传播理论和研究的历史走向。美国的哲学思考和社会实践专注社会进步的观念，同时又对语言、符号和交流表现出浓厚的人文主义兴趣和语文兴趣；传播研究的历史就是在这个过程中形成的。"②

库利是美国学院体制内最早对传播问题进行认真研究的学者，学术界公认美国传播学研究的思想源头在芝加哥学派，库利无疑是最早和最

---

① 有关库利生平的介绍主要依据 Glenn Jacobs. *Charles Horton Cooley：Imagining Social Reality*，University of Massacbusetts Press，Amherst and Boston，2006。

② 〔美〕汉诺·哈特：《传播学批判研究：美国的传播、历史和理论》，何道宽译，北京，北京大学出版社 2008 年版，第 27 页。

重要的源头之一。

严格地说，库利并非属于芝加哥学派的成员，但是他的思想与芝加哥社会学派一脉相承，而且在许多方面，库利的理论创造在先，影响更大。此外，芝加哥社会学派的重要人物杜威、米德等都出自密歇根大学，库利在密歇根大学辅修社会学时还选过杜威的课，他们都是当时密歇根大学一个俱乐部（Samovar Club）的成员，这些因素使得人们把库利也归入芝加哥社会学学派中的人物。

施拉姆较早开始研究库利对于传播学研究的贡献，他认为库利的《社会组织》不仅仅是社会学著作，同时也是传播学著作。施拉姆引用该书关于传播的一些论述断言："先于传播学四位先驱的一位学者是查尔斯·库利，他在《社会组织》一书中写下了许多关于传播的论述，告诉我们他所研究的新领域与传播之间的关系。"①

彼特·西蒙森（Piter Simonson）在《重建传播学历史》一书中，比较深入地研究了库利对于传播学研究的贡献。他认为库利是 19 世纪 90 年代到 20 世纪第一个 10 年间美国传播学研究的先驱人物，他说："那个来自密歇根大学城的人是英语世界中第一个从现代大学职业专家的角度明确提出传播概念的人。"②

库利涉足传播问题研究与他自己的成长经历和思想经历密切相关。事实上，库利自己也明确地意识到了这一点，他在 1897 年的日记中写道："我的思想和写作非常自然地与我的生活联系在一起。""我自童年就开始的日记是我思考的持续记录，我业已完成的社会学研究和其他研究不过是在完善和印证我的日记。"③ 简言之，库利早年在州际商业委员会和统计局的工作经历最终使他将关注的目光投向传播领域。

查尔斯·库利的家族来自新英格兰，他的祖父托马斯·库利在 1640 年以前就来到马萨诸塞州的斯普林菲尔德（Springfield）定居，后来前往纽约阿提卡（Attica）的一个农庄。托马斯·库利生有 15 个孩子，因为贫寒，孩子们需要自己挣学费完成教育，其中第八个孩子托马斯·麦金太尔·库利（Thomas McIntyre Cooley，1824～1898）后来成为库利的父

①　Wilbur Schramm. *The Beginnings of Communication Study：A Personal Memoir*，Edited By Steven H. Chaffe and Everett M. Rogers，Thousand Oaks／London／New Delhi，Sage Publications，Inc. ，1997，p9.

②　Peter Simonson. *Refiguring Mass Communication：A History*，University of Illinois Press，Urbana，Chicago，and Springfield，2010，p92.

③　Peter Simonson. *Refiguring Mass Communication：A History*，University of Illinois Press，Urbana，Chicago，and Springfield，2010，p108.

亲。托马斯·麦金太尔·库利通过多年的奋斗在 1859 年的时候成为密歇根大学法学院的教师和首任系主任，1864 年当选为州最高法院法官，任职长达 20 年。1887 年他被美国时任总统格罗弗·克利夫兰（Grover Cleveland，1837 ~ 1908）任命为州际商业委员会（Interstate Commerce Commission）的首届主席，直至 1891 年。1893 年他当选为美国律师协会（America Bar Association）第 16 任主席，库利在父亲当选为州最高法院法官那年，即 1864 年出生。

库利的青少年时期备受病痛折磨，所幸他出生在一个条件非常优裕的家庭，这使他得以在长期疾病折磨中完成学业。1880 年他入读密歇根大学，他选读的课程包括 4 门语言，一些历史课程以及一些机械工程等。他 16 岁入学，但是因为健康状况不好，他在大学待了 7 年才毕业。大学期间为了治病和疗养，他先后游历了美国以及欧洲很多地方，他于 1887 年毕业于机械工程专业。毕业后，库利又回到密歇根大学继续学了一年的工程学。在此期间，他开始阅读斯宾塞的作品，并继续攻读政治经济学专业研究生。他父亲建议他多接触社会，积累经验。当时他父亲已经被任命为州际商业委员会主席，住居在华盛顿特区，1889 年 3 月，他父亲给他写了一封信。

> 亲爱的库利：
>
> 　　我的意见非常明确，并且已经决定。为了你自己好，你应该立即来到我这里待上 6 到 12 个月，你将在我这里学到很多东西，比你留在阿安伯（Arbor）当一个教师所能够学到的东西多六倍还不止。如果你来了以后觉得实际情况并非如此，你可以立即离开。如果你决定不来我这里，你将犯下大错误。
>
> 　　永远爱你！
>
> 　　　　　　　　　　　　　　　托马斯·麦金太尔·库利①

1889 年，库利来到华盛顿并在州际商业委员会和统计局（Census Bureaul）工作，前后共两年。在这两年中库利利用自己在统计学方面的知识调查和研究美国的交通运输问题，这项调查的主要目的是为了降低交通事故。他根据自己的调查写了一篇论文《铁路交通的社会影响》（The

---

① Peter Simonson. *Refiguring Mass Communication：A History*, University of Illinois Press, Urbana, Chicago, and Springfield, 2010, p99.

Social Significance of Street Railways），库利借用斯宾塞的社会有机体概念，将城市交通系统看作社会的器官，承担着自己的功能，但是他认为城市交通系统的功能绝不仅仅在于运输货物和人口，它还提供更为广泛的公共服务。1990 年他在美国经济学学会的一个会议上宣读了这篇论文，哥伦比亚大学的两位著名教授富兰克林·吉丁斯和莱斯特·沃德也参加了这个在华盛顿召开的会议，他们对库利极为欣赏，鼓励他参与到社会学研究中。

　　1892 年，库利回到密歇根大学攻读政治经济学博士，辅修统计学和社会学，他同时获得兼职讲师的教职。在攻读博士学位期间，他接触到了德国学者阿尔伯特·沙佛尔（Albert Schaffle，1831～1903）的思想，沙佛尔是德国著名记者以及社会学家，他的著作《社会实体的结构和生活》在德国和美国拥有广泛读者，他认为沟通社会实体各个部分的东西是传播，传播是联结社会的神经交流系统。在此期间，库利还选修了杜威主讲的政治哲学课程，杜威认为语言是社会有机体的中枢系统，这一中枢系统之于社会正如神经系统之于生命体；新的传播机制可以使社会中枢系统更有效地运行，如果知识能够被报纸之类的"社会感觉器官"（social sensorium）以科学的方式组织并传播，一个更加统一和智能化的社会将从中产生。这些观点都深刻影响了他对自己正在研究的铁路交通系统的看法，并把传播的观点带到自己对铁路交通问题的研究。1894 年他以论文《交通运输理论》（The Theory of Transporation）获得经济学博士学位①。1894～1895 年他在密歇根大学继续保留兼职讲师的教职，他于1899 年成为助教，1904 年成为副教授，1907 年成为全职教授。

　　库利 1905 年加入美国社会心理学学会，1918 年当选为该会主席。但是身为美国社会心理学学会主席，他却很少参加该会的活动。库利一生过着恬静而淡泊的学者生活，他一直小心地与政治保持着距离，即使是在他所在的密歇根大学，他也与那里的办公室政治保持着必要的距离。1912 年 10 月在圣路易斯举办的一次美国社会心理学学会上，当时哥伦比亚大学政治经济学系主任、著名社会学家富兰克林·吉丁斯向库利发出邀请，希望库利到哥伦比亚大学出任教职，经过慎重考虑，库利谢绝了

①　根据 Glenn Jacobs 的说法，库利在 1890 年的那次美国经济学学会举办的学术会议上认识了吉丁斯和沃德，此后与他们保持了几年通信，1894 年库利就吉丁斯为他草拟的博士论题进行了答辩并获得博士学位。见 Glenn Jacobs. *Charles Horton Cooley：Imagining Social Reality*，University of Massacbusetts Press，Amherst and Boston，2006，pp. 8－10。但是这一说法似乎不成立，因为库利显然是在密歇根大学获得的经济学博士学位，但是 1894 年吉丁斯和沃德都就职于哥伦比亚大学。

这一邀请。那时的哥伦比亚大学是美国仅次于芝加哥大学的社会学研究中心，而且当时报业大王普利策已经承诺捐助该校创办新闻学院。如果库利接受了这一邀请，他极有可能成为美国领先的传播学经验学派研究领袖。1928 年后他的身体每况愈下，诊断为癌症，1929 年 5 月 7 日去世。

第二节　库利的传播学思想

库利一生都在密歇根大学学习并且从事社会学和社会心理学教学和研究，他的主要著作包括《人性与社会秩序》（1902）、《社会组织》（1909）和《社会过程》（1918）。

事实上，库利对传播学研究的贡献最早见于他的博士论文《交通运输理论》，该论文的材料和观点主要来源于 1889～1892 年库利在州际商业委员会和统计局（Census Bureaul）工作时，他对美国铁路交通系统所做的调查和思考。1887 年，美国铁路里程已经由 1850 年的 9000 英里发展到 16 万英里，铁路安全以及服务公共利益成为当时美国铁路发展必须优先考虑的问题，库利收集有关美国铁路发展数据，编制铁路安全准则，他从斯宾塞的社会学观点出发探讨铁路对城市发展的影响。库利自己也说自己所做的研究与传播问题非常密切，他说："我的博士论文《交通运输理论》试图从社会有机体概念出发全面解释铁路的功能，但是，为了研究这一领域，我不得不考虑精神机制方面的内容，我必须把所有的语言，所有发现和记录的手段都考虑进去，它们的功能其实类似于交通运输，甚至它们与社会过程的关系更密切。我通过历史和现实研究这两类机制，直到我能够生动逼真地认清它们的本质和社会意义。我从社会有机体这一角度来探讨这一切，因此，传播其实是我的首要诉求，这篇论文印证了我一直孜孜以求的社会有机体的观点。"①

库利是从多维角度来考虑交通运输问题的，他不仅仅关注交通运输问题的物理层面，他更关注这一问题的社会关系层面，包括交通运输所提供的功能，通过交通运输所形成的体制和机制以及文化。库利认为，铁路、电报、电话等交通通讯技术的发明急剧缩短了物品和思想传播所

---

① 原文见：*Publications of the American Economic Associations*，Ⅸ，No. 3（May，1894）。转引自 Peter Simonson：*Refiguring Mass Communication：A History*，University of Illinois Press，Urbana，Chicago，and Springfield，2010，p103。

需的时间和空间，物品和观念的传播日益构成现代社会特殊的组成部分。在库利的论文中暗含着这样的思想，即传播环境的变化必然要引起人的存在方式的变化；库利注意到人类从言辞表达、姿态表达、交通运输发展到印刷以及新兴媒体发展所引起的人类进步这一事实，由此开辟了传播学研究的新领域。实际上，库利在《交通运输理论》中已经开始把传播视作历史发展的中心。1894 年库利通过博士论文答辩，彼特·西蒙森认为美国传播学研究诞生于这一年。

1894 年以后，库利的研究日益从传播的物质方面转移到传播的人类观念领域，他的三部主要著作都写于 1894 年之后。库利明确说："所谓社会不过是一些人的事件影响到另外一些人的事件，这些事件就是传播，因此，传播的历史也就是历史的基石。"[1] 库利敏锐地意识到当时美国社会正在发生的巨变，以及在这一巨变到来之时传播可能起到的作用，他提出了所谓"大生活"（The Great Life）这一概念。在库利看来，传播媒介构成了整个社会器官的形式，它是思想的真正外表和可见形式；书写使得历史成为可能，印刷意味着民主，因为印刷为普通人带来了知识；传播速度的加快，传播范围的扩展使人类有可能在更高层面上形成新的社会组织。[2] 在 1909 年出版的《社会组织》中，库利给传播下了一定很宽泛的定义，他说："所谓传播就是人的关系赖以存在和发展的机制，就是一切心灵符号，加上在空间里传达这些符号以及在时间里保存这些符号的手段。传播手段包括面部表情、态度和姿态、声调、语词、文字、印刷术、铁路、电报、电话以及其他一切最新的征服空间和时间的成就。"[3]

如前所述，人们普遍认为库利的学术贡献主要在社会学和社会心理学方面，但是库利贡献于社会学和社会心理学的地方其实也是他贡献于传播学的地方。库利三部主要著作《人性与社会秩序》《社会组织》和《社会过程》表面上看都是在研究社会，但是，在更深刻的意义上，这三部著作都是在研究人和人际传播。正如于海所言："库利深信，只有理解

---

① Peter Simonson. *Refiguring Mass Communication：A History*, University of Illinois Press, Urbana, Chicago, and Springfield, 2010, p110.

② 参见 Glenn Jacobs. *Charles Horton Cooley：Imagining Social Reality*, University of Massacbusetts Press, Amherst and Boston, 2006, p112。

③ Chaeles Horton Cooley. *Social Organization*, Transaction Publications, New Brunswick, New Jersey, 1983, p61.

个人，即人性，才能有望把握社会，即社会秩序。"① 但是，库利眼中的人已经不再是麦独孤笔下本能的人，也不是欧洲传统社会中那种原子化的人。库利说："独立的个人是在经验中不存在的抽象物，同样，脱离个人的社会也是如此；它既可能从个人方面考虑，也可以从社会即普遍的方面考虑；而且事实上，它永远包含着个人的和普遍的两方面。"库利又说："我们说社会是个有机体，这意味着它是一个通过互动而存在和发展的各种过程的复合体。整个社会是一个统一体，它的一个组成部分所发生的变化都要影响到所有其他的部分。它是一个庞大的互动组织。"② 互动是传播的最基本也是最重要的形式，它属于人际传播；库利的逻辑是，社会的人由互动而产生，社会由互动的人组成，因此互动不但是人形成的重要机制，同时也是社会形成的重要机制。库利不仅仅是在研究人和互动，他其实也是在研究传播。

　　库利的社会互动思想显然受到达尔文和斯宾塞思想的影响，在达尔文和斯宾塞看来，自然界和人类社会从来不是孤立的，达尔文认为自然界充满了物种之间的竞争，斯宾塞将人类社会看作社会有机体，无论是自然界还是人类社会，物种之间，人与人之间相互连接，彼此竞争，推动自然界和人类历史的进化和发展，竞争是二者理论的核心，不同的是库利把互动看作是个人以及社会形成和发展的核心机制。

　　"镜中自我"和首属群体是库利思想中最重要的概念，它们实际上是对个人以及社会形成机制的一种微观研究，研究的逻辑出发点仍然是人际互动，即人际传播。由于这一微观领域的发现，库利背弃了以麦独孤为代表的欧洲心理学的研究方向，以麦独孤为代表的欧洲心理学仅仅研究本能的个人，而否认社会心理的存在。库利创造了一个以人的交往和互动为基础的全新的社会心理学，这是一个充满了巨大想象的研究空间，但是它并非凭空而生。

　　库利在首属群体和"镜中自我"中发现了民主，满足了他对民主社会以及民主价值的信仰。库利把社会现实归结为人们彼此之间的想象，他坚信"人们彼此之间的想象是可靠的社会现实"。他通过研究首属群体得出这样的结论：以家庭成员之间的互动和交流为基础的沟通和交往是社会的发源地，生发于首属群体的价值观念和人际模式最终会扩展到社会，同时也形成社会。库利坚信人类能够进步乃是因为人类具有同情心，

---

① 于海：《西方社会思想史》（第三版），上海，复旦大学出版社 2010 年版，第 242 页。

② Chaeles Horton Cooley. *Social Process*, Southern Illinois Press, 1966, p28.

个人之间的互动必然会造就共同体、国家和世界，必然会造就民主社会。

更加重要的是，库利在 20 世纪前后倾力研究互动理论也是对现实的回应，一定程度上也反映了他对美国未来社会发展的隐忧，我们要正确评价库利对社会学、社会心理学以及传播学的思想贡献，就必须回到当时美国的现实中。

库利所处的时代正是美国社会从传统农业社会向工业社会转型的时代，伴随着大都会的形成，交通网络日益发达，人员的流动日益频繁，人们的交往方式、谋生方式以及生存方式急剧变化，这样的转型对于美国社会意味着什么？对此，詹姆斯·凯瑞以非常形象的语调评述道："19世纪 90 年代似乎是这样一个关口，人们突然脱离过去，脱离了他们魂魄所系的生活老路，他们急于创造，却不知方向所在，也不知道前路如何。"①詹姆斯·凯瑞认为库利正是在这一关键时刻创立了自己的社会学理论以及传播学思想。库利的社会学和传播研究试图回答这样一个问题：当一个建立在家庭、邻里、村落、小型社区基础上的传统社会及其组织，正在被一个建立在市场规则基础上的大型都市化和工业化社会所取代的时候，社会将以怎样的方式组织，社会秩序将以怎样的方式构成，库利试图从技术的进步、交通通讯方式的改变以及传播的发展中去寻求问题的答案。

第三节　库利传播思想中的民主期盼

库利对民主抱有坚定的信念，对美国社会借助于传播实现真正的民主抱有坚定的信心，他对传播问题的研究始终没有脱离如何实现民主的基本视角。柯林斯评价说，库利的社会学思想包含着相互关联的四个维度，他的方法是有机体式的，他的观点是进化论式的，他对前景的展望是道德式的和进步式的，他的理想是民主的。②这样的评价同样适合库利的传播思想。

实现民主的先决条件之一是公众在精神上的联合以及自觉参与到公

---

① James W. Carey. "The Chicago School and Mass Communication Research", Edited By Everette E. Dennis and Ellen Wartella：*American Communication Research—The Remembered History*, Lawrence Erlbaum Associates, Inc. Mahwah, New Jersey, 1996, p35.

② 〔美〕兰德尔·柯林斯、迈克尔·马科夫斯基：《发现社会之旅：西方社会思想述评》，李霞译，北京，中华书局 2006 年版，第 264 页。

共政治生活之中。美国思想传统的根基是个人主义，这种个人主义主要源于洛克等欧洲启蒙思想家的自然权利学说。由于追求绝对的个人自由和权利，加之美国历史上社会组织管理的松散性特点，美国社会原子化的特征十分明显，美国人被认为特别不适合结成公共社区以及精神共同体。作为社会学家和社会心理学家的库利敏锐洞见到美国社会的原子化倾向对美国未来民主发展的威胁，库利创立"镜中自我"和首属群体理论是要表明一个事实：自我的形成离不开他人，离不开与社会的互动；社会生活是一个活生生的有机体，个人与社会的协调发展是实现社会和谐发展以及实现社会民主的必由之路。库利说："自我与社会是共生的，有关自我与社会相互分离，自我与社会相互独立的概念是一种幻觉。"[①]他的首属群体和次级群体理论是"镜中自我"理论在具体社会关系之中的放大版和升级版，库利正是通过这一后来的理论版本在具体的家庭环境、社区关系中研究了人与人之间如何互相影响，自我人格如何在具体的社会关系中相互生成。库利正是通过自己对日常生活的细致观察和分析发现了一个不可知的世界，创立了真正美国本土化的社会学和社会心理学理论，并发现了一个前人未曾注意到的传播问题领域，同时也让人们从中看到了民主的希望。

　　库利一再声称，人们之间的想象是可靠的社会现实，这一声言招致了许多研究者的误解甚至批评。库利的学说被许多人说成是超验论，彼德斯干脆说库利是一位唯心主义者，他不无讥笑地说，库利的学说是一种企图使思想完全脱离肉体的学说，"他的社会学理论容纳人与幽灵的交谊"，"库利拒绝斯宾塞和赫胥黎（Thomas Henry Huxley，1825～1895）的唯物主义，他把社会化为一个布满哈哈镜的大厅，或者把社会化为一个没有肉体流动的符号场所。"[②] 然而，这一切指责并非公正，库利所言人们之间的想象并非脱离现实的想象，这些想象乃是他人和社会加诸每个个体身上的事实，这一事实在库利那里被表述为"镜中自我"，在米德那里被表述为"主我"和"宾我"，在弗洛伊德那里被表述为"自我""本我"和"超我"，所有这些理论的逻辑起点都是把人置于具体的社会关系和社会环境之中，去研究人格的形成以及人的社会化过程，去研究这些人格特征是否能够满足民主社会的需要。库利与19世纪后期美国社

---

①　Cooley. *Social Organization*, Transaction Publications, New Brunswick, New Jersey, 1983, p5.

②　John Durham Peters. *Speaking into the Air: A History of the Idea of Communication*, The University of Chicago Press, Chicago and London, 1999, pp. 184 – 188.

会中成长起来的许多知识分子一样，他在哲学上信奉的是实用主义，他拒绝承认绝对真理和绝对理性，拒绝承认各种先验的人性假设，他认为人性只能存在于具体的社会关系和社会环境之中，偏离这一基本逻辑社会的理论才是超验论和唯心主义理论。

库利所处的时代是一个美国社会大转型的时代，这些转型包括：由农业社会向工业社会的转变；由民主草创期向民主完善期的转变；由人担马驮的原始运输通信时代向以火车、机械、电报、电子技术支持的现代运输通信时代的转变。在这样一个时代，美国社会面临的紧迫问题不仅仅是人与人之间的密切合作、社会行为的协调规范、美国人精神生活的重组和重建，精神共同体的培育更成为一项紧迫任务。对于这一大背景的性质以及与美国传播研究起源之间的关系，詹姆斯·凯瑞的观点极富启发意义。凯瑞认为美国是一个缺乏共享精神文化遗产的国家，尤其是在西部边疆地区情况更是如此；新的社会秩序不可能通过继承或在不经意间而获得，它们只能通过众人的努力，苦心经营，创造一种共同文化，并付诸社会体制而建立起来。这样的共享情感、共享文化和共享社区可以通过讨论、辩论、协商、传播来组织和实现，至少在19世纪的美国传播是社区创建和维系的活跃力量。凯瑞认为，在这样的一个时代没有个人的位置，自由并不是一种解除个人羁绊，从而让人独处的消极东西；自由首先要求获得某种包括政府、法庭、学校、教堂、公共设施，一句话，自由首先要求获得公民以及公民生活之类的体制化的东西，它同时还要求获得更精致的文化创造物，如行为模式、演讲风格、演说模式、社会控制方式以及投票选举等。杜威也很好地阐明了这一观点，他说："社会不仅仅由于传递、传播而存在；从根本上来说，社会存在于传递和传播之中。"①

库利的传播研究以及他对传播与民主关系问题的思考发生在这样一个更大的背景之中。库利对传播问题的探讨没有止于"镜中自我"、首属群体这些最基本的社会关系领域，他还将这种探讨延伸到"大人生"（the great life）、"大社会"（great society）、"大共同体"（great community）这类主题之中。在库利看来，"大人生"是指包括道德、伦理、信仰、文化、价值等在内的精神存在，它对于作为生活方式的民主必不可少。就像他看待社会和个人一样，库利也将"大人生"视为一个过程，

---

① Edited by Everette E. Dennis and Ellen Wartella. *American Communication Research：The Remembered History*，Mahwah，New Jersey，Lawrence Erlbaum Associates，Inc. ，1996，p32.

它贯穿于人的出生、成长、死亡整个过程之中；音乐、诗歌、书籍、阅读、思考、写作等等都是"大人生"必不可少的组成部分，它们渗透到"大人生"中。库利是一个进步主义者，但是他认为进步是不确定的，进步只是一个过程，进步的获得要靠每一个人的努力，对于"大人生"的追求正是这种努力的一部分，对于"大人生"的追求旨在实现社会认同，最终，"共同体、国家以及人的联合体统统融入这一大人生之中。"① 库利认为传播在"大人生"以及大共同体的创建过程中无所不包，无所不在，正是借助于传播人们才可能结成社会关系和精神共同体。

库利的"大人生"其实是 19 世纪美国进步主义知识分子广泛信奉的"大共同体"概念的另一种表述。"大共同体"（the Great Community）概念最早源自 19 世纪英国社会学家沃拉斯，他用这一概念指称那些在规模和复杂性等方面远超过传统社会的都市化社会。对于历史进化过程中所出现的更大、更复杂社会现象的关注贯穿于欧洲知识分子的思考传统之中。例如斯宾塞有关尚武社会与工业社会的比较，滕尼斯关于共同体与社会的思考，涂尔干关于机械化社会与有机体社会的思考，西默尔关于小镇与大都市的比较。在这些比较中，前者往往代表着其社会稳定性建立在成员和思想相似基础上的小单位，如家庭、乡村、部落等等。后者则代表着其成员和思想相似较少的大型单位，如城市、大都市等。在这些大型单位中，工业化力量已经开始出现。②

19 世纪美国进步主义知识分子在一定程度上继承和借鉴了这一思想传播，他们也用"大社会""大共同体"之类的概念来观察和研究一个正在转型期间的美国社会。匡特（Quandt）在《从小镇到共同体》一书中列举了 9 位这样具有代表性的知识分子，他们是鼓吹进步主义改革的记者和演说家威廉·爱伦·怀特（William Allen White），都市改革家和作家弗雷德·豪（Fredric Howe），赫尔会所（Hull House）的创办者简·亚当斯（Jane Addams，1860~1935），政治理论家以及波士顿市政改革家玛丽·帕克·福雷特（Mary Parker Follett，1868~1933），哲学家杜威，哲学家罗伊斯（Josiah Royce，1855~1916），美国现代社会之父吉丁斯，罗伯特·帕克，库利也名列其中。这些进步知识分子不仅仅是美国社会大转型的观察者和研究者，他们本身也经历和见证了这一大转型。他们的

① Chaeles Horton Cooley. *Social Process*, Southern Illinois Press, 1966, p420.

② 参见 Jeanb Quandt. *From the Small Town to the Great Community: The Social Thought of Progressive Intellectuals*, Rutgers University Press, New Brunswick, New Jersey, 1970, pp. 17 – 18。

共同点在于：他们都出身于美国的小城镇，最终来到大城市谋求职业发展；他们寄希望于一个大共同体的出现，这个大共同体实际上就是传统社会崩溃之后美国人共同生活的一个新的精神家园；他们都在思考美国未来的民主如何更好地生存于这个新的共同体的精神家园之中；通过对共同体的思考，这些进步主义知识分子不约而同地发现了传播。他们相信美国未来民主生存的重要条件之一是一个新型共同体的出现，传播技术的发展是促成新共同体出现的重要手段。杜威认为新的传播技术带来了社会革命，"那些地方社区毫无例外地发现他们的事务已经被那些遥远的、隐形的组织所决定，后者的影响范围如此广大，它们加诸面对面人际关系的冲击如此普遍和持久，可以毫不夸张地说，一个新的人类关系时代已经到来"。他声称："由蒸汽机和电气化创造的'大社会'可能是一个社会，但是它不是共同体；那个建立在新的人际关系和人类行为模式基础上的共同体是现代生活中的一个突出事实。"①

对于技术与共同体之间的关系、共同体与传播之间的关系，匡特的总结非常精辟，他认为杜威和库利那个时代的进步主义知识分子都相信联结社会的共享价值源于态度和思想的自由表达、自由交换；传播的力量能够将人们的精神协作转换成为建立在身份认同和价值共享基础上的共同体；传播技术的发展可以造就这样的共同体。② 从这一点来看，杜威和库利等人先于英尼斯以及麦克卢汉，开启了传播技术主义的思想源头。

---

① John Dewey. *The Public and Its Problems*, Henry Holt and Company, Copyrightrenewed by, 1954, by Mrs John Dewey, p98.

② Jean Quandt. *From the Small Town to the Great Community：The Social Thought of Progressive Intellectuals*, Rutgers University Press, New Brunswick, New Jersey, 1970, p23.

第九章　米德对传播学基础
理论研究的贡献

第一节　米德职业经历和学术成就[①]

米德的生平无论是对于英文世界的读者还是对于中文世界的读者来说都还比较模糊。关于米德的生平，零星的记载见于有关米德研究的一般著作，或者见于其作品集的前言中，这些有关生平的文字介绍多出自他过去带过的研究生的个人回忆。迄今为止，在英语世界中尚未见到有专门的米德传记出版。

有关米德生平的重要研究包括：米勒的《乔治·赫伯特·米德：自我、语言和世界》(1973)[②]，在这部米德思想研究专著中附有米德生平和思想发展的长篇介绍文章，尤其是对涉及米德生平的一些细节问题做了非常详细的注释。米勒是芝加哥大学的研究生，并曾受教于米德，他的有关回忆应该是比较可靠的。1982 年米勒编辑出版另外一本米德的作品集《个人与社会自我：米德未曾出版的作品》，该书前页的长篇导读主要是关于米德思想的发展，而没有涉及其生平。1980 年德国学者乔阿斯（Hans Joas）出版米德研究专著《米德思想的当代审视》，1985 年该书由雷蒙德·迈耶（Raymond Meyer）翻译成英文出版，[③] 该书专门辟有一章

---

① 米德生平介绍主要依据 Gary A. Cook. *George Herbert Mead：The Making of A Social Pragmatist*，University of Illinois Press，Urbana and Chicago，1993，以及 Edited by Mary Jo Deegan. *Essays in Social Psychology/ George Herbert Mead*，Transation Publishers，New Brunswick and London，2001。

② David L. Miller. *George Herbert Mead：Self，Language，and the World*，University of Texas Press，Austin and London，1973.

③ Raymond Meyer. *G. H. Mead：A Contemporary Re-examination of His Thought*，The Mit Press，Cambridge，1985.

"激进民主思想的发展：乔治·赫伯特·米德1863～1931"介绍米德思想的发展，附带介绍了米德的生平，尤其详细介绍了米德在德国留学的那段生活经历。1993年，库克（Gary A. Cook）出版《乔治·赫伯特·米德：实用主义社会学的创立者》，① 在这部著作中作者利用米德与亨利·卡斯特（Henry Northrop Castle）家族的大量通信，追溯并还原了米德的早期生活，尤其是他与亨利·卡斯特家族的关系及其发展，这些信件至今保存在芝加哥大学图书馆。2001年，迪根（Deegan）编辑出版米德生前的一组文章，以《社会心理学文选》为名出版。根据作者介绍，过去普遍认为这组文章已经于1910出版，但迪根考证的结论是，事实上它们从未出版，新出版的文选附有迪根撰写的有关米德生平和思想的综述长文。1980年，刘易斯和史密斯出版《美国社会学和实用主义》一书，该书共10章，除了第1章为总论，第2章、第3章、第4章分别介绍皮尔斯、詹姆斯以及杜威外，另外6章内容全部介绍米德的思想和生平，这部著作是迄今为止英文世界中研究米德思想及其生平的最为详尽的著作。② 以下根据上述研究简要概述一下米德的职业经历和学术成就。

乔治·赫伯特·米德于1863年2月27日出生于马萨诸塞州的南哈德利（South Hadley），他的家族来自新英格兰。父亲汉勒姆·米德（Hiram Mead）毕业于佛蒙特（Vermont）的米德尔伯里学院（Middlebury College）以及马萨诸塞州的安多佛神学院（Andover Seminary），汉勒姆·米德曾经在南哈德利、纳舒厄（Nashua）以及新汉普郡（New Hampshire）等地的教堂做牧师，1869年他被召回到奥柏林学院（Oberlin College）出任一个神学院的院长，直到1881年他去世为止。

在马萨诸塞州做牧师的时候，汉勒姆·米德遇到了伊丽莎白·斯托尔斯（Elizabeth Storrs），二人于1858年8月5日结婚。斯托尔斯在霍利奥克神学院（Mount Holyoke Seminary）接受教育，结婚前她在北汉普顿（Northampton）和安多佛（Andover）做过几年教师。丈夫去世后，她在奥柏林学院当了两年英语写作教师。1883年至1889年她在安多佛的神学院（Abbot Academy）任教，1890年她成为霍利奥克神学院的校长，直到1900年退休。斯托尔斯于1917年去世，她生前的声望比汉勒姆·米德要

① Gary A. Cook. *George Herbert Mead*：*The Making of A Social Pragmatist*，University of Illinois Press，Urbana and Chicago，1993.

② J. David Lewis and Richerd L. Smith. *American Sociology and Pragmatism*，The University of Chicago Press，Chicago and London，1980.

大，她的名字列入著名的《谁是美国人》（*Who was who in America*）一书中。

米德于 1876 年进入奥柏林预备部学习（Oberlin Preparatory Department），1879 年成为奥柏林学院的新生。库克在《乔治·赫伯特·米德：实用主义社会学的创立者》一书中介绍说，关于米德早期生活经历的信息非常少，所幸的是米德的家人保存了 1883 年至 1895 年间米德写给他的好友亨利·卡斯特的 95 封信件，以及同一期间亨利·卡斯特写给米德以及卡斯特家族的大量信件，这些信件至今保存在芝加哥大学的 Regenstein 图书馆，大部分从未出版，通过这些信件，人们可以了解米德早期的人生轨迹和思想发展。

在米德的早期生活中，亨利·卡斯特是一位最重要的人物。亨利也是新英格兰的后代，他的祖辈早年从英国来到夏威夷传教，他的父亲是卡斯特-库克公司（Castle & Cooke）的创办人之一。米德在 1877 年的时候认识亨利，当时亨利从夏威夷的檀香山来到奥柏林，他们都是奥柏林预备部的学生，但是直到 1882 年他们才成为好友。1890 年亨利的妹妹海伦·卡斯特（Helen Kingsburg Castle）也来到了奥柏林学习，与亨利一起住在姑姑家中，10 年后米德与她在德国结为夫妻。

1883 年，米德从奥柏林学院毕业，在毕业后的 4 年中他在学校教过书，干过铁路建筑工，做过测量员，也做过家庭教师，但是没有一样工作能够让他感到满意。与此同时，亨利在夏威夷也处于不安和躁动中，为了寻求解脱，亨利于 1887 年 1 月在哈佛大学法学院注册成为一名研究生。亨利入学后不久适逢米德到安多佛的修道院探望母亲，顺道前来哈佛探望亨利，这次探望促使米德下决心进入哈佛大学继续学习哲学。1887 年夏天，米德借了一笔钱，离开明尼阿波利斯（Minneapolis）来到哈佛注册成为一名研究生，在哈佛，米德和亨利同住一间寝室。米德选修了伦理学、希腊语，跟随罗伊斯学习斯宾诺沙、斯宾塞以及康德的《纯粹理性批判》。在这一年中米德学习非常刻苦，并取得了良好成绩。但一年后米德却离开哈佛，据说此间他迷恋上了威廉·詹姆斯的妹妹，显然这一行为被认为是不可接受的。詹姆斯建议米德下学期不要返回哈佛继续学习，他推荐米德前往德国莱比锡大学跟随冯特学习心理学博士课程。

米德在哈佛仅仅学习了一个学期，这段经历对他日后学术思想的影响不是太大，但他还是有所收获，尤其是罗伊斯给他留下了终生难忘的印象。他后来回忆说："我非常感谢他为我呈现了一个充满魔力的世界，我非常乐意接受他所谈论的观点，从他那里我得到了冷静、客观和想象力。"① 从个人关系上讲，他是敬仰詹姆斯的，但是他从来没有上过詹姆斯的课，他后来也承认当时他并没有领会詹姆斯作为哲学家的思想力量。

1888 年米德来到德国，1888～1889 年的冬季，他在冯特指导下学习。他选了三门课程，即冯特的形而上学基础，海因策（Max Heinze）的历史学和近现代哲学，赛德尔（Rudolf Seydel）的康德以来的德国哲学与基督教的关系。总体而言，米德对莱比锡大学的课程并不满意，但是，冯特有关民族心理以及个人与集体互动心理的研究对米德产生了很大的影响，受冯特的启发，米德后来在密歇根大学执教后也建立了一个冯特式的心理学实验室。1889 年 3 月，也就是一个学期后，米德转到柏林大学，他的博士指导导师是狄尔泰（Dilthey，1833～1911），主要研究方向是儿童早期道德发展。

根据柏林洪堡大学（Humboldt University）的档案记载，此间米德在艾宾浩斯（Ebbinghaus）指导下学习实验心理学和生理心理学，在狄尔泰指导下学习伦理学（1890 年夏季）。在下一个年度，即 1889～1890 冬季，他跟随芒克（Hermann Munk）学习生理学；1890～1891 年冬季跟随保尔森（Paulsen）教授学习教育学；1891 年夏，他跟随狄尔泰学习历史哲学，跟随保尔森学习《纯粹理性批判》、人类学和心理学，在斯莫勒（Gustare Schmoller，1838～1917）指导下学习政治经济学。

米德到达德国之后不久，亨利也追随他来到了德国。亨利原本打算重新回到哈佛大学法学院学习，但是当他从檀香山赶到马萨诸塞州的剑桥（Cambridge）时，却被拒绝复学，因为他在上个学期离校时未参加规定的考试，亨利于是决定追随米德前往德国求学。1888～1889 年整整一个学年，米德跟亨利同住一室，共同学习，首先是在莱比锡，然后是在柏林。

1890 年夏，亨利的妹妹海伦·卡斯特也来到柏林继续深造，他们三人在一位名为斯特齐勒（Frau Stechner）的房东家租房居住，此间亨利与房东的女儿弗丽达（Frida Stechner）相爱，并于同年 9 月结婚。不久，这对新人来到美国，在剑桥度过了秋天，稍后二人回到夏威夷。亨利放弃了继续学习法律的念头，在夏威夷报业公司谋到了一个编辑职位。

1890 年 6 月，亨利和弗丽达生下一个女儿，然而就在次年，即 1891

---

① Gary A. Cook. *George Herbert Mead : The Making of a Social Pragmatist*, University of Illinois Press, Urbana and Chicago, 1993, p18.

年，亨利的妻子弗丽达因为马车失控，被抛出车外，不幸身亡。当时居住在柏林的米德和海伦得知这一消息后极为悲痛，但是这桩不幸的事故可能加速改变了二人的关系，海伦后来曾经说是米德的安慰拯救了她的理性和生命，在那段极为悲痛的时间里，米德给予海伦很多安慰，1891年10月1日，二人在柏林结婚，米德的姐姐和姐夫是他们婚礼的见证人。

1891年秋天，米德获得了密歇根大学的教职，有可能在杜威主持的哲学系工作。他原本打算结束他在柏林的博士学业后再去阿安伯，他在早些时候也曾得到过密歇根大学校长安吉尔（James Burrill Angel）的承诺，但是到10月底的时候情况似乎发生了变化，米德不太可能继续留在柏林完成博士学位同时又保留在密歇根大学的职位，他不得不放弃前者。他在柏林发给亨利·卡斯特的最后一封信中说："无法拿到学位回去，我感到羞愧，如果我明天就能够参加考试和论文答辩那该有多好，我多年来的苦读就是为了拿到博士学位。"① 不过米德未拿到博士学位对他日后在密歇根大学和芝加哥大学的学术生涯并未产生严重的影响。

米德于1891年秋来到密歇根大学，米德对自己获得的这个职位非常满意，在一封写给他妻子父母的信件中，米德说："海伦与我非常幸运能够待在这里，世界上再也没有其他的地方比这儿更适合思考和研究了。这儿的杜威先生思想深刻，具有创新精神，他是我见到过的最让我折服的思想家，我从他那里获得的东西比我过去从任何人那里获得的都要多。"②

在密歇根大学，米德教授的课程包括心理学概论、生理心理学和高级心理学，并指导一些实验项目。在密歇根大学的那些日子，米德与杜威都乐在其中，米德的孩子出生于1893年，杜威也有三个孩子，米德和杜威都非常重视观察和研究孩子。

1894年，杜威应邀出任芝加哥大学哲学主任，杜威强烈建议校方同时聘用米德，1894年，米德以助教身份受聘于芝加哥大学，从此开始了

① Gary A. Cook. *George Herbert Mead：The Making of A Social Pragmatist*, University of Illinois Press, Urbana and Chicago, 1993, p26.

Henry 的命运非常不幸，他的第一任妻子不幸死后，他又娶了一位妻子 Mabel Wing Castle。1894年夏天 Mabel Wing 留在费城待产，Henry 带着前妻留下的四岁的女儿 Dorothy 前往德国看望孩子的祖母，同年11月 Mabel Wing 在费城生下一个女孩。1895年1月30日，Henry 带着 Dorothy 从德国返回美国的航海途中，他们所乘的轮船在美国与芬兰之间的北海（North Sea）与另一艘船相撞沉没，Henry 和四岁的女儿遇难，Henry 与米德长达13年的友情从此终结。

② Gary A. Cook. *George Herbert Mead：The Making of A Social Pragmatist*, University of Illinois Press, Urbana and Chicago, 1993, p32.

他在这所大学长达 37 年的职业学术生涯（1894～1931）。在芝加哥大学数十年时间中，米德承担了大量本科生和研究生的课程。刘易斯和史密斯在《美国社会学和实用主义》（*American Sociology and Pragmatism*）一书中，详列了 1894 年至 1931 年米德为该校学生所讲授的全部课程①，这些课程主要集中在哲学和心理学领域。

他讲授的本科课程主要包括：古代哲学史、希腊思想的发展、自然哲学、中世纪哲学、物质与运动的概念、进化论哲学、伦理学、逻辑学、19 世纪思想运动、现代哲学史、康德纯粹理性批判、洛克、贝克莱以及休谟、科学哲学、科学史、古代科学与哲学的基本伦理关系、理性主义与经验主义、社会科学的逻辑、黑格尔的逻辑学与现象学、康德哲学、莱布尼茨伦理学、亚里士多德的形而上学等。涉及社会学和心理学的课程主要包括：当代心理学、社会心理学、心理学方法论、心理学史、审美心理学、当代社会心理学、高级心理学、社会意识、高级社会心理学。

为研究生（包括博士生）开设的课程主要包括：物质与运动的概念、现代哲学史、中世纪哲学、希腊思想的发展、中世纪思想的发展、康德学说、思想史、文艺复兴哲学、亚里士多德哲学、印度哲学、社会科学的逻辑、现代思想发展、古代哲学史、黑格尔逻辑学介绍、理性主义与经验主义、战争的思想背景、社会意识、经验与自我、思想运动、当代形而上学问题、休谟研究等。关于社会学和心理学课程则主要有：当代心理学、心理学方法论、社会心理学、高级社会心理学。米德培养了数量可观的研究生，其中包括托马斯、戈夫曼、布鲁默这样后来名扬天下的学者。

科泽（Coser）在 1977 年出版的著作中说："任何一个了解符号互动论的学生都确信米德一定是一位杰出的教师，从 1894 年开始他在芝加哥大学哲学系授课差不多 40 年，大部分社会学专业的研究生也选修他的课程，在他的职业生涯中他没有出版著作，但是仍然通过芝加哥大学的研究生极大地影响了美国的社会学。"② 但是，刘易斯在《美国的社会学与实证主义》一书以大量的档案统计以及调查访谈等事实证明，这种说法不过是神话而已。刘易斯并非刻意贬损和诋毁米德，他要做的是还原事实，而且他并没有否认米德在历史上应有的功绩。

---

①　J. David Lewis and Richerd L. Smith. *American Sociology and Pragmatism*, The University of Chicago Press, Chicago and London, 1980, pp. 261－285.

②　转引自 J. David Lewis and Richerd L. Smith. *American Sociology and Pragmatism*, The University of Chicago Press, Chicago and London, 1980, p191。

刘易斯以每5年为时间段统计了自1894年到1931年全校不同专业的研究生选修米德课程的数据分布情况，统计表明在所有选修米德课程的学生总数中，哲学系、神学院、社会学系、心理学系研究生选修米德课程的平均百分比依次为37.2%、18.2%、13.2%和8.1%，其余各专业选修的平均百分比为18.9%。① 其次，刘易斯又以每5年为时间段统计了1894～1919年间社会学系、哲学系、心理学系以及教育学系注册研究生选择米德课程的百分比，由高到低依次为：哲学系31.2%，心理学系19.7%，社会学系10.9%，教育系1.9%。此外1894年至1935年各专业博士研究生选修米德课程的平均百分率由高到低依次为：哲学系92.5%，社会学系43.4%，心理学系29.3%，教育学系9.8%，社会学专业硕士平均选课率为24.4%。1894～1931年社会学专业研究生（包括硕士和博士）平均选课率为31.5%。1900～1931年社会学专业学生选修米德社会心理学课程占米德全部所授课程的平均百分率为71.3%。

刘易斯没有给出芝加哥大学同期其他教师选课的对比数据，但从上述统计数据看，米德职业生涯中的选修率显然不算太高。学者毕竟不同于演艺明星，杰出学者被学生和整个学术界认可是一个非常困难的漫长过程，因为正确的学术判断需要非常专业精深的知识，要求那些刚刚入门才两三年的学生在短期内去准确鉴别一个教师的才学是一件困难的事情，米德面临的恐怕正是这一问题。

在芝加哥社会学派主要成员中，相比杜威在芝加哥大学执教10年（1894～1904），帕克在芝加哥大学执教10年（1923～1933），托马斯在芝加哥大学执教22年（1896～1918），米德在芝加哥大学执教时间可能最长（1894～1931），② 认定米德是芝加哥社会学派主要成员应该没有任何争议。

米德生前发表过大量学术论文，根据比较完整的统计，米德生前发表的论文总数为109篇。③ 但是，作为一名重要的思想家，米德生前并未出版一本属于自己的著作，我们今天读到的米德的著作都是他去世后由他的学生收集、编辑并出版。迄今为止，由他人编辑出版的米德的著作至少为十几部，尚有大量文章至今未结集出版。

---

① J. David Lewis and Richerd L. Smith. *American Sociology and Pragmatism*, The University of Chicago Press, Chicago and London, 1980, pp. 192 – 193.

② 库利一生执教于密歇根大学。

③ 见 http：//www. brocku. ca/MeadProject/Mead/mead_ biblio2. html。

　　米德的著作正像他在芝加哥大学执教 37 年所授课程一样，涉及十分广泛的领域，并对后来不同学科的发展产生了深远影响。米勒在《乔治·赫伯特·米德：自我、语言和世界》一书中评论道："米德发展了一套思想学说，他揭示了社会心理学或者社会行为主义与无所不包的宇宙学说和形而上学学说的关系，他的这类研究建立在数学、宇宙学、物理学、生物学、生理心理学以及神经学等基本理论的基础之上。同时，他也是一位坚守实用主义传统的哲学家，他探讨了包括认识论、形而上学、科学哲学、意识哲学、伦理学以及价值理论在内的所有传统哲学问题。"①

　　米德的主要著作包括：

　　1.《心灵、自我与社会》（Edite and with an Introduction by Charles W. Morris. *Mind*, *Self*, *and Society*: *From the Standpoint of a Social Behaviorist*, The University of Chicago Press, Chicago and London, 1934），该书最早出版于 1934 年，由莫里斯（Morris）根据不同版本的学生笔记整理而成，主要内容取自他为学生讲授的社会心理学课程。

　　2.《乔治·赫伯特·米德的社会心理学》（*The Social Psychology of George Herbert Mead*, University of Chicago, 1934, 1936, 1938, 1956 and 1964），1972 年改名为《乔治·赫伯特·米德论社会心理学》出版。（Anselm Strauss. *George Herbert Mead on Social Psychology*: *Selected Papers*, 1972.）

　　3.《十九世纪的思想运动》（Edited by Merritt H. Moore. *Movement of Thought in the Nineteenth Century*, University of Chicage Press, 1936），1936 年由芝加哥大学出版社出版，主要内容取自他为学生讲授的同名课程。

　　4.《动作哲学》（Edited by Charles W. Morris With John M. Brewster. *Albert M. Dunham and David Miller*, University of Chicago Press, Chicago, 1938）

　　5.《个人与社会自我》（David L. Miller. *Individual and Social Self*: *Unpublished Work of George Herbert Mead*, The University of Chicago Press, Chicago and London, 1982），1982 年由米勒（David L. Miller）编辑并出版。

　　6.《游戏学说与社会学》（Edited by Mary Jo Deegan. *Play School and Society*, P. Lange, New York, 1999），1999 年由迪根（Deegan）编辑出版。

　　7.《社会心理学文集》（Mary Jo Deegan. *Essysin Social Psychology*, Transaction Publishers, New Brunswick and New Jersey, 2001），2001 年由迪根（Deegan）编辑出版。

---

　　①　David L. Miller. *George Herbert Mead*: *Self*, *Language*, *and the World*, University of Texas Press, Austin and London, 1973, preface.

8.《自我、战争以及社会：乔治·赫伯特·米德的微观社会学》（*Self, War&Society: George Herbert Mead's Macrosociology*, Transaction Publishers, New Brunswick and New Jersey, 2008），2008 年由迪根（Deegan）编辑出版。

第二节　米德符号互动论及其社会心理学意义

米德是符号互动学说的重要创立者，尽管在米德之前或者与米德同时代，皮尔斯、詹姆斯、杜威和库利等人已经介入符号互动研究，但是，米德无疑是符号互动研究的集大成者。

米德的符号互动学说涉及思想意识的来源、自我概念的产生、社会协调的实现这些关键概念，符号价值功能是米德符号互动学说的核心，通过对这些关键概念的辨析，米德建立了具有创新意义的符号互动学说，这一学说不但对社会心理学产生了重大影响，也对传播学的发展产生了深远影响。

建立符号互动论的根本目的是要揭示个人与群体、个人与社会的关系，揭示人类社会生活的真实面貌。符号互动论中的一些关键概念，如表意符号、有意义的姿态、意义、自我、对象、动作、过程、角色、普遍化的他人等等都是为这一理论目的服务的。符号互动论关于个人生活和社会过程的看法突破了传统的认识框架，是一种具有革命性的思想。

首先，符号互动论从人与人互动，人与环境互动的角度去研究个人生活与社会生活，在具体、持续的互动过程中去研究意识、意义以及自我的产生，颠覆了西方思想史上理性主义对人类世界本质的看法。理性主义认为理念、观念、价值、意义等东西并非实践的产物，而是外在于人独立存在的东西，它们是绝对静止的。符号互动论的看法与之完全相反，符号互动论认为心灵、意识、意义、自我产生于具体的社会互动之中，因为人与人、人与环境的互动总是具体的、变化的。因此不存在静止不变的意义和自我，个人生活和社会生活的性质应该从互动这个角度去解释。符号互动论对意义和自我的产生过程给予了高度的关注。布鲁默认为，所有的符号互动论都具有三个基本前提，"第一个前提是人类的行为建立在对意义的正确理解基础上，这些意义包含在身心世界的万事万物之中，人类以符号为万事万物命名；第二个前提是事物的意义源于人们之间的互动；第三个前提是这些意义通过人们具体的互动过程而不断修正，并被人们用来应付日常事务。"① 米德认为："语言过程对于自我的发展来说是必不可少的，自我具有一种与生理有机体本身的特征不同的特征。自我是某种不断发展的东西；它不是与生俱来的东西，而是在社会经验过程和社会活动过程中出现的——也就是说，它在既定的个体那里是作为他与这种作为整体的过程，以及与这种过程所包含的其他个体的关系的结果而发展的。"② 从具体可见的人与人、人与社会的互动去研究个人生活和社会生活，而不是从形而上学的悬念、理念去研究这些东西。这种思路显然更比理性主义接近于现实本身。因此符号互动论在人类自我理解领域开辟了一个新的里程碑。

其次，符号互动论是当时美国日益盛行的实用主义和进化论思想在人类行为研究中的具体运用。米德的哲学思想深受实用主义影响，他本人也是詹姆斯、杜威等实用主义哲学大师的信徒。实用主义哲学最为关注的是效果和效率问题，认为观念和意义的真实取决于其效果。而不承认绝对的静止的理念。实用主义哲学将生活理解为人对环境的探寻、求证、试错，以求得对环境的适应，世界并不是静静躺在那里等待人们偶然发现的领域，人们应该积极主动去探索新的领域。这些观念导致符号互动论把人看作是具体环境的产物，个人和社会的一切活动都是以适应环境为目的。与此相关，符号互动论把意识看作具体环境的产物，它们来自于人与环境的具体互动而不是来自理性。人类的种种独特能力，如人类使用语言的能力，人类运用理性的能力以及人类自身视为特定对象的能力等，都源于人对环境的适应。同样，意识、自我乃是社会适应社会产物。

符号互动论的出现是对西方思想史上占据统治地位的理性主义的挑战。理性主义倾向于将观念视为静止的存在，但是实用主义不承认世界上存在这样静止的东西。实用主义认为意义、价值、知识都是因为人与对象发生某种联系而产生，它们的存在离不开具体的环境和条件，而且由于具体环境和条件的不同，人们从自身与对象联系中所感受到的意义，体会到的价值，获取到的知识也有所不同。实用主义理论认为观念或事

① Herbert Blumer. *Sumbolic Interactionnism*: *Perspective and Method*, Prentice-Hall, Inc. , EnglewoodCliffs, New Jersey, 1969, p2.

② 〔美〕乔治·米德：《心灵、自我与社会》，霍桂桓译，北京，华夏出版社1999年版，第146页。

实是否为真实取决于它们是否能够满足人们的需要，人们应该致力于获取那些对人们有用的观念、知识和事实，为了有效获取这些东西，人们必须适应环境。

符号互动论就其实质是一种实用主义理论，米德的符号互动论就是上述实用主义哲学思想在他关于人类行为心理分析中的具体运用。但是，米德所创立的符号互动论也具有自身的局限。

其一，符号互动论未能覆盖个人生活与社会生活的所有问题，这一理论可以解释部分个人生活、社会生活以及二者之间的关系，但是它仍然是一种不充分的理论。在心理学史上，麦独孤试图从本能角度去解释社会生活，弗洛伊德试图从性意识的角度去解释社会生活，华生试图从"刺激—反应"的角度去解释社会生活，由此分别形成了本能心理学、精神分析心理学和行为主义心理学等心理学思潮和流派。米德等符号互动论者试图从人与人、人与环境的互动角度去解释个人生活和社会生活，这一理论的覆盖范围显然比上述几种主流心理学理论更广，也更切合人们经验世界中的事实。但是，符号互动论的局限也是非常明显的，因为个人生活与社会生活的事实并非完全来自互动，决定个人生活和社会生活的更为有力的东西是政治制度、经济环境和经济条件以及历史文化与传统等等；仅仅只考虑现实中人与人、人与环境的互动，而完全排斥政治、经济、文化与传统对个人生活和社会生活的影响，完全否定个人生活与社会生活的其他内容来源，这显然是一种片面的理解。

其二，符号互动论提供了一种解释个人心理与社会心理的理论视角，提供了一种理解人类心理关系的技术手段，但它在解释社会心理本质等方面基本上是失败的。米德等人开创的互动论不能真正解释个人心理与社会心理的本质，而只能是解释个人心理与社会心理的角度和技术手段。如上所述，真正决定个人心理和社会心理的东西是政治、经济、文化以及历史、习俗和传统，在经验世界中我们更多看到的是人们因为宗教信仰，因为经济活动，因为传统习俗而群居或离散，亲近或疏离，交往或疏远。仅仅从互动的角度无法完全解释上述人类个人心理和社会心理，所谓互动最多只是一种分析人类心理关系的理论视角，一种分析人们交往事实的技术手段。

其三，符号互动论的有关论述过于粗略，未能充分意识到人类生活的异常复杂，未能就人类互动的复杂情况区别更多不同的互动类型。事实上，人与人之间、人与环境之间互动类型是极其多样化的，由此而引发的人类思考方式也是极其多样化的，既有对未来互动的猜想准备，也有对过去互动的回忆反思，还有对当前互动的判断和应对。与此同时，所谓互动并非仅仅局限于个体与个体互动，事实上还有在另外一种重要形式的互动，即个体对集体的互动，即个人大脑中作为个体的主我与作为集体的宾我之间的互动。例如，在现实生活中，当个体面对一个具有相似特征的群体、团体或组织的时候，个体想象中的对象就不是个体，而是这个具有个性相似性的集体。同时，所谓互动还包括个体对他人与他人之间互动的回忆、猜测、判断与反应，所有这些都会影响到个体自我意识的形成，也使个体与他人结成不同的心理关系和社会关系。事实上，个体生活与社会生活的无穷复杂性决定了人们永远无法凭借任何一种单一理论去加以解释和概括。

第三节　米德符号互动论中所包含的传播学思想

迄今为止，极少看到专门的著作或者论文研究芝加哥社会学派成员的传播学思想以及他们对传播学发展的贡献，在英文世界中，少量与此相关的研究文献基本局限于对杜威、帕克以及库利等几个人的零星研究。至于米德，笔者在英文世界中遍寻资料，却找不到一篇有关米德传播学思想的研究论著，这实在是对米德的不公。在笔者看来，在芝加哥社会学派主要成员中，米德的研究包含的传播学思想最为丰富，也最成体系，他的以符号互动论为中心的社会心理学研究实际上开辟了传播学研究的重要领域，米德应该是美国早期传播学发展的最为核心的人物。

米德的符号互动学说研究对美国传播学发展的影响和贡献是多方面的，主要体现在以下几个方面。

其一，米德可能是早期社会心理学家中第一个全面论述符号及其意义的学者，米德在其著作中提出了"有意义的符号"（significant symbol，也翻译为"表意符号"）这个重要概念，第一次从理论上确立了符号在人类理解和社会协调中的独特价值。符号其实是一切传播活动的最基础条件，米德的符号研究为后来传播学研究中的各类传播模式研究提供了一个基点。

米德所创立的符号互动学说中包含许多核心概念，如意义、自我、心灵等，但是其中最基础、最重要的概念是符号，米德最伟大的发现在于他全面论述了符号在人类意识来源、人类自我概念形成以及人类理解和社会协调中的功能和作用。布鲁默在《符号互动论：前景与方法》一书中这样评价米德的贡献，他说："我们感谢乔治·赫伯特·米德对于社会互动最具洞见的分析，他的分析恰如其分。米德阐述了人类社会中发生在两种不同层面的社会互动，一种是'姿态的会话'，另一种是'表意符号的使用'。我将这两类互动分别称为'非符号互动'和'符号互动'。非符号互动是指某人对某一动作做出直接反应，但这一反应并不涉及对动作的理解和解释，符号互动则涉及对这一动作的解释。"①

创立符号互动论的目的是为了研究群体生活和社会行为，布鲁默认为对这一理论研究作出贡献的学者很多，他列举的名字包括杜威、托马斯、帕克、詹姆斯、库利、兹纳涅茨基、鲍尔温（Baldwin）、罗伯特·雷德菲尔德（Robert Redfield）以及路易斯·沃斯（Louis Wirth），但是布鲁默认为排在首位的应该是米德。

在《心灵、自我与社会》一书中，米德非常细致地剖析了符号的功能。一般低等动物只能够对简单符号，主要是指各种简单的信号作出反映，如日落意味着黑夜即将降临，烟雾意味着附近可能有火源，丛林中的足迹意味着可能有野兽出没。但是只有人类能够创造并使用语言和文学等高等符号，米德认为人类区别于一般动物重要特征是，人类创造并学会使用各种符号。作为高度智能的生物，人类不仅仅能够对简单符号，即姿态或称作非语言符号作出反应，人类还能够对语言和文字这类高级符号作出反应。人类获得能够运用符号的能力意义非常重大，因为高级符号具有意义表达、意义共享、名称指代、信息储存等功能，高级符号的出现改变了人与环境的关系，使人类适应环境的能力大大增强，更为重要的是，高级符号的出现影响和改变了人们之间的互动关系。高级符号的名称指代功能、意义表达功能、信息储存功能极大地拓展了人类的记忆思维领域，提高了人类的知觉判断能力，由于这些符号的创造和使用，当人们面对面交往时，人们借助于这些符号可以对彼此交流中提及的一切具体的和抽象的东西，在场的和不在场的东西作出反应，这对人类彼此间的沟通理解乃至整个社会的组织协调发挥了巨大的作用。米德贡献于符号互动学说最大的地方在于，他正确指出了人类互动必须借助于符号，尤其是借助于高级符号这一事实。

不可否认，米德创立互动学说主要是为了研究人类行为，或者更具体地说是想在心理学的水平上解释人们如何通过互动转变成社会化的人。

---

① Herbert Blumer. *Symbolic Interactionalism: Perspective and Method*, Prentice-Hall, Inc. , Englewood Cliffs, New Jersey, 1969, p8.

米德对符号功能的解释主要局限在人际互动层面，但是米德确实于无形中开启了传播学的基础研究领域——传播符号研究。毫无疑问，一旦人类创造了语言图像、文字等高级符号系统，这些符号就不会永远局限于人际传播之中。在过去一个世纪中这些符号已经广泛出现在书籍出版、报纸杂志、广播电视以及互联网等大众传播中。在社会生活日益复杂的今天，所谓社会互动已经远非局限于人际互动，而是迅速向群体互动、族群互动、党派互动、国际互动等更为宽广的领域扩展，而在大众传播时代个体与媒介的互动发展成为一种全新的互动模式，这一互动模式对符号的依赖性远远高于其他种类的互动模式，因为在这类新型互动模式中，媒介内容完全由符号系统支撑，人与媒介的互动完全通过高级符号完成。回顾近百年传播学研究的发展，除了英尼斯、麦克卢汉等少数传播学者外，我们很难找到其他更多的学者能够超越米德关于符号功能的敏锐洞见。

当然符号互动论一直在不断发展，社会学以及社会心理学界对符号的研究也在不断深化。休伊特（Hewitt）在 2007 年出版的第 10 版《个人与社会：符号互动主义社会心理学》总结了自米德、杜威、皮尔斯、詹姆斯以来重要学者对符号互动论的研究成果，从三个方面，概括了符号对于人类生活的重要性，他的概括或许使人们对传播符号的理解达到一个新的高度。[1]

休伊特认为，符号对人类的关键影响体现在符号改变了人类生活其中的环境的性质；符号的出现使得将个体的行为姿态（behavioral dispositions）或者态度直观（be reproduced）给其他人成为可能；符号使得个体有可能成为环境的一部分，人们可以对这类由符号所指代的有关他或她所组成的环境进行反应。[2]

低等动物或者人类发明符号之前只能对在场环境作出相应反应，它们对超出视力、听力和其他感觉范围的事物无力作出反应，人们对环境的反应受到时间和空间的限制，因此那时人类所面对的一切环境都是可以观察到的在现场环境。但是语言、文字、图像等符号的出现改变了这一局限，借助于这类符号，人们可以对符号所记录和呈现的一切环境作

---

①　John P. Hewitt. *Self and Society: A Symbolic Interactionist Social Psychology*, University of Massachusetts at Amherst, Boston/New York/San Francisco, 2007, p41.

②　John P. Hewitt. *Self and Society: A Symbolic Interactionist Social Psychology*, University of Massachusetts at Amherst, Boston/New York/San Francisco, 2007, p41.

出反应，无论这些环境中所包含的事实是发生在过去、现在还是将来，也无论它们发生在眼前还是发生在多么遥远的地方。另一方面，符号具有指代功能，人类用符号为一切将定事物命名，这使得人类可以把一切外在于人的东西带入大脑中进行处理。实际上，借助于高级符号，人类获得了将外在事实环境转化成为虚拟指代环境的能力，这极大地降低了人与环境互动的劳力消费和成本。

符号还改变了环境的性质，人类生存的现实环境主要有可见的事物组成，如山川、河流、原始动植物，原始人类当然可以对这些可见物作出反应，但是只有当符号被创造并使用之后，人类才能够对抽象物作出必要的反应，这些抽象物包括观念、概念、态度、情感等，比如责任、义务、爱、思念等。这一事实意味着符号的创造和运用客观为人类创造了另外一类环境，人们生活于其中并对之反应的环境性质也因此而发生改变，传统的环境范围获得极大拓展。

毫无疑问，符号互动论对于上述符号功能的理解已经非常接近于李普曼对于拟态环境的描述，也与数十年后麦克卢汉对于媒介形式变化引起人们感知方式变化的论述如出一辙。所不同的是，在米德等社会学家的论述中，他们诉诸的概念是环境，他们关注的重要是人与人、人与环境之间借助符号而发生的互动和反应，因为米德及其同人要求证的是人与社会的关系。

符号的第二项魔力是能够在群体之间分享意义，从而在群体成员中传递和再现个体所持有的行为姿态以及态度。低等动物诚然能够对简单信号（signs）产生反应，但是简单信号的传递功能一般仅仅局限于个体与对象之间，它天然具有私密性。单个的动物可能会因为听到或看到某种简单信号，从而对这一信号作出反应，但是由于这类信号仅仅与它所指向的事物相关联，因此这类信号与它们所指向的对象之间的关系仅仅局限于个体动物的经验范围内。例如当一只狼对另一只野兽发起进攻的时候，前者所持有的行为姿态和态度仅仅为前者所持有，最多会影响到在场的其他动物，超出这一现场范围，前者所持有的行为姿态和态度成为无迹可寻之物，但是如果类似的情景发生于能够运用高级符号的人类，情景则完全不同。

高级符号具有公开性的特点，它不受时空限制，它所承载的意义可以非常方便地被群体中的成员所共享。尤其是高级符号可以唤醒人的意志，即使符号所表现的东西不在场，符号使用者仍然可以将自己对特定对象的行为姿态和态度传递给群体中的成员。正如米德所指出的，因为在场的人可以对这些符号作出反应，符号起到了传递他人行为姿态和态度的中介桥梁作用，特定对象完全不必在场。事实上，通过这样的转换过程，符号使用者个体的行为姿态和态度被再造出来，这就是高级符号的又一神奇力量。

行文至此，我们自然联想到大众传播何以能够如此有力地改变受众的态度和行为，传播者的态度如何能够通过文字、声音、图像等高级符号传递给受众，看来这一秘诀早已被符号互动论者所破解，米德所创立的符号互动学说无疑可以解释许多传播现象。

大众传播对各类传播符号的运用已经炉火纯青，传播者各种公开的或隐含的思想、观点、立场都可以通过高级符号予以有效传播和表达，受众完全可以明白和理解各类新闻报道或新闻评论中心的态度和立场，因为高级符号天然具有表达行为姿态和态度的功能。值得一提的是，由于高级符号能够超越时空传递意义和态度，人类有可能利用符号这种功能进行欺骗和欺诈，各类虚假新闻正是利用符号的这种特点炮制出来的。

符号的第三项魔力是，借助于符号，人类不仅仅可以为外部环境命名，人类也可以为自己命名，从而把自己变成环境的一部分。

在自然界，动物与环境的关系非常单一，动物就是动物，环境就是环境，动物不可能成为外部环境的一部分。但是，高级符号的出现明显地改变了人与环境的这种相对关系，高级符号不但能够为人类外部环境中的万事万物命名，同时也可以为个体自己命名，这样被符号所指代的个体成为环境的一部分。人们能够对人名之类的东西进行反应，这意味着个体自己也成为了环境的一部分，个体在这样一个整体环境中能够对自我产生反应，这是自我意识产生的必要条件。同时，由于个体自我能够意识到自己是世界的一部分，个体自我因此获得了自我控制的能力。

其二，米德关于心灵、自我、主我、宾我等理论开辟了人内传播的基础理论研究领域。米德对有关心灵、自我、主我、宾我等概念的阐释大多非常含糊，逻辑也不是很严密，人们很难准确捉摸这些概念。这种状况是可以理解的，因为我们今天所能读到的作品并非米德亲自撰写，而是其他人根据他生前讲课的笔记整理而成，因此我们不必苛求米德本人。但是，米德著作中的基本思想依然清晰可见，深邃灵动。如果我们不去逐字解读米德的原话，而是取其作品中的精华，或许我们反而能够更准确地理解米德的真意，同时领悟到他的这些论说其实已经深深切入人内传播的基础理论领域。

米德所言及的自我其实始终包含两个不同的部分，即主我和宾我，所谓自我应该是主我和宾我的统一。主我就是代表真实意愿的我，它有点类似于弗洛伊德人格结构理论中的本我，但操纵或者说驱动主我的并非完全本能冲动之类的"快乐原则"，它们应该还包括信仰、信念之类的更高动机；主我代表个体最真实的意愿，在个体的思考过程中始终伴随着主我，主我依据自己的立场、观点和原则与宾我进行对话。所谓宾我就是个体大脑中对现实中的他者以及对他者态度的想象以及反应，这些自己对他者想象和反应的内容构成了另外一个角色，这个角色是宾我。宾我实际上就是社会性的我（the social me），操作宾我的原则是现实原则或社会原则，于是在个体大脑中"我"似乎分裂为两个不同的我，它们分别代表着主我与宾我，主我与宾我之间时刻处于对话之中。

米德经常说个体成为个体自身的对象，或自我成为自我的对象。为了说明个体能够成为自己的对象，米德列举了有关幽灵的故事，他说："原始人假定，灵魂是存在的，它大致位于隔膜之中，在人们睡眠时暂时离开肉体，在人死去时则完全离开肉体。一个人可以引诱它脱离故人的肉体，还可以杀死它。"[①] 接着米德分析了自我产生的过程，他说："作为可成为自己的对象的自我，自我从本质上说是一种社会结构，是从社会经验中产生的。当一个自我产生以后，它就从某种意义上为它自己提供了它的各种社会经验，因此，我们才能够设想一个绝对离群索居的自我。但是，人们不可能设想自我是社会经验之外产生的。虽然我们可以在它已经产生的情况下，设想一个人在有生之年都处于离群索居状态，但即使这样，这个人仍以他自己为伴，并且能够像他以往与他人沟通那样，与自己对话和思考。"[②]

米德要说的其实就是个体大脑中主我与宾我的对话，因为所谓自我就是主我与宾我的合二为一。但是在大多数情况下，主我与宾我是相互冲突的，因为二者的驱动力不同，所代表的利益不同。主我代表的是真正的自我，最符合自身的利益和愿望，而宾我是对他人及其态度的想象和反应，或者说是他人利益和愿望在个体大脑中的想象重现以及自己作为另外一个我对他们的反应；主我与宾我作为两类不同角色在大脑中不断进行对话和预演，这就是米德所说的自己，成为"自己成为自己的

---

①〔美〕乔治·H. 米德：《心灵、自我与社会》，霍桂桓译，北京，华夏出版社 1999 年版，第 152 页。

②〔美〕乔治·H. 米德：《心灵、自我与社会》，霍桂桓译，北京，华夏出版社 1999 年版，第 152 页。

对象"。

我们可以举一个简单的例子来说明这种情形。比如，一个年轻人即将去参加一个求职面试，那么他很自然地就会思考这样的问题，比如："我应该穿什么衣服去面试？我应该说些什么？我的知识、学历、阅历是否足以说服考官并在竞争中胜出？考官是个什么样的人？他的偏好是什么？竞争对手都是些什么人？"总而言之，这个年轻人一定会在大脑中反复想象类似的问题和情景，他也会在大脑中不停地预演自己应对考官的提问。在这种情境中他一般会按照他所猜想的考官的希望去回答或者做，甚至为此会违背自己真实的意愿。例如，当他依据一般社会规则作出判断，考官一定偏爱接受穿西服打领带的应试者时，他次日一定会穿上西服，打上领带去应试，哪怕他一点都不喜欢这些。那么，面对即将到来或正在发生的面试这个社会行为，这位青年大脑中与考官等人在想象中的各种对话和接触就构成了宾我，而那些代表更真实的想法和意愿的"我"则是主我。

主我与宾我之间的对话是一种设身处地式的对话，即代表自身真实利益的主我与代表他人利益的宾我在想象中进行无休止的对话，就好像自我大脑中还潜伏着另外一个人。一些只有两三岁的孩子会对他们的父母说，自己觉得脑子里有两个我，一个我想要这样去做，另外一个我要那样去做，孩子当然不知道这其实就是主我与宾我的对话，当孩子意识到自己头脑中有两个不同的我时，这表明社会原则已经开始侵入孩子的大脑中。刚开始出现这种情况的时候，孩子往往不知如何处理，他们觉得有些无所适从，我们经常说"思想斗争"，说的大致也是这类情况。

在个体体验和经历中，主我和宾我无休止的对话最终导致"普遍化的他人"的出现。每一个人的主我所面对的都是宾我，每个宾我所具有的态度都与我真正的利益和态度有所不同，我们在生活中必须时刻捕捉、判断并应对宾我所代表的态度和利益，并对此作出反应和协调，这种情形被米德称之为"人生辛苦的工作"。久而久之，宾我所代表的原则便会由个别的上升为集体的，由具体的上升为普遍的。由此，我所指向的他者也就由个别的、具体的上升为集体的、普遍的，这就是米德所说的"普遍化的他人"。"普遍化的他人"反映的其实就是现实原则和社会原则，它是无数个体中的主我与宾我不断试错，不断协调从而最终确立的社会规则，"普遍化的他人"所代表的原则一旦形成，就会影响和制约所有的社会个体。这类原则与亚当·斯密所说的"看不见的手"或"公正的旁观者"非常相似，它们看不见，但对每个人的社会行为发生影响。

米德关于主我与宾我的发现显然也受到库利"镜中自我"理论的启发，在米德的自我理论中，主我对宾我的想象以及主我对宾我态度的想象，这些想象的内容正是库利所说的那面镜子，这面镜子照见了一个新的我，这个我就是米德所说的宾我，主我与宾我进行不断对话协商，然后个人最终以一种符合社会现实原则的方式去呈现自己。

主我与宾我之间的对话体现出来的就是人类对自身以及外部事物的认知方式和思维方式，人类的知识积累、价值判断、反思批判等等主要建立在这种对话的基础上。但是，主我与宾我之间依靠什么来对话呢？没有人能够听见或看见发生在有机体大脑内的这种对话。事实上，人们依靠无声的语言来进行内心的对话，这种对话是说给自己"听"的，也唯有自己可以"听"到。关于这点，米德已经说得很明确，他说："我们所谓的'沟通'的重要性通过下列事实表现出来，即它提供了一种行为形式——有机体或者说个体利用这种形式就可以变成他自己的对象。我们所一直讨论的正是这种沟通——它不是母鸡对小鸡发出的咯咯声，狼对狼群发生的嗥叫声，或者母牛发出的哞哞声这种意义上的沟通，而是有意义的符号意义上的沟通；这种沟通不仅针对其他人，而且也针对这个个体本人。"[①] 很难想象，在没有发明语言之前，个体在大脑中如何进行这种对话，唯一的推断是根本不存在这类对话，因为那时人类的意识处于极为低级的阶段中。

事实上，个体任何一个动作、任何一个决定或任何一个念头都会引起个体大脑中主我和宾我之间的无穷无尽的对话，主我与宾我的对话过程也就是人的思维过程，米德有关主我和宾我的概念直接切入到了人类思维的本质领域，是心理学史上的天才发现。主我与宾我客观存在这一事实也表明，任何人都不可能孤立地存在于他人之外，自我、心灵、意识产生于与他人的联系以及对他人的反应过程中，米德的雄心是要再造一种不同于个体心理学和本能心理学的新的心理学，他通过对自我、主我、宾我、心灵、意识等核心概念的研究，创造了以人类互动为基础的社会心理学。但是，未曾料及的是，米德在再造互动社会心理学的同时，也于无意间开启了人内传播学的基础研究领域，他对自我、主我、宾我、心灵、意识等核心概念的研究实际上已经介入有关人内传播的机制、路径、方式等问题中。

---

① 〔美〕乔治·H. 米德：《心灵、自我与社会》，霍桂桓译，北京，华夏出版社 1999 年版，第 150 页。

其三，米德的符号互动论探讨了符号在人类互动中的关键作用，为后来的传播学者提出各种传播模式提供了理论基点，他还揭示了主我与宾我的"对话机制"，开辟了独特的人内研究基础理论领域。但是应该看到，自我的形成和发展是米德符号互动论更重要的方面，米德有关自我形成和发展的研究实际上是社会学中有关人的社会化过程理论的早期版本。从社会学的角度来说，人的社会化过程主要是人的独特人格和独特社会行为的获得过程，其获得途径包括家庭、学校、教堂以及各种社会组织机构，如果将人的社会化的原因归结为大众传播，那么这样的研究视角就是米德之后美国传播学研究的主流范式——传播效果研究。米德对自我形成和发展以及对人的社会化过程的研究始终没有脱离符号互动和人内传播的视角，可以说米德是美国历史上最早从符号互动和人内传播角度研究传播效果问题的社会心理学家，他最先开创了传播效果研究的基础理论。

米德的哲学是实践的哲学，也是实用主义的哲学，他反对西方理想主义将人解释为先天的理性存在，也反对欧洲原子主义理论将人解释为孤立的原子存在，他更反对将人和历史看作某种决定论的东西。米德在哲学上有意摆脱西方历史上的理性主义、原子主义和机械决定论，他更愿意把人和社会看作是一种具体的社会过程和社会存在，他在人与自我、人与他人、人与社会的互动过程中去寻找自我产生的依据和价值，米德的哲学因此被称作互动哲学，也被称作"关系"的哲学。在米德看来人和社会在本质上是一种关系，而非结构，人的价值和意义因为关系和互动而产生，人不是被某种先天的结构而决定的东西。但是，非常清楚的是，米德认为一切关系和互动的基础是人人借助于符号而发生的交往和交流，米德未能言明的是交往和交流的本质是信息的交换和交流，自我是在个体内部、个人之间以及个人与社会的信息交换和交流中得以确立的。米德实际上是从信息交换和交流的角度切入了人的社会化过程的研究之中，他正是因此而触及了传播效果研究领域。

第十章　帕克：都市生态研究中的
文化观与传播观

　　在社会学芝加哥学派重要成员中，帕克无论是在职业经历方面还是在学术研究方面都是与新闻传播靠得最近的一位。他大学毕业后在报刊界从业 11 年，他一生不断求学，动力之一就是要从学术上去研究新闻以及传播问题。更为重要的是，在他一生著作中有不少论文是在直接研究新闻传播，他的《移民报刊及其控制》是一本研究报业和传播问题的学术专著。帕克是社会学芝加哥学派发展鼎盛时期的代表性人物，他最为重要的社会学理论贡献是开启了都市生态研究和移民以及种族问题研究，但是，在这些社会学研究中包含着丰富的新闻传播学思想。施拉姆评价说："那个时代的许多社会科学家们都有关于传播问题的论述，但是帕克是少数几个具有新闻记者职业经历并且能够敏锐地论述新闻和报业的专家。"①

第一节　一个知识探求者的传奇人生②

　　休斯在谈到帕克的理论贡献时曾经这样说过："他是一个在 50 岁眼看着自己就要失败的人，最终却成为一项伟大的社会调查运动的中心人物。"③ 休斯所说的伟大的社会调查运动是指帕克所开辟的都市生态研究

---

①　Wilbur Schramm. *The Beginnings of Communication Study in America：A Personal Memoir*, Edited By Steven H. Chaffe and Everett M. Rogers, Thousand Oaks/London/New Delhi, Sage Publications, Inc. , 1997, p12.

②　有关帕克的生平资料主要依据 Winifred Raushenbush. *Robert E. Park：Biography of Sociologist*, Duke University Press, Durham, N. C. 1979。

③　转引自 Everett M. Gogers. *A History of Communication Study：A Biographical Approach*, The Free Press, New York/London/Toronto/Sydeny/Singapore, 1997, p173。

以及种族、人种和移民研究，这些研究是社会学芝加哥学派鼎盛时期最富特色的成就。然而，休斯的这一评论只道出了事实的某一个方面，帕克绝不属于那种注定要失败的人物，或者说他更属于那种必然会成功的人物。帕克在 1913 年进入芝加哥大学时已将近 50 岁，这对于通常需要终身托付的学术事业来说确实是一个不利的年龄，但是对于帕克来说，在这种不利之中也包含着许多有利的因素和条件，他的完备的学术训练、丰富的社会工作经历，以及他不懈的努力追求注定了他会成为社会学芝加哥学派鼎盛时期的领军人物。

罗伯特·帕克出生于 1864 年 2 月 14 日，与库利同年。帕克的父亲年轻的时候参加南北战争，是一个军人，他母亲当时是一所中学的教师。1863 年他父亲执行一次军事任务，负责把一些南方战俘押解到北方，船行至中途遇到暴风雨，船只面临解体沉没的危险，他命令解除战俘的镣铐，让战俘逃生，事后他受到法庭指控。当法官质问他为何违反军纪的时候，他回答："先生，如果我下次遇到这样的事，我会做同样的事情。"父亲于同年 4 月获准辞职，他匆忙赶到位于宾夕法尼亚先前的老家，去探望他的大表姐沃纳（Theodosia Warner），此前二人从来没有见过面，那一次他们见面后不到两个月便举行了婚礼。

帕克出生后的头 8 年在红翼镇（Red Wing）长大，宽阔的密西西比河从这座小镇附近淌过，对于帕克而言，这是一个充满神奇的地方，这里车水马龙，人来人往，尤其是来自世界各地的移民逐渐在此地定居下来，形成各类社区，帕克从小跟当地来自瑞士、挪威的移民孩子结成伙伴，一起长大，成年后的帕克非常珍惜这一段童年记忆。

红翼镇是一个 1850 年由新英格兰人发现的小镇，直到 1874 年小镇才有高中，帕克就是这批学生中的一个。帕克回忆小镇的学校无法提供优质的教育，他说："许多年后我才知道一个孩子在这样的学校学到的东西是如此少，我自己的孩子在 10 岁、12 岁的时候学到的知识已经相当于我当时在 18 岁时所学到的东西。我觉得我是在进入大学后才真正开始我的教育。"

此时帕克对写作很感兴趣，他也开始认真考虑自己的将来，他不愿意像他父亲期待的那样成为一个商人，或者像他（外）祖父那样成为一名博士，也不愿意像他曾祖父那样成为一个小镇的官员。他开始研究居住在红翼镇那些移民的职业，那些挪威农民，中产阶级，甚至研究那些来自新英格兰的自己家族成员的职业，帕克发现在红翼镇那些所谓成功居民的职业没有一样能够吸引他。他告诉父亲他希望有朝一日能够远走高飞，他父亲嘲笑他痴心妄想，帕克对此非常气恼，他回忆说如果这时父亲给予他鼓励，他很可能会成为一名科学家。

帕克于 1882 年高中毕业，班上 13 个学生中他的成绩排在第 10 位，考虑到他不是读书的料，父亲觉得没有必要让他去读大学。帕克弃家出走，他当了一阵子铁路工人，那个夏天他挣了 50 美元，他在明尼苏达大学注册成为一名新生。那一年过得非常不容易，虽然学费全免，但是他租了间便宜的房子，得自己开火做饭。他打理校长的房子，每周挣 1 美元，他有时会挨饿。他母亲在感恩节为他带来美食、衣服、毛毯，并带他回家过圣诞节。他父亲也打算帮他，但帕克回绝了。

帕克在明尼苏达大学主修工程专业，他选修的课程包括化学、物理、植物学等，学得非常艰难，但是因为学习刻苦，一年后他通过了所有课程考试。父亲决定资助他去密歇根大学学习，父子之间的长期积怨从此化解，但就在帕克入学还不到 3 个月，他的母亲去世了，年仅 43 岁。

帕克在密歇根大学一共学了 4 年，他放弃了工程专业，选择了逻辑学。他学习希腊语、拉丁语、法语、德语和英语，得了 89 分的高分。二年级的时候，他选了杜威的一门逻辑学，杜威给他留下深刻的印象，与杜威相遇使他的人生发生了第三次兴趣的大转移，他决定选修哲学专业。帕克后来回忆说："我迷上哲学首先是因为杜威，杜威使我明白学习是终身的，追求知识犹如冒险，它把我们带入一个充满疑惑的未知领域。"[1]

在密歇根大学求学期间，他还是一份学生报纸《亚尔古英雄》（The Argonaut）的副主编，这可以看作是他日后 11 年职业记者生涯的预演。帕克 1887 年获得密歇根大学的哲学学士学位。此时帕克不得不偿还一大笔借款，这笔钱是他父亲借来给他读书的，此时他父亲也是债台高筑，欠下 3 万美元债务。帕克回到家乡的中学教书，不过他很快就离开家乡，先是在《明尼阿波利斯期刊》（Minneapolis Journal）做了 3 年的庭审记者、警务记者和城市生活记者，后又为《底特律时报》（Detroit Times）、《丹弗时报》（Denver Times）、《纽约杂志》（New York Journal）、《纽约世界》（New York World）以及《芝加哥杂志》（Chicago Journal）工作。

19 世纪 80 年代的美国，记者并非很体面的工作，薪水也很低，帕克入行的最初几年，他不得不在马戏团干活以补贴日常开支。一般人相信，记者的黄金职业时间是 8 年，如果一个记者干了 8 年时间仍然待在这个位

---

① Winifred Raushenbush. *Robert E. Park*：*Biography of Sociologist*，Duke University Press，Durham，N. C. 1979，p12.

置上，其价值不可避免地要衰落。1892 年，帕克决定终止记者生涯，他决定与父亲合伙经营批发店，当时他的父亲已经从家乡迁到南达科他州的水镇（Watertown），并且与一位名叫安娜·奥尔松（Anna Olson）的年轻女子结婚，父亲的生意也由衰落重新兴旺起来。在去南达科他州的途中，帕克听说他过去在密歇根大学的老师杜威有意创办一份杂志，他匆忙赶往阿安伯拜见杜威，杜威将他介绍给富兰克林·福特相识，与杜威的见面改变了帕克此后的生活。

福特也是一位资深新闻人，当时福特正在说服杜威帮助他出版一份名为《思想新闻》（Thought News）的报纸，福特的想法是要通过这份报纸"将新闻报道与日益增长的大学学术知识联系在一起"。[1] 福特的雄心是要创办一种新型报纸，通过这类报纸收集、处理和传播各种商业信息，创办《思想新闻》是他这种办报观点的延伸。

但是《思想新闻》最终未能面世，一年 15 美元的订阅费对读者来说太过昂贵。虽然报纸没有办成功，这段经历却深深地影响了帕克，他说："福特属于那种超级记者，他不太关心新闻细节，他更关心事件的全貌，福特称之为'大新闻'。所谓'大新闻'就是事件未来发展的长远趋势和影响，而不是正在进行的那些肤浅的东西。"[2] 巴克斯顿甚至认为正是因为这段经历，加上帕克自己职业经历的影响，报纸和新闻成为帕克日后研究的重要问题。[3] 凯瑞认为这段经历对杜威也产生了深刻影响，使杜威的兴趣从哲学转向政治、道德、教育和新闻。[4]

1894 年，帕克与克莱拉（Clara Cahill）结婚，克莱拉是密歇根州最高法院（The Supreme Court of Michigan at Lansing）一名法官的女儿，是一位天赋极高的艺术家，他们婚前保持了较长时间的通信，在其中一封通信中，帕克又一次谈到自己未来的职业，他说："我想将来我应该进入

① 　William J. Buxton. *From Park to Cressey*：*Chicago Sociology's Engagement with Media and Mass Culture.* 转引自 Edited by David W. Park and Jefferson Dooley. *The History of Media and Communication Research*：*Contested Memories*，Peter Lang Publishing，Inc. ，New York/Washington，D. C. ，2008，p346。

② 　Winifred Raushenbush. *Robert E. Park*：*Biography of Sociologist*，Duke University Press，Durham，N. C. 1979，p21.

③ 　William J. Buxton. *From Park to Cressey*：*Chicago Sociology's Engagement with Media and Mass Culture.* 转引自 Edited by David W. Park and Jefferson Dooley. *The History of Media and Communication Research*：*Contested Memories*，Peter Lang Publishing，Inc. ，New York/Washington，D. C. ，2008，p346。

④ 　James W. Carey. "The Chicago School and Mass Communication Research"，Edited By Everette E. Dennis and Ellen Wartella. *American Communication Research-The Remembered History*，Lawrence Erlbaum Associates，Inc. Mahwah，New Jersey，1996，p31.

思想行业，就像卡莱尔和爱默生那样。" 1898 年帕克已经做了 11 年记者，他决定离开新闻界，1897 年，在他 34 岁的时候帕克进入了哈佛大学，继续求学。时值哈佛大学的黄金时期，那里群星闪耀，詹姆斯、罗伊斯以及桑塔亚纳等名流都曾为帕克这些哲学专业的学生授课。但是，帕克重入大学是因为对传播和群体心理深感兴趣，他想知道大学对这些问题说了些什么，他以为哈佛大学有社会心理学课程，实际上却没有，但是1899 年他还是在哈佛大学拿到了哲学硕士学位。

1899 年秋天，帕克偕夫人以及三个孩子来到柏林，在腓特烈·威廉大学（Friedrich-Wilhelm University）① 注册，成为一名研究生，他所学的课程包括 19 世纪欧洲艺术、法律史。1900 年春天帕克选了齐美尔的三门课，分别是伦理学、19 世纪哲学史以及社会学，这是帕克一生中上过的唯一一门社会学课程。帕克认为齐美尔是最伟大的社会学家，当时齐美尔 41 岁，是这所大学的讲师。

在柏林，帕克阅读了一本名为《社会和个人》的著作，该书作者托马斯是斯特拉斯堡大学（University of Strasbourg）研究群体心理的教授文德尔班（Wihelm Windelband）的学生。1902 年，帕克又追随到斯特拉斯堡（Strasbourg），在文德尔班的指导下完成了博士论文。② 在随后的两年中他选修了哲学和其他社会科学的课程，同时师从贾兰德（Georg Garland）学习地理，师从柯纳普（Georg Friederich Knapp）学习政治经济学。1902 年，文德尔班应邀到海德堡大学（University of Heidelberg）讲学，帕克也追随到此。在这所大学，帕克同时还跟随瑞根（Rathgen）学习政治经济学，跟随黑特纳学习另外三门课程，它们是理解德语和文化、地理练习以及非欧大陆块。

1900～1903 年，帕克的主要工作是写博士论文，他的博士论文与新闻和报纸并无直接关系，而主要与社会学相关，论文的题目是《群众与公众：方法论与社会学调查》（Crowd and Public：*A Methodological and Sociological Inquiry*）。但是，帕克清楚地意识到他的论文与传播的内在联系。他说："公众并非仅仅是由法律赋予的一个群体，通过控制个人而控制公共舆论，绝对是一个潜移默化的心理产物，公共舆论不过是群体心理变

---

① 即腓特烈·威廉大学，位于柏林，创办于 1810 年，是德国最著名的大学之一，被誉为"现代大学之母"，二战后改名为洪堡大学。

② Barbara Ballis Lal. *The Romance of Culture in an Urban Civilization*，Routledge，London and New York，1990，p19.

化的一部分。"① 杜威曾经建议帕克研究报纸，赴欧洲之前帕克确实打算这样去做，但是到了德国后，他决定研究群众和公众。从结果上看，帕克并没有完全背弃杜威的建议，帕克的思想可能更深远一些，他看到了现代社会中公共舆论背后更深层的东西，即社会心理及其控制，他的研究也正是在这一点上与传播问题发生了关联。《群众与公众》不仅仅属于社会学和社会心理学，它同时也是早期传播学基础研究的成果之一。这篇论文 1904 年在瑞士出版，1972 年被译成英文由芝加哥大学出版社出版。

帕克于 1903 年夏天从德国回到美国，1903 年至 1904 年他在哈佛大学哲学系任助教，1904 年，帕克离开哈佛大学出任刚果改革联合会驻波士顿秘书一职，负责宣传和媒体联络，帕克认为自己从事这份工作是为赤道非洲黑人的平等权利而战，这是一项真正的人生事业。在这个机构工作使帕克对非洲黑人的真实生活状况有了更多的了解，他特别关注黑人那种与世隔绝、缺乏文化的生存状态，他期望通过教育和传播使非洲黑人尽早融入现代社会。

此间帕克开始与美籍非洲人（Afro-American）领袖兼教育家博克·华盛顿（Booker T. Washington，1856～1915）通信，后者在阿拉巴马州的特斯基吉（Tuskegee）创办了特斯基吉师范与工业学院（Tuskegee Normal and Industrial Institute），这个研究机构致力于美国黑人，尤其是黑人农民实用职业教育，以改善他们的生活，华盛顿也希望有更多的美国白人，尤其是那些来自自由北方的白人为特斯基吉的黑人提供经济援助。

1905 年至 1911 年在长达 6 年的时间中，帕克一直为华盛顿工作，出任公共关系主任一职。但是根据拉尔（Barbara Ballis Lal）的说法，帕克的实际职务是华盛顿的代笔秘书以及媒介代理人。② 此间，帕克写了好几本书以及一些文章，如《黑人的故事》（1909）、《我的大教育》（*My Larger Education*）等，但这些作品都是以华盛顿的名义出版。帕克对黑人以及种族问题了解得越多，他越坚信只有通过教育和传播才能够打破黑人文化隔离的生存状态，这段经历也对帕克日后研究美籍非洲移民以及他们的都市生活助益颇多。

帕克一生的职业生活充满了戏剧性，他少年时的志向是要成为一名

① Winifred Raushenbush. *Robert E. Park：Biography of Sociologist*，Duke University Press，Durham，N. C. 1979，p32.

② 拉尔是 *The Romance of Culture in an Urban Civilization* 一书的作者。

工程师和科学家，但是进入大学他后却选择了逻辑学专业，遇到杜威又使他的兴趣转向哲学；大学毕业做了 5 年记者后他决定转行，跟随父亲经营生意，但是拜见杜威后他又决定重拾旧业，立志成为一名新型报人；他入哈佛大学原本是想研究传播和社会心理，但事与愿违，他最终拿到的却是哲学学位；他慕齐美尔之名漂洋过海来到欧洲，却因偶然听说文德尔班，竟然又追随这位名师来到斯特拉斯堡；他在 39 岁的时候拿到博士学位进入哈佛大学，应该算是修成正果，学术前途无可限量，但是他在哈佛仅仅供职 1 年，却又脱离学界加入黑人维权组织。没有资料显示帕克离开哈佛的真正原因，但是脱离学术界 8 年之后，帕克最后又加入芝加哥大学，开启了他日后最辉煌的职业人生。这一年是 1913 年，帕克已近 50 岁了。

　　帕克进入芝加哥大学似乎出于一个偶然机会，1912 年，帕克负责筹备和主持一个有关黑人发展的大型国际会议，来自世界各地的 3700 名代表到会，当时因写作《欧洲与美国的波兰农民》而名扬天下的芝加哥大学社会学系教授托马斯也出席了这次会议，托马斯对帕克的才干极表赞赏，会议之后第 5 天，即 1912 年 4 月 24 日，托马斯即致信帕克，希望帕克到芝加哥大学任教，随后托马斯向时任芝加哥大学社会系主任的斯莫尔提出了这一建议。虽然斯莫尔很快同意托马斯的建议，但是由于牵涉当时一些复杂因素，帕克虽然最后进入芝加哥大学，但是他最初是在该校神学院获得的任命，而不是在社会学系。芝加哥大学为帕克开出的酬劳是每门课 500 美元，这笔报酬在当时显然不够家庭开销。休斯（Everett Hughes）对这件事的说法是，当时芝加哥大学无意继续扩大社会学系的规模，系主任斯莫尔是芝加哥大学的实权派人物，他有望在芝加哥大学校长哈珀死后继任后者的职务。虽然斯莫尔接受了托马斯这一建议，同意接受帕克来芝加哥大学，但是为了平衡关系，使得帕克进入芝加哥大学的进程并不顺利。休斯含蓄地评论说："帕克是在形势不利于社会学发展的情况下来到这所大学的。"[①] 即使是在这样的条件下，帕克还是选择了芝加哥大学，他决定动用父亲留下的遗产补贴将来的家庭开支，在此之前他的打算是将这笔钱用作孩子将来的教育基金。

　　帕克 1913 年进入芝加哥大学，1914 年开始在社会学系任课，他主讲的课程包括 "美国的黑人""报纸研究""群众与公众""现场研究"

---

　　① 转引自 Winifred Raushenbush. *Robert E. Park*：*Biography of Sociologist*，Duke University Press，Durham，N. C. 1979，p76。

（Field Studies）以及"种族与国民性"等，1919 年至 1920 年伯吉斯和法里斯参与到他的教学活动中，共同承担社会心理学的教学。

帕克于 1925～1926 年担任美国社会学学会主席，在芝加哥大学任职期间还广泛参与了其他社会活动。1929 年至 1933 年帕克出访日本、印度、菲律宾、中国、印尼、南非等许多国家。帕克于 1944 年 2 月 7 日去世，去世前的一年，帕克在给他的好友休斯的信中说："我要写我思想的自然史。"

帕克的主要著作包括：《社会心理学导论》（1921）、《旧世界特征的转变》（*Old World Traits Transplaned*，与托马斯以及米勒（Herbert A. Miller）合著，1921）、《移民报刊及其控制》（1922）、《城市：都市环境中的人类行为调查》（*The City-Suggestions for the Investigation of Human Nature in the Urban Environment*）（与 E. W. Burgess 以及 R. D. McRenzie 合著，1925），以及《社会心理学原则概述》（1939 年编辑）。另外还有三本论文集《种族与文化》（1950）、《人类社区》（1952）和《社会》（1955）。

第二节　帕克都市生态研究中的传播观

帕克对社会学理论的重要贡献集中体现在他的都市生态以及种族、人种和移民问题研究方面。都市生态研究的规范称呼是都市生态学（urban ecology），也称作都市人类学（urban anthropology），或人类生态学（human ecology），这是借用生物学和动物学术语而提炼形成的一个社会学概念。都市生态学研究的主要对象是现代都市形成和发展过程中出现的种种社会现象和社会问题。法里斯说："芝加哥社会学在 20 年代最引人注目，最广为人知的成就是在都市生态学方面高度原创性的研究。"[1]尽管当时芝加哥大学其他学部门，如历史学、地理系、政治学系的许多学者也从各自的学科领域参与到都市生态研究之中，但社会学系始终占据领先地位，帕克则是都市生态研究的领军人物。

都市的急剧扩张，大量农村人口向都市转移，大量海外移民的涌入是 20 世纪前后几十年间美国最大的社会变动之一。统计资料显示，1920

①　Robert E. L. Faris. *Chicago Sociology*：*1920 – 1932*，Chandler Publishing Company，San Francisco，1967，p51.

年全美国的都市人口数量为 1.06 亿人，1930 年都市人口数量增长到 1.23 亿人。这 10 年间偏远农村减少的人口数量为 1.2 亿人，而大都市增加的人口数量为 1460 万人。此间，大量南方黑人流向北方城市，1920 年美国北部和西部城市共有黑人 130.9 万人，但是到 1930 年这个数字增长到 222.8 万人，全美国 20% 的黑人集中在北部和西部都市定居①。

芝加哥市的人口增加同样非常迅猛。1910 年芝加哥人口为 218.5 万人，到 1920 年人口增长到 270.1 万人，1930 年人口增长到 337.6 万人，20 年间芝加哥人口共增加近 120 万人，在芝加哥 2/3 的人口为新出生的移民的孩子。② 与此同时，芝加哥也成为各民族、各种族人口的杂居地，芝加哥居住的波兰人、瑞士人、挪威人、波希米亚人、芬兰人、丹麦人、克罗地亚人、斯洛伐克人，以及希腊人的数量在美国所有大城市中是最多的，而且，在政府和各级行政部门就业的人中半数以上都出生在国外。芝加哥商业和贸易也发展迅猛，1925 年全美国 7.4% 的制造业产品产自芝加哥，金融业和银行也从东海岸转移到芝加哥，来自各种不同背景的文化也在芝加哥这个大都市交汇冲撞。基于这一现实，帕克不无偏激地说："美国和世界上所有的人都可以划分为两个阶级，即那些已经到达城市的人，还有那些没有到达城市的人。"③

城市的急剧扩张以及人口的快速增长引发了越来越多的社会问题。例如 1923～1926 年 3 年间，仅芝加哥一地就发生谋杀命案 1000 余起④，其他诸如暴力、抢劫、骚乱、罢工等案件和事件也频繁发生。1919 年芝加哥发生种族大骚乱，持续一周，38 人在骚乱中丧生，537 人受伤，1000 余人无家可归。在这一大背景下，美国都市中的种族矛盾，外来移民人口与本地人口的矛盾，以及其他社会矛盾变得空前激烈。

都市发展不但导致了贫富分化、贫民窟、暴力、犯罪、种族冲突等社会问题，同时也导致了包括"边缘人"现象在内的更为广泛的行为失序、心理失序、道德失序、社会失序等问题，所有这些都需要有一种新

---

① James T. Carey. *Sociology and Public Affairs*, Sage Publications, Inc., Beverly Hills/London, 1975, pp. 19 - 20.

② James T. Carey. *Sociology and Public Affairs*, Sage Publications, Inc., Beverly Hills/London, 1975, p114.

③ 转引自 Fred H. Matthews. *Quest for an American Sociology：Robert E. Park*. McGill-Queen's University, Montreal and London, 1977, p121。

④ James T. Carey. *Sociology and Public Affairs*, Sage Publications, Inc., Beverly Hills/London, 1975, p25.

的社会学理论给予解释并提出解决方案，帕克进入芝加哥大学后面对的
正是这一重大现实。

都市生态研究采用的是典型的二元分析法，帕克认为，都市生态首
先体现在都市结构方面，其次表现在都市行为方面。帕克对于都市生态
结构的看法是独特的，他认为都市生态的结构表现，如产业聚集、资金
流动、人口流动、劳动力的分布、职业取舍等主要是市场化的结果，在
这一过程中起主导作用的是市场规律这只无形之手，其内在机制是自由
竞争，竞争的直接目标是社会稀有资源，这是为生存而进行的斗争。

受亚当·斯密以及达尔文、斯宾塞等经济学、生物学以及社会进化
论思想的启发和影响，帕克认为在生物界竞争是普遍法则，人类社会、
都市社会发展概莫能外，它体现的是都市发展的“自然历史”。但是帕克
强调，这类纯粹的竞争是一种“没有社会接触的互动”，尽管帕克认为这
种竞争和互动体现了社会生活的基本方面。为此，帕克和伯吉斯带领各
自的学生们对芝加哥的都市生态分布进行了详尽的调查。

帕克将正在兴起的芝加哥这座都市看作一个巨大的社会实验场，他
说：“社会学研究工作应该定位于芝加哥的都市文化，芝加哥就是一个社
会实验室，这意味着应该去收集那些影响城市社会生活的各种材料，并
对材料进行归纳和分析。”[1] 他的学术研究目标是要摸清楚这个大都市的
要素分布和要素功能，并解剖都市中的各种人类行为。就像当时许多社
会学家一样，帕克深受达尔文和斯宾塞进化论和社会进化论学说的影响，
以生物学的思想和方法去观察城市，解剖城市所延伸出来的概念就是城
市生态。在实地调查的时候，帕克鼓励学生们绘制各种与城市相关的地
图，以显示城市的特点。

受实用主义的影响，芝加哥社会学派的都市生态研究独创了一套经
验方法去研究大都市发展过程中出现的各种社会问题，这些研究方法包
括生态地图绘制、视野考察、实地调查、问卷调查以及个案访谈等，这
些以经验实证为主的研究方法极大地影响了其他学科的发展，也影响到
传播学研究方法的形成。

帕克在学术上更自觉地将实用、实验和效用作为社会学研究的主导
方向。在《社会学导论》中他非常明确地阐述道：“从某种流行的观点来
看，现在的社会学已经成为一门实用科学，社会学很快将成为这样一门

① Martin Bulmer. *The Chicago School of Sociology*: *Institutionalizarin*, *Diversity*, *and the Rise of Sociological Research*, The University of Chicago Press, Chicago and London, 1984, p93.

科学，它在解决某一问题时得出的结论也将完全适用于同类其他问题。实验方法将进入社会生活、工业发展、政治生活以及宗教生活的各个领域，在所有这些领域，人类实际上被各种或明或暗的法则所制约引导。但是，这些法则很少被人们以理论假设的方式和实验证明的方式予以阐明。如果要区别这两种方法，我们选择调查而不选择研究。"①

帕克 1902 年在德国求学时跟随黑特纳学习地理，他坚信："每一个社会学专业的学生都应该了解地理学，尤其是人文地理学。其实，文化归根到底就是一种地理现象。"② 到芝加哥大学后，他开设的其中一门课程就是"现场研究"，正是通过这门课程，帕克鼓励研究生们走进城市、走进社会，以绘制地图的方式去呈现这座城市地产、商业、舞厅、毒品、犯罪等个行各业的分布和结构，研究各色人等的心理和行为。其他各种实证研究方法，如访谈、观察、数据收集、文献分析也被广泛运用。这类经验研究方法的广泛应用对芝加哥社会学派的最终形成至关重要，这些经验方法极大地影响了社会学未来的发展方向。

但是都市生态结构只是都市问题的表层，对于帕克来说，真正令他着迷的是这一表层之下的都市行为，都市生态结构只是他进入都市行为领域的一个窗口。

帕克首先从都市结构中概念中提炼出了社区、群体、互动等重要概念，帕克认为纯粹的经济竞争是一种没有真正的社会意识参与的竞争，这种竞争就像生物界所存在的那种自然竞争一样，它的形成不需要生活于其中的社会成员达成任何共识，促使人们结合的并不是吉丁斯所说的"类意识"（like-mindedness），人们仅仅是为生存而结合，在竞争中人们所需要的仅仅是合作。因为没有交流、传播、协商的参与，这类合作无法产生真正的集体行为。帕克认为："人们在整体上结合在一起，并不是因他们具有相似性，而仅仅是因为他们彼此之间相互有用。"③ 帕克举例说，当一个白人雇主打算雇用一个黑人的时候，他并不需要在精神上与这个黑人有所联系，他仅仅是因为这个黑人对他的生意有用才雇用这个人。

帕克认为生态结构层面上的都市反映的是都市成长的自然史，它体

①　Robert Ezra Park and Ernest W. Burgess. *Introduction to the Science of Sociology*, University of Chicago Press, Chicago, 1921, p45.

②　Winifred Raushenbush. *Robert E. Park*: *Biography of Sociologist*, Duke University Press, Durham, N. C. 1979, p85.

③　Park. *The City as Social Laboratory*, Smith and White, Chicago, p11. 见 Fred H. Matthews. *Quest for An American Sociology*: *Robert E. Park*, McGill-Queen's University, Montreal and London, 1977, p121。

现的是都市成长的本能，它是一种纯粹的人类关系的生态秩序（ecological order），但是都市发展也有其人为设计和理性的方面，那就是建立在相互交流和理解基础上的道德秩序（moral order）或社会秩序（social order）。道德秩序主要由人格、动机、尊严、文化等要素构成，这些要素在一定程度上受到环境的刺激和影响，但它们从本质上来说都是人的创造物，体现出非常强的主观性，对都市发展和社会发展产生关键作用的恰恰是这一道德秩序。帕克反复举例说明，人们的行为动机并非完全出自经济利益，对人格尊严和社会地位的追求，对群体权利的维护往往使人做出违背个人利益的行为选择。帕克说："种族和人群的问题从来就不是一个单纯的经济和实用问题，不这样去考虑问题从来就不可能取得成功。我们将劳动力当作商品进口，我们却不曾设想，这些劳动力其实就是像我们一样的人类。我们现在应该明白，经济上的种族关系其实也是政治和文化上的种族关系；为生存而进行的斗争，其实，也就是为身份、认同、地位、权威所进行的斗争，它们共同构成了道德秩序。当这样的政治和道德秩序荡然无存的时候，政治强制力最赤裸裸的表达方式——战争便取而代之。"①

帕克认为生态秩序形成的机制是竞争，但是道德秩序形成的重要机制之一是传播和交流。就像库利将传播视作历史的基石一样，帕克认为，正是因为传播，即信息媒介以及人们之间的互动使那些处于精神离散状态的人结成群体、社区，创造并维系着习俗、传统、语言、公共舆论以及整个文化，正是在这一点上，帕克的都市生态社会学理论与传播学问题发生了深刻的勾连。帕克不仅明确地将传播视为建立和维持道德秩序的重要手段，他甚至将社会视定义为一种文化的联结体，这一文化联结体因为社会化过程而成为可能，社会化过程则建立在"传播和共识的基础上"②。帕克认为，正是由于文化和传播使得人类社会有别于非人类的植物"社区"和动物"社区"形式。

帕克都市行为研究中有关人格、动机、社区、群体行为的思想主要来自以齐美尔为代表的社会互动理论以及以库利、米德为代表的符号互动论，这两种社会学理论又都与传播密切相关。齐美尔是德国社会学的

① Park. *Our Racial Frontier on the Pacific*，p150. 见 Fred H. Matthews. *Quest for An American Sociology：Robert E. Park*，McGill-Queen's University，Montreal and London，1977，p165。

② Barbara Ballis Lal. *The Romance of Culture in An Urban Civilization*，Routledge，London and New York，1990，p29.

先驱人物，他在德国社会学界的影响和地位相当于涂尔干在法国社会学界的地位。齐美尔认为社会由具体的人构成，社会的本质是社会交往，并通过社会交往体现出社会的特征，诸如合作、竞争、统治等社会现象只有通过各类社会交往才能够形成，它们不过是个人具体社会交往形式的扩大版和升级版，因此社会学的任务就是研究各类社会交往要素。齐美尔将由于个人间的接触和交往构成的符号世界和互动世界称作不可见的世界（invisible world），由于齐美尔将社会交往的形式作为社会学研究的主要对象，他的社会互动理论也被称作形式社会学。帕克在德国求学期间曾经受教于齐美尔，后者关于社会互动的思想对帕克研究都市行为产生了明显影响。帕克总是避免将社会看作是某种静止的、利益契约式的实体，他更愿意将社会看作是一种由互动而形成的社会过程，他强调社会过程中的文化、价值等主观方面的因素，他所诉诸的社区、共同体（community）概念是人们基于爱、共识、群体意识，自我意识而结成的社会群体。社区或共同体是社会构成的最基本、最重要的单元，帕克坚信文化和传播是缔结社区的重要途径，人们通过文化所包含的主观价值态度观念，借助于交流和传播进行反射、调节、协商，在此基础上形成社区。帕克不仅将传播看作是社会沟通、意义共享的工具，他还将传播视为群体行为的控制手段和控制机制。他的基本逻辑是：人的行为并非完全由自然竞争等人类关系生态秩序所决定，而是更多地由人格、动机等道德秩序所决定，后者可以通过文化创造、文化改造、文化融合等主观设计而获得。交流和传播是文化设计的主要渠道和方式，如果控制了交流和传播，也就等于控制了文化设计，从而达到影响、改变和控制群体行为的目的。

帕克从库利和米德的符号互动论那里获得启发，更为详尽地阐明了这种传播控制的观念。库利的"镜中自我"理论实际上是一种有关社会控制的社会心理机制理论，库利认为自我的形成依赖于个人对他人对自己评价的想象，个人正是依据这种想象来调整自己的态度和行为。在米德的符号互动论中同样地暗含着社会控制的观点，米德曾直言："社会控制在一定程度上取决于社会中的个人对共处于其中的他人的态度的推判能力。"[①] 帕克认为个人自我约束是社会控制的基础，个人约束能力的获得主要源自个人所处的符号环境（symbolic environment），人们通过语言、

① Barbara Ballis Lal. *The Romance of Culture in An Urban Civilization*, Routledge, London and New York, 1990, p33.

传播和教育将群体经验转化成为意义和价值这样的主观世界，后者又反过来影响和主导个人行为，帕克将这类由意义和价值构成的主观世界称作"社会体"（social objects）。他直言："社会体就是人造物、人造品，就是仪式、习俗、典礼、言词"，"社会体就是公共生活的符号表达，人们在理解其含义的基础上去使用它。"① 在《社会学导论》中，帕克表达了与库利和米德类似的观点，他说："人类行为在更多的时候受制于那种建立在对他人理解基础上的感觉，这类感觉和理解存在于习俗和既成礼仪之中，它们代代相传，习染相通，渐成礼俗，它们不但成为人们尊重和敬畏的对象，同时也成为人们据以揣测和反应的对象。"② 帕克要表达的思想是，诸如礼仪、习俗这类主观性的人类文化创造物存在于历史和传统之中，它们又在现实的人际互动中体现出来，并对人的态度和行为产生影响，成为一种社会控制力量。这里暗含的思想还包括：个人的东西如何变成集体的东西，个人态度如何变成集体态度；反之，集体的东西如何转化成个体的东西，集体态度又如何影响到个体态度和行为，这一思想显然又比库利、米德深刻得多。

个人与社会、个人心理与社会心理这两对谜一样的范畴是帕克自年轻时代起就一直努力求证的问题，他在德国所获得的社会心理学知识似乎最终在他研究都市生态以及移民和种族问题的时候得到了应用，这些问题最后又都指向文化和传播。帕克相信："生活在社会中的个人或多或少是一种公共存在，他的行为或者被他人允许，或者被他人禁止，或者被他人效仿。"③ 在帕克看来，所谓社会活动无非就是人们之间的反射、调节、协商以及约束，人们在社会互动中学会了他律，也学会了自律，社会因而形成一个整体。帕克认为社会控制的核心是自我约束，而自我约束机制的形成离不开包括语言在内的符号环境，社会互动的基础是传播。

但是，帕克并非如库利和米德那样仅仅探讨社会互动、人际传播的基础理论，他是社会学界最早将社会互动等基本传播理论应用于分析具

　　① 　Barbara Ballis Lal. *The Romance of Culture in An Urban Civilization*，Routledge，London and New York，1990，p32.

　　② 　Park and Burgess. *Introduction to the Science of Sociology*，p188，转引自 Fred H. Matthews. *Quest for an American Sociology：Robert E. Park*，McGill-Queen's University，Montreal and London，1977，pp. 149－150。

　　③ 　Barbara Ballis Lal. *The Romance of Culture in An Urban Civilization*，Routledge，London and New York，1990，p32.

体社会问题的学者之一。法里斯也证实："在 19 世纪 20 年代，芝加哥大学的学生们从来没有听说过有谁把符号互动理论应用到社会心理研究中。"① 正是帕克将符号互动理论应用于诸如种族、都市化乃至人类进化这些大规模社会现象，开辟了符号互动论的应用传播领域。

"都市生态结构""都市行为研究"这样的理论念头和设计出自帕克大脑之中一点也不奇怪。帕克 1914 年进入芝加哥大学之前主要职业是新闻记者和社会活动家，他十分看重实践和实验活动。在从事新闻报道的十几年中，他就养成了观察城市发展和城市生活的习惯，他 1925 年出版的著作《城市：都市环境中的人类行为调查》就是他早年对城市观察和研究结果。他说："城市在扩展，滋生于其中的各类人性也在不断显现，这使得城市变得非常有趣和迷人。在这里我们可以找到研究人心秘密，人性以及社会的种种场所。"②

对此拉尔评论说："帕克的思想受益于他的同时代人，但是这并不遮蔽他对社会学理论创造性的贡献，以及他在社会学走向成熟过程中的领袖地位。他与托马斯最早将受实证主义影响而出现的社会学理论运用于城市中的种族、人种以及集体行为研究。尤其是帕克创造了一种新的方式去观察和研究种族和人种冲突，他有关移民报刊、种族文化以及边缘人格的论述显示了他广博的知识和非凡的理论创造力③。

第三节   帕克种族移民问题研究中的传播视角

帕克的都市生态理论是一套非常抽象、庞杂的理论体系，他并不刻意去追求理论的自足与完善，他的都市生态理论最终指向美国都市中最重要的问题，即种族、人种和移民问题，他的理论兴趣是对这类问题进行解释并提出解决方案。

严格地说，并不存在一套独立的、帕克式的种族、人种和移民理论，帕克不过是将自己的都市生态理论应用于美国都市中的种族、人种和移

①   Robert E. L. Faris. *Chicago Sociology:1920 – 1932*, Chandler Publishing Company, San Francisco, 1967, p88.

②   Martin Bulmer. *The Chicago School of Sociology: Institutionalizarin, Diversity, and the Rise of Sociological Research*, The University of Chicago Press, Chicago and London, 1984, p92.

③   Barbara Ballis Lal. *The Romance of Culture in An Urban Civilization*, Routledge, London and New York, 1990, pp. 30 – 31.

民问题研究之中，并进一步印证和丰富了自己的都市生态理论体系；或者说帕克的都市生态理论与他所进行的种族、人种和移民问题研究本身就处于互动和互构之中，很难将二者完全剥离。

帕克的都市生态理论、种族和移民研究与他所言及的传播之间的关系同样是这种互动、互构的关系。帕克很少单独从传播的角度去论述都市生态、种族移民问题，他更多地是将传播置于文化这一更大的背景之中，他有关都市生态、种族移民问题的研究，始终贯穿着将文化与传播视作社会调节、社会控制的手段这样一条轴线。对此，拉尔的评价十分精辟，他认为："对于帕克的全部社会学思想来说，文化、传播以及社会控制这一概念至关重要，它们反过来又对帕克的种族和人种关系研究造成影响。"[1] 劳拉认为，帕克关于文化和传播的观念促成了一种新的社会学类型，即都市生态学的发展。

帕克种族移民研究的重要内容之一，是从文化、传播以及由此形成的社会控制路径去分析美国都市中的平民窟、青少年犯罪、边缘人以及各类社会失序问题。

20世纪初芝加哥社会学派的一项重要使命是研究美国都市的兴起以及出现的各种社会问题，如何解释都市兴起过程中出现平民窟、犯罪以及道德堕落等社会失序现象成为社会学家必须首先回答的问题。此前关于此类问题的解释主要是纯生物学观点，一般认为诸如贫困、犯罪、自杀、精神变态等社会问题是由遗传而来的劣质基因造成的，解决这类问题的措施是施行强制优生，即对那些具有劣等基因的人群实施绝育，鼓励优等基因人群和民族多生孩子，这一信条甚至获得美国大法官奥利弗·赫尔姆斯（Oliver Wendell Holmes，1841～1935）的支持。[2]

然而，帕克在对城市生态、移民以及种族问题的研究彻底推翻了这一观点，帕克用文化理论去解释移民和种族问题，而不是用生物学观点去解释。针对移民中的道德堕落以及移民社区的失序，帕克认为这是背弃传统价值，背弃群体目标的结果。至于移民中的精神困境更多的是由于疏离种群和家庭而引起的，而不是因为获得新的自由，从而迷失方向和责任而引起。同样，那些"边缘人"所遭受的离乡之苦源于他们内心

---

① Barbara Ballis Lal. *The Romance of Culture in An Urban Civilization*, Routledge, London and New York, 1990, p27.

② Robert E. L. Faris. *Chicago Sociology: 1920 – 1932*, Chandler Publishing Company, San Francisco, 1967, p62.

深处出现了文化断裂，在两种不同文化中他们没有做出自己的选择①。正如拉尔所说，20 世纪 20 年代帕克与托马斯已经摆脱了文化源于种族和群体遗传的通行观点；帕克相信文化与种族并没有关系，文化是通过传播而在后天习得的。移民在面临转型的时候最迫切的问题是如何融入新的社会环境，在帕克看来，教堂、外语报刊等都是使移民与新文化融合的有效途径。②

在帕克的这些断言中始终暗含着个人与社会、个人心理与群体（社会）心理这两对深刻的命题；帕克要表达的是，个人与社会、个人心理与社会心理是绝对的伴生关系，它们在个人身上应该保持完整的统一，一旦这种伴生关系断裂，个人与社会就会发生问题，美国都市中的移民问题和种族问题很多就是源于这种关系的断裂。与此同时，帕克认为传播的过程就是把群体所共享的经验转变为意义和价值的过程，意义和价值反过来影响和指导个人行为；帕克甚至极端地认为所谓社会实体，诸如仪式、习俗、宗教典礼等都是人造物，它们不过是人类共同生活的符号表达，传播在确保这些关系的统一上起到了非常重要的作用。③

社会失序广泛存在于 20 世纪二三十年代美国的都市生活中，据詹姆斯·凯瑞考证，社会失序（social disorganization）这一术语由托马斯和兹纳涅茨基首创，他们在《欧洲和美国的波兰农民》一书中用这一个词语描绘一种陌生的新环境对人们生活的扰乱和冲击，社会失序被定义为群体中那些指导个人行为的现有原则的影响力的降低。④ 帕克解释社会失序的观点是典型的文化观点和心理学观点，但是更近一层看，他在解释社会失序时引入了符号互动思想，有理由认为帕克在都市生态研究以及移民、种族研究的同时，也在创造和丰富传播学思想，他的社会学研究从某种角度来看是符号互动论的应用化和社会学化。

历史已经证明，种族和人种上的生物学观点是错误的，法里斯指证说，都市生态研究颠覆了传统的优生学思想，社会学家已经证明城市中

①　Barbara Ballis Lal. *The Romance of Culture in An Urban Civilization*, Routledge, London and New York, 1990, p33.

②　Barbara Ballis Lal. *The Romance of Culture in An Urban Civilization*, Routledge, London and New York, 1990, p107.

③　Barbara Ballis Lal. *The Romance of Culture in An Urban Civilization*, Routledge, London and New York, 1990, pp. 33 – 34.

④　James T. Carey. *Sociology and Public Affairs*, Sage Publications, Inc., Beverly Hills/London, 1975, p97.

居住在贫民窟中的那些人在迁入前并没有"失序"。事实上，那些选择移民的人并非劣等人，相反这些人往往比他们那些没有选择移民的朋友或亲属更具有抱负和创造力，各种反常的个人行为不过是社会失序的结果，但不是造成社会失序的原因，在经历了一段时间贫民窟中个人失序的生活之后，他们会逐渐适应都市生活，从各种反常行为中恢复过来。因此个人失序不过是前工业化社会向高度机械化的工业文明急剧过渡转型的产物，在这一转型过程中几乎没有任何人种能够幸免遭受严重的个人失序，但是，最终人们都可以恢复过来。这一发现使人们能够以一种新的方式去完整理解所谓的变态行为，它为人们探索此类问题开辟了一条新的道路①。

总体来看，帕克的都市生态研究采用的是文化解释观点，他当然拒绝社会问题的生物学或优生学观点，但他也并不相信所有都市化现象，如贫民窟问题、移民和种族问题都可以用经济学观点去解释，帕克不是经济决定论者；他相信文化和传播是通往理解都市问题、移民和种族问题的正确道路，他的这一观点其实深受美国另外一位重量级人类学家博厄斯的影响。由于帕克始终把文化、教育和传播视为都市生态、移民和种族问题的核心，认为文化形成的机制以及影响的渠道是传播，因此帕克的文化观念与他的传播观是一体两面、共生共融的关系。

帕克种族移民研究的另外一项重要贡献是建构并呈现了美国社会中不同种族、人种以及具有文化背景的移民之间相互融合的路径和过程。多种族、多人种以及不同文化背景移民相互共存的社会是一个矛盾丛生，甚至可能引发各种冲突和社会动荡的社会，缓和、化解这些可能产生的矛盾和动荡，寻找不同群体之间相互融合，共同发展的路径和方法是帕克所苦苦思索的课题。帕克的研究揭示，不同种族、人种以及不同移民之间的融合必然要经历竞争、冲突、适应以及同化四个阶段，他对每一阶段所发生的变化进行了详细论证。帕克的四阶段理论实际上是一种社会过程理论，总体来说，帕克的社会过程理论建立在自由竞争、社会互动、社会态度变化这类核心概念上，而且四个阶段所发生的变化都与文化、教育与传播密切相关。

所谓竞争（competition）阶段是社会过程的最初阶段，在这一阶段人们为了获得基本生产资料和生活资料而进行相互竞争，人与人之间的关

---

① 参见 Robert E. L. Faris. *Chicago Sociology*: *1920 – 1932*, Chandler Publishing Company, San Francisco, 1967, pp. 62 – 63。

系是敌对的。如前所述，这类竞争体现的是生态秩序，它通过生态结构表征自己。但是，在这一阶段，个体并没有表现出清晰的自我意识，这类竞争是自发的、盲目的，其内在机制是自由市场，它建立在人类生存本能基础上。

但是，帕克认为，社会过程不会总是停留在竞争阶段，它必然要向第二阶段，即冲突（conflict）阶段发展。帕克认为冲突源于不同群体中个人身份、社会认同、社会态度以及文化价值观念这类主观价值方面的差异，这些差异培植了个人明确的自我意识。冲突阶段的显著特点就是自我意识的觉醒，并始终伴随着强烈的自我意识，个人意识到自己从属于某一群体并自觉遵守自己所属群体的价值规范，甚至自愿为了群体利益而放弃个人利益，帕克认为个人之间以及群体之间的交流和传播强化了这一自我意识。帕克经常以二元论的观点来看待传播问题，他认为交流、传播和公共讨论既可以创造共识，也可以制造分歧。他说："讨论并非总是能够形成意见共识，讨论有时候甚至可能制造战争。根据我的观察，它们很少带来和平，这似乎不是它们的功能。讨论的结果是复杂的，它往往使意见更为分歧。"[1] 帕克认为，当交流、讨论和传播创造了新的分歧后，通过后续的交流、讨论和传播又会制造出新的共识，这类似于一个螺旋上升的过程，这个过程实际上就是自我意识不断提升和强化的过程。对此，帕克说道："当一种新的传播形式给那些处于文化隔绝状态中的成员带来亲密联系的时候，其后果可能是加剧他们彼此之间的竞争。进而言之，在传播的影响下，竞争有可能表现出一种新的特征，它将发展成为冲突。这种为生存而进行的斗争也有可能因为恐惧、仇恨、嫉妒而被强化。"[2] 帕克认为，当个人的自我意识上升到一定高度时，生态冲突也就上升到意识冲突，生态秩序也就上升到道德秩序。帕克认为，冲突阶段体现的是一种调整过程（setting process），但是这类调整并不关乎正义和公平，只有将这种冲突置于可控范围内，社会才有可能保持相对平衡和稳定。

社会过程的第三阶段是适应（accommodation），在这一阶段冲突各方已经对各种斗争深感厌倦，他们同意暂时放弃各自的主张，并同意在一

---

① Park. "Moral and the News", *American Journal of Sociology*, 47（November 1941）:360 – 377. 转引自 Fred H. Matthews. *Quest for An American Sociology*:*Robert E. Park*, McGill-Queen's University, Montreal and London, 1977, p147。

② Park. *Reflections on Communication and Culture.* 转引自 Fred H. Matthews。*Quest for An American Sociology*:*Robert E. Park*, McGill-Queen's University, Montreal and London, 1977, p147。

种潜在竞争中共存。这非常类似于历史上发生的宗教宽容，人们经历了长期的宗教分歧、宗教冲突、宗教迫害之后终于意识到宗教上的纷争无助于问题的解决，人们开始厌倦宗教纷争，并开始认同宗教宽容。社会过程的适应阶段同样是一种类似于宗教宽容的阶段，它所获得的也是一种暂时的平衡。

社会过程的最后阶段是同化（assimilation），在这一阶段不同群体中的个体其异质的价值观和社会态度相互融合，他们开始主动理解并接受对方的历史记忆、历史情感，并在相互尊重的基础上融入共同的文化生活中，由于这种共同的文化生活建立在价值趋同的共识基础上，所以同化阶段是一种稳定的社会关系。

很显然，帕克基本上把群体关系融合的过程理解为不同文化融合的过程。种族之间、人种之间以及不同移民群体之间的文化交流、文化碰撞、文化吸收是群体关系融合的基础；个人人格、社会态度的改变这类主观价值因素是调节群体关系的主要力量。帕克认为个人人格、社会态度是环境的产物，它们尤其是文化环境的产物，受到文化、教育、传播的强烈影响，因此帕克认为群体关系融合的关键是文化、教育和传播，帕克对社会问题的看法始终局限在文化决定论和传播决定论的视线范围之内。

帕克对种族、人种以及移民问题的研究很大程度上建立在这一社会过程理论基础之上，他对上述问题的研究又不断丰富和发展了他的社会过程理论。正是依据这一理论帕克深入分析了美国南方黑人与白人的关系，西海岸东方人与白人的关系，芝加哥市波兰人与盎格鲁－萨克逊人之间的关系。帕克尤其从功能主义角度出发，具体分析了移民报刊在促进群体融合过程中所发挥的作用。

帕克关于美国移民报刊的调查堪称实证研究的范本，《移民报刊及其控制》出版于1922年。1917年4月6日，美国宣布参加第一次世界大战，不久，《美国社会学期刊》邀请130名人士就战争期间社会科学能够做些什么来帮助美国政府发表意见，帕克也在被邀请人士之列，帕克特别关注战争期间移民对美国可能的不忠诚。为此，帕克对美国移民报刊进行了深入调查，目的是要弄清楚这些移民报刊在移民的"美国化"过程中究竟起到了什么样的作用，最终调查结果于1922年以《移民报刊及其控制》为书名出版。

一战期间美国已经接收大量来自世界各地的移民，其中仅来自德国的移民就达到2000万人，许多欧洲移民生活在一个与美国社会基本上没有关系的个人环境和文化环境中，这种状况极有可能危及美国传统的国内自由。正是基于这一考虑，卡内基公司（The Carnegie Corporation）决定发起一项针对移民的大规模研究，一共包括 10 个项目，这项研究也被称为"美国化研究"，帕克收到邀请负责其中一项专门针对移民报刊的研究项目。

《移民报刊及其控制》是在大量社会调查基础上写成的学术著作，它实际上更像一部鸿篇巨制的社会调查报告。全书分为四大部分，第一部分标题为"移民报刊的土壤"，具体内容包括从语言交流、情感交流、信息沟通等角度分析美国移民报刊出现的必然性；剖析美国移民报刊与欧洲文化和思想传统的历史渊源、革新与发展；分析移民报刊与美国社会大环境的抗拒、适应、协调等互动关系。第二部分标题为"外语报刊的内容"，主要分析美国移民报刊的内容及特征，不仅涉及报刊广告内容，也涉及地方报刊、都市报刊、各主要语种报刊等多方面内容。更为重要的是，作者还分析了移民报刊与战争的关系，在战争中的立场，移民报刊与当时世界重要思潮的关系。第三大部分标题为"移民报刊的自然史"，主要分析了移民报刊在美国发展的历史，与母国的继承与变革关系；移民报刊在发展过程中所形成的类型特点、风格特点以及结构特点等；分析和总结移民报刊成败的经验教训。第四部分标题为"报刊的控制"，具体分析了移民报刊发展中的一些重要控制因素，如广告控制、发行控制、政党控制、政府控制、宣传控制和联盟控制等。全书包括各种图表 11 件，各类数据表格 20 件，通过这些调查统计图表，作者清晰地呈现了美国移民报刊的起源、历史，它们的数量、分布、发行量和利润以及这些报刊读者、报刊的影响等宏观和微观情况，书中所使用的图表和表格一直沿用到今天的各类社科研究中。这部著作还收集了大量历史文献并对文献进行全面分析，可以说帕克先于拉斯韦尔创立了传播学内容分析的研究传统。帕克的研究表明，移民报刊在维持和改变移民态度方面均发挥了重要作用，大部分移民报刊既维系着移民之间的民族感情，同时也为移民最终融入美国社会提供了准备，美国移民报刊所发挥的作用部分印证了帕克的社会融合过程理论。

帕克撰写《移民报刊及其控制》一书源于自己对新闻传播问题的长期兴趣和学术探求。帕克大学毕业后就开始从事新闻工作，探索新闻和传播问题是他毕生的兴趣和追求，与杜威和福特的相识，尤其是与福特共同创办《思想新闻》的经历强化了他对传播问题的偏爱。不可否认，帕克一生所受的教育基本上是哲学教育，他博士毕业后的学术职位是社会学教授，但是可以这样理解，对帕克而言，传播问题和社会学问题不过是同一问题的两个方面。帕克确实无意在社会学理论之外去建立一套独立的新闻传播学理论体系，但是他确实将传播视为构建社会学理论，解决社会问题的一个重要路径。与此同时，他从来不认为新闻传播与社会学是两件完全不相干的两件事情，他自己曾经说："同新闻记者相比，社会学家更看重用第一手材料研究问题，也许可以这样说，社会学家是更精确、更负责任、更科学的记者。"① 当然，多年职业记者生涯的熏染也使他能够以更加犀利的目光去发现和研究社会问题。帕克一生对移民、种族和城市生态等问题的研究与他对传播问题的研究形成了十分有趣的互动，即他在研究前者的时候，实际上也在丰富和深化对后者相关问题的研究，而他在研究后者的时候，也提供了一条理解移民、种族和城市生态等问题的独特路径，从这个角度来看，帕克的社会学和传播学研究都是十分独特的。

《移民报刊及其控制》的诞生也受益于历史的契机，美国的参战使移民忠诚成为一个全国关注的问题，国家的需要社会的关注，学者的职业使命感以及有关机构的资金投入使得帕克有机会就移民报刊等问题进行深入调查和研究。遗憾的是，时至今日，社会学界尤其是新闻传播学界对这部著作的学术价值探讨仍然不够深入。其实这部著作问世之时，美国还没有出现几部像样的新闻学著作，更没有学者如此贴近地去研究传播问题。美国最早的新闻学院密苏里新闻学院创办于 1908 年，哥伦比亚新闻学院创办于 1912 年，公认为美国新闻史上最早、最重要的新闻学著作有 3 本，它们是 1873 年哈德逊的《美国报业史》，1903 年休曼的《实用新闻学》，李普曼 1922 年出版的《公众舆论》，至于拉斯韦尔《世界大战中的宣传技巧》直到 1927 年才出版。在上述著作中，《移民报刊及其控制》所触及的问题更多，学术思想来源更丰富，研究方法更多样化，与理论传播和应用传播相关问题的距离更近。

帕克在他不算太长的学术生涯中致力于都市生态研究，开辟了种族、人种以及移民研究等美国社会学研究新领域。他将生态地图、现场考察、实地调查、个案访谈等研究手段应用到社会学研究中，丰富了社会学研究方法。他抛弃了种族、人种以及移民研究中的传统生物学观点，代之以文化研究的路径，并将社会互动、文化教育以及人际和大众传播等所

① 转引自 Everett M. Gogers. *A History of Communication Study：A Biographical Approach*，The Free Press，New York／London／Toronto／Sydeny／Singapore，1997，p189。

引起的主观价值态度改变视作群体融合的关键因素，这些都是他对社会学以及传播学研究的重要贡献。

但是帕克的理论体系显然也存在很大缺陷。首先，他将社会冲突理解为群体成员之间内在价值观的冲突，而忽视或者贬低群体成员冲突的经济根源和其他根源，这与实际情形并不相符；其次，他将社会控制机制简化为文化、教育、传播以及个人人格和社会态度这类主观性的因素，片面强调个人约束，却忽视了法律、机构、组织这类强制性的社会控制力量，他所秉持的社会控制理论并不能很好地解释真实的社会过程；最后，决定真实社会过程的力量是公民所拥有的政治权利、经济权利乃至阶级权利，而非文化权利，帕克极大地忽视了前者，而夸大了后者。因此，他所构建并呈现的群体融合路径是值得怀疑的。

帕克所属的时代正是达尔文生物进化论以及斯宾塞社会进化论被美国思想界奉为圭臬的时代。前者运用于种族、人种和移民研究之中衍生出以基因、肤色、祖先去鉴别群体以及个人优劣的思想，后者应用于上述问题研究之中又衍生出竞争有理、弱肉强食有理的强盗逻辑，二者立论的基础是社会冲突论。帕克摆脱了上述社会生物学思想的影响，从社会融合的新角度，采用文化路径去考察种族、人种以及移民等问题，他的研究确实体现出某种创新。但是帕克过于看重文化在社会参与中的地位和作用，他将群体融合完全寄托于文化环境改造以及个人主观态度改变等方面，这是另外一种文化决定论。

芝加哥学派百年之后，重新开掘帕克社会学研究中的文化思想和传播思想，这是对历史缺憾的一个填补。

第十一章　美国传播心理学的产生和发展

心理学发展的百余年间曾经与其他许多学科交叉融合，形成众多与心理学相关的边缘学科，如社会心理学、教育心理学、医学心理学、儿童心理学、文学心理学、管理心理学等。这些学科大多属于心理学的应用学科，有些学科偏重自然科学，有些则偏重社会科学。

心理学与传播学的相遇起源于 20 世纪 30 年代前后，在西方心理学界，人们普遍将涉及传播心理的那部分研究归入心理学的应用研究领域，尽管美国主流心理学界也在努力将传播心理学（他们更多地称为媒介心理学）发展为一门相对独立的学科，但是，至少在主观上确实很少有人愿意把这类研究看作是传播学的分支研究。

第一节　美国传播心理学发展的历史流变

一、20 世纪 60 年代前后美国传播心理学的发生和发展

20 世纪 60 年代前后，西方学术界就出现了以传播心理学冠名的学术专著，比较早的著作是 1963 年在美国出版的《传播心理学》，作者为美国斯坦福大学的爱森逊（Jon Eisenson）、印第安纳大学的奥尔（J. Jeffery Auer）以及威斯康星大学的欧文（John V. Irwin），此书部分内容最早出版于 1938 年，书名为《演说心理学》（*The Psychology of Speech*）。该书讨论的中心内容是演说心理，涉及演说的性质、起源与目的，演说的基本心理规律和传播过程，个体和群体在各类演讲中的基本心理特征，该书最后讨论了演说与人格的关系。作者在第五章"群体传播"中专门辟出一节讨论广播和电视心理，作者论述道："广播电视节目中有 20% 的节目涉及演讲、访谈、小组讨论以及评论，这些内容都是为了告知或者劝服广播电视受众。就本质而言，这些节目都具有公

共演讲的性质。基于这一理由，我们在这本书中特别关注广播电视心理。"①　这也许是西方学术界最早专门研究广播电视心理的著作之一②，尽管作者把研究的对象局限在广播电视节目中涉及谈话和演讲的那一小部分内容。

1967 年，另一本同名传播心理学著作在欧美出版，该书作者为米勒（George A. Miller），作者在序言中声称："这本论文集讨论了多方面的问题，从计算机自动化到心理研究和超自然现象，但是这些不过是问题的表象。这本书实际上关注的是一些更深层次的问题，即总结人类在收集信息、处理信息过程中所形成的认知规律。"③　该书收录了作者过去发表的 7 篇有关传播心理的论文，内容涉及信息与记忆，大脑信息处理的容量和极限，传播体系中的人类联想，计算机、传播以及认知之间的关系等。无独有偶，1968 年美国又出版了一本同名传播心理学著作，作者为斯图亚特（Daniel K. Stewart），该书集中讨论了传播中的观念和意义，如何测量和评估传播过程，传播与理解之间的关系，传播与观念传播过程中意义的模式，传播与真理等。

1968 年，派瑞（John Parry）的《人类传播心理学》（*The Psychology of Human Communication*）在美国出版，该书以信息为核心概念，广泛讨论了与信息相关的心理学问题，主要包括信息的类型，人类传播的障碍，复杂行为中的传播难题等。该书最能够体现传播心理学特点的是最后一部分内容，即"心理学视域中的传播学"，这一章实际上讨论的是传播心理学的研究方法问题。在作者看来，尽管从伽利略到培根几乎所有的科学研究都在追求控制试验，尽管控制试验已经成为物理学和诸如生物学之类的大多数学科中的有效研究方法，但是作者反对完全以纯实验的物理方法去研究传播心理学问题。作者辩论道："如果心理学家坚持将此类控制试验方法应用于所有的人类行为研究中，其结果将是背道而驰。"④　作者认为："物理学的研究主题是物质的结构，而心理学的研究主题是行为的结构，行为植根于认知和心理经验之中，而认知和心理

①　John Eisenson. *The Psychology of Communication*, New York, Appleton-Century-Crofts, Division of Meredith Publishing Company, 1963, p310.

②　此前另外一本《广播心理学》（*The Psychology of Radio*）著作于 1935 年出版，作者为坎垂尔和奥尔波特。

③　George A. Miller. *The Psychology of Communication*, New York, London, Basic Books. Inc. , 1967.

④　John Parry. *The Psychology of Human Communication*, New York, American Elsevier Publishing Company, Inc. , 1968, p181.

经验并非完全是环境的产物，而是受到智力、先前的经验以及当下情境的综合影响"①，作者认为在实验室中人们很难完全再现心理反应的真实情境。显然，作者试图通过这种讨论为未来的传播心理学研究提供方法论基础。

另外一本值得一提的著作是《大众传播的游戏理论》（*The Play Theory of Mass Communication*），该书出版于 1967 年，1987 年再版，作者为美国密苏里大学新闻学院教授斯蒂芬逊（William Stephenson），但是他的本行是心理学，所以《大众传播的游戏理论》这部著作仍然可以看作是美国心理学界的研究成果。不同的是这本书不是以传播心理学之类的字眼命名，但是由于该书结合大众传播比较紧密，又以游戏这样一种人类普遍的心理诉求作为理论基础，确实创造了一套独特的传播心理学理论学说。

20 世纪 60 年代以后的一二十年间，欧美学术界有关传播心理学的探索体现出几个基本特点，其一，有关传播心理学的研究主要在心理学领域发生，新闻传播学界似乎还没有意识到传播心理学有可能发展成为一门相对独立的学科领域，60 年代以后，包括 60 年代以前长达几十年的时间内，新闻传播学界没有出版过一本传播心理学方面的学术著作；其二，此间心理学界关于传播心理学的研究主要集中在人类传播的基础领域，研究的问题也主要是一些最基本的问题，这些问题所涉及的领域非常广泛，包括语言传播、演说传播、信息传播，甚至包括文学批评传播、教育传播、科学传播等领域，相反，此间传播心理学研究却很少涉及新闻传播领域；其三，心理学界关于传播心理学的研究其实是以信息传播中的心理学问题为逻辑起点，这表明 60 年代前后欧美心理学界已经敏锐地意识到，一个无处不在、影响深远的信息时代已经到来，在这样一个信息时代，与信息传播相关的心理学问题应该受到足够的重视。

二、从传播心理学到媒介心理学：20 世纪 80 年代媒介心理学研究的兴起以及媒介心理学会的成立

其实，在美国学术界占据传播心理学制高点的始终是心理学专家，1985 年媒介心理学学会（Association of Media Psychology，AMP）的正式成立应该是西方传播心理学发展中的一件标志性的事件。这个学会的发

---

① John Parry. *The Psychology of Human Communication*, New York, American Elsevier Publishing Company, Inc. ,1968, pp. 182 – 183.

展可以追溯到 1982 年，当时美国一批精神健康专家聚集在一起，发起成立了该学会，博豪忑斯（Jacqueline Bouhoutsos）是这一组织的创始人。1982 年 3 月，媒介心理学学会在美国圣迭哥召开了首届学术会议，随后又分别于 1983 年秋、1984 年在旧金山和洛杉矶召开了两次学术会议。

1985 年在加拿大多伦多召开的美国心理学年会上，媒介心理学学会的组织成员要求大会讨论正式成立一个媒介心理学会组织，经过民主投票，大会正式通过媒介心理学学会为美国心理学会的第 46 个分支机构，博豪忑斯成为第一任主席。[①]

媒介心理学学会定期出版学术简报《扩音器》（*The Amplifer*），每年两期，主要刊发本会会员的原创稿件，首任编辑为凯尼格（Fred Koenig），从 2001 年至今，已经刊发 27 期。同时，这个学会目前已经出版了两本具有学科开拓性质的论文集，即《心理学和媒介的发展前景》（*Perspective on Psychology and the Media*, Published by American Psychological Association, 1997）和《再看心理学和媒介》（*Psychology and the Media：A Second Look*, Published by American Psychological Association, 1999）。

媒介心理学学会从属于美国心理学会这一事实明确无误地表明，他们努力的目标是要建立从属于心理学范畴的媒介心理学，或传播心理学。事实上，在美国最早从事媒介心理学研究的专家许多都是因为职业需要而与现代媒介发生了密切联系，他们或者是作为嘉宾、观众参加电台、电视台的节目，或者是作为专家在报刊上开辟心理学专栏，从而认识到心理学知识对于大众的重要性，认识到媒介在传播心理学知识方面的优势和力量，认识到心理学家对于现代传媒和大众的重要性。这些以职业心理学家身份和职业知识背景介入传媒领域的心理学家被称为媒介心理学家，许多心理学家因为与传媒发生了密切的职业关系，他们又从传媒与心理学，或者从传媒与心理学家的关系这一角度去研究所谓的媒介心理，这样的研究被称作媒介心理学研究。

《心理学和媒介的发展前景》一书中收录了《媒介心理学的先驱》一文，详细介绍了 20 世纪 50 年代以来那些活跃于现代媒介中的心理学家的职业经历，这些先驱包括：

乔伊斯（**Joyce Brothers**）作为哥伦比亚大学的一名教师，出于有效

---

① 参见 *Perspective on Psychology and the Media* 序言部分。Edited By Sam Kirschner and Diana Adile Kirschner. *Perspective on Psychology and the Media*, American Psychological Association, Washington D. C. , 1997。

普及心理学知识的宏愿，乔纳斯从 1959 年开始先后在美国大都会教育电视台（Metropolitan Education Television）、NBC 以及 ABC 电视台创办心理节目，她因此成为所谓的传播心理学专家的先驱。在《媒介心理学的先驱》这篇文章中，乔纳斯回忆说："当我开始进入这个领域的时候，人们确实如饥似渴地需要得到帮助，人们迫切需要心理学家帮助他们诊断日常生活中的心理问题。"她总结说："我不知道这项生意的灵魂是什么，我只是在大家都还不知道的时候步入了这个领域，然后请求他们（电视台）为我提供节目平台，我是第一个进入这个领域的人。现在这项事业非常成功，在几乎所有的大城市都有很多媒介心理学家。"[1]

弗里德曼（Sonya Friedman） 跟乔纳斯一样，弗里德曼也是一位自己主动介入媒介领域的心理学专家，当从韦恩州立大学（Wayne Satae University）获得心理学博士学位后，他注意到一家名字为《古怪》的报纸居然没有心理学栏目，便自告奋勇给那家报纸的主编打电话，要求为报纸提供服务。他最终得到机会为那家报纸写了数年心理评论，其获得的报酬从最初 10 美分接一次电话，到后来 10 美分写一篇心理评论。此后，弗里德曼又得到机会为《底特律自由报》（*Detroit Free Press*）的一个评论周刊撰写了差不多 10 年的文章，获得的报酬价格上升为每篇评论 100 美元。在他作为职业媒介心理学家的一生中，还曾受雇于 ABC、CNN 等广播电视媒体。因此弗里德曼自豪地宣称："纵观我作为媒介心理学家的历史，我和葛朗特以及布朗属于第一批从事广播服务的心理学家，我不知道是否还有其他人在我们之前曾经被雇用从事国内新闻广播报道。"[2]

帕特和布里克林（Pat and Barry Bricklin） 这是一对心理学家夫妻，他们从 1965 年开始受邀担任 CBS 一档心理节目的嘉宾，当时很少有心理学家参与到媒介中。他们决定冒一次险，他们为这档广播栏目工作了 5 年，后来为另外一档电视栏目工作，一直到 20 世纪 80 年代。作为为媒介工作了一辈子的心理学家，他们总结自己一生得出这样的结论："我们应该自问一些重要问题，因为这些问题关系到我们的职业责任。首先，作为心理学家是否应该介入媒介领域，尤其是介入那些有受众参与的节目中？其次，心理家肩负职业责任和职业伦理参与到这类节目中能否促进

① Edited By Sam Kirschner and Diana Adile Kirschner. *Perspective on Psychology and the Media*, American Psychological Association, Washington D. C. , 1997, p123.

② Edited By Sam Kirschner and Diana Adile Kirschner. *Perspective on Psychology and the Media*, American Psychological Association, Washington D. C. , 1997, p125.

心理学本身的发展？我们对这两个问题的回答都是肯定的。"①

葛朗特（Toni Grant） 1972 年，他主动写信给一家地方电台的主管，请求开办一个心理栏目，主管对这样一个栏目的前景并不乐观，不过最后还是同意将午夜 12 点到凌晨 5 点的时段拿出来交给葛朗特，开办了一个名为"托尼·葛朗特博士"（Dr. Toni Grant）的栏目。事实证明，这个栏目运行得非常成功，一年之内该栏目播出时间就被调整到黄金时段，由于收听率迅速提高，全美国数百家电台开始订购该节目，1981 年该节目进入全国辛迪加系统，取得巨大成功。

布朗（Joy Browne） 他的媒介心理学家职业生涯始于 1978 年，当时位于波士顿的一家媒介机构 WITS 的销售总经理打电话给布朗，邀请他作为嘉宾参与到一个谈话节目中，布朗勉为其难地答应了，但是当他很快发现作为一个栏目的主要嘉宾可以很快拥有 300 万到 500 万听众的时候，他开始意识到心理学家参与到媒介中的重要性。他在 WITS 服务了 3 年后又先后在 KGO、ABC、WOR 等著名媒体工作。他认为："一般的新闻使人感到痛苦，而我所做的，从理论上说，让人感到快乐。"②

巴尔特（Lawrence Balter） 作为纽约大学的一名心理学教授，巴尔特几乎参与到美国所有重要的广播电视媒体扮演媒介心理学家的角色，如为 CBS 的一个教育电视栏目工作；为 NBC 的一个电视栏目工作，并因此获得美国心理学学会颁发的媒介奖；他还为纽约的一家商业电台工作；为 ABC 工作；20 世纪 80 年代中期受雇于 CBS TV 一档早间新闻栏目；1987 年受雇于位于纽约的 WABC TV 等。巴尔特认为："心理学家参与到媒介中有许多益处，首先，这可以为公众提供有效和准确的心理学知识，它可以使公众了解心理学家的工作。"③

事实上，在美国，所谓的媒介心理学家已经发展成为一个颇具规模的职业群体，目前在美国媒介领域数以万计的具有心理学家背景的人正在专门从事媒介心理学工作。美国心理学学会（American Psychological Association，APA）已经建立三个涉及传播和公共关系的永久部门——公共信息委员会（Public Information Committee，PIC）、公共传播办公室

---

① Edited By Sam Kirschner and Diana Adile Kirschner. *Perspective on Psychology and the Media*, American Psychological Association, Washington D. C. ,1997, p127.

② Edited By Sam Kirschner and Diana Adile Kirschner. *Perspective on Psychology and the Media*, American Psychological Association, Washington D. C. ,1997, p131.

③ Edited By Sam Kirschner and Diana Adile Kirschner. *Perspective on Psychology and the Media*, American Psychological Association, Washington D. C. ,1997, p135.

（Public Communication Office）以及公共关系实践主管办公室（Public Re-lations Office of the Practice Directorate）。美国心理学学会还建立了媒介推荐服务数据库（Media Referral Service），通过这个数据库核准并向媒介推荐具备资格接受采访，愿意为媒介提供服务的心理学家名单。这个数据库储存了1500名有兴趣参与媒介实践的美国心理学学会会员专家的资料，每年有5000~6000名会员专家通过该数据库推荐接受媒介采访并参与到媒介实践中。[1]

在大众传媒研究者看来，传播心理学或者媒介心理学的重心似乎应该以大众传媒本身为主体，但是在美国心理学与传播学、心理学与媒介相会的半个世纪中，所谓传播心理学或者媒介心理学研究的主体似乎一直在心理学界，而研究的目的多半也是为了心理学的学科发展以及心理学家的职业拓展服务。尤其是所谓的媒介心理学的引领者几乎全部是活跃于媒介领域的心理学家，他们参与媒介的主要目的无非是要借此传播心理学知识，谋求作为心理学家个人和群体的职业发展，所谓传播心理学或者媒介心理学在美国的产生缘由和发展结局多少让人感到意外。

媒介心理学学会在其2005年修订的章程中清楚地表明他们的学术努力方向，章程的第二节"宗旨和目标"专门约定了媒介心理学学会的目标，内容如下。

本分会的宗旨和目标是增进心理学家在传统媒介和新兴信息传播技术中研究、应用、培训、教学以及实践的角色地位。传统媒介包括广播、电视、电影、视频以及印刷媒介。新兴信息传播技术包括互联网、远程诊断、远程学习、虚拟现实、人机界面的新发展和应用（包括机器人技术和各种形式的脑信号传播以及其他先进技术）。本分会的具体目标如下。

1. 鼓励有关媒介心理、有关新技术与心理学和心理学家互动的理论与应用研究。

2. 支持有关传统媒体和新媒体传播效果的研究，支持有关传统媒体和新媒体在传播心理学知识方面的效果研究。

3. 扶持心理学家和分会会员学习使用传统媒体和新媒体，以便

---

[1]　Edited By Lita Linzer Schwartz. *Psychology and Media：A Second Look*, American Psychological Association，Washington D. C. ，1999，p10.

向大众传播心理学知识，以此帮助那些寻求改善生活质量、情感质量和有关环境质量的人们。

4. 培训心理学家更加有效地使用各种形式的媒介，以向大众传播科学和专业的心理学知识，向大众介绍新技术及对人类行为以及交往互动方式造成的冲击和影响。

5. 在媒介培训活动、媒介推荐服务以及公共教育工程等领域与美国心理学学会展开合作。

6. 收集和传播有关远程诊断、纳米技术、智能机器人以及其他与媒介心理相关的新技术、新议题的信息。

7. 鼓励在从事媒介研究，利用媒介向公众传播心理学知识，提供心理学服务的同时，严守美国心理学学会规定的伦理标准和行为准则。[①]

美国媒介心理学关于学会宗旨和目标的描述可以从职业互动、职业培训、传播知识、提供服务几个方面来概括。所谓职业互动是指心理学家如何参与到媒介实践中去，如何与媒介形成有效互动，研究在这种参与、接触和互动中出现的种种问题，这是媒介心理学学会所有组织活动的逻辑起点；所谓职业培训是指为心理学家提供有效参与到媒介实践中的各种必备技能，要解决的是参与能力和参与手段的问题；所谓传播知识是指心理学家参与媒介所借助的优势工具，即自己所掌握的专业心理学知识；所谓提供服务是指媒介职业心理学家参与到媒介的根本目的，就是为受众和公众提供服务，以改善公众生活。由此可见，在美国无论是心理学家参与到媒介实践中，还是这些心理学家发起组织媒介心理学学会，他们根本的兴趣并非在于要建立一个以新闻传播学为母体的独立学科，甚至其根本兴趣也不在于建立一个以心理学为母体的独立学科，他们的主要兴趣在于如何利用媒介，通过传播心理学知识为公众提供服务。这种思考问题的方式与心理学家开设自己的私人诊所并无什么区别，区别在于私人诊所提供的服务发生在自己的诊所内，服务对象局限于有限的人群，而媒介心理服务发生在媒介机构，服务对象是数以十万计，甚至数以百万计的受众。从根本上说，美国的媒介心理组织活动不过是心理服务在媒介中的拓展应用。

但是，既然在美国有这么多心理学家参与到媒介中，既然媒介心理

---

① 引自媒介心理学学会官方网站：http://www.apa.org/divisions/div46/newsletter.html。

学已经被公认为一门相对独立的学科，那么围绕媒介心理的研究绝不会长久局限于心理学家如何更好地与媒介互动，更好地传播心理学知识，为公众服务之类的话题。职业心理学家必然会以自己的知识优势去拓展媒介心理学的研究领域，这正是媒介心理学学会成立以来人们看到的新变化。

三、《心理学和媒介的发展前景》和《再看心理学和媒介》的内容分析

从《心理学和媒介的发展前景》和《再看心理学和媒介》两本书收录的文章可以看出，美国媒介心理学关注的领域其实远非诸如职业互动、职业培训、职业服务之类的实际应用领域，他们的研究从一开始就向正统传播学研究的经典领域扩张。以下是对这两本重要论文集的一个简要分析。

《心理学和媒介的发展前景》共收录9篇文章，包括一篇后记，分研究、实践和后记三部分。如表 11－1 所示。

表 11－1　《心理学和媒介的发展前景》简要分析

序号	篇　目	作　者	作者身份	论题领域	论文母体学科偏向
1	儿童的移情与媒介：揭示电视对儿童的潜在影响	Norma Deitch Feshback, Seymour Feshback	加利福尼亚大学心理学系（Los Angeles）	媒介效果	偏向传播学
2	媒介暴力对儿童、青少年和成年人的冲击	Edward Donnerstein, Stacy L. Smith	加利福尼亚大学传播系（Santa Barbara）	媒介效果	偏向传播学
3	电视黄金时段的性别和年龄	George Gerbner	宾夕法尼亚大学传播学院	媒介内容分析	偏向传播学
4	MTV、青少年和麦当娜：文本内容分析	E. Ann Kaplan	纽约大学人文研究院	媒介内容分析	偏向传播学

序号	篇　目	作　者	作者身份	论题领域	论文母体学科偏向
5	媒介心理学的先驱	Lilli Friedland；Fredrick Koenig	私人诊所医师；杜兰大学社会学系	心理学家媒介从业经历	偏向心理学（家）
6	美国之音：一座文化敏感的电台	Florence W. Kaslow	心理学职业从业者	心理学家媒介从业经历兼媒介内容分析	偏向心理学（家）
7	电视中的媒介心理学家	Richard Tanenbaum	私人诊所医师	心理学家媒介从业经历兼同行切磋	偏向心理学（家）
8	心理学家在新媒介中的角色	Lawrence Kutner	私人诊所医师	心理学家媒介从业经历兼同行切磋	偏向心理学（家）
9	媒介心理学的未来方向	Sam Kirschner and Diana Adile Kirschner	私人诊所医师	学科理论建设探讨	偏向心理学（家）

从表 11-1 可以看出，文章作者身份 7 人为大学教师，5 人为私人心理诊所专家，考虑到作者合作论文因素，二者实际上各占一半。该书论题偏向传播学经典研究领域的论文 4 篇，偏向心理学家媒介参与实践研究的论文 4 篇，涉及媒介心理学学科建设探讨的论文 1 篇。从论文的母体学科偏向来看，偏向传播学母体学科的论文 4 篇，偏向心理学母体学科的论文 5 篇。

《再看心理学和媒介》共收录 8 篇文章，包括通过互动塑造媒介形象、印刷媒介、广播和电视以及不同群体的媒介形象几个部分。如表

11 - 2 所示。

表 11 - 2　《再看心理学和媒介》简要分析

序号	篇　目	作　者	作者身份	论题领域	论文母体学科偏向
1	媒介希望从消息源中获得什么	Rhea K. Farberman	职业心理学家，美国心理学会公共传播委员会副主任	心理学家与媒介互动研究，媒介经验探讨	偏向心理学
2	这是你在媒介工作的理由吗？——我必须知道的21件事情	Michael S. Broder	心理学家兼电台主持人	媒介从业经历，媒介经验探讨	偏向心理学
3	在媒介中工作：人以及人格	Dan Gottlieb and Lita Linzer Schwartz	临床心理医师兼节目主持人；宾夕法尼亚州立大学心理学教授	媒介从业经历，媒介经验探讨	偏向心理学
4	利用媒介提升夫妻关系正面形象：多元途径	Peter L. Sheras and Psyllis R. Koch-Sheras	弗吉利亚大学心理学副教授；临床心理医师	心理学家与媒介互动研究	偏向心理学
5	跟我出去看电影！	Rosalie Greenfield Matzkin	宾夕法尼亚州立大学传播学教授	受众研究：媒介接触与使用	偏向传播学
6	家庭神话和电视媒介：历史、影响以及新发展	Patricia Pitta	私人诊所临床心理医师	议程设置的心理分析	偏向传播学

序号	篇　目	作　者	作者身份	论题领域	论文母体学科偏向
7	从轻辱到怜悯：媒介中被歪曲的残疾人形象	Rochelle Balter	私人诊所临床心理医师	媒介效果研究：媒介形象刻画	偏向传播学
8	媒介同化：青少年、暴力以及粗鲁	Lita Linzer Schwartz and Rosalie Greenfield Matzkin	宾夕法尼亚州立大学心理学教授；宾夕法尼亚州立大学传播学教授	传播效果研究	偏向传播学

从表 11 - 2 可以看出，文章作者身份 5 人为大学教师，6 人为私人心理诊所专家。该书论题偏向传播学研究领域的论文 4 篇，偏向心理学家媒介参与实践研究的论文 4 篇。从论文的母体学科偏向来看，偏向传播学母体学科的论文 4 篇，偏向心理学母体学科的论文 4 篇。

综上所述，作为媒介心理学学会的两本重要论文集，从作者身份、论文涉及领域以及母体学科偏向四个重要指标来看，两本书的研究内容并没有局限于学会章程所规定的目标之内，而是更多地体现出融合心理学和传播学学科知识，建设传播心理学学科体系这样一个更为宏大的目标。

第二节　当代美国主要传播心理学研究机构和学术刊物

事实上，在美国从事媒介心理学研究的职业队伍越来越庞大，力量也越来越雄厚。在美国等西方国家，已经开始大量出现与媒介心理学或者传播心理学相关的重要学术研究机构和学术期刊。以下是对当代欧美重要媒介心理学期刊杂志的内容分析。

一、《媒介心理学》

《媒介心理学》（*Media Psychology*）创刊于 1999 年，该杂志每年 4 期，截至 2010 年 12 月，该杂志已经出版 14 卷共 44 期，是欧美规模最大的媒介心理学方面的学术期刊，刊物在美国宾夕法尼亚的费城编辑出版，对投稿实行严格的匿名评审。

《媒介心理学》专门刊登心理学和大众传媒互相交叉的跨学科理论和应用研究，主题包括媒介使用，传播过程和传播效果。鉴于此类研究比较分散，那些在不同学术领域致力于上述问题研究的学者往往难以充分利用共同的研究成果，创办《媒介心理学》的目的在于通过提供高质量的学术研究成果，为心理学家、传播学研究者、人类发展问题专家以及其他对传播问题的心理结果感兴趣的所有学者创造条件，促进这样一门跨学科理论的发展和繁荣。

关于《媒介心理学》的使命，布莱恩特（Jennings Bryant）以及罗斯克斯·爱沃德森（David Roskos-Ewoldsen）在1999年第1期的刊首语中有详细的阐述："我们的目标是要在这样一个大幅削减学术财政预算的艰难时代创办一个全新的学术刊物，以培育一个特殊的知识领域，即联合来自多元学科的学者，探讨复杂信息社会中计算机介质传播的使用、过程以及效果。""因为来自不同领域的学者共同研究心理学与媒介传播交叉领域的诸多问题，《媒介心理学》注定要成为一份真正的跨学科刊物。"①

《媒介心理学》由实力雄厚的劳特利奇（Routledge）公司出版，劳特利奇是泰勒－弗朗西斯（Taylor & Francis）出版集团的一个分支出版机构，这家著名的出版公司成立于1836年，是一家专门经营人文社会科学领域学术著作、学术期刊以及网络学术资源的出版机构，涉及教育、法律、历史、地理、精神健康、体育以及心理学等众多学科领域，目前该公司经营的学术期刊600份，每年出版学术著作2000部，总书目超过3.5万册。

泰勒－弗朗西斯出版集团1798年创办于英国伦敦，距离今天已经超过200年的历史，是世界上历史最悠久的书刊出版商，同时也是全球领先的学术书刊出版者，目前该出版集团共经营和出版1000多份同行专家评审学术研究杂志，每年出版1800本新书，旗下除了拥有专门经营人文社会科学类学术期刊和杂志的劳特利奇公司外，还有一家专门出版心理学研究成果的心理学出版社（Psychology Press）。泰勒－弗朗西斯隶属于英富曼集团，后者是一家经营出版、会展和培训的大型跨国公司，总部位

---

① 加拿大渥太华大学图书馆数据库，http://web. ebscohost. com. proxy. bib. uottawa. ca/ehost/detail? hid = 104&sid = 1b7b5cad－2f49－4872－921e－859b089c6177% 40sessionmgr112&vid = 3&bdata = JnNpdGU9ZWhvc3QtbGl2ZQ% 3d% 3d#db = ufh&AN = 3349019）。

于瑞士，2004 年泰勒 - 弗朗西斯集团合并到该公司。①

为了研究《媒介心理学》发表的论文所体现出来的学科特点以及与传播心理学理论建设之间的关系，下面选取该杂志 1999 年第 1 期（创刊号）以及 2010 年第 4 期的部分内容进行综合分析，8 篇论文取自《媒介心理学》数据库。《媒介心理学》每期抽取四篇论文刊发在自己的数据库中，因此下面 8 篇论文样本应该符合随机原则，如表 11 - 3 所示。

表 11 - 3　《媒介心理学》1999 年第 1 期简要分析②

序号	篇　目	作　者	作者身份	论题领域	论文母体学科偏向
1	电视观看初始态度和终了态度之间的关系：文化影响的作用和结果	By L. J. Shrum	罗格斯大学市场系	媒介效果	偏向传播学
2	检视睡眠者效应下的心理过程：一个具有可能性的精致解释模型	Joseph Priester	密歇根大学商学院	心理过程	偏向心理学
		Duane Wegener	普渡大学心理学系		
		Richard Petty	俄亥俄州立大学心理学系		
		Leandre Fabrigar	女王大学心理学系		
3	屏幕尺寸以及信息内容引起的注意和觉醒反应	Byron Reeves	斯坦福大学心理学系	媒介效果	偏向传播学
		Annie Lang	印地安那大学电信系		
		Eun Young Kim	斯坦福大学传播学系		
		Deborah Tatar	斯坦福大学心理学系		
4	例证理论：通过部分证明全部	Dolf Zillmann	阿拉巴马大学传播与信息科学学院	认知心理	偏向心理学

---

① 以上信息分别见 Infora 、Routledge 以及 Taylor & Francis 公司的官方网站 http://www. infora. com，http://www. routlede. com，http://www. taylorandfrancisgroup. com，http://www. tandf. co. uk.

② http://web. ebscohost. com. proxy. bib. uottawa. ca/ehost/pdfviewer/pdfviewer? hid = 104& sid = ef413fec - c357 - 4c8b - b9dc - fbf44509ee51%40sessionmgr113&vid = 3.

表 11 - 4　　《媒介心理学》2010 年第 4 期简要分析①

序号	篇　目	作　者	作者身份	论题领域	论文母体学科偏向
1	自我认知转移以及视频游戏人物形象认同	Christoph Klimmta	德国汉诺威音乐、戏剧与传媒大学新闻与传播研究系	媒介效果	偏向传播学
		Dorothée Hefner	德国汉诺威音乐、戏剧与传媒大学新闻与传播研究系		
		Peter Vordererb	德国曼海姆大学媒介与传播研究系		
		Christian Rothc	荷兰阿姆斯特丹自由大学媒介发展研究中心		
		Christopher Blakea	德国汉诺威音乐、戏剧与传媒大学新闻与传播研究系		
2	仅仅是游戏吗? 不良虚拟暴力作品的危害	Hartmann, Tilo	阿姆斯特丹自由大学传播学系	媒介效果	偏向传播学
		Toz, Erhan	阿姆斯特丹自由大学传播学系		
		Brandon, Marvin	阿姆斯特丹自由大学传播学系		
3	计算机媒介传播与有声传播	Walther, Joseph B. Deandrea	密歇根州立大学传播系		偏向传播学
		David C Tong, Stephanie Tom	密歇根州立大学传播系		

①　http://www.informaworld.com.proxy.bib.uottawa.ca/smpp/section? content = a931245081& fulltext = 713240928.

序号	篇目	作者	作者身份	论题领域	论文母体学科偏向
4	大众传播对于女性形象、饮食态度以及行为的影响：效果和过程评述	Lopez-Guimera, Gemma	巴塞罗那自治大学临床与心理健康系	媒介效果	偏向传播学
		Levine, Michael P.	美国俄亥俄州凯尼恩学院临床与心理健康系		
		Sanchez-carracedo, David	美国俄亥俄州凯尼恩学院临床与心理健康系		
		Fauquet, Jordi	巴塞罗那自治大学心理与健康科学方法学院		

从表 11 - 3 和表 11 - 4 可以看出，8 篇论文总共 29 名作者，身份全部为大学教师。8 篇论文中论题偏向传播学研究领域的 5 篇，偏向传统心理学研究领域的 3 篇，未见有关媒介从业经历介绍以及媒介经验探讨类型的论文。从论文的母体学科偏向来看，偏向传播学母体学科的论文 5 篇，偏向心理学母体学科的论文 3 篇。

从上面取得的数据看，《媒介心理学》是一个主要汇集学术界同人进行传播心理研究的专业期刊，它从创刊起就没有把自己设定在心理学家与媒介关系这个角度去探讨媒介心理和传播心理问题，《媒介心理学》探讨的问题基本上集中在传播效果方面，这也是当代欧美传播学界讨论的一个主要议题。

2014 年以来《媒介心理学》发表了一些重要论文，选录如下，例如：《性、手机、色情以及群体动力：男性和女性的自我感知、个人声誉以及群体压力》（2014 年第 1 期，第 17 卷）、《感觉良好但结果糟糕：脸书的个人自尊以及认知呈现效果》《剧院真相：基于 3D 和 2D 电影受众注意力、情绪以及满意度的比较研究》《从儿童与媒介角色的类社会关系建构看数学技巧的早期培养》《追求快乐：娱乐媒介叙事中的快乐制造》《中性性取向与多重性取向：媒介中的性内容多性别角色的影响效果》等。

从上述几篇最新发表的论文来看，《媒介心理学》杂志经过短短 15 年的发展，已经完全确立了以传播学为母体学科，以心理学为切入角度，并以心理学研究方法为手段的学科发展取向。

目前担任《媒介心理学》杂志编辑的三位学者是克洛布洛赫 – 魏斯特威克（Silvia Knobloch-Westerwick）、凯尔曼拉曼（Sri Kalyanaraman）以及巴塞尔（Rick Busselle），他们分别来自俄亥俄州立大学、北卡罗来纳大学（University of North Carolina at Chapel Hill）以及博林格林州立大学（Bowling Greeen State University）。

克洛布洛赫 – 魏斯特威克是俄亥俄州立大学传播学院教授，她在德国汉诺威音乐戏剧与传媒大学（University of Music，Drama & Media Hanover，Germany）获得传播学博士学位，她的个人研究兴趣主要是关于媒介使用以及传播效果，注重在研究中运用心理学理论和方法，新近著作是《媒介使用中的选择与偏好：选择性暴露理论前沿研究》[1]。

凯尔曼拉曼是北卡罗来纳大学教堂山分校新闻与大众传播学院的教授，也是该院媒介效果实验室主任，发表的论著也多与媒介传播的心理效果相关。[2]

巴塞尔是博林格林州立大学媒介与传播学院电信系（Department of Telecommunications School of Media&Communication）系主任，他的个人研究领域主要集中在媒介信息的现实感知以及媒介信息的社会建构等方面。[3] 他的主要研究成果涉及传播学理论、传播研究以及广播电视等电子媒体研究，他基本上是一个传播学者，而非心理学专家。

从美国最主要的媒介心理学专业刊物主要编辑的个人学术背景和学术成果来看，他们都不是心理学家，而是传播学者，他们研究的主要是传播中的心理问题，这也印证了美国媒介心理学的研究已经从心理学界转移到了传播学界，其研究议题也日益与大众传播专业问题密切相关。

---

① 参见 http://www.comm.ohio-state.edu/people/the-lantern-soc/userprofile/174.html。

② Sri Kalyanaraman 独立或者合作发表的论文主要包括 Engagement，Enjoyment，and Energy Expenditure During Active Video Game Play，Arousal，Memory，and Impression-formation Effects of Animation Speed in Wen Advertising；What if Web Site Editorial Content and Ads are in Two Different Languages? A Study of Bilingual Consumers' Online Information Processing，；Do Motion Controllers Make Action Video Games Less Sedentary? A Randomized Experiment，Moderating Effects of Collectivism on Customized Communication：A Test With Tailored and Targeted Messages；Effects of Online Christian Self-Disclosure on Impression Formation；Enhanced Information Scent，Selective Discounting，or Consummate Breakdown：The Psychological Effects of Web-Based Search Results，参见 http://www.researchgate.net/researcher/37775458_Sriram_Sri_Kalyanaraman。

③ 参见 http://www.bgsu.edu/arts-and-sciences/media-and-communication/faculty-and-staff/rick-busselle.html。

《媒介心理学》录用稿件的基本原则是要看稿件在多大程度上"丰富了媒介使用、媒介过程、媒介效果的心理学知识，在何种程度上贡献于这一领域的理论和实践"。2014 年 5 月，笔者参加在美国西雅图召开的第 64 届国际传播学学会（ICA）年会，获得了一份由泰勒－弗朗西斯出版集团分发的《媒介心理学》推介品，据称目前《媒介心理学》在美国 72 份传播学专业期刊中名列 14 位，在美国 72 家应用心理学专业刊物中名列 27 位，影响因子达到 1.250，2015 年影响因子达到 1.856。①

二、《美国媒介心理学》

《美国媒介心理学》（*American Journal of Media Psychology*）出版有关理论和应用文章，这些论文致力于促进人们对媒介作用于个人和社会的效果的认识和理解，对论文的要求包括：必须具有心理学的角度，论文的分析和论证应该聚焦于个人与大众媒介以及媒介体制之间的互动或者关系。该杂志的主编是波士顿大学传播研究中心主任伊拉斯玛（Michael Elasmar），编辑部成员包括美国十几所知名大学的教授学者。该杂志已经出版 2008 年冬春卷、2008 年夏秋卷、2009 年卷。

《美国媒介心理学》由马奎特图书公司（Marquette Books，LLC）出版，该公司是美国一家小型独立的出版公司，专门出版职业和学术书刊，包括社会学、英语、大众传播以及图书馆学等，这家公司还有一家姊妹公司面向市场出版纪实性作品。

马奎特图书公司出版 1 份营利期刊和 6 份非营利期刊，这 6 份非营利期刊全部是关于传播学的跨学科领域，它们分别是：《媒介社会学研究》《媒介法与媒介伦理研究》《媒介心理学研究》《传播研究》《健康与传播研究》以及《全球大众传播研究》，这些期刊面向学者提供公共服务。

这家出版机构同其他期刊一样以同行盲评的方式遴选并发表学术论文。不同之处是，这家出版机构面向学者和公众免费提供刊物内容，作者保留作品版权，作者可以同时在其他刊物出版自己的作品。

三、《媒介心理学期刊》

《媒介心理学期刊》（*Journal of Media Psychology*，JMP）由媒介心理

---

① 见 Taylor & Francis 出版集团《媒介心理学》宣传品，同时参见 Taylor & Francis 官网：http://www.tandfonline.com。

学研究所（Media Psychology Research Institute，MPRI）编辑出版，是目前媒介心理学方面唯一的纯在线出版刊物。

《媒介心理学期刊》创办于1996年1月，作为一个非营利、无派别的教育论坛，致力于有关媒介心理影响方面的理论研究、评论、批评、回顾、报道等。

《媒介心理学期刊》由戈登（Rachel Gordon）和菲斯高夫（Stuart Fischoff）创办，执行主编戈登从1968年开始为娱乐媒介的个人和公司提供顾问咨询业务服务。菲斯高夫是洛杉矶加利福尼亚大学心理学退休教授，媒介心理学研究所的主任，他是美国第一个开设媒介心理学课程的教授，首创了美国的媒介心理学硕士项目，创办了美国第一个媒介心理学实验室。作为咨询顾问，他协助费顶研究院（Fielding Graduate Institute）创建了美国第一个博士课程项目，他还是美国心理学学会会员，美国心理学学会媒介心理学学会的首届主席。

《媒介心理学期刊》对所有人开放，所有被接受的论文将刊发在这个网站上，版权归论文作者或原版权所有者，提交给《媒介心理学》的论文必须是未经出版的原创作品，并且保证没有向其他刊物投稿。

值得一提的是，德国科隆大学也创办了一份同名学术刊物《媒介心理学期刊》（*Zeitschrift für Medienpsychologie*，ZMP，ISSN-L 1864～1105，ISSN-Print 1864～1105，ISSN Online 2151～2388）[1]，这家刊物除了研究德国以及欧洲传媒外，还特别研究媒介心理学相关问题。《媒介心理学期刊》拥有一支国际化程度非常高的编辑团队，刊物主编是德国科隆大学（University of Cologne）心理学系的盖瑞·本特（Gary Bente）教授，他主要从事社会心理学和媒介心理学研究，其他编辑和编辑委员会成员主要来自德国、美国、芬兰、卢森堡以及中国香港，他们的研究领域都与媒介心理学密切相关。德国《媒介心理学期刊》创办已经接近20年，致力于发表涉及媒介心理领域的高质量原创论文，包括各种媒介、应用以及媒介使用群体，刊物提倡运用心理学理论和概念研究媒介的使用和效果。目前该刊已出到26卷，2013年影响因子达到1.03。

四、媒介心理学研究中心以及《媒介心理学评论》

媒介心理学研究中心（The Media Psychology Research Center，

---

① 参见 http://www.hogrefe.com/periodicals/journal-of-media-psychology/about-the-journal-the-editor。

MPRC）是一个带有公共服务性质的非营利性学术机构，位于美国波士顿。该机构声称其使命是进行相关媒介研究、媒介评估以及媒介教育，具体来说就是要研究人们如何通过各种媒介技术和手段消费、制作和传播信息，致力于揭示这些媒介行为如何影响个人和社会，研究媒介与人们社会生活所形成的互动关系，促进人们之间的相互理解，促进媒介的正确使用和良性发展。这个研究中心特别强调自己所拥有的对媒介技术进行评估的独特方法，同时强调在心理学水平以及媒介使用的社会认知层面上去评估人们的媒介使用经验。

对于什么是媒介心理学，该机构承认目前对这一问题的看法仍然存在分歧，但是同时也认为其重要性不容置疑。该机构认为随着各种大众媒介以及媒介技术日益渗透到社会生活的各个领域，整个 20 世纪媒介和心理学在西方文化中扮演着越来越重要的角色，媒介以及媒介技术的普及已经使媒介并非仅仅局限于大众媒介的范畴，人们现在所称之为媒介的东西已经成为一种集体意识，媒介心理学家的使命就是要应用心理学知识去帮助人们理解媒介信息环境下的人类认知、情绪和行为，同时理解媒介技术本身。不同于一般的媒介研究，媒介心理学并不仅仅关注内容文本，而是关注整个系统，即关注技术发展、内容生产、内容感知以及使用反应，关注包括环境、认知、行为复杂交互在内的整个系统之中的互动过程。

该机构在其官方网站首页声称，媒介心理学就是运用心理学这一科学去研究并驾驭媒介技术力量，媒介心理学通过洞悉人类基本目标谋求解决之道。该中心界定了媒介心理学研究的大致范围，主要包括：远程媒介、娱乐、教育媒介、游戏、社会化媒介、商业传播、手机技术、跨媒体文本、政治资讯、虚拟与仿真应用、界面设计、媒介使用经验以及传播策略等。①

媒介心理学研究中心的创始人是格雷戈里（Erik M. Gregory），他也是这个中心的执行主任。他是一位从事积极心理学研究的专家，同时也是采用精神疗法为儿童、青少年提供服务的执业医生，并面向教育业、媒介以及其他行业提供咨询服务。格雷戈里从威斯康星大学麦迪逊分校获得博士学位，曾经在国家癌症研究所、斯宾塞基金会以及芝加哥大学任职。

媒介心理学研究中心创办了《媒介心理学评论》（*Media Psychology*

---

① 参见 http：//mprcenter.org。

Review），这是一份在线学术刊物，这份刊物的宗旨是致力于提升媒介心理学的学术水平，使之成为一个集理论、方法和应用于一体的新的跨学科领域。

美国媒介心理学的研究领域越来越偏离媒介心理学学会所定义的狭隘概念，趋向于以传播学为母体学科的真正跨学科建设的思路。媒介心理学之类的组织虽然主观上无意将媒介心理学发展成为传播学的一个研究分支，但是在客观上却促进了传播心理学作为一个相对独立的研究领域的形成。

第十二章　当代社会科学研究
心理学化的趋势

——以政治心理学为例

社会生活永远不会按照自然科学和人文社会科学所界定的学科分类逻辑去发生和演变，社会生活永远遵循自己的逻辑展开，当人类试图描绘和解释异常复杂的社会现象的时候，心理学的参与就成为一种必然，因此，以心理学为母体学科或者以心理学为辅助学科的跨学科研究必然要成为人文社会科学研究的一个显著特征。就在当代美国传播心理学和媒介心理学快速发展的时候，美国和欧洲政治心理学的发展也格外引人注目，政治心理学与目前正在兴起的传播心理学存在许多共同的研究领域，它们的共同兴起实际上正是社会科学研究心理学化的又一反映。

第一节　西方早期政治学中的心理元素：
人性论的视角

从宏观层面上来看，现代政治学研究的主要对象主要包括国家、政府、制度、体制、权力、军事、外交、内政，以及与之相关的政治运动、政治过程、政治结构等。从微观层面来看，现代政治学研究的主要问题包括政治决策、政治选举、政治组织、政治党派、民意和舆论以及政治危机等众多领域。无论政治学研究何种宏观或微观问题，一个基本事实无法否认：任何政治活动、政治过程、政治决策乃至看似固化的政治结构，其实都是具体的个人（当然也包括各种由个人组成的团体）活动的结果，各种政治后果都是个人或团体意志和心理的产物。研究外在政治问题，而不关注政治活动主体内在心理内容，或者拒绝将政治活动主体心理内容纳入其中的政治学研究是不可思议的。

事实上，西方历史上一些伟大思想家从来没有拒绝将人类心理内容带入政治学研究中，由此去建构各种政治学理论大厦。从柏拉图和亚里士多德起，众多思想家都将人性、伦理、道德、人格、动机、群体心理、国民性格等人类心理内容带入政治学领域，尤其是自 18 世纪理性主义式微，非理性主义崛起，人本主义哲学及科学心理学确立以来，一些欧美学者更是有意识地将人类心理内容带入政治学研究，形成了一个称之为政治心理学的新兴研究领域。

一、古希腊政治哲学中的人性观

西方政治心理学的思想源头可以追溯到柏拉图和亚里士多德。二人著述中的政治哲学和心理学思想虽然并不一致，但是也具有一些共同点，他们对政治的理解很大程度上建立在对人性的洞察之上，他们将政治原则、政治信条、治理原则与道德、伦理紧密结合起来，确立了此后近 2000 年来西方政治学研究道德化、伦理化的思考路径，他们对城邦、权力、法律、社会等级、社会秩序的理解，很大程度上建立在人性、人格、伦理、道德的基础之上，他们的政治哲学带有明显的心理学色彩。

柏拉图政治哲学中最具心理学色彩的部分体现在有关公民和国家级差构成的心理基础等方面的论述。柏拉图认为存在五种基本政体形式，它们是贵族制、财阀制、寡头制、民主制以及僭主制，最优越的政体形式是贵族制，这五种政体形式分别对应于五种心灵气质。柏拉图在其绘制的理想国中将公民划分为三个等级，他们分别是：具有最高德行，适合接受大学教育的精英统治阶层，在理想国中担任士兵、文职官员等职位；为精英统治阶层提供服务的辅助阶层；由德行水准最低的大部分人组成的公民大众。这三类不同的社会阶层分别对应于三类不同的心灵形式，它们是理性心灵（rational soul）、精神心灵（spirited soul）和欲望心灵（desiring soul）。柏拉图认为理性心灵位于身体的最高部位，被身体完好地包裹着，它是最高形式的心灵；精神心灵位于胸部，由名誉和荣耀驱动，具有羞耻心和内疚感，属于次级的心灵形式；欲望心灵位于腹部和生殖器，它寻求满足生理欲望以及财富欲望，它属于第三级心灵形式。与之对应的是，公民大众阶层由于受粗鄙心灵的驱动，贪婪地追逐私利，甚至不惜违法乱纪，犯上作乱。[①] 在这里柏拉图实际上阐述了公民和国家级差构成的心理基础，其逻辑出发点是人，是他对人性以及人格的独特

---

① 参见〔美〕托马斯·哈代、鼇黑：《心理学史：心理学思想的主要流派》，蒋柯、胡林城、奚家文等译，上海，上海人民出版社 2013 年版，第 52 页。

洞察和理解。

柏拉图是一个身心二元论者，是西方理性主义的思想源头和集大成者，他崇尚灵魂、精神、气质和理性，它鄙视与之对立的欲望、私利、情感、冲动、本能，他认为人格始终在二者之间游移和挣扎。他以驱动战车来暗喻人格的这种分裂状态，他认为有两匹马在驱动人格，其中一匹马诚恳忠实，不用鞭策，只需训导就可以驾驭，因为它对荣耀的追求受到谦逊的克制和调控，它拥有精神心灵。另一匹马蛮横自负，粗俗卑贱，难以驾驭，必须加以鞭策和驱赶，它拥有的是欲望心灵。真正驾驭和掌管马匹的是理性心灵，它不断地与精神心灵和欲望心灵进行斗争。如果说精神心灵拥有耻辱感和荣耀感而能够加以管束的话，欲望心灵则因为只会追逐粗鄙的肉欲和物欲，因此几乎不可能加以管束。① 柏拉图的这套说辞道出了古希腊人对奴隶阶层的蔑视和恐惧，但是也说明了他的国家学说、权力学说、社会治理学说很大程度上是建立在心理分析基础之上的。

柏拉图对人性、人格、人类动机、人类理性的洞见深刻而影响深远。柏拉图的身心二元论心理学思想为此后的基督神学以及其他各种宗教思想开辟了生长空间，因为几乎所有的宗教教义都是以身心二元论，即肉体和灵魂分离为论说基础的，柏拉图的理念说更是开启了此后几千年西方思想史上理性主义与非理性主义的思想争辩。从另一个角度看，柏拉图以及基督教等许多宗教学说很大程度上是从人类心理角度切入，着力于人类道德约束、人类欲望克制、人类权力控制的一套政治学说，它们对西方现代政治制度的产生和发展产生了深刻长远的影响。

亚里士多德被公认为西方政治学的创始人，他的《论灵魂》也被公认为政治心理学史上的最早专著，他同样将自己对人性的深刻洞见带入他的政治学研究中，他坚信人类生活方式应该建立在最符合人性的基础之上，这几乎是他全部政治学研究的逻辑起点。

事实上，将政治与伦理道德紧密结合是亚里士多德政治学的最大特点，他开创了西方政治学研究伦理化，道德化的方向。他说："人的每种实践与选择都以某种善为目的。"② 他认为人和城邦都代表着最高的善，

---

① 参见〔美〕托马斯·哈代、鼬黑：《心理学史：心理学思想的主要流派》，蒋柯、胡林城、奚家文等译，上海，上海人民出版社 2013 年版，第 52 页。

② 〔古希腊〕亚里士多德：《尼格马可伦理学》，廖申白译，北京，商务印书馆 2003 年版，第 3~4 页。

而且城邦的善比个人的善更完美；既然政治学是研究人和城邦的，那么政治学本身的最高目的也就是善。他说："尽管这种善于个人和于城邦是同样的，城邦的善却是所要获得和保持的更重要、更完美的善。因为，为一个人获得这种善诚然可喜，为一个城邦获得这种善则更高尚，更神圣。既然我们的研究在某种意义上是政治学研究，这些也就是我们研究的目的。"① 在亚里士多德看来，政治学建立在伦理学基础之上，伦理学是政治学的先导，因为现实政治追求的终极目标是善、公平和正义，使所有人能够过上善的生活。亚里士多德将人类对于美德（arcte）的追求与现实政治联系起来，他对所谓美德的理解是非常独特的，他认为每个人都在现实生活中追求自己潜力的最大发挥，努力去寻找自己的气质（ethos），找到自己在共同体中的位置，人类的这种行为体现的就是美德。② 亚里士多德认为人的基本特性是群居，人不能离开城邦而生活。他说："城邦出于自然的演化，而人类自然是趋向于城邦生活的动物（人类在本性上，也正是一种政治动物）"。③ 城邦正是最能确保实现人类善德的政治组织，他认为人类完善必须经历出生、家庭、村落、城邦等几个社会化阶段，为了强调人是群居的、政治的、理性的动物，他甚至认为："城邦（虽在发生程序上后于个人和家庭），在本性上则先于个人与家庭。就本性来说，全体必须先于部分。"④ 亚里士多德把人的社会化过程看作是对善和善德的追求，把城邦制度的建立看作是为了最终实现人类的这一诉求，体现了他对人性和政治的深刻体察，他从人性的角度确立了现实政治的最高价值目标，为政治活动确立了道德制高点。

尽管亚里士多德所开创的政治学研究道德化、伦理化的传统被 1000 多年后的尼科洛·马基雅维利（Nicolò Machiaveli，1469～1527）以及霍布斯（Thomas Hobbes，1588～1679）等人经验主义非道德化的政治学所打断，但是 20 世纪 70 年代以来，这一伦理化、道德化的政治学研究传统却再度复兴，其重要标志是罗尔斯（John Rawls，1921～2002）《正义论》、诺齐克（Robert Nozick，1938～2002）《无政府、国家和乌托邦》、德沃金（Ron-

---

① 〔古希腊〕亚里士多德：《尼格马可伦理学》，廖申白译，北京，商务印书馆 2003 年版，第 6 页。

② 参见〔挪〕G. 希尔贝克、N. 伊耶：《西方哲学史》，童世俊、郁振华、刘进译，上海，上海译文出版社 2004 年版，第 89 页。

③ 〔古希腊〕亚里士多德：《政治学》，吴寿彭译，北京，商务印书馆 1965 年版，第 7 页。

④ 〔古希腊〕亚里士多德：《政治学》，吴寿彭译，北京，商务印书馆 1965 年版，第 8～9 页。

ald Dworkin，1931～2013）《认真对待权利》以及麦金太尔（Alasdair Chalmers MacIntyre，1929～?）《德性之后》等论著的出版和发表。① 这恰好说明从人性这一心理学角度去观察和研究政治问题的持久生命力。

二、基督教神学政治学：人性"恶"的思想源头

古希腊哲学崇尚理性，崇尚人的美德，崇尚至善和正义，他们的政治哲学很大程度上建立在对人性的这种理解之上，其更深的潜在含义是：人是政治的主宰者，人是历史的主人。但是，基督教的诞生颠覆了西方人对人、政治以及整个历史进程的看法。

基督教教义认为上帝乃万能之神，是世界万物的主宰，整个历史不过是实现上帝救赎计划的一个过程。与之对应的是，人的价值乃至在整个历史进程中的地位被彻底颠覆。根据基督教教义，每个人都有原罪，每个人都是罪恶的化身，每个人现世生活的目的不过是通过宗教行为进行忏悔，以赎清自己的罪恶，得到上帝的宽恕，最终进入天国，从而得救。柯林伍德认为，欧洲的历史编纂学曾经出现过三次重大转折，第一次发生在公元前5世纪，在那次转折中滋生了历史观点。第二次转折发生在公元4世纪和公元5世纪，由于基督教思想革命性的影响，欧洲历史编纂学扬弃了希腊—罗马历史编纂学中的两种主导观念，其一，对人性的乐观主义观点，其二，作为历史变化过程基础的有关永恒实体的实质主义观念。② 就第二次转折中的第一层含义来说，所谓对人性乐观主义观念的改变是指基督教在西方文化中牢固地嵌入了"原罪"这一概念。柯林伍德评论说，原罪不是偶然的东西，而是必然的东西，是人性中的一种永恒因素，它与人类粗鄙的自然欲望联系在一起，它必定使人类错过任何既定的目标，只有上帝的智慧和恩惠才可能帮助人类洗清原罪，将人类引向正途。③

柯林伍德所说的历史编纂学的第二次转折同样也发生在政治学领域。整个中世纪的政治哲学都是基督教文化的产物，并为基督教教义辩护和服务，它不是一种世俗的政治哲学，而是一种神学政治学，人们将其称

---

① 参见欧阳英：《走进西方政治哲学——历史、模式与解构》，北京，中央编译出版社2006年版，第345页。

② 参见〔英〕柯林伍德：《历史的观念》，何兆武、张文杰、陈新译，北京，北京大学出版社2010年版，第47页。

③ 参见〔英〕柯林伍德：《历史的观念》，何兆武、张文杰、陈新译，北京，北京大学出版社2010年版，第47页。

之为"神学的婢女"。基督教将一些新的神学要素带入哲学和政治学中，根据希尔贝克（Gunnar Skirbekk，1937~　　）和伊耶的总结，这些要素包括一种人类观；一种线性的历史观；一种把上帝当作一个位格和造物主的上帝观。位格是希腊文 prosopon 及拉丁文 persona 的中译，原意为"面容""面具""角色"。在基督教文化中，上帝具有"圣父""圣子""圣灵"三个位格，具有三个生命中心，它们又统一于上帝，故称"三位一体"。人、天使、魔鬼同样具有位格，但其位格是上帝所造，只有上帝的位格是创造的位格，上帝才是造物主。① 在基督教教义中，人是上帝的造物，他们具有平等价值，具有独一无二的地位，这区别于古希腊哲学"仅仅将人视为天地中诸多造物中的一种"，但是，需要指出的是，基督教中那些处于人类中心的人只是相对于人之外的其他生物和动物而言，在本质上，这些人不过是具有原罪、等待救赎的人，他们是罪恶之人。上帝是一个存在于世界之外的位格，具有无限的权威，而整个历史不是往复循环，而是沿循"创世、人的堕落、基督诞生、他的生活和复活、罪和拯救之间的斗争，所有一切都预示着末日审判的到来"②。它是一个线性发展的过程。

　　建基于这样一种宗教神学上的政治学极大地不同于柏拉图和亚里士多德们开创的政治学研究。以奥古斯丁、阿奎那为代表的中世纪神学政治学在世俗问题上采取了非常策略或折中的方式去调和皇权与教权、世俗权力与宗教权力的矛盾，自然法和罗马法的概念由此而产生。所谓罗马法是罗马皇帝所拥有的立法权和执法权，它代表的是皇权和世俗权力；所谓自然法是指教会所拥有的对现行世俗法律进行辩护或抨击的法律，这两套法律系统都得到彼此承认，这也意味着教会的权力高于皇帝所代表的世俗权力。但是在实际政治中，教会往往要求教徒服从世俗统治，以避免教会与世俗统治者发生对抗，这显然符合基督教整体利益，于是教徒成为必须同时服从两大权威——国家和教会的臣民，这两大权威各司其职，国家的使命是专门掌管世俗事务，教会则专门掌管有关灵魂的事务。③

---

　　① 参见〔挪〕G. 希尔贝克、N. 伊耶：《西方哲学史》，童世俊、郁振华、刘进译，上海，上海译文出版社 2004 年版，第 132 页。

　　② 参见〔挪〕G. 希尔贝克、N. 伊耶：《西方哲学史》，童世俊、郁振华、刘进译，上海，上海译文出版社 2004 年版，第 132 页。

　　③ 参见〔挪〕G. 希尔贝克、N. 伊耶：《西方哲学史》，童世俊、郁振华、刘进译，上海，上海译文出版社 2004 年版，第 134~135 页。

　　但是，中世纪神学的兴趣绝不在于去描绘一个世俗的国家及其法则，而是要描绘一个"基督教共和国"的辉煌蓝图，奥古斯丁在《上帝之城》等著作中出色地完成了这一使命。奥古斯丁鄙弃世俗权力，在他看来，所谓共同体就是"一群有理性的动物，由于他们对于所爱之物的共同认识而结成的联合"，他说："你们渴望和平、繁荣与富足，但你们的目的绝不是公平地，也就是说，适度地、清醒地、虔诚地利用这福祉，你们的目的毋宁说是对各式各样无穷无尽的低级享乐的狂乱的满足，因此在你们的繁荣中滋生出一种道德的瘟疫，它比最残暴的敌人还要坏1000倍。"① 奥古斯丁真正感兴趣的是上帝的意旨以及人类的自我救赎，在于为一个真正的基督教共和国提供合法性证明。为此他虚构了所谓"上帝之城"与"人之城"（也称作"地上之城"或"世俗之城"）之间所发生的种种冲突，在这两城之中存在着两种完全不同的爱："上帝之城"中的爱是超越自我的对上帝的爱，它永恒存在，是正义灵魂的栖息之所。"人之城"中只有轻视上帝的自我之爱，其驱动力是人类自私的本性和贪婪的欲望。由于这两座城市性质的截然不同，不但在"人之城"中人们彼此倾轧争斗，在两城之间也不断产生矛盾和冲突，但是最终的结果是"上帝之城"战胜"人之城"，人类在经历了炼狱般的赎罪过程后，最终进入幸福的天国。②

　　为了推演发生在"上帝之城"和"人之城"中的一系列故事，奥古斯丁引出了基督教神学中最为核心的概念——原罪。原罪背后更深刻的含义是人性本恶，必须对人性加以改造，通过上帝的救赎，洗清原罪，生命方可彰显其价值，几千年来原罪就像一个紧箍咒牢牢锁住了西方人的身心。

　　中世纪神学政治看似荒诞不经，它其实植根于人类最为深刻的心理诉求，它将人类固有的善与恶的冲突，灵与肉的冲突，理性与非理性的冲突，现世与来世的冲突，人类渴望平等、渴望自我完善的精神冲动悉数纳入囊中，布下了一张社会心理控制的天罗地网，使千千万万教徒匍匐在上帝脚下。可以说基督教教义以及神学政治学是迄今为止最为伟大的心理学说之一，而人类本性中对于善、平等、正义的追求，对于罪恶

———————————

　　① 转引自欧阳英：《走进西方政治哲学——历史、模式与解构》，北京，中央编译出版社2006年版，第51～52页。

　　② 参见严建强、王渊明：《西方历史哲学——从思辨的到分析与批评的》，杭州，浙江人民出版社1997年版，第71页。

的嫌弃，对于灵魂得救的渴望，对于惩罚的恐惧正是神学政治学的心理基础。

三、文艺复兴以及启蒙时代思想家的人性观

被称作"欧洲的黑暗时代"的中世纪这一页翻过去之后，欧洲历史迎来了一个被称之为文艺复兴的时代，紧接其后又发生了轰轰烈烈的启蒙运动，欧洲历史进入现代史阶段。

欧洲的文艺复兴是一场影响深远的精神文化改造运动，其时间跨度从1350年到1600年，在长达250年的时间跨度中，欧洲各国先后发生了宗教改革运动、科学革命运动。在这一时期，宗教势力开始式微，世俗国家力量开始崛起，思想文化界要求摆脱宗教禁锢，强调人自身的价值尊严，追求个人自由发展和个人权利的呼声日益高涨。从某种意义上说，这是一个告别神、求做人的时代。尽管如此，中世纪神学政治学关于人性恶的思想也如基因一般传承到了文艺复兴时期一些重要思想家身上，并以改头换面的形式出现在新的政治学著述当中。

文艺复兴以来最为重要的政治学说包括人性论、自然法说和社会契约论，其中人性论是所有政治学说的基础，这些学说的代表性人物包括马基雅维利、霍布斯、洛克、卢梭（Jean-Jacques Rousseau，1712～1778）、休谟、亚当·斯密（Adam Smith，1723～1790）、边沁（Jeremy Bentam，1748～1832）以及斯图亚特·密尔（John Stuart Mill，1806～1836）等。

马基雅维利是西方政治学发展历史中的一位标杆性人物，其《君主论》的发表标志着现代政治学的正式诞生。不同于古希腊时期那种建立在道德理想之上的伦理政治学，也不同于中世纪那种建立在神意论基础之上的政治学，马基雅维利的政治学建立在他对实际政治的观察分析和理解之上。这是一种与道德分离、与宗教分离的经验政治学，他关注和看重现实中的政治权力及其运作效果，而绝不关心这类权力的使用是否道德，是否符合上帝的旨意。

马基雅维利的政治学很大程度上取决于他对人性的独特理解。他认为所有人都是恶的，人天性嫉妒胆怯，变化无常，忘恩负义；人性贪婪腐化，自私自利，欲壑难填，并且人性亘古不变；人们因为争夺财产和资源而争斗不休，相互侵犯。正因如此，只有依靠一个强有力的君主、一个强有力的政府才能平息人与人之间的纷争，并为人们提供安全。为此目的，政治家可以不惜任何手段去获取权力，而不必顾及什么道德。

在《君主论》中，马基雅维利将各种权术之道授予统治者，这些手段包括欺诈、哄骗、背叛、犯罪，凡此种种，他的政治学说很大程度上就是一种政治权术、政治谋略学说。

在古希腊政治学中，善和正义被视为政治的最高目的，古希腊人对人性的看法和判断总体来说也是乐观的，那时并没有人性恶的观点，最多不过是对理性与情感、肉欲与精神之间冲突的某种隐忧。在西方，人性恶的观点起源于中世纪神学教义以及神学政治学，但是这并非得之于经验，而是为了圆满一种宗教教义而强加给人类的说辞。但是，在西方文化中人性恶的种子一旦种下，它便如基因一般传递给后人，并影响了后人对一切事物的理解和判断，包括对政治的理解和判断，否则很难解释为何马基雅维利及其以后的众多思想家都将自己的各种学说建立在人性本恶的基础之上。一个简单的事实是，文艺复兴之前的欧洲政治同样充满了欺诈、阴谋、背叛、血腥和杀戮，那时经验世界中的人性恶应该已经显现无遗，但是为何那时的政治学如此不同于马基雅维利？只能说明那时的文化中还没有形成人性恶的绝对判断。

马基雅维利不但将政治学建立在他对人性的理解之上，从而显示他的政治学说与心理学结缘的某些特征，他还详述了如何利用人类的心理弱点去运用政治权力，这使得他的政治学又具有了政治心理学的色彩，或者可以这样说，他是西方政治学者中第一个在经验政治中推销政治心理权术的人。

作为西方现代政治学的重要组成部分的自然法说和社会契约论同样建立在人性论以及人类心理动机这类心理学概念之上。霍布斯《利维坦》中对自然权利和社会契约的论述几乎全部建立在对自然人心理分析的基础上，他从分析具体的自然人的心理活动入手去建构自己的政治学理论体系。

霍布斯首先分析了在自然状态中自然人的种种行为以及动机。所谓自然状态就是人类的蒙昧、原始、野蛮状态，在这种状态中，没有道德，没有法律，更没有国家和制度。这是一个人人以力相搏的时代，由于人天性的自私自利，他们为争夺财产和其他东西而战。霍布斯认为造成这种争夺的人类心理动机主要有三类，"第一是竞争，第二是猜疑，第三是荣誉。"所谓竞争主要是人们彼此之间争夺财产和物质利益；所谓猜疑是指人们因为缺乏安全感而彼此防范和算计；所谓荣誉是指因为自己或亲友受到藐视而奋起反抗。由于没有一个大家共同臣服的权威，自然状态实际上是"每个人对每个人的战争状态"。①霍布斯认为人类最深沉的目的是"自我保存"，具体来说就是"对死亡的畏惧，对舒适生活所必需的事物的欲望，以及通过自己的勤劳取得这一切的希望"。为了避免在"每一个人对每个人的战争状态"中受到侵害，人们开始设想可以找到一种方式，避免这类不必要的伤害，这就是通过每个人之间的协商，相约各自放弃自己的权利，并把权利托付给某个人或集体，让这权威的第三方代理行使每个人的权利，并管理自己。"这一点办到之后，像这样统一在一个人格之中的一群人就称之为国家，在拉丁文中称为城邦，这就是伟大的利维坦（Leviathan）的诞生。"②在这里，霍布斯明白无误地指出，所谓国家是人与人之间相互订约，将权利托付给一个权威代理行使的结果，这是西方历史上最早的社会契约论，它阐明了国家权力来自人民，国家权力的最终目标是保障人民的"自我保存"这一现代政治学中的核心观念。

但是，霍布斯国家理论的建立是基于他对虚拟的所谓自然状态中自然人本性以及心理动机的分析和推论，从这个角度来说，他的政治学理论从来就没有脱离心理学的视角。对此，希尔贝克在《西方哲学史》中也评价道："我们可以说霍布斯设法借助于一些心理学的概念来说明社会现象。"③应该说明的是，霍布斯的社会契约论同样建立在他对人性的理解和分析之上，在对人性的看法上，霍布斯与马基雅维利基本一致，他同样接受了中世纪以来西方文化中对人性恶的基本判断。但是在政治操作层面上如何对待人性恶这一问题上，霍布斯创立的社会契约理论所体现的文明观显然要高于马基雅维利。后者对待人性恶的态度是，利用这种恶，甚至不惜制造更多的恶，以维护君主的政治权力，前者的态度则是通过缔结契约的方式去建立国家，尽量消除恶，并为人民谋求福祉。

霍布斯之后欧洲历史上出现了更多的自然法学说和社会契约理论，它们共同成为西方自由主义思想的根基，其中洛克、卢梭以及密尔等人占据着尤为重要的地位。

洛克的社会契约理论同样始于他所设想的原始状态，但是他所谓的

---

①　参见〔英〕霍布斯：《利维坦》，黎思复、黎廷弼译，北京，商务印书馆1985年版，第94页。

②　〔英〕霍布斯：《利维坦》，黎思复、黎廷弼译，北京，商务印书馆1985年版，第132页。

③　〔挪〕G. 希尔贝克、N. 伊耶：《西方哲学史》，童世俊、郁振华、刘进译，上海，上海译文出版社2004年版，第129页。

原始状态是一种完备无缺的自然状态，"他们在自然法的范围内，按照他们认为合适的办法，决定他们的行动和处理他们的财产和人身，而无须得到任何人的许可或听命于任何人的意志。"① 不同于霍布斯对自然状态的描述，洛克并不认为自然状态是一种每一个人的战争状态，洛克认为在自然状态中自然法会自动调节人与人之间的关系，"以保护无辜和约束犯罪"，因为"在那种完全平等的状态中，根据自然，没有人享有高于别人的地位或对于别人享有管辖权，所以任何人在执行自然法的时候所能做的事情，人人都有权去做"。② 但是洛克也意识到尽管在自然状态中人人平等、自由和独立，人人享有生命、财产等自然权利，甚至人人都可以成为自然法的执法仲裁者和执行者，但是在自然状态中人们享有的自然权利并不稳定，尤其是享有的财产权不能得到切实的保障，原因在于大部分人并不遵守公道和正义，每个人不断受到他人侵犯的威胁。同时，在自然状态中，由于人的自私，并不是每一个人都适合充当自己案件的裁判者。为了避免上述种种不便，唯一的办法是每个人都放弃一部分自然权利，"同其他人协议联合组成一个共同体，以谋他们彼此之间的舒适、安全和和平的生活，以便安稳地享受他们的财产，并且有更大的保障来阻止共同体以外任何人的侵犯。"③ 在这样缔结的共同体中，"每一个成员的一切私人判决都被排除，社会成了仲裁人，用明确不变的法规来公正地和同等地对待一切当事人……"④

洛克式的契约是一种双重契约，不但人与人之间相互订约，放弃部分自然权利，每个人还同时与统治者订约，以建立政府。但是洛克一再声称，人们放弃的只是部分权利，作为自然权利最为重要部分的生命、自由和财产不可转让。

洛克对所谓的自然状态的描述更多的是基于应然逻辑，而非必然逻辑，更多的是基于推论，而非基于经验，这种描述与马基雅维利对自然状态的描述非常不同。洛克在维护社会契约缔结的过程中也极少触及自

①〔英〕洛克：《政府论》（下），叶启芳、瞿菊农译，北京，商务印书馆1964年版，第3页。

②〔英〕洛克：《政府论》（下），叶启芳、瞿菊农译，北京，商务印书馆1964年版，第5页。

③〔英〕洛克：《政府论》（下），叶启芳、瞿菊农译，北京，商务印书馆1964年版，第59页。

④〔英〕洛克：《政府论》（下），叶启芳、瞿菊农译，北京，商务印书馆1964年版，第53页。

然人的心理过程，这一切源于洛克对人性较为乐观的理解，洛克不是一个人性恶的信奉者，他对人性的理解建立在理性观的基础之上，他更为关注的是人的自然权利，人在何种程度上才能避免暴政的侵害。甚至在《人类理解论》这样的著作中，他似乎也没有对人性表现出特别的兴趣，尽管这是一部心理学色彩甚为浓厚的著作。

卢梭是法国启蒙运动时期出现的另一位颇具影响，同时也颇有争议的作家，他的政治学思想主要体现在《论人类不平等的起源和基础》以及《社会契约论》中，自然状态和社会契约同样是卢梭著作中的主要概念，就像霍布斯、洛克一样，他并不否认人类从自然状态转变成文明状态的必要性，也不否认人民可以与统治者订约以缔结国家，在卢梭的著作中，这些基本上不过是重复前人已经说过的话，并未显示多少新意。他真正具有创见的思想是关于自然状态中自然人或野蛮人美好道德生活的描述以及文明社会中所谓社会人道德生活的堕落，在这种道德比照中，他揭示了人与社会的对立以及所谓历史和文明进步的悲剧性含义。他还认真讨论了契约订立之后政治权力的真正基础，为此他独创了公意（general will）这一概念，认为国家主权属于人民，而主体的体现就是公意，从而否定了以往社会契约论那种国家是代理人民行使权力的理论主张。

卢梭虽然生于启蒙时代，但他的思想、精神和气质却具有一定的反启蒙特征。启蒙时代高举理性和进步的旗帜，对历史和社会的进步坚信不疑。此前的人性论、自然权利学说以及社会契约论大致都认为共同体、社会、国家是一种优于自然状态的社会组织和社会治理方式，这样一种人们创造的社会组织方式更能够保障人民的权利，而人性、人的道德、人类精神生活也因此而得到改良和优化，对此卢梭提出了完全不同的看法。他认为自然状态是"人世的真正青春"，[①] 自然人或野蛮人是真正自由而平等的，他们没有多余的贪欲，也没有各种虚荣和野心，他们淳朴善良，过着自然的生活。但是随着人类智慧的增长，私有观念开始出现，人们开始抢夺多余的财富，开始侵占他人的劳动。于是，"自从一个人需要另一个人的帮助的时候起，自从人们享受到一个人据有两个人的粮食的好处的时候起，平等就消失了，私有制就出现了，劳动就成为必要的了，广大的森林就变成了须用人的血汗来灌溉的欣欣向荣的田野；不久

---

① 〔法〕卢梭：《论人类的不平等的起源和基础》，李常山译，北京，商务印书馆 1962 年版，第 120 页。

就看到奴役和贫困伴随着农作物在田野中萌芽和滋长。"①

私有制的出现改变了人与人之间的关系，毒害了人性的淳美，并引发了持续的冲突。为了中止冲突，必须通过契约建立法律、秩序和国家。但是卢梭愤怒地指控，这样的国家不过是"给弱者以新的桎梏，给富者以新的力量；它们永远消灭了天赋的自由，使自己再不能恢复；它们把保障私有财产和承认不平等的法律永远确定下来，把巧取豪夺变成不可取消的权利；从此以后，便为少数野心家的利益，驱使整个人类忍受劳苦、奴役和贫困"②。而在所谓的文明社会中，人性、人的道德更是全面腐化和退化，人们陷入暴君的奴役以及自己的贪欲、虚荣、野心的奴役的双重枷锁中，人彻底失去了自由，人成为社会的对立物。其实卢梭的这类高论在西方思想史上并非空谷足音，200多年后，奥地利一位精神病大夫弗洛伊德也宣称，一切个体就是本质而言都是社会之敌，文明的进步是以对人类本能的压制为代价的，它们的共同点在于，文明社会是一个无可奈何的强制事实。

但是卢梭却不愿意屈从这一事实，他在《社会契约论》中提出了一种更为激进的国家主权理论，他宣称国家主权的基础并不在于人民与君主订立的那份契约，君主不可以仅凭那份契约去统治人民，国家主权的基础是公意，也就是全体人民的共同意志。卢梭提出公意理论是为了确保每一个人的意见得到尊重，确保每一个人的自由不被政治权力所剥夺，确保每一个人不被政治所奴役。但是，公意是一个非常模糊的概念，在实际政治中如何将公意转化为具体的操作实际上也不断困扰着他自己。其实，在多元社会中人们不可能就每一件事达成共识，形成公意，如果以一部分人的所谓公意作为立法和行政的基础，另一部分人的自由将会被剥夺，对此，卢梭的解决办法是，个别意志必须服从公意，但是这样一来又与他认为每个人的意识和自由必须得到保障这一初衷背道而驰。

在如何达成公意这一问题上，卢梭既不相信代议制政府，也不信任议会，他最后也否定了通过杰出政治领袖人格魅力，非凡才干的感召凝聚公意的可能。卢梭所言及的公意是那种不能委托给任何人代理行使，必须由未经组织的群众来表达，并且必须通过立法的形式来显示的共同

---

① 〔法〕卢梭：《论人类的不平等的起源和基础》，李常山译，北京，商务印书馆1962年版，第121页。

② 〔法〕卢梭：《论人类的不平等的起源和基础》，李常山译，北京，商务印书馆1962年版，第128~129页。

意志，但事实上卢梭对群众的道德水平和道德能力并非总是那么乐观，因此他的公意理论走向了难以自拔的困境。卢梭未能看到这样一个基本事实，社会就其构成来说是多元的，政治的本质是不同利益代表之间的沟通与协商，公共舆论永远不可能取得绝对的统一，而只能达成大致的共识。而一个强调以未经组织的群众所表达所谓共意为唯一权力基础的理论极有可能造成群氓暴政和多数人的暴政，并撕裂社会。事实上卢梭之后极权主义和法西斯主义确实从这一理论中寻找到了许多灵感。

卢梭的政治学理论中同样贯穿着他对人性的洞见。在卢梭看来，人性并不是一成不变的东西，自然状态之所以美好，是因为野蛮人天性淳美；自然状态之所以不得不进入社会状态，是因为私有观念的产生，人性开始腐化和堕落。在订立契约之后的国家中，奴役和压迫成为公然的罪恶，社会贫富的两极对立使人们彻底丧失了道德和自由。卢梭并非完全沉迷于自然状态下所谓野蛮人的生活，他是想通过对所谓文明社会的改造使自然状态中淳美的人性再度复活，为此他独创了所谓的公意理论，将公意看作是政治权力的唯一合法来源。但是他对公意的主体，即对人民的看法又是颇为犹豫的，他一方面声称"人民永远不会被败坏"，另一方面他也承认"人民往往会受欺骗。正是由于这个缘故，人民看起来才好像是愿意把不好的东西当作好的东西来接受"[1]。不仅如此，卢梭还对一般人的理性能力、政治能力和道德能力深表怀疑，这种怀疑也使他最终未能找到公意表达的具体方式。

卢梭是一个有着独特生活经历和精神气质的启蒙时代的思想家，在《忏悔录》一书中，他几乎将自己所有的生活经历和内心秘密展露给了世人。从这部自传体著作中人们很容易看到人性、道德、人与社会的交往互动这些心理内容在他身上如何形成，并投射到其政治学理论中的。

从卢梭个人经历来看，他终生面临着自己如何与社会交往这些一个巨大困扰，事实上他终其一生都不能按照世俗的道德戒律和要求处理好自己与社会的关系。他曾经说自己的出生是第一大不幸，他在年幼时因为母亲难产早亡，父亲与人械斗被迫离开日内瓦，他不得不寄人篱下。他16岁前拜师学艺却半途而废，一事无成，最终在他16岁的时候独自离开日内瓦，踏上了流浪的旅途。在长达十几年流浪生涯中，卢梭从事过宗教学徒、仆从、家庭教师等职业，只到1743年他31岁时才谋得法国驻威尼斯公使秘书这一正式工作（仅仅任职一年）。在感情生活上，卢梭同

---

① 〔法〕卢梭：《社会契约论》，李平沤译，北京，商务印书馆2011年版，第32~33页。

样不能循规蹈矩，在他 20 岁时就与大他十几岁的收容人和保护人，他称之为"妈妈"的华伦夫人保持暧昧的情人关系，此后他还与其他多位女性交往，并保持着在当时看来并不道德的两性关系。他在 32 岁时与瑟瑞斯－瓦塞尔相爱，后者陪伴他终生并最终结婚，但是他们早年却在医院遗弃了五个孩子。在他最为穷困潦倒的时候，法国启蒙运动的另一位领袖狄德罗（Denis Diderot，1713～1784）向他伸出援助之手，使他有机会参加法国第戎科学院的征文比赛，他因《论科学与艺术》以及《论人类不平等的起源和基础》而先后两次获得一等奖，从而使他成为法国乃至欧洲思想界的风云人物，但他最终却因为意见不合而与帮助他的狄德罗等友人分道扬镳。他因为创作歌剧《乡村巫师》并在宫廷上演而获得巨大成功，法国国王路易十五想赐给他一份养老金，他却因为惧怕面见国王而逃之夭夭。在他取得巨大成功的时候，他拒绝顺从主流社会的观念，撰写了《爱弥儿》和《社会契约论》，他因此被驱逐出教会，并被取消市民权。1778 年，66 岁的卢梭离开人世，12 年后他的骨灰被迁入法国巴黎的先贤祠。

　　即使是从今天的道德标准来看，卢梭一生的言行都很容易成为谴责的对象，但是作为思想家的卢梭似乎更愿意从文明社会道德的沦丧以及人与社会的对立这样的角度去看待社会并为自己辩解，尽管有时他也痛恨自己并表示忏悔，但是他更痛恨这个排斥个人，使人不能成为其人的非道德的文明社会。事实上，卢梭一生都在有意无意地拒绝融入这样一个所谓的文明社会中，人们说他是这个社会中的畸零人。正因为如此，卢梭认为社会的缔结并不是基于人类的理性、自然权利以及任何物质利益之类的东西，而是基于人的情感、道德和自由意志。卢梭痛恨专制和奴役，渴望自由和平等，渴望一个人性淳朴、道德高尚的社会，他对现实是如此的不满，以至于他毫无顾忌地将自己遭受的不平以及他自己制造的不公不义示以众人，他同时也无情地披露他人以及自己道德的堕落，其目的正在于提供无可辩驳的证据，证明所谓文明社会是如何在腐蚀人性和道德。卢梭的全部著作呈现出强烈的人性论、道德论这样的心理色彩。

　　于海在《西方社会思想史》中评价说："卢梭具有一流社会心理学家的资质。"① 卢梭不但将人性论、道德论带入自己的政治学理论中，同时他的政治学著作中还融入了大量的心理描写、心理分析以及心理想象内

---

① 于海：《西方社会思想史》（第三版），上海，复旦大学出版社 2010 年版，第 91 页。

容，因其出色的文学才华，这些心理内容呈现得如此生动活泼。事实上，卢梭的《爱弥儿》《新爱洛丽丝》既是文学作品，也是教育学、政治学著作，这些作品中的心理描写更是引人入胜，这也是我们评价卢梭政治学理论心理学特点的一个重要依据。

在西方政治学中还有其他一些重要思想家注重从人性等心理角度去阐释政治问题。边沁试图将功利主义作为政治学的基本原则，以能否确保"最大多数人的最大幸福"作为政治成败的最大依据，这也实际上是细化和深化了霍布斯以来关于人性趋利避害、自私自利的思想观点。密尔继承了自由主义政治学说的精神，他尤其强调自由之于人的个性和创造性的重要性。尼采更是从人类非理性遭受理性压制这一与基督教历史密切相关的人类心理历程入手，发出了西方历史必须重造所谓新人、"超人"、新文化、新时代的强烈呼声。

从人性的角度去研究现实政治问题是西方政治哲学的一个重要传统，人性中所包含的善与恶、知与欲、情与理、理性与非理性、道德与非道德等元素在很大程度上决定了人们的社会感觉、社会认知、社会判断、社会动机乃至社会行为，后者其实就是我们今天所说的社会心理学中的主要内容。从人性角度去探讨政治问题在某种程度上说也就是从人类心理角度去探讨政治问题，它是现代政治心理学的雏形。

第二节 政治心理学的兴起和发展

在西方长达 2000 年的历史中，政治学中一直贯穿着某些心理学的内容，人性、情感、道德、伦理、人类行为动机、人类利益诉求等心理元素成为许多政治学理论的重要基础。但是在 19 世纪科学心理学诞生之前，心理学充其量是只能看作是政治学理论的附庸，就像它同时也是哲学的附庸一样，当然也就谈不上是政治学与心理学在学科意义上的结合。但是，20 世纪前后伴随着科学心理学的诞生以及整个人文社会科学的心理化趋势，在政治学研究领域出现了政治学与心理学相互融合的明确呼声，一门政治学的分支学科——政治心理学也迅速诞生。

一、欧洲和美国的早期政治心理学

欧洲政治心理学的现代源流可以追溯到勒庞、波托密（Boutmy）、莫斯卡（Mosca）、米歇尔（Michels）等思想家那里。1895 年勒庞出版《乌合之众》，对群体心理以及它与法国大革命的关系进行了深入分析。波托密出版《英国人的政治心理研究》（1901）以及《美国人的政治心理研究》（1902），分别对英国人和美国人的政治心理学进行了分析。①

英国政治学家、心理学家格雷厄姆·沃拉斯可能是最早明确提出建立一门新兴学科——政治心理学的欧洲学者。他在 20 世纪初出版的《政治中的人性》《伟大的社会：心理分析》等著作被公认为现代政治心理学的奠基作品。在其 1908 年出版的《政治中的人性》一书中，沃拉斯充分肯定了西方历史上以人性论作为政治学研究理论基础的优良传统，他说："过去时代的思想家，从柏拉图、边沁到密尔，都对人性有独到的看法，并把那些看法作为思考政治的基础。"② 他对 19 世纪以来那种刻意与人性相分割的教条主义政治学研究深表遗憾，他敏锐地观察到在他所处的时代心理学已经开始进入教育学、社会学等学科领域。他说："把政治研究同人性研究割裂开来的倾向是思想史上一个短暂阶段，在这个阶段延续期间，它对政治学以及政治行为的影响很可能是有害的，已经有迹象表明这个阶段行将结束。"③

沃拉斯不但明确提出了政治心理学建设的主张，他还努力将这一主张付诸理论探索之中，他的个人理论努力方向并不是简单地回归人性论的政治学传统，而是试图将政治学与心理学有机融合，创建政治心理学这样一门真正的新兴学科。在《政治中的人性》中，他探讨了政治中的本能冲动，对传统心智论提出了怀疑。他认为许多政治行为其实并非理智算计的结果，而是本能冲动以及环境刺激的结果。他探讨了人性与环境变化之间的关系，认为相对于环境变化来说，人性的变化实际上微不足道，政治行为和冲突更多地受制于人与不断变化的环境之间的接触，是环境刺激的结果。他还从暗示和联想这类心理学角度出发，探讨了一些重要的政治象征物（沃拉斯称之为"相似物"或"政治相似物"），他还探讨了作为政治联想的象征性语言的重要性。

基于对政治行为中理性主义的怀疑和批判，沃拉斯认为政治判断和政治行为中所借用的主要是非理性推理。他说："我们的许多推理，就像

---

① 参见 Edited by Kristen Renwick Monroe. *Political Psychology*, Lawrence Erlbaum Assocates, Inc. Mahwah, New Jersey and London, 2002, p70。

② 〔英〕格雷厄姆·沃拉斯：《政治中的人性》，朱曾汶译，北京，商务印书馆 1995 年版，第 7 页。

③ 〔英〕格雷厄姆·沃拉斯：《政治中的人性》，朱曾汶译，北京，商务印书馆 1995 年版，第 9 页。

它们所伴随和改变的准本能冲动，是在我们根本不作有意识努力的时候发生的。"① "大多数人的大多数政治见解并非是受经验检验的推理的结果，而是习惯所确定的无意识或半意识的结果。"② 这种以心理联想为机制的非理性推理成为一般大众根深蒂固的思维方式，政治家和宣传家实际上经常利用大众的这一思维方式发表演讲，炮制标签化的概念，传播精心制作的新闻以达到特殊的政治目的。沃拉斯还探讨了所谓政治推理的材料，更确切地说，他探讨了政治推理中与人性相关的事实材料依据。为此，他提出了以下三类收集事实材料的原则："关于人的类型的说明性事实；关于从个人或一群人身上观察到的那种类型的遗传变异的量的事实；关于人降生在其中的环境以及该观察到的环境对人的政治行为和冲动的影响的量的事实和说明性事实。"③ 这段话看似费解，实际上是说，政治心理学研究要考虑到人性差异，甚至人种差异；还要考虑到不同人群、人种在历史上的生物变异；也要考虑到地理、气候、文化、历史、观念这类自然环境和人文环境对政治行为差异所造成的影响。在《政治中的人性》的第二部分，沃拉斯主要探讨了新兴政治心理学对现实政治的影响。

　　从心理学角度看，沃拉斯开创了以传统心理学或正统心理学为导向的政治心理学，这种政治心理学思想主要来自20世纪以前的人性论以及20世纪以后的科学心理学，在其后发展中也慢慢具有了一些科学实证的特征，我们称之为科学心理学取向的政治心理学。事实上，几乎与之并行的还有另一种政治心理学，即以弗洛伊德学说为基础的政治心理学，这类政治心理学主要从人性、本能、爱欲、无意识等角度去研究社会问题和政治问题，重点揭示了社会和文明对人的压制，是一种高扬人文主义旗帜，具有强烈批判色彩的政治心理学理论，其代表性人物包括弗洛伊德本人及其追随者，比如弗洛姆（Erich Fromm，1900~1980）、马尔库塞（Herbert Marcuse，1898~1979）、阿多诺（Theodor Wiesengrund Adorno，1903~1969），我们称之为精神分析取向的政治心理学。只不过是由于西方学术界的偏见，在政治心理学的发展历史中，精神分析取向的政

---

① 〔英〕格雷厄姆·沃拉斯：《政治中的人性》，朱曾汶译，北京，商务印书馆1995年版，第64页。

② 〔英〕格雷厄姆·沃拉斯：《政治中的人性》，朱曾汶译，北京，商务印书馆1995年版，第66页。

③ 〔英〕格雷厄姆·沃拉斯：《政治中的人性》，朱曾汶译，北京，商务印书馆1995年版，第78页。

治心理学并没有得到与科学心理学取向的政治心理学同等的重视和对待。

美国最早倡导政治心理学的学者可能是芝加哥大学的梅里亚姆，这位政治学教授深受心理学影响，提倡从心理学角度去观察、理解和分析政治问题，并明确提出心理学和政治学这两门不同学科可以相互融合。20世纪20年代前后就读于芝加哥大学的拉斯韦尔深受这位老师的影响，在其后半个世纪的学术生涯中，他出版了大量政治学、心理学、传播学著作，他的许多著述就其内容实质而言就是政治心理学（我们将拉斯韦尔的一些研究归于传播学，其实它们也是政治心理学和传播心理学），他成为美国政治心理学的重要奠基者。

根据《揭示政治心理学：哈罗德·拉斯韦尔》一书作者的概括，拉斯韦尔政治心理学涉及的内容，或者说拉斯韦尔对政治心理学的贡献主要包括四个方面。①

其一，提出了精神动力机制（psychoolynamic mechanisms）理论。首先，拉斯韦尔借鉴弗洛伊德的无意识理论，提出了著名的"转移假设"（displacement hypothesis）理论，用以说明个人动机如何借以公众利益的借口和伪装转移到公众事务中，从而达到某种特定目的的心理过程。其次，拉斯韦尔借用弗洛伊德的本我、自我、超我人格理论提出了"三重诉求原理"（triple-appeal principle）。上述两类理论的共同点在于揭示了政治人物的心理动力机制，这些理论广泛运用于分析政治制度、政治运动、政治人格、群体行为以及宣传舆论等相关政治问题。

其二，提出了民主人格（democratic character）理论。人格类型是正统心理学研究的一项重要议题，但是拉斯韦尔更多地是将弗洛伊德的相关理论运用于政治人格分析中。通过这类研究，拉斯韦尔试图解答这样一些问题：什么样的个人心理气质和特点削弱了民主的效力？国民性格在多大程度上对民主实践产生影响？反民主的精神气质是病态的还是正常的？是否能够通过社会化或教育影响改变人们的民主态度和反民主态度？人们日常生活中的态度如何体现在公共事务中？拉斯韦尔借用一些精神分析的概念和术语，分析了民主人格和反民主人格的类型、构成以及动力系统；分析了它们在和平时期与非和平时期，暴力时期和非暴力时期，常态以及非常态下的不同表现形式，它们相互转化的可能性以及对现实民主的作用和影响；他还具体分析了一些历史和现实中领袖人物

① 参见 William Ascher. *Revitalizing Political Psychology*, Lawrence Erlbaum Associates, Inc. Mahwah, New Jersey, 2005, pp. 16 – 17。

的人格特征，揭示了这些人格特征的心理精神基础。

其三，提出了一套独特的符号及其操纵方式理论。拉斯韦尔敏锐地意识到，符号及其操纵是现代社会中的一种重要政治行为，政治家、宣传鼓动家们总是利用对符号系统的操纵来实现舆论控制和社会控制的目的。拉斯韦尔揭示了符号功能的心理基础，认为其重要功能是激发人们的联想，符号发挥作用的心理机制甚至可以追溯到一个人的早期生活经历，符号操纵的主要目的是维护、推销各种意识形态。拉斯韦尔归纳和总结了各类符号操纵的技巧，这些技巧主要建立在人们不同的心理需求基础上，符号及其操纵理论成为内容分析的理论基础和方法论基础。

其四，提出了透视及"自我系统"（perspectives and the "self-system"）理论。所谓透视特指对政治和政策事务含义的理解和联想，它是一种认知。拉斯韦尔认为人们对给定政治事务的看法实际上是很大程度上受到符号的局限，对于人们来说，同一政治事务往往具有多种不同的含义，符号在人们认知政治事务过程中具有重要意义。与之相关的是"自我系统"理论，所谓自我系统是指包括认同、需求、期待等要素在内的精神动力系统。这里所说的认同是指个人将自己归属于某一特殊类型或者集团的自我界定；所谓需求是指建立在价值观基础之上的意愿及其表达；所谓期待则是指对于有关政治事务过去、现在、将来的信心。"自我系统"中我这些元素可能以独立或互相结合的方式决定个人的政治行为，在"自我系统"中，认同、需求和期待相互统一，共同发挥作用的情况并不常见，相反，三者相互矛盾的情况则属常见，它造成了个人政治行为的复杂和多变。政治家总是诉诸"自我系统"中不同的要素，通过改变人们对政治事务的认知，将个人政治行为导向既定的目标。

值得一提的是，作为美国早期最重要的政治心理学者，拉斯韦尔有关政治问题的分析并非来自传统心理学和科学心理学，而是来自弗洛伊德，他的政治心理学借用了弗洛伊德学说中的大量概念和理论。当然，他扬弃了精神分析学说中的社会批判思想，创造性地将这一学说运用到政治问题分析中，力图在民主与专制的二元对立框架下去解释一些政治心理问题。如果说他有批判的话，那是对极权政治心理基础的批判，而非像正统的精神分析学家及其追随者那样将理论的锋芒导向对资本主义制度，乃至对整个社会体制和人类文明的批判和反思。这当然既体现了他的理论创新，也体现了他的偏狭。拉斯韦尔终其一生始终关心的是如何通过对政治、心理、传播、宣传、舆论等问题的研究为民主制度提供切实的服务，它在本质上是一个维护民主制度的实用主义者。

对美国早期政治心理学发展做出重要贡献的另一位学者是坎垂尔，作为哈佛大学毕业的心理学博士，他的所有著述几乎贯穿着社会心理学的思想和方法，其中 1941 年出版的《社会运动的心理学》是一部非常重要却经常被研究者忽视的政治心理学著作。

在该书序言中，坎垂尔声称，在过去 25 年中成千上万的人被卷入各种大众社会运动，令全世界许多国家和人民蒙受重大损失，虽说美国并未出现类似的运动，但是其他国家和地区发生的这类运动也波及美国，并培植了众多追随者。作者认为，要真正认识和理解这类社会运动，仅仅依靠历史学家的记叙，专栏作家或广播评论员的解说，各类作家和记者的著述远远不够，心理学家也必须对此承担责任，从心理学角度去剖析各种社会政治运动。[①]

作者声称，他的这本书正是试图完成这项使命，尽管他自己认为这本书"属于社会心理学范畴"，但实际上他从经验社会心理学出发，用经验观察以及大量案例为证据，通过对当代重大群体运动的分析，打通了一条政治心理学经验分析的通道。

该书分为两大部分，共计九大章内容。其中，第一部分为基础理论，涉及精神语境，社会生活中的心理动机以及个人对意义的解释。坎垂尔认为，所谓精神语境是指个人生活于其中的文化环境以及由此而形塑的精神生活。个人精神生活通过教育和传播等渠道结晶为习惯、价值观和行为规范，它们共同构成了个人行为的基础。所谓社会生活动机是指驱动个人成为群体，个人参与政治活动或者革命运动的精神力量。坎垂尔综合了行为主义心理学理论、奥尔波特的功能自治（functional autonomy）理论和自我发展（development of the ego）理论、麦独孤自我尊重理论（self-respect，或 self-regard）以及弗洛伊德本能理论中有关动机研究的成果，提出了自己关于社会动机的"自我驱动"（ego drive）理论。[②] 他认为动机主要源于自爱和自我尊重的需要，不满（discontent）是行动的根源。他说："如果一个人开始对自己不满，他就倾向于采取某种行动。"自己不能按照自我的意愿行事，自己认定的身份、价值观不被他人承认，自我天性被压制，自己珍视的某些价值观不被社会认可等都可能导致这

---

① Hadley Cantril. *The Psychology of Social Movements*, Roberte E. Krieger Publishing Co.；Inc.，New York，1941，perface.

② 参见 Hadley Cantril. *The Psychology of Social Movements*, Roberte E. Krieger Publishing Co.；Inc.，New York，1941，pp. 45 – 52。

种不满，这些都有可能成为个体行为的直接驱动力量。

但是，个人对意义的理解存在非常大的差异，这种理解的差异主要来源于文化差异，因为在不同的文化中，个人哪怕是对于相同或类似事件的解释往往也不同。坎垂尔认为个人在两种情况下非常容易受到暗示的影响，从而决定了个人对意义的理解。其一，他对给定的环境刺激或事物全无了解和认识，其二，他对给定的事物已有先入为主的见解。在第一种情况下，个人很容易接受别人灌输给他的东西，在第二种情况下，个人往往倾向于接受那些符合他既有见解的东西。

作为一个社会心理学家，坎垂尔非常重视心理学基础理论的阐述，但他真正的兴趣并非在于去总结概括已有的心理学理论，并引申和发展自己的心理学见解，他的目标是要将这些心理学理论运用于对政治运动问题的具体分析。因此，该书的第二部分，他用了六章篇幅专门分析他所处时代当中所发生的几类典型和重大的社会政治运动，前四章内容分别是"私刑暴民"（The Lynching Mob）、"父教王国"（The Kingdom of Father Divine）、"牛津派"运动（The Oxford Group）以及"唐森德计划"（The Townsend Plan）。

作为一种较为广泛的群体活动，私刑普遍存在于20世纪30年代之前的美国社会，尤其是南部地区。1882年至1938年期间美国仅有记录的私刑就达4686件。[1] 私刑的具体原因主要包括强奸、强奸未遂、抢劫和盗窃、暴力攻击、侮辱他人等。坎垂尔深入分析了私刑的社会心理基础，包括私刑的社会心理动机、社会各阶层对私刑的心理反应、人们实际参与私刑群体的社会和态度等。

"父教"属于狂热崇拜中的一类典型，其基本特征是将自己献身于宣称某种说教的领袖，据坎垂尔介绍，其信徒不但包括南方的黑人恶棍、白人英雄，也包括北方的白人恶棍、黑人英雄。20世纪30年代的美国出现了一位这类神秘的教主，他是一位出生日期不明的黑人，不但拥有大批信徒，还拥有私人飞机和无边魔力：他的信件被传递给政界显要，各路政客也争相与他结交；在1936年的选举中，他公然操控信徒，操纵选举；1932年一位法官判他入狱，但3天后这位法官死于非命；一位名叫罗杰斯的人在电台广播中批评了这位教主后，他乘坐的飞机不幸坠毁。坎垂尔详尽描述了这些信徒迷狂错乱的心理和行为，剖析了教主对信徒实施精神控制的种种

---

① Hadley Cantril. *The Psychology of Social Movements*, Roberte E. Krieger Publishing Co. ; Inc. , New York, 1941, p82.

技巧，同时也剖析了信徒的内心冲突以及精神觉醒过程。坎垂尔还分析了人们参与这一邪教的主要心理动机。30年代前后出现在美国的"牛津派"运动和"唐森德计划"都具有这类邪教特点，坎垂尔从社会心理学角度深入细致剖析了这两类社会运动的成因特点及影响危害。

全书最具政治心理学价值的内容是第二部分最后两章对德国纳粹运动的政治心理基础的全面分析和揭示。其中前面部分内容主要介绍了一战前后以及二战期间德国国内和国际政治形势，后面一部分内容则集中剖析了纳粹运动兴起和发展的社会心理根源，纳粹党为巩固统治采用的各种心理控制策略，同时也分析了纳粹运动不同历史时期特有的心理特点，包括这些心理内容的形成原因以及政治后果。尽管在坎垂尔之前已有一些西方学者也从社会心理的角度分析过纳粹运动的兴衰，但是坎垂尔的分析和研究无疑更为详尽和深入。坎垂尔用以分析政治问题的心理学理论主要来自正统科学心理学，态度、认知、人格、信念是他心理学思想中的核心概念，他也明显受到其导师奥尔波特社会心理学的影响，当然他也引入了精神分析学之中的一些理论和概念，但这并非主流。

美国政治心理学呈现出与传播心理学不大相同的发展路径。首先，从学科参与者的学术身份来看，最初参与到传播学学科建设的主要还是具有心理学学科背景的学者，到20世纪60年代传播心理学兴起后，研究主体仍然主要是心理学家，只到最近十几年来，情况才发生了明显变化，越来越多的传播学者开始参与其中，出现了各占半壁江山的局面。但是，直到今天，美国政治心理学的发展的研究主体仍然是政治学者。其次，美国传播学基本上是以社会心理学为母体，并从社会心理学中发展演变出来的一个新兴学科。美国政治心理学的发展却并非完全如此，整体上来看，美国政治心理学发展过程中始终没有出现心理学和政治学高度有机结合的理论冲动，心理学仅仅是作为研究政治问题的一种角度，一种方法，一种工具而存在，政治学概念、定义、范畴和理论始终主导着这门新兴学科的发展。或许这是因为在美国，政治学的学科根基较之于传播学更为牢固，政治问题对多元方法、多元理论的需求本身远远超过了学科融合需求的缘故。

二、20世纪60年代以来的政治心理学学科建制以及新近发展

沃拉斯、拉斯韦尔（也包括李普曼）、坎垂尔等人无疑是西方政治心理学研究的先驱人物，他们奠定了政治心理学发展的基础。自20世纪30年代以来，一些重要的政治心理学著作相继问世，从表12-1的书目中我

表 12 - 2　20 世纪 20 年代以来美国学术期刊上发表的政治心理学相关论文统计

年　代	所有政治学期刊	三大权威政治学期刊	社会学期刊	经济学期刊
20 年代	17	14	8	8
30 年代	14	6	4	7
40 年代	35	12	11	15
50 年代	38	9	7	12
60 年代	53	10	10	19
70 年代	109	30	30	12
80 年代	159	48	32	3
90 年代	262	106	57	3

资料来源：Kathleen M. McGraw. "The Infrastructure of Political Psychology", Edited by Linda Shepherd. *Political Psychology*, Farmington Hills, Barbara Budrich Publishers, 2006, p22。

从表 12 - 2 可以看出，除经济学类刊物外，其他三类学术期刊上发表的政治心理学相关论文数量自 20 世纪 20 年代以来基本呈逐年上升趋势，60 年代以后上升最为明显，所有政治学刊物的发文量自 60 年代以后差不多呈倍增趋势。因为经济学与政治学、心理学相关程度相对而言较弱，这一趋势未能呈现，但是政治心理学的快速发展是一个基本事实。

政治心理学在美国的体制化始于 20 世纪 60 年代后期。1969 年耶鲁大学正式创办政治学和心理学双博士学位教育，这被一些人看作是政治心理学体制化的一个重要标志。1979 年纽约州立大学石溪分校（SUNY-Stony Brook）的政治心理学博士项目正式诞生，此后一些大学纷纷设立政治心理学博士学位，其中包括：威斯康星大学（1982）、纽约市立大学（CUNY，1988）、加利福尼亚大学（UC-Irvine，1989）、加利福尼亚大学洛杉矶分校（UCLA，1989）、俄亥俄州立大学（1990）、乔治华盛顿大学（1992）、明尼苏达大学（1995）以及华盛顿州立大学（1995）等。

1978 年国际政治心理学学会（International Society of Political Psychology，ISPP）的成立，标志着政治心理学被西方政治学界所普遍认同，也是政治心理学体制化的另外一个主要标志。这是一个真正国际性的学会组织，并非像美国政治学学会或者美国心理学学会那样完全局限于美国学术界，克努森（Jeanne Knutson）是这个学会的创始人并出任第一任执行主席。

截至 2002 年，国际政治心理学学会共有会员 1330 名，其中 875 名来自美国，约占全部会员的 2/3，另外 17 人来自澳大利亚，35 人来自加拿大，34 人来自德国，40 人来自以色列，15 人来自意大利，26 人来自日本，13 人来自墨西哥，36 人来自荷兰，20 人来自西班牙，32 人来自英国。在这 1330 名会员中，590 名来自政治学界，506 名来自心理学界。[①]

国际政治心理学学会致力于促进和发展政治心理学，出版刊物《政治心理学》（*Political Psychology*）和通讯《政治心理学简讯》（ISP-PNews），《政治心理学》杂志是政治学和社会心理学领域中的顶尖级刊物。根据美国信息研究院（Institute for Scientific Information，ISC）2000年发布的期刊索引报告，《政治心理学》2000 年在美国顶尖级政治学刊物中排名第 13 位，在顶尖级社会学刊物中排名第 19 位。国际政治心理学学会同时编辑出版系列书籍《政治心理学前沿》《政治心理学手册》，每隔10 年出版一期，最近一期出版于 2013 年。学会每年在世界不同地方举办年会，并设立奖金奖励对本学科发展做出显著贡献的学者，如拉斯韦尔奖、杰出科学贡献奖、杰出职业贡献奖、早期职业成就奖等。

在美国政治学学会（American Political Science Association，APSA）中也设立了政治心理学学分会（28 分会）（Political Psychology，Section 28）。美国政治学学会有会员 1350 人，政治心理学学分会有付费会员 400人，出版有会员通讯《政治心理学家》（*Political Psychologist*），与此同时，在国际政治学学会（International Political Science Association，IPSA）中也包括一个心理—政治研究委员会（Psycho-Politics research Committee，RC 29），从事政治心理学相关研究。国际政治学学会大约共有 1000 名个人会员，下设 51 个研究委员会。涉及政治心理学研究的机构还有国际研究会（The International Studies Association，ISA），大约有 3000 会员。尽管没有分会专门致力于研究政治心理学，但是这个学会的外交政策分析、和平研究以及伦理研究分会里面包括一些政治心理学家。

国际政治心理学学会不仅创办了定期刊物，定期出版并更新《政治心理学手册》，定期在全球不同国家和地区召开年会，它还与许多学术单位开展广泛合作，开展各种职业培训。例如，1991 年至 2003 年它与俄亥俄州立大学合作，每年举办一次"政治心理学夏令营"培训班，2005 年

---

① Kathleen M. McGraw. "The Infrastructure of Political Psychology", Edited by Linda Shepherd. *Political Psychology*, Farmington Hills, Barbara Budrich Publishers, 2006, pp. 25 – 26.

后这个培训班又移植到斯坦福大学。每期夏令营大约接纳 50 名来自世界各地的学员，包括大学生、教师、政府以及机构决策人员等，迄今为止已有数以千计的人接受了培训。国际政治心理学学会还在美国以外建立了类似的培训机构，2002 年它与波兰华沙社会心理学院合作，创办了"华沙政治心理学欧洲夏令营"，开展培训活动。

尽管目前政治心理学研究的主要力量仍然集中在美国，但是这门新兴学科国际化的趋势也日益显著。目前国际政治心理学学会的会员几乎遍布全球。表 12 - 3 的数据可以说明这种国际化趋势。

表 12 - 3　2003 年国际政治心理学学会会员分布

国别/地区	会员数
亚洲	26
澳大利亚/新西兰	13
欧洲	141
北非/中东	24
北美（美国除外）	19
南非	1
南美	16
美国	411
西非	4
总数	655

资料来源：Peter Suedfeld and Ian Hansen. "The Many Faces of International Political Psychology", Edited by Linda Shepherd. *Political Psychology*, Farmington Hills, Barbara Budrich Publishers, 2006, p66。

另外，从 2001 年至 2003 年连续 3 年世界各国参加年会的情况来看，在分别为 455、474 和 380 人的参会总人数中，参会人数最多的是美国，分别为 158、192 和 219 人，其次为英国，分别为 20、42 和 35 人。德国和以色列 3 年参会总人数分别为 81 人和 80 人，位居美国和英国之后。其他人员分别来自世界其他地区，中国仅台湾地区 2003 年有两人参加会议。

20 世纪 70 年代以后开始出现一些重要的政治心理学教材，1973 年，克努森（Teanne Knutson）编辑出版《政治心理学手册》（*Handbook of Political Psychology*），该书收录了十几位杰出政治心理学家的论文，这些文章概括总结了政治心理学的发展历史和学科地位，介绍了这门新兴学科的研究模式和研究方法，论及的问题包括人格、态度、信仰、社会化、权威主义以及领袖评估、国际政治、攻击、暴力革命、战争等。以后格林斯坦（Greenstein）、莱纳（Lerner）、斯通（Stone）和基尼肯（Ginneken）分别于 1971 年、1976 年，以及 1988 年出版了不同版本的政治心理学教材。1986 年，赫尔曼（Hermann）出版《政治心理学》（*Political Psychology*），该书增添了许多新知识，拓展了人们对政治行为心理根基的理解，代表着政治心理学教材发展的新高度。1993 年，延加（Iyengar）和麦奎尔（McGuire）出版《政治心理学探索》（*Explorations of Political Psychology*），这部教材更为关注个人心理过程的微观层面，例如态度、认知和决策。①

2004 年主要针对本科学生的教材《政治心理学导论》（*Introduction of Political Psychology*）问世（作者为 Cottam，Uhler 和 Preston），较好满足了本科教育的需要。其他有影响的政治心理学教材和著作还包括剑桥大学出版社出版的系列读本《政治心理学和公共舆论研究》（Jim Kuklinski 和 Dennis Chong 主编），目前已出版至 20 多卷，在学术界享有较高声誉。此外，《微观政治研究》（*Research in Micro Politics*，Samuel Long，Michael X. Delli 以及 Carpini 等人编辑）系列也出版了多卷本。②

三、政治心理学研究的主要问题及未来发展

20 世纪 70 年代以来政治心理学发展非常迅速，但是目前学术界有关政治心理学的定义以及学科性质的看法并不统一。2002 年由加利福尼亚大学门罗（Kristen Renwick Monroe）教授编辑出版的《政治心理学》一书中收录了总共 21 篇权威论文，其中许多作者提出了自己的定义。

多伊奇（Morton Deutsch）和柯纳瓦（Catarina Kinnavall）认为，政治

---

① 参见 Edited by Kristen Renwick Monroe. *Political Psychology*, Lawrence Erlbaum Assocates, Inc. Mahwah, New Jersey and London, 2002, pp. 64 – 65。

② 参见 Edited by Kristen Renwick Monroe. *Political Psychology*, Lawrence Erlbaum Assocates, Inc. Mahwah, New Jersey and London, 2002. 以及 Edited by Linda Shepherd. *Political Psychology*, Farmington Hills, Barbara Budrich Publishers, 2006。

心理学主要研究政治与心理过程之间的双向互动，他们认为知识、技术以及科学研究方法的增长促进了这一学科的发展，一战的爆发、极权政体的出现以及大众传媒的普及迫切需要人们系统了解政治和心理过程之间的关系。[①] 门罗认为政治心理学关注"政治语境中人类思考和行为的原因、动力和结果，它在两个方面关注这一因果过程：演变中的政治行为的心理过程以及这一心理过程对政治事件的影响"[②]。苏德菲尔德（Peter Suedfeld）和汉森（Ian Hansen）认为："政治心理学是多门学科相互交叉的领域，主要包括心理学和政治学，同时也包括历史学、社会学、经济学、人类学、传播研究、精神分析、文学研究、语言学甚至生物学。"[③]

赫尔曼（Margaret G. Hermann）认为政治心理学是描述政治角色扮演的一种方式，它是对政治现实的一种建构方式。[④] 日内瓦大学的多伊斯（Willen Doise）和斯泰克尔（Christian Staerkle）认为："政治心理学应该研究那些存在于社会争议及辩论中的个人和社会群体的社会认知过程。"例如，选举和投票中的决定，有关政治参与中的政治心理，针对司法以及政治体制，政治事件的态度，对相关政治事务的判断等。[⑤]

俄亥俄州立大学的克罗斯尼克（Krosnick）和麦格劳（McGraw）辨析了两种政治心理学的定义，一种是作为心理学的政治心理学，一种是作为政治学的政治心理学。前者定义的政治心理以心理学为理论基础，通过对相关政治事务和问题的研究去发展心理学，从这一角度看，政治

① Morton Deutsch, Catarina Kinnavall. "What is Political Psychology? "Edited by Kristen Renwick Monroe. *Political Psychology*, Lawrence Erlbaum Assocates, Inc. Mahwah, New Jersey and London, 2002. 以及 Edited by Linda Shepherd. *Political Psychology*, Farmington Hills, Barbara Budrich Publishers, 2006, pp. 15 – 16。

② Kathleen M. McGraw. "The Infrastructure of Political Psychology", Edited by Linda Shepherd. *Political Psychology*, Farmington Hills, Barbara Budrich Publishers, 2006, p18.

③ Peter Suedfeld and Ian Hansen. "The Many Faces of International Political Psychology", Edited by Linda Shepherd: *Political Psychology*, Farmington Hills, Barbara Budrich Publishers, 2006, p63.

④ Hermann. "Political Psychology as a Perspective in the Study of Politics", Edited by Kristen Renwick Monroe. *Political Psychology*, Lawrence Erlbaum Assocates, Inc. Mahwah, New Jersey and London, 2002, p46.

⑤ Willen Doise and Christian Staerkle. "From Social to Political Psychology: The Social Approach", Edited by Kristen Renwick Monroe. *Political Psychology*, Lawrence Erlbaum Assocates, Inc. Mahwah, New Jersey and London, 2002, p153.

心理学不过是心理学大学科下的一个分支学科。[①] 作者认为，在实际情况中，作为心理学的政治心理学基本上不存在。后者定义中的政治心理学是作为政治学的政治心理学，它关注的重点是政治学，试图从心理学的角度去理解政治过程，而不是要超出政治范畴去关注一般的心理学意义上的人类行为。因此，这种定义之下的政治学系会雇用心理学博士，但心理学系却不会雇用政治学博士，心理学博士偶尔会在政治学刊物上发表论文，但政治学博士几乎不可能在心理学刊物上发表论文。此外，在俄亥俄州立大学每年举办的为期一个月的政治心理学夏令营中，只有大约25%的参与者来自心理学界，其他大部分来自政治学界。作者认为，这证明了实际中的政治心理学是以政治学为导向，而非以心理学为导向的。[②]

以色列特拉维夫大学的巴塔尔（Daniel Bar-Tal）认为，"政治心理学可以定义为这样一门学科，它一方面关注感知、信仰、态度、价值观、动机、人格、认知方式、动力过程、群体成员、群体特征、行为方式对个人及群体政治信仰、态度及行为的心理影响；另一方面也关注文化、体制、运动、歧见、意识形态、政治社会化机制以及群际关系对整个人类的影响。"[③] 作者认为，政治心理学关注整个人类行为的具体方面，他们主要与政治问题相关，例如，领袖人物、政治参与、政治决策、政治社会化、投票行为、政治人格及行为、政治价值观、政治态度、政治信仰、政治威慑、群际冲突及其解决方式等，政治心理学常常运用心理学术语、概念、理论去分析此类政治问题。

为了说明心理学科和心理学理论对政治心理学的贡献，证明二者已经成为政治心理学的理论基础，作者对《政治心理学》刊物发表的论文进行了统计和分析，样本包括该刊1979年到1998年19卷本中的全部论文共486篇。作者特别区分了心理学学科和心理学理论对政治心理学的贡献，如表12-4和表12-5所示。

① Jon A. Krosnick and Kathleen M. McGraw. "Psychology Political Science Versus Political Psychology True to It's Name: A Plea for Balance", Edited by Kristen Renwick Monroe. *Political Psychology*, Lawrence Erlbaum Assocates, Inc. Mahwah, New Jersey and London, 2002, p80.

② Jon A. Krosnick and Kathleen M. McGraw. "Psychology Political Science Versus Political Psychology True to It's Name: A Plea for Balance," Edited by Kristen Renwick Monroe. *Political Psychology*, Lawrence Erlbaum Assocates, Inc. Mahwah, New Jersey and London, 2002, pp. 84 - 86.

③ Daniel Bar-Tal. "The (Social) Psychological Legacy for Political Psychology", Edited by Kristen Renwick Monroe. *Political Psychology*, Lawrence Erlbaum Assocates, Inc. Mahwah, New Jersey and London, 2002, p175.

表12-4 《政治心理学》（1~19卷）论文分析

（依据心理学学科基础，括号中数据为百分比）

	社会心理学	人格心理学	临床心理学	发展心理学	认知心理学	健康心理学	组织心理学	其他	总数及百分比
政治信仰和政治态度	115	12	5	7	4			1	144 (29.6)
领袖与领导权	29	27	6	5	2	7			76 (15.6)
政治行为	46	6	2	1				2	57 (11.7)
决策	22	1			11				34 (7.0)
偏见	25	3		1					29 (6.0)
政治人格	1	23	4						28 (5.8)
冲突	15	3	2	2					22 (4.6)
冲突解决	14				1				15 (3.1)
政治社会化	4			10					14 (2.9)
政治动机	5	3	1	1					10 (2.1)
大众运动	6		2				4		8 (1.6)
组织		2	1						7 (1.5)
民族性格	4	2							6 (1.2)

续表

	社会心理学	人格心理学	临床心理学	发展心理学	认知心理学	健康心理学	组织心理学	其他	总数及百分比
国际关系	2				2			1	5 (1.0)
大众传媒	3	2	1		1				7 (1.4)
疏离	3								3.8 (0.6)
其他	10	3	6					2	21 (4.3)
	304 (62.6)	87 (17.9)	30 (6.2)	27 (5.6)	21 (4.3)	7 (1,4)	4 (0,8)	6 (1.2)	486

资料来源: Daniel Bar-Tal, "The (Social) Psychological Legacy for Political Psychology", Edited by Kristen Renwick Monroe, *Political Psychology*, Lawrence Erlbaum Associates, Inc. Mahwah, New Jersey and London, 2002, p176。

表 12-5 《政治心理学》(1~19卷) 论文分析
(依据心理学理论,括号中数据为百分比)

	认知理论	学习理论	精神分析理论	人文主义理论	遗传学理论	其他	综合	无理论	总数及百分比
政治信仰和政治态度	79	34	23			3	3	2	144 (29.6)
领袖与领导权	23	15	15	1	1			21	76 (15.6)
政治行为	22	26	2		1	3	1	2	57 (11.7)
决策	30	3						1	34 (7.0)
偏见	8	12	3			1	3	2	29 (6.0)

续表

	认知理论	学习理论	精神分析理论	人文主义理论	遗传学理论	其他	综合	无理论	总数及百分比
政治人格	2	10	8	2		1	2	3	28 (5.8)
冲突	9	5	7			1			22 (4.6)
冲突与解决	10	3				1		1	15 (3.1)
政治社会化	2	12							14 (2.9)
政治动机	2	5	1	1			1		10 (2.1)
大众运动		3	4					1	8 (1.6)
组织		2	4					1	7 (1.5)
民族性格	1	2	2					1	6 (1.2)
国际关系	3						2		5 (1.0)
大众传播	3	2	1					1	7 (1.4)
疏离	1	1						1	3 (0.6)
其他	3	5	6			2	3	1	21 (4.3)
	185 (40.8)	140 (28.8)	76 (15.6)	4 (0.9)	2 (0.4)	12 (2.5)	16 (3.3)	38 (7.8)	486

资料来源：Daniel Bar-Tal. "The (Social) Psychological Legacy for Political Psychology", Edited by Kristen Renwick Monroe. *Political Psychology*, Lawrence Erlbaum Assocates, Inc. Mahwah, New Jersey and London, 2002, p178。

　　作者区别心理学学科和心理学理论对政治心理学研究的贡献是有意义的，因为有些人可能是将心理学学科整体，例如认知心理学作为分析某个政治问题的基础框架，但是也有人可能仅仅是把某一心理学理论，例如认知心理学理论作为分析问题的基础，二者的含义并不相同。仍以认知心理学为例，可能只有较少的人将认知心理学作为一个学科整体去分析问题，而更多的人可能只是运用一些认知心理学理论去分析问题，这是我们理解这两张数据图表的一个基本前提。

　　如表所示，横栏最上方列出了一些主要的心理学学科或心理学理论，竖栏最左边列出了一些主要的政治心理学议题，中间区域是对应的相关数据。

　　表 12-4 显示，在总共 486 篇论文中，以心理学学科作为政治心理学问题研究框架的论文数量最多，总共 304 篇，占全部论文比例的 62.6%。其次是人格心理学、临床心理学和发展心理学，它们各自的论文总数分别为 87 篇、30 篇和 27 篇，所占比例分别为 17.9%、6.2% 和 5.6%。由此可见，在心理学学科中，社会心理学构成了政治心理学最为重要的理论基础，这一理论主要用于分析政治信仰和态度，占 118 篇，其次为政治决策，占 76 篇。

　　表 12-5 显示，以认知理论作为政治心理学相关问题研究基本框架的论文数量为 79 篇，占全部论文的 40.8。其次分别为学习理论、精神分析理论和遗传学理论，论文总量分别为 140 篇、76 篇和 16 篇，所占比例分别为 28.8%、15.66% 及 3.3%。当然，当以心理学理论作为标准去统计时，在 486 篇论文中有 38 篇无法归类到任何心理学理论。这一统计显示，认知理论构成了政治心理学研究最为重要的理论基础，这一理论基础主要用于分析政治信仰与政治态度，占 79 篇，其次为政治决策，占 30 篇。

　　尽管人们对政治心理学的学科定义和理论基础的看法仍然存在分歧，但是目前这一学科已经形成若干稳定的研究领域，显现出明显的学科特征。

　　美国哥伦比亚大学多伊奇（Morton Deutsch）和瑞典兰德大学柯纳瓦（Catrina Kinnvalll）以过去 30 多年来《政治心理学》刊发的全部论文以及 20 世纪 70 年代以来出版的一些重要政治心理学著作为依据，进行了比较全面的文献梳理，认为政治心理学已经形成了以下一些重要研究领域。[1]

---

　　① 参见 Morton Deutsch, Catarina Kinnavall. "What is Political Psychology?" Edited by Kristen Renwick Monroe. *Political Psychology*, Lawrence Erlbaum Assocates, Inc. Mahwah, New Jersey and London, 2002, pp. 20 - 25。

其一，作为政治角色的个人。这是政治心理学研究的最大领域，也是政治心理学其他相关研究的基础，旨在揭示个人政治行为的决定因素以及最终结果，包括政治社会化、政治态度的形成、政治参与、政治疏隔、投票行为、政治恐怖主义的社会背景、人格与政治态度的关系、群体成员与政治态度和行为的关系、大众媒介影响等。作者认为，这类研究不同于霍布斯主义那样将人视为工具理性的动物，而是从理性选择模式出发，试图去解释个人行为，认为个人在不同的情境下存在理性差异，尤其是个人情绪因素影响人们在现实中的行为和互动，对作为政治角色个体的这种定义也有助于人们理解人们的团体身份和团体行动。

政治领袖人物是政治角色中的一个特殊类型，大量针对政治领袖人物的研究构成了政治心理学研究中一个特殊重要的领域，包括政治家人格、心理传记等。这类研究有时也与其他研究领域相互交叉，如政策决策、危机行为、政治协商、群体动力、政治魅力、领袖风格等。

早在二战期间，拉斯韦尔就领导了一个研究组织针对德国纳粹、日本和苏联的一些政治领袖人物进行了专门研究，在这些研究的基础上，莱特斯于 20 世纪 50 年代出版了广为人知的《政治局的符号操作》（1951）。50 年代以后还出版了一些重要的政治领袖人物的著作，包括《伍德罗·威尔逊》（Alexander George 和 Juliette，1956），《身份认同和生活圈》（ErikEnkson，1959）等。政治心理学研究中涉及的政治领袖人物几乎囊括了自古希腊以来西方所有重要的政治家和政治领袖，早期人物如柏拉图、亚里士多德、马丁·路德、托马斯·杰弗逊；近代人物如威廉二世、希特勒、伍德罗·威尔逊、艾森豪威尔、戴高乐、罗斯福、丘吉尔等。当代政治家也受到同样关注，例如尼克松、约翰逊、克林顿、曼德拉、斯坦伯格、戈尔巴乔夫、叶利钦、萨达姆等。社会主义阵营的人物包括列宁、托洛茨基、斯大林、毛泽东等。

其二，政治运动。这类研究主要涉及群体、组织以及社区等问题，在这类所谓的政治运动中，政治角色不是个人，而是以个人互动和群体互动为形式而存在的集体，例如青年运动、妇女运动、恐怖组织、宗教团体、民族国家运动、群际关系以及群体关系等。这类研究常常包括"小群体范式"（mininmal group paradigm）和社会身份认同理论（social identity theory）等。

政治运动研究还包括政治联盟及其结构以及政治群际关系两类细化研究。前者主要包括社会构成、群体、政治组织等内容，致力于解答联盟如何形成，什么原因导致团体分裂，什么原因导致特殊的领袖—追随者关系，合作或竞争性关系如何产生等问题，近期的研究焦点包括大型代议制民主政体中政党的角色。后者主要研究政治团体的结构以及互动，政治团体包括地方政府、国家、联盟、国际组织等。当然，它在研究诸如威胁、战争、威慑等对抗性互动的同时，也研究诸如相互援助、科学文化交流、双边贸易选择等合作关系。

其三，政治过程，这是政治心理学研究的核心领域，主要研究涉入政治行为的个体或群体如何在心理过程中影响他人，或受到他人影响，包括感知和认知、决策、劝服、学习、冲突以及动员等。根据赫尔曼（Margaret G. Hermann）的解释，所谓政治心理学关注的是政治行为的产生和结果，政治行为的产生和结果显然在许多方面与上述因素相关，其中尤其与感知、认知、态度、情绪、信仰等心理因素相关。早在20世纪50年代前后，霍夫兰等人针对态度转变进行了专门研究；80年代以后拉森（Larson，1985）等人专门研究了"冷战"期间一些政治领袖，如杜鲁门、伯恩斯、艾奇逊等人所持"冷战"政策和态度的形成和改变；杰维斯（Jervis）在其超级权力行为研究中揭示了外交政策中形象感知和形象误读的严重后果。在过去的几十年中，政治过程中的情绪和动机也一直是研究的重点。例如，有些研究显示，人们在处理政治选举人相关信息的时候，很多人其实仅仅在乎自己对候选人的感受，并不在乎信息本身；一些政治精英在面临压力的时候，他们的政治观点往往会变得更僵硬，更缺乏灵活性，更急功近利。

其四，案例研究。这类研究往往选取政治生活、政治事件中的某个截面作为研究对象。例如，某一地区一些个人的投票行为；某一特定地区，如中东、阿富汗、卢旺达的冲突；某一特定政治情形下的政治决策，如古巴导弹危机、海湾战争等；对于某些政治领袖个人的研究也属此列。相对于那些宏观抽象的理论建构而言，这类研究更具体、更生动，但是这类研究也面临如何超越个案，上升到一定理论高度的问题。

其五，人类发展与政治经济。人类发展研究重点关注作为政治结果的个人，与之相反，政治经济研究则重点关注政治经济结构如何造成这类结果以及伴随其中的心理过程。例如，研究阶级、种族以及性对于个人发展的影响；研究失业、通货膨胀、经济扩张的心理影响；研究民主和专制对个人所产生的心理影响等，这类研究的思想源头可以追溯到马克思主义。

作为一门具有跨学科性质的新兴学科，政治心理学的发展也面临着许多问题，近些年来，一些研究者开始关注这门学科的发展危机，并对这门学科的未来发展进行评估和预期。

一些学者从政治心理学的理论基础和范式转移等学科发展角度，分析了这门学科面临的问题以及未来努力方向。门罗认为，目前的政治心理学缺乏一个统揽全局，将这门学科统一为一个整体的范式（paradigm），他认为应该将个人认知要素作为统一政治心理学的基本范式。个人的认知、情感、情绪是政治心理学的核心，它们构成了政治思考、政治感受、政治认同的基础，他们对政治选择和政治行为产生关键的作用和影响。门罗所说的个人认知要素就是指与他人相关的自我认知，人们通过这种认知获得有关自己及他人的身份意识，这是所有政治行为的基础。自我认知源于自我与他人的互动，这种互动可以是个人与个人之间的互动，也可以是个人与团体、机构或国家之间的互动。门罗认为精神分析理论、发展心理学、认知心理学、社会心理学、学习理论、社会认知理论提供了大量有关个人认知的基础理论和研究方法，它们可帮助人们理解政治选择、政治行动、政治思考和政治感觉之间的复杂关系。

门罗在一定程度上认同后现代主义的某些主张，他认为社会科学研究不可能完全客观中立，将个人认知作为政治心理学的基本范式，实际上也就是对这一后现代主义立场的认可。门罗不赞同无条件地将"理性选择理论"（rational choice theory）作为政治心理学以及其他社会科学的理论基础，这一源自社会契约论、自由市场理论的学说将人对自我利益的追求作为逻辑起点，具体到政治心理学研究领域，这一理论将人视为追逐各种利益的政治动物。门罗认为自利只是人性的一部分，理性选择理论在社会科学研究中具有一定的适用范围。他认为，就政治心理学范畴中的人而言，自我是复杂和多变的，并不像理性选择理论所说的那般简单。个人具有多重身份，不同身份的重要性依文化和现实情境而变化，理解政治行为的关键在于必须描述个人身份和行为方式的这种变化，从根本上来说，这些变化源于个人对自我身份的感知。① 门罗尤其注意到社会中的个人不是孤立的存在，他或她始终与他人或集体处于互动之中，在诸如投票、协作、恐怖主义、利他主义、种族灭绝这类问题中，研究者不能仅仅关注个人的自我利益和自我感知，还必关注个人与他人的关联以及由此形成的公共利益以及在他人压力下所形成的不同感知。

如上所述，无论是赞同后现代主义还是反对理性选择理论，门罗的

① Kristen R. Menroe. "A Paradigun for Political Psychology", Edited by Kristen Renwick Monroe. *Political Psychology*, Lawrence Erlbaum Assocates, Inc. Mahwah, New Jersey and London, 2002, p406.

论说始终没有脱离将个人认知要素作为政治心理学基本范式这一视角。

加利福尼亚大学的罗森博格（Shawn Rosenberg）在《重构政治心理学：目的障碍以及方向》一文中对相关议题进行了更为深入的探讨。他认为过去50多年来，政治心理学研究完全被心理学和社会学所主导，但是越来越多的人意识到完全以心理学和社会学为基础的政治心理学研究模式已经走到尽头，他呼吁开辟一条政治心理学研究的新路径。①

罗森博格认为当代社会科学两种重要理论，尤其是后结构主义和后现代主义对政治心理学研究模式造成了重大挑战。这两种理论都把现实归结为权力，过去一切社会科学领域中自认为正确的所谓意义和真实，并非是对现实世界的真实反映，它们不过是权力的反映，是对现实的一种社会建构。后结构主义和后现代主义认为不存在绝对客观中立的研究方法，目前西方社会科学中采用的研究方法不过反映了西方主流社会的意愿和观点。尽管罗森博格并不完全同意这两类理论，但他认为后结构主义和后现代主义值得重视，它们实际上确实对政治心理学的未来发展带来了挑战。

罗森博格认为，政治心理学面临的真正困境是作为这门学科中国基础的心理学和社会学之间，以及日益渗入其中的社会心理学之间的冲突和对立。早期心理学强调人格、认知、态度、动机这些源自个体的人类行为要素，认为个体不受社会或其他团体因素影响，个体是一个自给自足的封闭行为系统。社会学的看法却正好相反，认为个体的社会生活，包括个人的信仰、观点等都是由社会环境决定的，社会力量和社会结构决定个体的一切。其实，这种非此即彼的看法并不正确，社会心理学的出现在一定意义上就是为了调和这一矛盾，调和心理学和社会在看待人与社会之间关系的矛盾，罗森博格认为这种调和并不成功，三门学科都没有真正解决个体与集体、个人心理与社会心理、个人影响与社会影响之间的矛盾，因为它们之间缺乏一个共同的认识论基础。当这样一些彼此分裂的理论成为政治心理学的理论基础之后，自然造成了后者在认识论上的分裂。罗森博格认为未来政治心理学的发展必须超越心理学、社会学在认识论等方面的局限，将社会生活视为一种"双向建构"（dually structured）的过程，即将个体和群体视为意义和价值的两个类似独立来

---

① 参见 Shawn Rosenberg. "Reconstructing Political Psychology: Current Obstacles ang New Direction", Edited by Kristen Renwick Monroe. *Political Psychology*, Lawrence Erlbaum Assocates, Inc. Mahwah, New Jersey and London, 2002, pp. 309 – 363。

源（quasi-independent sourrces）。一方面，个人的情感、认知、动机、判断等行为方式具有自身的独立价值，会影响社会意义和价值的形成；另一方面，社会结构也对个人产生影响，未来政治心理学必须建立在将二者相互结合的认识论基础上。

　　还有一些学者从现实政治发展的角度去思考政治心理学未来的发展趋势。温特（David G. Winter）认为，政治心理学的兴起实际上是对现实政治问题的反应，是时代的产物，有其现实根源和基础。二战及"冷战"初期，以拉斯韦尔为代表的政治心理学研究主要是对法西斯主义和苏联政体的一种反应；"冷战"期间美国对苏联实行遏制政策，竭力维持国际政治力量间的平衡，政治心理学的研究转移到国际关系领域，常见主题包括遏制、认知、误读、危机管理、协商、冲突解决等。与美国国内政治相关的主题则包括政治选举、媒介效果、公共舆论等。他认为整个 20 世纪人类面临的主题有三大项，即权力、性和暴力，具体来说就是权力争夺，由此造成各种差异（性、种族、政治等方面），并最终导致各种暴力。他认为 20 世纪的政治心理学在解释与三大主题相关的社会心理、社会结构和文化动力学等方面发挥了独特作用。

　　温特认为 21 世纪的政治心理学将与全球化这一议题紧密相连，尤其关注全球化引发的种种弊端和危机。与此相关的政治心理学议题包括控制失范、恐惧感和偏执感、被剥夺而产生的不平感、针对政府的怀疑和不满以及神教民族主义等。①

　　一切社会事实都是心理事实，一切社会问题都可以还原到人类心理水平加以解释，这并非美国社会学前辈的专断，这一理论言说很可能就是对人类和社会发展的真实描绘。就本质而言，人无非是具有情感、认知、意志、判断以及高级行为的社会动物，无论人类以何种方式，出于什么目的参与到社会活动中，其实都离不开人的心理活动，从人类心理的角度去解释人类行为，这或许就是一种终极解释。过去一个世纪以来，政治心理学的兴起和发展也从另外一个侧面证明了心理学与其他学科相互融合的强大活力。事实上，当代美国社会科学研究确实已经呈现出明显的心理学化的趋势。

---

　　①　参见 David G. Winter. "Refocusing Political Psychology: The search for a Twenty-First Century Agenda", Edited by Linda Shepherd. *Political Psychology*, Farmington Hills, Barbara Budrich Publishers, 2006, pp. 111 – 127。

第十三章　国内新闻传播心理学理论建设及其争议

　　国内有关传播心理的研究明显经历了新闻心理学和传播心理学两个阶段。但是有关新闻传播心理学建设仍然存在许多问题和局限，主要体现在对学科性质、学科理论基础以及学科研究对象的认定缺乏共识，实证研究方法缺失，未能合理确定学科研究的基本原则，尤其是未能明确中国传播心理学研究的本土化方向。

　　国内有关新闻传播心理学理论的研究历时也较久远，只是未尝张骏德教授认为，我国有关新闻传播心理学的研究可以追溯到 20 世纪 20 年代，但是真正的研究历史并不长，他说："虽然早在 20 世纪 20 年代中国的新闻学者就有记者采访心理、读者心理方面的论述，然而中国新闻心理学的研究长期处于萌芽与被扼杀状态，中国新闻传播心理学的研究真正作为一个学科来研究的时期只有近 20 多年。"①

第一节　国内新闻心理学研究发展现状

　　在我国新时期新闻传播理论研究中，作为社会学、社会心理学取向的分支理论学科、如新闻社会学、电视社会学、新闻心理学、传播心理学等已经开始出现，并且已经取得了初步成果。20 世纪 80 年代以来，国

---

① 张骏德：《中国新闻与传播心理学研究的回顾与展望》，《新闻界》2003 年第 3 期。

内已经产生近50部主要新闻传播心理学学术著作，① 其中对学科体系建设做出特别贡献的代表性著作为：刘海贵、张骏德的《新闻心理学》，虞达文的《新闻读者心理学导论》，申凡的《采访心理学》，刘京林的《新闻心理学概论》，林之达的《传播心理学新探》，刘京林的《大众传播心理学》，刘晓红、卜卫的《大众传播心理研究》等。

国内有关传播心理的研究明显经历了新闻心理学和传播心理学两个阶段。从研究的先后秩序上看，新闻心理研究早于传播心理研究；从研究的内容上看，新闻心理研究是传播心理研究的诱发原因，并为传播心理研究打下了一定的基础，也提供了有关研究方法等方面的启示。

1986年复旦大学张俊德、刘海贵出版《新闻心理学》，经过修订这本书以同一书名于1997年改由复旦大学出版社出版，这是我国有关新闻心理学系统研究的最早成果。全书结合实际新闻采访报道工作，对采访对象心理、记者心理、写作心理、编辑心理、受众心理、新闻敏感以及记者修养等问题进行了一些初步探讨。与一般新闻采访、写作、编辑教材不同的是，这本书开始注意探讨新闻业务工作中存在的一些心理现象和问题，试图运用某些心理常识对这些问题进行梳理和分析。但是，由于这类研究尚处于萌芽阶段，全书呈现出来的心理学基础理论比较薄弱，学科理论建构性也不强，而且，现在看来当时书中引用的大量案例也已基本过时。从学科发展史的角度来看，这本著作的主要价值在于提出了新闻心理问题，初步确定了以新闻传播活动认识主体（记者、编辑、受

----

① 这些著作包括：刘海贵、张骏德的《新闻心理学》，安徽人民出版社1986年版；张路、王德民编的《新闻采编心理研究》，甘肃人民出版社1987年版；虞达文的《新闻读者心理学导论》，广西人民出版社1988年版；徐培汀、谭启泰的《新闻心理学漫谈》，新华出版社1988年版；宫云范的《新闻与心理学》，人民出版社1988年版；汪新源的《新闻心理学》，华中理工大学出版社1988年版；申凡的《采访心理学》，人民日报出版社1988年版；刘京林的《新闻心理学概论》，中国传媒大学出版社1993年版；韩向前的《传播心理学》，南京出版社1998年版；郑兴东的《受众心理与传媒引导》，新华出版社1999年版；敬蓉的《大众传播心理学导论》，新华出版社1999年版；刘晓红、卜卫的《大众传播心理研究》，中国广播电视出版社2001年版；黄鸣奋的《传播心理学》，厦门大学出版社1997年版；刘京林主编的《新闻心理学》，武汉大学出版社2001年版；童清艳的《超越传媒——揭开媒介影响受众的面纱》，中国广播电视出版社2002年版；朱万曙、吴怀东的《新闻传播心理学》，黄山书社1995年版；刘京林主编的《新闻心理学原理》，中国广播电视出版社2004年版；林之达的《传播心理学新探》，北京大学出版社2004年版；刘京林的《大众传播心理学》，中国传媒大学出版社2005年版；钱家渝的《视觉心理学》，学林出版社2006年版；余志海的《记者心理与采访行为研究》，中国社会科学出版社2006年版；鲁景超主编的《广播电视有声语言传播受众心理研究》，中国广播电视出版社2007年版；方建移、张芹的《大众传媒心理学》，浙江大学出版社2007年版；李永健的《大众传播心理通论》，中国传媒大学出版社2008年版。

众、采访对象）心理活动为主要研究对象的新闻心理学研究思路。

1993 年刘京林的《新闻心理学概论》问世，此后该书分别于 1995 年、1998 年以及 2007 年再版，被广泛用作高等院校新闻心理学课程教材。该书主要研究对象仍然是新闻传播活动中的认识主体，但新增了播音员和节目主持人心理，以及新闻管理者心理等内容，同时新增了对新闻心理学研究对象、研究任务、研究方法，以及理论基础等问题的论述，在一定程度上提升了新闻心理学建设的理论含量。该书开始比较多地引入心理学和社会心理学理论，尝试用这些理论去阐释认识主体的心理活动，研究中引用的案例也更为丰富、充实。

《新闻心理学概论》巩固了以新闻传播活动中认识主体心理活动为主要研究对象的新闻心理学研究模式，随后出版的一些研究成果，如郑兴东的《受众心理与传媒引导》（1999），余志海的《记者心理与采访行为研究》（2006）以及鲁景超的《广播电视有声语言传播受众心理研究》（2007）等，可以看作是上述研究模式之内的细化和深入研究。

国内有关新闻心理学的理论研究仍然存在不少问题，主要体现在以下几个方面。

其一，关于新闻心理学的研究对象。如上所述，目前国内新闻心理学的主要研究对象是新闻传播活动中的认识主体及其心理活动规律。例如张俊德、刘海贵的《新闻心理学》对该学科的定义是："新闻心理学是运用心理学基本原理与方法，主要研究探讨新闻工作与新闻传播过程中受传双方的心理特点、感应规律及其各自的心理机制与心理活动规律的一门科学。"[①] 刘京林认为："新闻心理学是探讨新闻活动认识主体在新闻传播活动中心理现象的产生和发展规律的科学；是探讨新闻活动认识主体在新闻媒介沟通、组织沟通和人际沟通相互渗透的环境里，在心理上的互相影响、互相制约的特点和规律的科学；是探讨新闻活动认识主体心理活动和心理机制的科学。"[②] 两种定义都强调新闻心理学的研究对象主要包括新闻传播活动中的传播者（采制者、传播者）、被采访者和受者，都强调要运用心理学知识和理论去研究新闻传播活动中发生的各种心理现象，以及各种新闻活动心理规律。

作为新闻传播活动的主体，无论是编辑记者，还是采访对象以及受

---

① 刘海贵、张骏德：《新闻心理学》，合肥，安徽人民出版社 1997 年版，第 1 页（修订说明）。

② 刘京林：《新闻心理学概论》，北京，中国传媒大学出版社 1993 年版，第 1 页。

众，他们都是有思想、有意识、有能动性的人，他们卷入新闻传播活动过程中必然会伴随着种种心理活动的产生。但是，很难将这些所谓的心理活动从他们的活动整体中剥离出来加以单独研究，尤其是所谓记者采访心理，记者编辑和写作心理贯穿在他们日常工作中的整个过程中，将其中一部分心理活动抽离出来几乎不可能，也没有必要。例如，当记者与采访对象相遇的时候，往往意味着采访工作的开始，双方的心理互动也正式启动，双方都会琢磨对方的动机，判断各方的利益关系，确立各自的态度和立场，并进入问答程序。但是这一过程中还伴随着许多具体的操作，例如，如何设计提问话题？提问重点放在什么地方？采取何种采访方式？提问的音量、语气、语速如何？对于电视采访来说，采访时是否出镜，是否评述，等等，很难分辨出在整个过程中哪些属于心理活动内容，哪些属于操作部分，哪些心理活动影响了哪些具体操作，因为主体活动本身就是一个整体。又如，关于所谓新闻写作心理研究，众所周知，新闻写作通常涉及新闻标题，新闻导语，新闻开头结尾，新闻主题结构以及消息、通讯、特写、深度报道等特定体裁的写作等，新闻写作过程中无疑始终伴随着各种心理活动，但是人们是否有必要分门别类地去研究新闻标题、导语、开头结尾写作心理，新闻主题结构写作心理以及新闻消息、新闻通讯等写作心理呢？显然没有这种必要。另外，伴随着传媒技术的快速发展，媒介内部不同职业分工也不断出现，除了研究所谓的记者心理、编辑心理、主持人心理外，是否还要去分别研究摄像师心理、录音师心理、音乐编辑心理、新闻策划心理、网络编辑心理呢？显然，根据新闻传播活动中的职业分工，以及具体新闻业务中不同业务操作作为主线，人为地剥离出其中发生的心理活动和心理关系，并对此加以研究，这样的新闻心理学研究路径局限性很大，学术前景也不容乐观。

其二，关于新闻心理学的学科性质和理论基础。目前国内新闻心理学理论建构主要是用一些心理学知识和理论去分析和解释新闻传播活动主体的心理活动，如编辑记者的社会认知、社会角色、心理素质；编辑记者与受众的心理互动，受众心理的特点和功能等。这样的研究偏重于经验描述，缺乏真正的理论提炼与建构，其学科建设导向是应用性的，基本上是新闻采、写、编、评等传统业务理论在心理学视角下的延伸。涉及与采、写、编、评相关的那部分所谓新闻心理学内容完全可以由传统的新闻采写业务研究取代。目前新闻心理学中涉及受众心理的那部分研究基本上是传播学中受众理论的翻版，这部分内容缺乏应有的独立性，如果抽去上述两部分内容，那么，我们今天称之为新闻心理学的所谓新学科将所剩无几。

事实上，国内有关新闻心理学的理论建设基本上走进了一个死胡同，它不应该朝着新闻采、写、编、评这样的应用性方向发展，而应该在传统新闻学理论与社会心理学的交叉点上重新建构一套偏重于理论的新闻心理学体系。传统新闻理论研究的主要问题包括新闻事业的性质和功能，新闻政策法规，新闻控制，新闻自由，新闻言论和舆论，新闻价值，新闻受众以及新闻记者职业道德，等等，过去对这些问题的研究比较多地借鉴了政治学、社会学、经济学、法学、文化学等思想资源，但是人们完全可以更多地借鉴心理学和社会心理学思想资源对上述传统新闻学理论议题进行深化研究、融合与创新，在此基础上去建构偏重于理论而非应用的新闻心理学理论体系。

第一节　国内传播心理学研究的兴起

国内系统的传播心理学研究在 2000 年前后开始出现，代表性的研究成果有敬蓉的《大众传播心理学导论》（1999），刘晓红、卜卫的《大众传播心理研究》（2001），林之达的《传播心理学新探》（2004），以及刘京林的《大众传播心理学》（2005）等。

众所周知，新闻传播活动中涉及的问题非常广泛复杂，它不仅仅涉及传播主体的认知活动，还包括传播主体间的心理关系，更包括传播过程中各种心理控制和心理影响关系，大众传媒业的迅速发展需要一门新兴学科对此做出全面的回应。就像新闻学研究必然要向传播学研究方向发展一样，我国新闻心理学研究也必然朝向传播心理学方向发展。在美国，大众传媒的多样化发展，社会科学研究方法的日趋精密和完善，媒介企业和社会对大众传播效果的日益关注最终导致了 20 世纪 50 年代前后传统新闻学向大众传播学的转型。同样，我国关注传播心理问题的研究者也意识到了新闻心理学理论研究的不足，这样一个草创之中的新学科主要研究新闻业务领域中的心理问题已远远不能满足现实发展的需要，新兴的传播心理学承担了对上述诸多问题的研究任务。

但是，我国传播心理学理论建设走上了一条彼此分歧的道路，刘晓红、卜卫认为：“目前尚不存在传播心理学这样的基础理论，所谓的传播心理学的理论应用不过是已有的心理学的理论应用。所谓的传播心理学不过是具

有某些共同特征的诸多研究的统称，而不是系统的学科称名。"① 刘晓红在
《试论心理学在传播学研究中的作用》（1996）一文中认为，对传播活动
中心理现象的研究分为两种类型，一种是直接将已有的心理学理论应用
于传播研究，这种研究可以帮助人们更深地理解传播现象，这种研究是
传播学研究，而不是新闻研究。例如，运用心理学中的个体差异理论研
究受众对媒介的选择性使用；运用班杜拉的学习理论研究电视暴力对儿
童成长的影响等。另外一种是对新闻活动中的心理现象进行的应用性研
究。如霍夫兰所做的劝服研究，拉扎斯菲尔德在总统大选期间所做的二
级传播研究，这些都属于心理学研究领域。刘晓红的结论是，心理学还
没有能力对传播活动作全面系统的解释，对于新闻传播学的研究需要借
用多种研究方法，如量化和质化方法，社会学、人类学以及心理学方法
等；目前还无法形成传播（新闻）心理学，但是不妨把传播心理或者新
闻心理这个术语作为所有传播活动有关的心理学或者应用研究。②

　　尽管作者认为目前尚无法建立起一门称之为传播心理学的新学科，
但《大众传播心理研究》一书却具有很高的学科参考价值。作者对有关
传播心理研究的历史文献进行了认真的梳理，这些文献主要来自两个领
域，第一类是传播学发展过程中与心理学相关的文献，第二类是心理学
发展过程中与传播活动相关的心理现象研究。在此基础上，作者全面介
绍了已有文献中有关媒介内容及影响媒介内容因素的研究，媒介影响过
程的研究以及媒介内容对人的影响的研究。这本著作内容丰富、考证翔
实，为传播心理学理论建设提供了多元视角。

　　刘京林的《大众传播心理学》是我国建立传播心理学理论体系的较
早尝试。作者认为："大众传播心理学是有大众传播学和心理学构成的多
级交叉学科，它既可属于应用心理学的一个分支，又可以归入传播学中
的大众传播学理论的一个次级学科。"③ 关于应用心理学归属，作者的依
据是："所谓应用心理学是指将心理学的原理和法则应用于各种实践领域
的学科的总称。按这个原则，各种与心理学相交叉的学科，包括新闻心
理学和传播心理学均可以纳入这个范围。总之，无论是大心理学传播视
角，还是应用心理学视域，将新闻心理学、传播心理学归入心理学或应

---

① 刘晓红、卜卫：《大众传播心理研究》，北京，中国广播电视出版社 2001 年版，第
342 页。

② 参见刘晓红：《试论心理学在传播学研究中的作用》，《新闻与传播研究》1996 年第
3 期。

③ 刘京林：《大众传播心理学》，北京，中国传媒大学出版社 2005 年版，第 21 页。

用心理学的一个分支是合乎逻辑的。"① 关于传播心理学的学科属性，作者的依据是国家技术监督局 1997 年发布的《学科分类与代码（中华人民共和国国家标准）》，该标准将新闻学与传播学列为一级学科，下辖新闻理论、新闻史、新闻业务、新闻事业经营管理、广播电视等七个二级学科，新闻心理学属于新闻理论这个二级学科下辖的三级学科。作者据此认为传播心理学应与新闻心理学并列"归入大众传播理论这个二级学科下面的一个三级学科"②。

《大众传播心理学》的一个明显的特点是开始将西方社会心理学理论引入对大众传播心理学现象的研究之中，全书开辟专章讲解行为主义与大众传播、精神分析与大众传播、人本主义与大众传播、认知心理与大众传播，这部分讲解构成了全书的主体内容。该书的另外一个特色是提出了传受者概念，围绕这一概念，作者介绍了传受者对外界信息刺激进行处理和反应的生理机制、媒介世界的客观世界本源、媒介世界对传受者心理的影响以及传受者反应的若干主观局限性特点。此外，该书还结合具体新闻业务，尝试提炼和概括出一些具有典型传播特征的心理现象予以论述，该书最后一章还对网民心理初步进行了一些探讨。

通过介绍一些西方社会心理学理论，然后尝试将这些理论运用于相关传播心理现象的解释和论证，这样的研究思路成为目前我国传播心理学研究的主流范式，此后出版的一些冠以传播心理学或新闻传播心理学的著作在研究思路、研究方法，甚至编排体例上几乎都如出一辙。尽管这类研究试图在概念、术语、理论建构和体系建构等方面有所创新，但研究者基本上未能找到西方社会心理学理论与传播心理现象的恰当对接口，呈现出理论与实践"两张皮"的特点，对于传播心理现象相关问题的概括、总结和论述尚停留在比较肤浅化、常识化，甚至非心理学化的层面，这样的研究距离科学的传播心理学建设目标尚有很大差距。

2004 年林之达《传播心理学新探》的出版标志着我国传播心理学学科建设新的努力方向。作者全面否定了过去我国新闻心理学和传播心理学的建构方式，不赞同用心理学的普通原理或从心理学的视角研究解释传播（包括传播的各外延）领域中出现的心理现象和心理活动规律。理由是心理学流派繁杂，本身发展并不成熟，也不含有解决传播问题的动机以及内容。此外，其他心理学分支学科，如教育心理学已有前车之鉴，

---

① 刘京林：《大众传播心理学》，北京，中国传媒大学出版社 2005 年版，第 2 页。

② 刘京林：《大众传播心理学》，北京，中国传媒大学出版社 2005 年版，第 3 页。

教育心理学并不能解决教育中的问题。① 作者认为："如果把传播心理学的研究对象界定为传播领域中的心理现象及其规律，那我们就会在非常广阔的传播领域中漫无目标地瞎碰。碰见一个心理现象就考察一个心理现象，碰见三个就考察三个，究竟还有多少心理现象没有碰见，它们在哪里，心中无数。其结果可能漏掉不少心理现象没有考察，即便是发现并考察了的心理现象，也很难从这些零散的心理现象中揭示出它们是一个有内在联系的有机系统。"② 作者认为应该去发现传播心理学重新建构的基石，通过这个基石来真正将传播学与心理学两门相关学科结合起来，然后在再将新的传播心理学阐发为一门内容新颖、丰富、完整、系统的独立学科。③ 作者借鉴物理学中能量储存、能量转换等概念，提出了"传播的两级效果论"，这个理论的核心是将传播信息视为信息能，某种信息经过某一些受众的"心理选择"后转化为"心理能"（分为立即外化使用的心理动能和暂时储备不用的心理势能），经过受众大脑中的"心理反应"后，这些心理能"外化做功"，从而引起这个受众行为的改变。显然，在这里作者试图借鉴物理学的一些概念去描述传播信息作用于人并发生传播效果的物理过程和心理过程。作者认为："心理系统对传播送来的信息进行选择，选择后的信息与心理系统的原有构成进行心理反应产生心理能，心理能外化成行为——这三个问题就是传播学不能单独解决，心理学也不能单独解决的边缘问题，而是传播心理学独特的研究对象。"④

"传播的两级效果论"其实就是传播过程模式论，当然，其中突出了传播过程中的某些心理事实和心理关系。类似的模式理论在西方传播学研究中已经出现很多，而且可能更丰富、更完备。例如，拉斯韦尔的五W模式（1948）、格伯纳传播基本模式（1956）、德弗勒模式（1970）、韦斯特利—麦克奎恩大众传播概念化模式（1957）、马莱茨克模式（1963）、德弗勒心理动力模式（1970）、霍金斯—平格里函化条件模式（1983）、罗森格伦使用与满足展开模式（1974）、克劳斯差异化受众到达模式（1968）等，这些模式仅仅构成了西方传播学研究的某种特定领域，或仅仅呈现出某一些特定角度。虽然"传播的两级效果论"是传播学或传播心理学研究中一项具有若干新意的效果模式理论，但它不大可能成

①　林之达：《传播心理学新探》，北京，北京大学出版社 2004 年版，第 6 页。
②　林之达：《传播心理学新探》，北京，北京大学出版社 2004 年版，第 28 页。
③　林之达：《传播心理学新探》，北京，北京大学出版社 2004 年版，第 8 页。
④　林之达：《传播心理学新探》，北京，北京大学出版社 2004 年版，第 33 页。

为传播心理学研究的整个基石，而且即使是在这个模式之下所涉及的一些具体心理内容，也需要非常认真地去研究才有可能得出令人信服的结论。

第三节　本土化是中国当代传播心理学理论建设的根本出路

从新闻学到新闻心理学，从传播学到传播心理学，从新闻心理学到传播心理学，这些学科的细化纵深发展无疑显示了中国新闻传播学界学术创新的思想冲动和艰难努力。但是，我国传播心理学学科理论建设仍然处于低水平运行这一事实却不容否认。其实，西方传播学研究早已进入传播心理层面。美国的媒介心理学虽然与我们今天的传播心理学定义有所不同，他们似乎也无意将之发展成为传播学的一个分支学科，但是他们关于传播心理的实际研究水平已达到了我们无法企及的高度。

中国传播心理学理论建设并非毫无前景，但笔者认为必须解决以下几个关键问题，这门新学科的发展才有可能获得突破。

其一，明确传播心理学的研究对象和研究目的。笔者比较同意刘京林的看法，传播心理学应该把那些大众传播活动中特有的心理现象作为自己最为重要的研究对象，应该在具体的传播活动中去发现这类特有的心理现象，对此进行提炼、概括和总结，上升为理论模式；这样的理论模式既不属于传播学，也不属于心理学，它们完全属于传播心理学。刘京林在《大众传播心理学》中列举了一些这类特有的心理现象，如心理感应、心理真实、"晕"话筒（镜头）等。其实在大众传播活动中这类现象还有很多，如新的媒介技术不仅带来了媒介形式的变化，也造成了人们对媒介形式感觉的变化，同时新的媒介技术也向新的领域延伸了人的感觉（麦克卢汉对此已有论述），这类"受众媒介感"就是一种独特的传播心理现象。又如新闻记者所独有的"舆论监督职业使命感"，这种人格特征是新闻记者所独有的，这种人格不但与记者的职业生存紧密联系，也与记者的职业技能紧密联系。除此之外，大众传播宏观与微观传播效果中，一些与心理主体比较密切的领域也可以成为传播心理学的研究对象，如新闻传播活动产生和发展的一般社会心理基础，大众传媒发展与社会心理的互动，名利观、成就观、人际关系、两性关系的大众传播认知来源及心理影响等，这类问题所包含的本土心理内容都非常丰富，值得人们去深入探讨和研究。

此外还须明确，传播心理学的研究任务和目标具有理论和应用双重性，既要通过研究建立起富有理论色彩的传播心理学理论体系，也要确保研究的结论具有一定的理论效用性，能够提高传播效率。

其二，建立传播心理学理论建设的理论批判性、理论超越性原则。实用主义主导下的美国传播学研究关注效率和效用，追求研究结论的客观性、精确性和应用性，这是其优良传统。但是，这样的传播学研究缺乏对现实应有的批判，使这类传播学研究的价值受到损害。中国传播心理学研究（也包括传播学研究）要避免走美国传播学研究的纯客观道路，学科研究应该对现实抱有必需的审视和批判态度。只有审视和批判，才能够有所警醒，有所进步，学科本身也才有可能超越现实，逼近真理，并因此具备学科科学性。科学不是政策和政治的附庸，一旦科学成为政治和政策的附庸，其科学价值同样会受到损害。

新闻传播活动中许多独特的心理现象是病态体制的镜像，它们本身具有很高的学科研究价值，例如，中国新闻记者的"不当得利"动机，这是一种利用职业便利，以牺牲新闻真实性原则为代价，换取个人利益的病态人格。又如，新闻记者的"心理自锁"机制，这是一种在新闻政策高压下新闻记者普遍存在的一种"心理自闭"现象，由于这种"心理自锁"机制的客观存在，记者本能地回避或拒绝报道政治敏感和社会冲突事件，每天造成大量好新闻的流失。与之相反的是"正面报道情结"，许多记者以报道所谓的正面新闻为荣，致使新闻成为政治的点缀和花瓶，上述心理现象也应该成为传播心理学研究的重要对象，通过这种批判性的研究达到对现实的超越，获得学科本身的科学性和批判性。

其三，关于建立中国本土传播心理学理论体系。本土化是中国传播心理学（也包括中国传播学）建设的核心目标，甚至是唯一目标，照搬西方传播学和传播心理研究只能是自绝出路。西方传播学（包括传播心理研究）中的议题大多数只具备他们各自国家的本土价值，其研究结论大多数也仅仅具有他们本国的本土适应性，而且许多结论随着时过境迁在西方本土也已经失去了价值，如魔弹论、二级传播理论、电影效果理论等。在中国研究西方传播学理论仅仅具有学科发展史或学术思想史的意义，当然也会获得一些方法论的启示，中国传播心理学理论建设应该彻底放弃理论全球普适性的幻想。

传播心理诚然包含着某些世界普适性的东西，我们可以去适当探讨这些东西，但我们更应该把理论关怀放在自己的政治生态、文化生态和传播生态圈中，生发于自己独特环境之中的传播心理现象最具有理论研究价值和理论应用价值，也最具有学科理论建设的可能性。目前中国传播心理学理论建设（包括传播学）的全面失败，最大的原因就在于没有建立起属于自己本土的理论体系。

传播心理学的主要议题应该来自本土传播活动，这其实是一个储量十分丰富的研究领域，前面已经列举的议题许多都属于这个范畴。类似的议题还包括中国当代宏观传播政策心理分析，次一层议题如传媒公有制及其政策心理分析，宣传政策及其政策心理分析。又如新媒体发展的社会心理影响，网络舆论背后的群体心理，新媒体发展及其心理控制策略等，这些都可以成为本土传播心理学研究的重要内容。

其四，中国本土传播心理学建设必须引入实证研究方法。中国传播心理学理论建设的核心原则是理论适应性，理论批判性和理论效用性（后面一章专论）。理论效用性是指理论建设必须满足实际传播活动的质量和效率要求，这就要求理论建设是科学的，研究结论是精确的，它们能够帮助提高传播质量和效率。

传统思辨性研究不能完全确保研究的客观性和科学性，中国传播心理学理论建设必须引入各种实证研究方法，在这一点上我们应该认真学习美国传播学研究的经验。以实证研究为重要特征的美国传播学研究基本上建立在科学观察、科学实验、科学调查的基础上，美国传播学研究不是仅仅满足于提出理论假设和理论模型，而是要通过实证研究去证明，验证这些理论假设和理论模型，这样的研究方法对于确保研究结论的精确性至关重要，也为传播学科理论的科学性赢得了科学声誉。

实证研究方法与中国本土传播心理学理论建设的批判性、超越性原则并不矛盾，理论建设的批判性和超越性可以通过思辨研究获得并体现，同样也可以通过实证研究获得并体现，因为通过实证研究获得的数据、模型和结论更精确，更具有说服力。实证研究是目前中国整个社会科学研究中的一个弱项，要真正将这一研究方法落实到中国本土传播心理学理论建设中，当务之急是要建立研究机构和研究团队，培训实证研究专门人才，获得研究经费，同时要走出院校研究的象牙塔，与传媒机构和其他社会机构联合，走合作研究的道路，这是由大规模实证研究的特点所决定的。

第十四章 中国本土传播心理学理论建设

第一节 中国本土传播心理学理论建设的基本构想

中国大陆学术界关于传播心理学、新闻心理学、传媒心理学、媒介心理学的理论探讨和理论建设始于20世纪80年代中后期，迄今为止共出版相关学术著作近50部。尽管这些著作名称各不相同，但都体现出一种共同的努力，即希望将新闻传播学学科相关知识理论与心理学和社会心理学等学科知识理论相互融合，创造出一种具有跨学科特征的新型学科，即传播心理学。这种以新闻传播学者为研究主体的学术努力，其目的当然是期望这门新型学科的建设和发展有助于解决新闻传播实践中的具体问题，而非解决心理学研究中的问题，因而这一建设中的新理论更多地被研究者们视为传播学的一门分支学科理论。

由于传播学和心理学在西方仅有百年左右的历史，更由于这两门学科在西方所建基的社会和文化环境迥别于中国，像传播学和心理学这样的学科引进中国之后究竟能否适合中国本土国情，究竟能否解决各自领域的问题其实一直引起人们的怀疑和质疑，伴随着这种怀疑和质疑而来的是传播学、心理学本土化的呼声日益高涨。本土化的基本目的是要创造一套契合中国本土国情，能够解决中国本土传播和心理问题的概念、理论和研究方法，从而实现其理论效用。

在中国，传播心理学所面临的问题比传播学和心理学（也包括社会心理学和社会学）所面临的问题更为严重。刘晓红、卜卫在《大众传播心理研究》一书中谈及传播心理学理论建设时提出了三点研究结论，她们认为："（1）尚不存在也无从提出这样的基础理论。（2）此应用是对已有心理学理论的应用，而不是对传播心理学的应用。（3）因此，如果提出传播心理学这个概括的话，它是具有某些共同特征的诸多研究的统称，而不是系统的学科称名。"① 言下之意就是说传播心理学尚没有发展成为一门独立的学科，她们的这一观点是值得重视的。

但是，我们同样可以认为，任何一门学科理论的建立都有一个发展的过程，其中必定伴随着争议、怀疑甚至否定，在学科发展史上，即便是作为传播心理学母体学科的传播学和心理学也分别是从哲学、社会学等学科中分离并独立出来的，直到今天，西方学术界对这两门学科的学科独立性以及学科科学性还多有责难。笔者坚信，传播心理学作为一门独立学科理论有其巨大的理论和应用价值，而且统摄传播学、心理学、社会学等相关学科理论知识，我们一定能够将其发展成为一门相对独立的学科理论。

一、传播心理学中国本土化问题

尽管目前中国的传播心理学建设已经取得了一定的进展，但是也存在许多问题：

其一，盲目套用西方传播学、心理学和社会学等相关理论，对传播活动中一些似是而非的问题进行所谓心理学的分析，由于许多研究者并不具备相应的传播学、心理学和社会学等相关学科专业背景，未能很好地理解和掌握相关西方社会科学理论知识，加之所选择的许多问题与相关基础理论之间逻辑关联度不够高，造成国内有关传播心理问题的研究严重脱离实际，形成理论与实际"两张皮"的局面，这样的研究很难形成具有严密内在逻辑的理论体系。

其二，国内有关传播心理的研究极少触及本土传播实际问题，许多这类研究的基础理论来源，甚至实证数据、实证案例等也主要来自西方国家，其理论建构追求的应用取向和人文关怀是全球普适性，这注定是一个很难达到的目标。中国传媒处于与西方国家迥异的政治和文化环境之中，中国本土传播活动中的种种控制关系和影响关系完全不同于西方社会，由此形成的传播心理活动特点和规律也与世界其他国家和地区的情形有着极大的差别，目前试图建立一种具有普适价值意义的传播心理学理论体系缺乏充分的现实基础，也偏离了对中国现实传播问题的理论关照，这种研究很难获得理论本身的自足。

传播心理学在中国同样面临本土化问题。其实任何社会科学理论都

---

① 刘晓红、卜卫：《大众传播心理研究》，北京，中国广播电视出版社 2001 年版，第342 页。

存在本土化的问题，尤其是在那些制度环境和文化环境迥异的社会中发生理论迁移的时候。外来理论的本土化要解决的主要包括几个方面的问题，其一是理论适应性，即所建构的理论必须是建立在真实的本土社会条件基础之上，其理论描绘、理论概括和理论模式必须契合真实的社会环境，能够被经验事实所证明；其二是理论效用性，即所建构理论能够解决现实中的实际问题，理论本身具有一定的可操作性。显然，理论适应性是理论效用的必须前提和基础，如果一种理论不具备基本的适应性，在现实中就必然发生水土不服的问题；其三是理论批判性，在许多情况下理论建构不能仅仅满足于描述现实，解释现实，解决即存社会条件下的局部现实问题，理论还必须对现实进行批判从而超越现实，在理论建构的时候，研究者不但要遵循实然逻辑，还应该求证必然逻辑，即发现现实中不合理的基础和条件，提出理论解决方案。

　　心理学和传播学在移植到中国之后显然一直遭遇到水土不服的问题，因此有关这两门外来学科的本土化改造呼声早已有之。心理学的本土化运动发端于台湾学术界，其领军人物为杨国枢教授、杨中芳教授、黄光国教授等，大陆社会学界和心理学界也及时跟进，例如，南京大学翟学伟教授就中国人的人际关系、脸面观以及权力运作模式等问题进行了原创性的研究①。无独有偶的是，几乎就在西方传播学引进大陆之时，大陆学术界关于传播学本土化的呼声也已经出现。由于港台及海外华人学术界的率先参与，迄今为止，心理学本土化运动已经取得了远比传播学本土化运动更为坚实的成果，心理学、社会心理学和社会学等领域关于华人人格、华人人际关系，华人社会脸面观、价值观、公私观、正义观、工作动机、成就动机以及华人心理现代性等重大问题的研究已经深入华人本土文化的深层结构之中，并取得了学术界公认的成就。② 相比之下，虽经几十年的努力，中国学术界关于传播学本土化的研究成果稀薄，学术界基本上还深陷于西方传播学的概念、定义、范畴和研究范式之中，无力提出具有理论适应性、理论效用性和理论批判性的本土传播学理论。针对国内传播学，当然也包括传播心理学理论建设的局限，胡翼青教授提出了非常尖锐的批评，他在《中国传播研究主体批评三题——基于反思社会学的视角》一文中评论说："传播学研究在中国的 30 年，尽管取

---

　　① 参见翟学伟：《人情、面子与权力的再生产》，北京，北京大学出版社 2005 年版。
　　② 参见杨国枢、黄光国、杨中芳：《华人本土心理学》（上、下），重庆，重庆大学出版社 2008 年版。

得了这样那样的成果，尽管有人认为该学科已经成为一门显学，而且还要继续显下去，但凭心而论，传播学目前的学科地位之低，学科理论之不成熟，学术创新之稀少，在中国其他人文社会学科中是不多见的。"①

迄今为止，笔者尚未见国内有学者提出传播心理学本土化问题，原因可能是多方面的。其一，与西方传播学的移入相比，传播心理学的介绍和理论建设历史更短，而且国内至今未见一本冠名为传播心理学字样的译著，国内关于这一领域的研究也相对薄弱，由于这是一个较少被人关注的领域，传播心理学的理论建构及其本土化研究自然不易引起人们的重视；其二，无论是国内还是国外，学术界对传播心理学能否成为一门独立的学科理论缺乏必要的认同感，甚至抱怀疑和否定态度，这一学科的本土化理论建构因而成为一个并非十分紧迫的问题；其三，国内目前传播心理学研究之所以甚少触及本土化问题并非完全因为学术视野、学术能力和学术技术的原因，另一更为深层次的原因在于，中国任何社会科学本土化问题都必然会触及意识形态，研究者必须在理论适应性、理论效用性与理论批判性之间做必要的学术判断和价值选择，否则任何经过本土化的理论必然再次成为被现实所驯服的奴隶和工具，从而丧失其学术价值，传播心理学中国本土化的努力之所以成就甚少，大概这也是主要原因。

二、传播心理学中国本土化理论建设的基础条件

传播心理学中国本土化理论建设的基础条件是存在的。

1. 首先是现实的需要。传播过程中的许多问题其实都可以归结为心理问题，例如，传播的发生和维持必然有其深厚的人类社会心理基础，传播心理学必须研究这些社会心理基础包括哪些内容，在不同的社会制度和文化传统环境下，其发生作用的机制有哪些不同的特点；又如，传播控制和传播内容生产过程中一定会伴随着诸多心理力量的博弈，这些心理力量如何影响传播法规和政策？如何影响编辑记者？又是如何影响传播内容生产的？再如，任何传播的目的都是要通过所传播的信息和意见使他人的态度和行为发生相应的改变，以达到传播者所希望的传播效果，受众基于所接受的信息和意见而发生态度和行为的改变，这一过程中必然伴随着大量情感、认知等复杂心理活动。还有，作为传播主体的传播者——职业记者和编辑，其心理活动，如职业优越感、安全感、功

---

① 周晓虹、成伯清主编：《社会理论论丛》，北京，北京大学出版社 2009 年版，第257 页。

利和成就动机、角色冲突、新闻敏感、社会敏感等无一不涉及传播内容的品质和传播效果，同时也必然透视出其他更深刻的社会内容。上述内容都需要一门专门的理论体系去加以总结概括，提出理论解决方案，由于传播过程中的诸多问题既体现出人类一般共性，也体现出显著的本土特点，中国当代传播现实对本土传播心理学理论建设的本土化提出了更为紧迫的要求。

2. 外来相关理论知识基础。传播学和心理学都是典型的舶来品，它们都是西方政治制度、人文传统和学术传统的产物，但是在传播心理学的理论建构中吸收包括传播学、心理学在内的理论和思想成果是完全必要的。在看待人和社会发展问题时，我们既要看到其个性和差异性的一面，也要看到其共性和一般规律性的一面，西方心理学研究人的心理和行为，其研究对象首先当然是西方人；西方人生活在其特有的制度和文化背景中，其心理和行为特点一定有别于东方人和中国人，这是其个性和差异性的一面。但是作为人类，无论是西方人、东方人还是中国人必然有其共性的一面，如人类的各种本能、好奇心、苦乐感、兴趣、欲望、伦理、权利意识，有关人类的各种动机、认知、情感等都具有一般的共性，西方心理学关于后者的基础性研究仍然是传播心理学理论建构不可或缺的材料。又如以美国为代表的实证主义传播学理论虽然过度关注效用问题，而忽视价值导向和价值批判，但美国传播学的研究方法以及问题解决思路仍然可以成为传播心理学理论建构的借鉴，中国本土传播心理学理论建构绝不可能绝对孤立地建立在中国本土文化传统和文化资源的基础之上。西方传播学、心理学、社会学关于人类社会和人类心理的一些最基本方面的研究成果和研究方法可以成为中国本土传播心理学理论建设的重要基础。

3. 理论自身发展的需要。传播心理学是典型的跨学科领域，传播学和心理学分别为这门学科理论提供直接的思想来源和研究方法，但是传播心理学的发展无疑又会反过来促进传播学和心理学研究的发展。

从传播学的发展历程来看，其最初和最直接的思想源头是心理学，尤其是社会心理学，传播学的发展必须进一步结合并融入心理学和社会心理学的内容，我们可以将传播心理学的建立视为传播学的细化和深入，传播心理学的发展在理论自足的同时也必将丰富和深化传播学理论的发展。

另一方面，作为纯粹的心理学尤其是社会心理学研究，在媒介影响力日益强大，大众传媒在人格形塑，群体互动，共同体缔结等方面日益重要的今天，无论心理学、社会心理学还是其他社会学科，忽视或者漠视对大众传播的研究是不可思议的，传播现象应该纳入心理学、社会心理学以及社会学研究的另一个重要领域，成为这些学科研究中新的重要主题。传播心理学的发展可以促进社会心理学及社会学等相关学科的发展，尤其是传播心理学的本土化研究还会进一步丰富和促进传播学和心理学本土化研究的发展。

4. 社会学、心理学和传播学中国本土化的理论成果为传播心理学本土化研究打下了一定基础，传播心理学本土化研究可以从上述学科的本土化研究中获得启发和借鉴。

社会学、心理学、传播学本土化研究给我们的一个重要启发是，既然外来社会科学理论与中国本土现实反差巨大，在有条件的情况下，最好是在译介这类外来理论的时候就开始理论的本土化改造工作，至少要有着手本土化改造的意识，不要等到发现这些理论在本土几乎毫无作为的时候才想到理论的本土化问题。关于这方面的教训西方传播学在中国的命运是一个突出的例证，像西方传播学这样一种完全建立在西方个人主义、自由市场经济以及政治民主制度下的理论体系，其研究内容的几个方面，如控制研究、内容研究、受众研究、效果研究，其理论概括和结论很难契合于一个完全由政府主导传播的中国现实情境，西方传播学中的许多时髦的术语，如议程设置理论、沉默的螺旋理论、使用与满足理论、教养涵化理论、创新扩散理论等基本上脱离于中国特殊的现实情境，其理论适应性和理论效用性很低。即使是欧洲传播学批判学派那套理论，无论是我们用它来解释中国的传播现象，还是站在我们的立场和角度将它作为批判西方社会制度和传播制度的武器，其理论适度性和逻辑自洽性都颇成问题。像这样一类典型西方社会的理论产物，如果我们不及早对其进行本土化改造，它们最终将沦为无本之学。

传播学在中国的尴尬处境启示我们，如果我们今天要建构传播心理学理论体系，那么明智的办法就是及早利用西方社会学、心理学以及传播学本土化的契机以及所取得的理论成果，及时跟进，建构出名副其实的中国本土化的传播心理学理论体系，真正满足对中国传播现实的观照、批判和超越。

三、中国本土传播心理学理论建构的基本原则

中国当代传播活动生成于中国特有的制度背景、文化背景和人格群体背景之中，传播活动过程中的诸多环节形成种种复杂的控制、影响和

互动关系，在这上复杂的关系中又牵涉极其丰富和复杂的心理内容，这些心理内容所呈现出的特点和规律是西方心理学和传播学等社会科学理论甚少触及的，西方心理学和传播学从来就无意，也无力对发生在中国的传播心理活动进行理论描述和理论概括，更谈不上提出理论解决方案。因此，我们必须建设中国本土传播心理学理论体系，当然，这种理论建设要遵循一些基本原则。

1. 理论适应性原则。中国本土传播心理学研究的首要任务就是要从中国本土传播活动情境之下的传播活动中提炼出真正具有学术价值的传播心理问题，对这些问题进行准确描述，深入剖析，建立相关理论模式，这种学术努力要解决的就是理论适应性问题，它是理论本土化的基础。

2. 理论效用性原则。中国本土传播心理学研究还要提出理论解决方案，其理论本身必须具备效用性。所有理论解决方案关心的问题莫过于质量和效率，建立中国本土传播心理学的重要目的就是要帮助解决传播活动中的质量和效率问题，如通过对传播过程中各种心理因素、心理关系和心理内容的研究，提高信息采集的质量和效率，提高信息加工制作和传播的质量和效率；提高媒介内部员工之间的合作质量，合作效率；提高媒介舆论引导质量和效率等。

质量和效率问题主要是一个技术问题，它基本上不关涉价值。例如，我们希望提高一条电视新闻的传播质量和传播效率，我们可以考虑在这条新闻的制作过程中给新闻拟定一个更醒目的标题，多设计一点动画和特效画面，适当铺垫一点富有感染力的背景音乐，合理调整主持人或和出镜记者的语音、语调以及服饰装扮，这个过程就是一个通过控制传播内容的形式，以适应受众心理期待和心理需求的过程。又如，在某个时间段内若干则新闻不同的编排顺序对受众所产生的心理影响是不太一样的，因为像联想、暗示、感染这样的心理因素和心理机制会对不同的新闻编排顺序作出不同的心理反应。在上述例证中，传播心理研究关心的主要是传播质量和效率，对具体的传播内容并不关心。

在更广泛、更深刻的层次上，理论的效用性甚至不关心理论所建基的系统是否具有足够的合理性、合法性。例如，目前中国传播体制存在着许多问题，这些问题涉及媒介控制、传播内容生产，以及职业编辑记者群体等几乎所有环节，而且许多问题的产生源于制度和文化等深层原因，理论效用的追求并不关心传播过程中的价值问题，理论适应性和理论效用性关心的是传播的质量和效率。

对理论效用性的理论追求体现的是一种实然逻辑，这种逻辑建立在现实的基础之上，满足于对既存现实问题的描述、解释，并提出针对现实问题的理论解决方案。中国本土传播心理学建构对理论效用性的追求既是理论自足的需要，也是现实发展的需要，如果一种理论既不能科学准确地描述本土现实，又不能提出科学的解决方案，那么这种理论就不可能是真正本土化的。

3. 理论批判性原则。中国本土传播心理学建构还必须解决理论批判性问题。理论建构仅仅追求实然逻辑是远远不够的，它还必须追求某种必然逻辑。美国实证主义主导的传播学研究之所以多受诟病，一个重要原因就在于这种实证意义的传播学研究仅仅关注传播效果，而对传播中体现的种种政治、经济、文化关系缺乏必要的反思和批判。中国当下的传播现实绝非尽善尽美，研究当代中国大众传播活动不仅仅要追求理论的适应性和效用性，还要追求理论的批判性，不仅仅要遵循实然逻辑，还要体现出必然逻辑。

中国传媒业是一个被政府力量绝对主导的传媒业，其市场化程度非常低，组织和运行业务采取采取党政管理模式，同时官方意识形态对传媒业形成刚性约束，它完全不同于西方那种以自由市场和自由竞争为基础的传媒业。在这样一种政治力量过度主导的传媒业内部，以及它与外部联系的种种关系之中所发生的许多心理现象，表现出的心理规律都具有自身的鲜明特点，我们既要从理论适应性、理论效用性的角度去研究和把握中国语境下传播领域的心理特点和规律，为当代中国大众传播事业服务，同时也要充分意识到因尚不完善的传播体制而在传播心理领域形成的问题和缺陷，这些表征为心理现象的问题和缺陷具有十分鲜明的中国本土特色，对这些问题的研究应该成为中国本土传播心理学理论建构的重要内容。当然，这样的研究不同于对传播活动政治学、经济学等角度的研究，它更主要地体现为心理学角度，这种对传播活动批判性的研究因而体现为心理批判性质的研究。

本土化与全球化是一种辩证统一的关系。以历史观点来看，理论的本土化追求、理论的本土适应性和效用性未必是最终目的。经验事实告诉我们，本土的东西未必都是理性和完善的，在全球化的今天，许多本土的东西都面临着改造和更新。世界处于不断交流和变化之中，文化、信息、价值观也不例外；此外，在全球化时代，许多过去被认为是本土化的东西正被一些更为普遍性的东西所消解和吸纳，被融入一个更具普遍性的价值体系之中。

事实证明，作为个体的人与社会之间的对抗、协调和平衡关系正将个体纳入一个更为精密、更为理性的社会组织共同体之中①，西方进化论学者和文化人类学家们所描述的文化进化、价值进化、心理进化规律也不断被事实所验证。考虑到文化进化、价值进化、心理进化的阶段性特点，追求本土理论的适用性、效用性是完全必要的；但是也正因为我们坚信人类制度、文化、价值和心理具有不断进化的特点，坚信人类在精神自由等方面必定向更高层次发展，并终将达到某些基本方面的终极目标，在建构本土理论的时候，对本土问题保持审慎的批判眼光，在理论体系中纳入反思和批判同样是非常必要的，否则所谓本土化理论建构只能是静止和疆化的理论建构，一种理论如果无法超越现实，也便很难真正满足现实。

第二节　中国本土传播心理学理论建设的主要内容和研究方法

一、中国本土传播心理学理论建设的主要内容

中国本土传播心理学的研究内容应该从中国本土传播活动具体的传播过程和传播结构中去寻找和确定，因为，所谓传播心理活动现象和规律主要发生在这些具体的传播活动过程与结构中。

1948 年美国传播学者拉斯韦尔提出了著名的传播过程和结构模式，当然这一模式过于简略，也不完全符合中国的实际情形。仿照拉氏的传播过程和结构模式，并结合中国的实际情况，我们可以列出中国传播活动的过程结构模式图：

①信息来源——②政府机构——③传播机构——④传播主体（职业编辑者）——⑤企业组织——⑥传播内容——⑦媒介形式——⑧传播受众——⑨传播效果

上述图式不仅揭示了中国情境下传播活动的一般性过程和结构，也体现了传播过程中一些重要结构元素之间的控制及影响关系。这些控制和影响关系不是线性的，而是复合式的，大多心理现象和心理内容都发

---

① 参见〔德〕诺贝特·埃利亚斯：《个体的社会》，翟三江、陆兴华译，南京，译林出版社 2008 年版。

生在这些控制和影响关系之中，这些结构元素以及控制、影响关系应该成为传播心理学研究的主要对象和内容。

依上述过程结构图示的顺序，简要概述如下。

1. 信息来源。信息来源是指信息的出处和来源地，信息来源是传播过程的逻辑起点，但它并非等同于新闻价值或信息价值，一条新闻或信息能否被采集和传播最终取决于其价值，而并非取决于其出处和来源地。但信息来源对整个传播活动过程仍然会形成影响，包括心理方面的影响。如从信息来源——职业编辑记者这一对关系看，职业编辑记者在决定是否采访编发某一条新闻的时候，一般都会十分审慎地考虑新闻来源问题，如消息提供者的职业、身份、地位，中国传媒尤其重视官方消息来源、权威人士消息来源、演艺明星消息来源以及其他主流人群消息来源，而相对忽视弱势群体、边缘群体、非主流人群等消息来源，这其中除了意识形态方面的原因外，还具有明显的职业编辑记者方面个人私利的心理盘算。如许多职业编辑记者偏爱采访编发有关重要官员、企业家、富商的稿件，而不愿意采编底层人群的新闻消息。这种偏好是与职业编辑记者不当趋利、不当谋求和利用社会关系的人格特征相一致的。

又如在信息来源——控制——传播机构的关系中，政府和传播机构往往会考虑消息来源地理位置的远近，地理位置是否重要，以及是否属于政治敏感地区等问题，这其中的许多心理内容是具有中国本土特色的；此外，政府和传播机构往往也会从政治角度和受众偏爱角度对消息来源进行实际选择，比如总体平衡国际新闻、国内新闻、本地新闻的比例，总体平衡官方来源新闻、民间来源新闻的比例等，这其中同样包含许多具有中国特色的心理内容。

2. 政府机构。一般来说，政府不是传播活动的主体，它是社会传播活动的重要控制者，当然也应该是传播活动的保障者。在中国，政府控制传播活动的权力角色分量更重一些，从传播活动过程结构来看，政府对传播活动的各个环节都形成了极大的控制和影响：政府通过直接控制传播机构和职业编辑记者，从而直接或者间接控制传播内容和受众，以达到特定的传播效果；政府甚至还直接或间接地控制媒介形式和传播技术，例如政府有计划地配置报纸、广播、电视的数量和比例；政府致力于发展有线电视，而不是发展卫星直接到户电视；政府在互联网上设置较多的防护措施；等等，这里面涉及诸多控制心理活动内容，完全可以对这些心理内容进行研究和分析。

政府控制传播活动主要体现为政治和经济控制，具体表现形式和常用手段包括指定有关法规和政策，也通过党政领导这样的直接方式。因为客观上存在这种控制，在这种控制和影响关系中必然会生成许多重要的心理内容。控制的一方虽然是作为权力机构的政府党政部门，但实施控制的毕竟还是有血有肉的人，这些掌管新闻传播活动的党政官员实际上是一个特殊的社会群体。这个群体与具体的媒体管理者、职业编辑记者形成直接或间接的心理互动，甚至也与受众形成某种群体心理互动，在这一互动过程中形成了中国社会传播活动中独有的心理现象。与此同时，这个群体在其职业生涯中形成了与传播活动密切相关的人格和心态。

3. 传播机构。传播机构不但是传播活动的管理运行中心，也是传播内容的策划和生产中心；它不但与政府机构形成控制和影响关系，同时也与包括编辑记者在内的传播主体以及受众形成控制和影响关系；它既是各种社会政治、经济和文化力量汇聚的神经中枢，也是各种心理感应、心理力量汇聚的中心。从它与政府的关系来看，它不断地与政府在玩顺从与反抗、控制与反控制的心理游戏；从它与市场和受众的关系来看，它不断地在市场生存的挣扎中与受众玩内容供需之类的心理游戏，这种心理游戏可以用"道高一尺，魔高一丈"来形容；从它与媒介内部工作人员的关系来看，它不断地与编辑记者们玩放任自由与打压自由的心理游戏，这种心理游戏可以用"大棒与胡萝卜"来形容。

由于中国传播机构在社会政治权力结构中的自身特色，上述种种心理控制和影响所表现的特点与西方社会差别极大，中国本土传播心理学理论建构必须充分注意到这些不同的特点。

4. 传播主体（职业编辑者）。如果我们深入分析作为当代中国传播活动主体的中国职业记者的人格结构，我们便会发现在这一职业群体的人格结构中呈现出许多比较鲜明的负面人格心理特点，如在职业记者人格结构中普遍存在利用职业便利不当牟利的心理动机；存在利用职业便利不当谋求和利用社会关系的动机；因广泛存在的政治压力和禁忌，在职业记者人格结构中广泛存在"心理自锁"机制，即不需任何上级或同事的提醒和阻止，职业记者绝对不会去采访和报道那些在西方社会被视为正常的所谓敏感新闻；又如在传播媒介组织内部下级与上级之间，在职业编辑与职业记者之间，广泛存在着权力依附和利益依附关系，而且表现出显著的利益共生特点，由此形成职业传媒人特有的利益共生型人格。

又如，在中国，职业记者人格结构中普遍存在比较严重的角色冲突问题，在日常新闻工作中，职业记者往往很难在正面报道、主题宣传报道与批评揭露报道之间作出符合自己意愿的选择，由此也造成大量记者心理健康方面的问题，甚至造成人格畸变。在受众人格心理方面，由于信息生产和传播的严重失衡，受众长期接受一元化的新闻信息，由此造成了为数众多的"受众信息被迫综合征"患者，其主要心理表现特点是拒绝接收任何一元化的官方信息，或者总是从反面去理解官方传播的新闻信息。

5. 企业组织。中国大众传播活动基本上由政府力量所主导，但是随着市场经济的发展，市场力量对传播活动的渗透和影响力量也不可低估，一方面，一些体制外甚至境外传媒资本已经开始直接或者间接进入了传媒领域；另外一面，许多大企业组织本身就是传媒内容的主要信息来源，同时企业还通过商业广告投入等方式影响和控制传播内容。这中间同样伴随着许多心理力量的博弈，而且由于中国经济非完全市场经济的特征，中国企业组织传媒控制的心理特征显然也不完全与西方国家相同，这些具有中国本土特点的传播心理现象也是本课题关注的一个重要方面。

6. 传播内容。传播内容是传播机构生产的终端产品，与传播内容相关的心理学问题包括：形成传播内容的心理因素有哪些？受众如何对传播内容进行信息加工和处理？传播内容如何影响受众的态度和行为？

同样，这些问题的答案是非常复杂的，既要从个体心理的角度去研究这些问题，也要从群体心理的角度去研究，既要考虑到人类共有的普适规律，更要考虑到这些心理现象的中国本土特征。

例如，在传播内容方面，由于媒体长期对某些特殊社会群体的过度渲染（如改革开放初期对万元户、个体户的渲染，对企业家、成功商人的过度渲染，对演艺明星、"高考状元"等群体的过度渲染等），从而引发了大量青少年受众不恰当的偶像崇拜，也培植了众多青少年不恰当的成就动机；另一方面，由于媒体长期对某些社会群体不客观不公正的描绘和呈现（如对艾滋病人、同性恋者、农民工、失学儿童等），从而造成了大量受众的社会认知偏差。另外，由于媒体长期传播比较单一的文化价值观，从而造成青少年受众群体在社会化过程中智力发育迟缓，人格结构单一，价值判断失衡等问题。

7. 媒介形式。传播技术的发展不断创造新的媒介形式，新媒介形式出现的意义并不仅仅在于提高传播效率和传播质量，这些新媒介形式的出现也在媒介控制者、媒介所有者、媒介从业者以及受众之间创造了新型的心理关系。例如，广播电视媒体因为采用全新的声音和画面表达符号而改变了受众感知世界的方式，互联网的出现极大地改变了受众的媒介使用习惯，也加剧了受众的媒介依赖。又如，在互联网出现以前，政府机构和媒介机构基本上可以通过控制媒介内容达到控制舆论的目的，互联网出现之后，一些社会热点事件往往能够在网络上形成舆论和潮流。舆论实际上是公众心理活动、心理意志和心理力量的表征，可以说正是互联网改变了公众的心理活动、心理意志和心理力量的聚集和释放方式，面对这一新的局势，政府也在不断改变舆论控制和引导方式。

又如，随着城市空间和生活空间的拓展，电视传媒已经开始将节目播放和收视行为由以家庭为单位的室内拓展到户外广场，各种车载电视、楼宇电视和广场电视等新的电视传播方式纷纷出现，这一变化引起了电视节目策划、生产和编排等方面的心理变化，也引起了收视心理行为等方面的变化。这些媒介形式变化所引发的传播心理变化也是本土传播心理学关注的领域。

8. 传播受众。受众是所有传播活动的归宿和落脚点，在传播过程中受众看似被动，实际上它是传播活动中最活跃的环节，因为所有传播者都希望通过传播活动达到一定的效果，但是效果的取得都必须首先说服传播对象，即受众，都必须通过影响或改变受众的认知、情感态度、行为而完成，因此受众处于关键的环节。

事实上，媒介与受众之间的关系不仅仅体现为供需关系，同时也体现为心理竞争关系，新闻媒介总是在寻求稳定和满意的受众群，或者出于宣传动机，或者出于商业动机。新闻媒介要达到自己的目的，就应必须向受众提供有价值的新闻内容，关键是要满足受众的需要、动机和兴趣。

受众心理活动是传播心理研究的重要领域，大众传播学、信息加工认知心理学和社会认知心理学都不同程度涉及这一领域。由于新闻受众心理活动异常复杂，对于这一领域的研究目前还只是处于比较粗浅的层面，新闻受众心理活动的机制、特点和规律仍然被称作"黑匣子"。目前对新闻受众心理活动的研究主要从以下几个角度入手。

分别研究受众接触报纸、广播和电视等不同媒介形式时呈现出来的不同心理活动规律；

针对受众接触不同类型的媒介内容所呈现出来的不同心理活动，如新闻、广告、娱乐等节目内容；

研究不同受众类型的心理活动。儿童受众、青年受众、老年受众等。

在进行上述研究时，中国本土传播心理学理论建设必须更加关注本土特点。

9. 传播效果。传播效果是指受众基于所接收的信息而在态度和行为等方面发生的改变，传播效果其实是传播过程中各种控制、影响关系以及传播主体之间各种认知行为综合作用的结果，所谓效果不过是这些因素相互作用的外化或者外显。

传播效果是西方传播学中的核心议题，对于政府来说传播效果意味着社会的有效控制，对于传播媒介而言传播效果意味着经济效益，对于受众来说传播效果意味着传播信息在何等程度上能够满足自己的需求。

传播效果受制于政府、媒介与受众，但是也受制于一国的文化与制度传统，离开文化和制度传统去研究传播效果很难取得科学的理论成果。迄今为止，中国尚未建立起本土化的传播效果理论，目前各个大学所传授的传播效果理论主要源自西方国家，这些理论的产生和效用有其特殊的社会制度环境、文化背景以及社会心理基础，其一般理论模式，如议程设置理论、沉默的螺旋理论、使用与满足理论、培养知沟理论等未必符合中国国情，中国急需建立一套符合国情的本土化传播效果理论，这一理论应该既是批判性的也是建设性的，既是理性的也是经验的，既能够理论自足也具有较强的实用功能。

二、中国本土传播心理学理论建设的研究方法

中国本土传播心理学理论建设必须立足于中国当代本土传播实际情况，从中国当代真实具体的传播过程、传播结构和传播环境中去发现、提炼、研究具有学术价值和应用价值的传播心理现象以及传播心理规律；必须追溯中国传统制度和文化背景，创新发展出一套具有理论适应性、理论效用性和理论批判性的中国本土传播心理学理论体系，为中国当代和未来大众传播活动的理性化、科学化发展提供理论依据和理论服务。

中国本土传播心理学研究追求理论建构的适应性、效用性和批判性，这三者最终服务于中国当代和未来传播活动的理性化和科学化。毫无疑问，对传播活动社会心理基础的研究有利于传播者和管理者了解掌握传播活动的客观规律；对传播活动过程与结构中各种心理控制、心理影响关系的研究有助于传播者、管理者合理调整各种传播以及管理方式方法、策略手段，协调传播活动内部和外部的各种关系；对受众认知、动机、需求、态度等内容的研究有助于传播者掌握受众规律，提高传播质量和效率；对传播主体各种人格特征的研究，尤其是对某些病态职业人格的研究有助于人们认识造成这些人格特征的外部环境和外部条件；对传播交际心理的研究有助于提高媒介内部人员之间以及媒介内部人员与社会各阶层人员之间沟通交往的质量。

心理活动涉及人类精神活动最复杂的领域，传播心理活动亦不例外，这决定了对传播心理活动现象和规律的研究必须采用多元化、多样化的研究方法。西方心理学长期以来受科学实证主义影响，倾向于用观察、实验和量化的方法研究各种心理元素、心理活动和心理过程，而忽视社会文化等更为复杂的因素对人类心理活动的影响；另一方面，西方心理学研究模式在西方哲学人文传统的影响下，片面强调对心理现象进行思辨性研究，而忽视人类心理活动精确性的一面。心理学研究的历史表明，人类心理活动既具有精确性的一面，也具有模糊性的一面；既具有理性的一面，也具有非理性的一面；既具有客观性的一面，也具有主观性的一面，对包括心理传播活动在内的人类心理现象的研究必须采用多元化、多样化的方法，中国土本传播心理学研究也必须坚持这一原则，具体包括：

1. 哲学思辨方法与科学实证方法相结合。中国本土传播心理学理论建构涉及大量概念定义的确定，重要传播心理现象的解释，各种政治文化影响过程的概括和分析，有关这些方面内容的研究应更多地采用哲学思辨的方法。对于传播心理认知过程，传播心理控制和影响过程，以及有关传播内容的研究，可以适当运用实验量化等实证研究方法。

2. 宏观研究与个案研究相结合。既要从宏观角度一般性地描述、概括传播心理活动的诸多方面，也应该适当结合有关具体的个案进行研究；与此相关的另外一个重要问题是，在研究中要注意厘定群体心理与个体心理学的联系与区别，既要注重对传播活动中群体心理的研究，也不能忽视对个体心理的研究。

3. 坚持研究取向上的价值非中立原则。任何社会科学的理论研究都不可能保持价值的绝对中立，社会建构论心理学的研究表明，人是一种社会关系的存在，所谓心理现象不过是诸多社会文化、社会关系以及社会互动相互影响的结果，心理的意义取决于不同的人对各种不同社会关系的理解。[①] 同样，我们对各种传播心理现象的研究也不可能保持价值的绝对中立，必须坚持理论研究本土适应性、效用性和批判性相统一的原则。

①　参见杨莉萍：《社会建构论心理学》，上海，上海教育出版社 2006 年版。

第十五章 中国本土媒介伦理形成的理论与个案分析

第一节 关于伦理道德起源的一般理论

中国文化主张人性本善，非常看重仁义和礼节，这种文化首先把爱他人、同情弱者、修身养性、公正无私等看作是一种美德，强调人的美德其最终目的就是要维持某种特定的礼节，也就是要维护特定的社会秩序。

西方思想家如休谟、亚当·斯密等都认为伦理和道德首先起源于人的同情等本能。休谟最早注意到人类内心深处普遍存在着同情心，他认为同情是人性本来的构造，是人类心理功能的重要组成部分，每个人都能够本能地推己及人，设身处地地去感受他人的痛苦或者快乐。英国古典经济学家亚当·斯密也认为同情是人类的道德本能，他说："无论人们会认为某人怎样自私，这个人的天赋中总是明显地存在着这样一些本性，这些本性使他关心别人的命运，把别人的幸福看成是自己的事情，虽然他除了看到别人的幸福而感到高兴以外，一无所得。这种本性就是怜悯或同情，就是当我们看到或逼真地想象到他人的不幸遭遇时所产生的感情。"[①] 在《道德情操论》中，斯密还表达了这样一种观点：正是因为人类具有普遍的同情心，人类才有可能组织经济活动，进行商业贸易，因为每一个人都是从自己的需求和自己的处境中看到了他人的需求和处境，同时也从他人当下的痛苦或快乐中看到了自己未来可能的痛苦或快乐，对他人境遇的关注实际上也就是对自己境遇的关注。在这里斯密已经注

---

① 〔英〕亚当·斯密：《道德情操论》，蒋自强等译，北京，商务印书馆 1997 年版，第 5 页。

意到包括同情在内的种种伦理道德不仅仅是一种人类本能，它们同时也体现出深刻的社会关系。

但是包括善良、同情心、爱自己、爱他人、宽容、公正、诚实、诚信、正直、追求真实等在内的人类本性和本能在文明发展的进程中其实是非常脆弱的，这些人类本真的东西在许多情况下恰恰因为文明的进化而遭到压制甚至清除。卢梭很早就看注意到文明的兴起对人类本性的压制和摧残，他在《论人类不平等的起源和基础》一书中把人类曾经生活于其中的原始状态说成是人世真正的青春，在这种状态中，没有压迫，没有欺诈，没有武力征服以及奴役。然而，人类文明的出现和进步改变了这一切，卢梭写道："使人类文明起来，而使人类没落下去的东西，在诗人看来是金和银，而在哲学家看来是铁和谷物。"① 在卢梭看来，金和银、铁和谷物的出现的确代表着人类文明的跃进，它们无疑加快了人类文明的进程，但是卢梭在此提及它们是要告诉人们，这些东西意味着多余的财富，卢梭竭力论证的是，这些私有观念和私有财产的出现，使人类走向堕落。弗洛伊德同样认为文明的进步是以对人类本能的压抑为代价的，在《梦的释义》一书中，他借希腊神话故事提出了著名的"俄狄浦斯情结"理论，借以证明图腾崇拜和外婚制的由来。20世纪20年代，美国人类学家玛格丽特·米德对南太平洋波利尼西亚岛萨摩亚人青春期的研究表明，与生物因素相比文化因素对于青春期有着更为重要的意义，她说："归诸于人类本性的东西，绝大多数不过是我们对于生活于其中的文明施加给我们的种种限制的某种反应。"② 她的这一研究表明，包括青春期在内的人类本能也会因文化而改变。

伦理道德起源于人的本能和本性，伦理道德中必然包含着人类许多本真的东西，一般而言，大多数人都会从遵守伦理道德中获得利益。以新闻传播为例，正是因为人类具有普遍的同情心，人们才会有兴趣去关注他人，如果人类没有同情心，那么他人就成为与己无关的异类，传播活动也就失去了其得以产生和维系的社会心理基础，在这样一种情况下任何舆论都无法形成。实际的情况确实也是这样：每天的新闻报道涉及大量的人物故事、命运悲欢以及各类不同人群的生活际遇，受众对这些

---

① 〔法〕卢梭：《论人类不平等的起源和基础》，李常山译，北京，商务印书馆1962年版，第121页。

② 〔美〕玛格丽特·米德：《萨摩亚人的成年》，周晓虹等译，杭州，浙江人民出版社1988年版，第2页。

不同人物的命运变故充满了好奇、关切和同情，这正是一切新闻传播活动得以产生和维系的社会心理基础，也是社会舆论能形成的社会心理基础。但是只有在能够确保个人自由以及自由竞争的媒介环境下，传媒才会时刻去关注、呵护人类这一最为深厚的心理领域：战争不得人心，所以每当不义之战兴起之时，传媒便会聚焦战事，反战舆论也往往随之而起；自然灾害和各种意外事件祸及人类生命和财产，与之相伴的社会舆论必然是扶危济贫，并对政府的失职以及社会保障的缺失进行批评和监督；一旦社会不公、人心不义初现端倪，大量社会弱者遭受压迫和掠夺之时，抨击时政、呼吁社会变革的舆论必然应运而生。事实证明，在民主社会中大规模的人群灾难、人类痛苦事件都会自然引起新闻传媒的高度关注，这些事件也能够迅速成为社会舆论的中心。

处于自由竞争中的传媒业深知自己的经济利益建立在人类这种普遍的同情本能基础上，如果新闻传媒机构经常回避和漠视人类的这种同情本能，它不但不可能成功地发起和引导社会舆论，相反它极易遭致天怒人怨，最终失去其经济利益。而在非民主社会中，新闻传媒往往因为政治因素和其他因素的干扰，经常有意忽视甚至漠视人民的痛苦，以达到掩盖矛盾、粉饰太平的目的，在这样的社会坏境中理性的舆论往往难以形成，人心却更加容易扭曲和变形。

当然，新闻传播业内含的伦理道德决不仅仅限于人类同情和怜悯这一狭小的领域，媒介伦理道德还包括表达自由、客观、公正、准确、报道独立、负责任地报道、追求真相和真理、尊重他人以及宽容等诸多方面的内容，但是这些内容在诸多方面同样契合于人类理性，也契合于人类本能。

第二节　媒介伦理形成的社会机制

伦理具有非常强大的实用功能，人们依靠伦理去调节人与人之间的关系，去平衡人与人之间的利益。但是，完全建立在人类本能和本性基础之上的伦理不可能是完美的伦理，同样完全建立在强权之下的伦理更不可能造福于大多数人，理性伦理，当然也包括理性媒介伦理的形成有赖于某种理性的社会机制的确立。

自由市场和自由竞争是形成理性媒介伦理的重要机制之一。在亚当·斯密看来，经济活动不是由政府或任何超能之人预先设置安排的一套固定程序，而是受个人私利动机驱动自然发生，自由竞争，自发调配，自行生成合理价格以及平均利润的自然化的过程。亚当·斯密受牛顿思想的启发，认真思考人类何以能够共存、经济活动何以能够发生这样一些问题，他从普遍的人性入手终于找到了答案，他认为自利是一切人类经济活动的动机，个人对财富的追求同时也造成了国家的普遍富裕。斯密意识到个人私利的满足绝对离不开满足他人的私利，也就是说个人要满足自己的私利，首先就要意识到对方的需要，为对方提供他所需的服务；有序的经济活动，包括资源的配置，劳资关系的构成，工资、地租、平均价格、平均利润的形成都基于市场中每一个人彼此之间的这种精确算计，这是一个不需要借助于任何外力而自发生成、自主运行的领域。在这里斯密的经济学问题又转化成一个伦理问题，即在自由市场中，私人的恶借助于市场这只"看不见的手"转化成公共的德性。稍后的黑格尔也注意到了人类通过市场相互联结共存这一问题，他在《法哲学原理》中论述道："我既从别人那里取得满足的手段，我就得接受别人的意见，而同时我又不得不生产满足别人的手段，于是彼此配合，相互联系，一切个别的东西就这样成为社会的。"① 他又说："利己的目的，就在它的受普遍性制约的实现中建立起来的一切方面相互依赖的制度。个人的生活和福利以及他的权利的定在，都同众人的生活、福利和权利交织在一起，它们只能建立在这种制度的基础上，同时也只有在这种联系中才是现实和可靠的。"② 在这里，黑格尔阐述的是市民社会，所谓市民社会就是一种全盘商业化的社会，人与人通过商品生产和交换去实现自己，社会也在这种商品的生产和交换中得以联结，在黑格尔看来，市民社会是一个优于此前任何人类的制度形态。达尔文也从进化论的角度解释了人类何以能够和谐共存，在《人类的由来》一书中，达尔文提出人类之所以彼此合作是因为作为一种社会物种适应生存的需要。无论是亚当·斯密，还是黑格尔或者达尔文，他们上述论述中的共同点都在于揭示出人类共存和经济活动中道德的起源问题，经济上的自由竞争不但是可行的，而且也是道德产生和人类共存的基础，这正是亚当·斯密所强调的重点。

现代传媒业与消费者的这种关系正是 200 多年前亚当·斯密所描绘的

---

① 〔德〕黑格尔：《法哲学原理》，范扬、张企泰译，北京，商务印书馆 1979 年版，第207 页。

② 〔德〕黑格尔：《法哲学原理》，范扬、张企泰译，北京，商务印书馆 1979 年版，第198 页。

那种市场关系：利己的动机造就了自由市场，在市场中人们彼此自由交易又造就了公共的德性。无论是把传媒业视作一个商品的自由市场，还是将它视作一个意见的自由市场，有一点是可以肯定的，那就是没有一个消费者情愿去接受一个歪曲事实、散布流言或者制造政治恐怖和奴役的传媒业，建立在自由竞争基础之上的传媒业最有可能培植和繁育民主观念这一公共德性。

一个受市场力量驱动的新闻传媒业其经济利益动机往往占据着重要位置，但是这种经济利益的实现是以是以获得受众的自愿购买为交换条件的，因此市场机制下新闻传媒业的利益动机不能被看作是一种恶，实际上它通过市场这一机制已经转化成为一种公共的德性。另一方面，人们完全没有必要去认定市场机制下某一个具体的新闻媒介机构一定会代表普遍的社会观点和公众利益，这不可能，也没有必要，它只是代表和呈现特定人群的观点和利益，每一个具体的新闻媒介机构是依靠支持它的特定受众群体而获得生存机会的，在一个充分市场化的机制下社会普遍的观点和利益则是通过社会全体媒介机构的共同努力而得到平衡和满足。

现代民主制度是理性媒介伦理形成的更为重要机制。《正义论》的作者罗尔斯认为，普遍的社会正义观念的确立是建立在必需到的心理认同基础之上的，这种心理认同只有在一定的民主传统、民主文化和民主制度的环境下才有可能发生，在一个只具有专制传统的社会中，当他人的自由和权利受到侵害的时候，整个社会报以的是冷漠和轻视，甚至当自己的自由和权利受到侵害的时候，他自己都习以为常，在这样的社会环境中，普遍的社会正义观念是无法建立起来的；同样，在一个只具有专制传统的社会中，当传媒业日复一日、年复一年地肆意撒谎，对人民实施舆论暴政的时候，整个社会心理也就沦于麻木之中。罗尔斯的正义理论在许多方面都深深切入这一主题，在罗尔斯看来，现代社会存在着一些"基本结构"领域，他说："我说的基本结构，意思是指社会的主要政治制度，社会制度和经济制度，以及它们是如何融合为一个世代相传的社会合作之统一化系统的。"① 由于存在这样一个基本结构领域，其公民就能够建立起一种正常的道德能力和责任能力，并对各种社会现象，包括传媒舆论做出理性的回应。他说："当这一理念发展成为一种政治正义

---

① 〔美〕罗尔斯：《政治自由主义》，万人俊译，北京，中央编译出版社2006年版，第122页。

观念时，他便意味着，如果把公民看作是能够终身介入社会合作的人，他们也就对他们的目的负责；这就是说他们能够调整他们的目的，以便他们可以通过这样一些手段来追求这些目的，这些手段是他们可以从他们合乎理性地期待为之作出贡献的地方有望合乎理性地取得的。对目的负责任的理念包含在公共政治文化之中，人们在公共政治文化的实践中可以察觉到这一理念。"① 罗尔斯认为普遍的社会正义观念是通过重叠共识这样一种机制而建立的，他认为民主社会不要求统一思想和观点，但是理性多元最终会统一到对一种基本价值观念的认同和维护之中，重叠共识既是民主社会中的认同基础，也是民主社会中所有成员的社会心理基础。

　　在现代社会中，新闻传媒业就是罗尔斯所说的公共政治文化领域，在这个领域中，全体成员的共同社会心理时刻在扮演着重要角色，人们不但信赖传媒，依靠传媒，将传媒提供的信息作为自己决策的依据，人们还主动维护和尊重传媒的合法性和权威性，正是仰赖于这样一种民主制度，理性的媒介伦理体系才有可能生根成长。

第三节　中国当代媒介伦理形成的个案分析
——以我的媒介职业生涯为例

　　真实的媒介伦理并非存在于媒介组织出版的媒介伦理手册之中，而是存在于社会深层的政治、文化和经济结构之中，存在于深层次的传媒体制和传媒运行机制中。

　　1994～2006 年期间，笔者在一家省级电视台从事了 12 年新闻采编工作，先后任记者、主任记者、高级记者，采访和报道了数以千计的新闻，笔者对中国当代新闻传媒领域真实存在的媒介伦理有着比较深刻的体察和认识。在本书即将结束的这一部分，笔者愿意以自己的职业记者生涯为例，并结合中国特定制度和文化背景下职业记者群体的日常工作运作，对中国当代媒介伦理的形成做一个类似于人类学田野考察式的个案剖析。

---

① 〔美〕罗尔斯：《政治自由主义》，万人俊译，北京，中央编译出版社 2006 年版，第 145 页。

一、接待新闻和有偿新闻中的伦理分析

中国当代媒介伦理状况，与接待新闻和有偿新闻这两种独具特色的报道类型密切相关，采访者与被采访者之间的物资和金钱支付关系，是我们将新闻报道划分为接待新闻和有偿新闻的主要依据。

接待新闻是中国特有的现象，所谓接待新闻是指记者在采访报道新闻的过程中，采访对象给予记者种种便利和关照，这种由采访对象提供给记者的便利和关照，主要体现为物质支出和金钱付出，如为记者提供交通工具、为记者支付食宿费用等，这类本来应该由记者所属的媒体机构支付的费用，在目前中国的实际新闻工作中却经常由采访对象支付。

在我从事职业记者生涯的12年中的前6年，主要从事电视新闻采访和报道工作，从1994年至2000年，我的足迹遍布湖北省几乎每个县市，在那段时间和我的同僚们采访报道的新闻中应该说相当一部分属于接待新闻。

接待新闻中的采访对象一般为各地政府部门，也有国有厂矿企业学校、少量个体工商业者，还有一些是处于利纷之中的当事人，这些采访对象一般都是通过熟人关系找到记者，或者本人与记者就是认识的人。他们请求媒体采访报道或者出于政治利益，或者出于经济利益，或者希望通过新闻报道来主张自己的特定权益。在这类报道的采访过程中，记者一般无须自己支付采访费用，采访对象在交通工具和食宿等方面会做出非常周全的安排，因为在采访对象看来，自己是有求于人，为此付出是应该的，当然也许并非都是情愿的。

一般来说，接待新闻所涉及的费用远远高于正常采访的费用支出。在正常的采访活动中媒体自己支付采访费用，采访费用主要包括记者的交通费用（长途采访一般不会配备专车）、住宿费用以及伙食补助费用等，采访的天数也会严格控制。依据这样的标准，两名记者如果用3天时间赴远离省会城市的地区采访一条10分钟左右的新闻，总费用不会超过1000元，但是如果是接待新闻，采访这条新闻的总费用可能会超过数千元乃至超过1万元，因为在接待新闻中记者总是会享受对方单位的专车接送，会住当地最好的宾馆，用餐也经常会有多人相陪，有时甚至会有数桌人员相陪，这样采访几天下来，费用是非常惊人的。

在记者这方面，情况可能也比较复杂，大多数记者对这类接待新闻乐此不疲，唯恐对方接待不周。就我个人而言，刚刚从事这项工作的时候也有点飘飘然，从人性的角度来讲，每个人其实都希望获得别人的重

视、尊重甚至奉承，作为记者每到一地都能够受到别人的热情招待，对自己来说无疑是一种极大的心理安慰和满足，但是长期从事这种接待新闻报道，自己的职业良知也会经常受到拷问甚至折磨。但是仔细分析一下就会发现，即使是作为一个比较清醒的记者个体其实也很难摆脱这类接待新闻。

其一，中国当代主流新闻理念决定了新闻记者在日常工作中必须以正面报道、典型报道为主，各个媒体也会限制记者过多涉及监督和批评报道；另一方面，各级党政部门也有各自的宣传任务，这些任务许多必须分解落实到大众传播层面，必须见报、见刊、见广播电视。从这一点上来看，媒体的利益与各级党政机关部门和厂矿企业学校事业单位的利益其实是趋同的，利益的趋同就意味着有了合作的可能，既然是合作当然就存在收益分享和责任分担的问题。由于媒介具有身份授予、广告宣传、信息告知以及权利伸张等多样化的功能，通过接待新闻被采访者往往能够获得身份强化、政绩宣传、广告宣传等多方面的收益，采访者也能够通过这类新闻报道完成新闻宣传任务，这类宣传任务一般来说都是正面报道。在这样一种逻辑链条中采访者与被采访者完成了利益交换与分享，这也是接待新闻产生的基本土壤。

当然在接待新闻中还有一个责任分担问题。20世纪90年代初中期国内媒体资源相对紧缺，作为掌握媒体部分资源的记者无疑占据某种主动地位，在媒体资源相对紧缺的情况下，基本上都是社会各界有求于媒体，埋单的自然是求上门来的一方。另外，在接待新闻的支出中绝大部分是公款支出，采访对象个人一般无须忍受"割肉"之苦，记者个人也常常以此自慰。

接待新闻的主体表面上看是记者个人，但是从根本上说是新闻媒体，其实质是媒体凭借自身掌控的媒介资源把本来属于自己必须开支的采访费用转嫁到了采访对象身上，其直接结果是导致行业伦理水平严重低化。

其二，根据我的了解，20世纪90年代初中期我国省级以下新闻媒体很少明确下拨采访经费，有的媒体虽然向采访部门下拨了一定的采访经费，但是实际上这些经费并没有全部用于新闻采访报道的支出，这种状况决定了记者必须依靠采访对象的接待才能够完成采访任务。

1994年至1996年期间，我在一个名为《新闻直播室》的栏目从事新闻报道工作，栏目定位为社会新闻报道，这类新闻主要涉及社会热点问题、伦理道德问题、争议纠纷问题以及社会治安和社会犯罪等问题。社会新闻报道很难找到愿意支付基本采访经费的采访对象，这类报道必须有充足的采访经费来支撑，但是当时部门并没有明确采访经费，实际上多数采访还是沦为接待新闻，导致最初的栏目定位目标未能真正实现。

1996 年，我所在的部门创办了一个新的新闻栏目《新闻空间》，这是一个定位为新闻评论报道的栏目，从这个栏目开始，部门对采访经费投入进行了一些改革：每个记者每个月可以根据自己采访制作的节目数量和等级质量拿到一笔报酬，大约为每分钟几十元到 100 元不等。但是这笔费用根本不足以支撑每个记者的采访费用，而且如果记者将这笔费用全部用于采访，那么记者的每月所得只有区区几百元的基本工资收入，因此比较合理的解释是，这笔费用更接近于工作酬劳。实际上，几乎所有记者也都是这样看的，无论是在理论层面还是在制度层面上，这个栏目的运行并没有采访经费这项开支。

由此可见，接待新闻盛行其实与记者个人的道德伦理水平并没有直接关系，而主要与媒介体制和媒介运行机制相关联，从更深入的层面来说，它所体现的主要是一个社会结构关系问题。

当然，即使是在这样的采访机制之下，我和同僚们有时也会利用接待采访中对方提供的一些便利条件，去做一些其他严格意义上的新闻报道，也就是打点"擦边球"，但是并不是所有接待单位都乐于提供这种额外的便利。我和一些同僚之所以有时也创造条件去做这类新闻报道，主要还是作为职业记者的良知和使命感所然。

所谓有偿新闻是指采访者凭借自己所掌控的媒介资源，违背新闻职业道德，向采访对象收取费用而进行的新闻报道活动。如果说接待新闻主要是由于体制和机制的原因造成的，那么有偿新闻则主要是由于记者个人的道德原因造成的，当然社会风气和文化价值观的影响也不可忽视。

在实际新闻报道工作中有偿新闻是比较普遍的。有偿新闻主要体现为采访对象向采访者派发红包，采访对象常常以误餐费、车马费、辛苦费等名义向采访者派发红包，并非记者每次采访都会得到红包，但是得到红包的概率也不会很低。一般而言，大多数记者不会向采访对象索要红包，所谓记者拿红包主要是采访单位和采访对象主动给记者红包。表面上看记者是"被有偿"，但是实际上由于大环境使然，不少记者采访时是抱有"被有偿"的心理期待的，而采访对象，尤其是有条件公款支出的采访对象和单位，当被正面报道的时候往往也做好了"有偿记者"的准备，这是一种中国式的心照不宣。

并非所有的有偿新闻都是被动式的，在新闻传媒界确实存在一些败类记者利用自己职业记者的身份向采访对象索要钱财，甚至直接敲诈采访对象，其常见方式是以曝光要挟采访对象，前些年在山西繁峙矿难中曝出的丑闻就是一个典型个案。

有偿新闻几乎毫无例外地同时也属于接待新闻，采访者在转嫁了媒体机构的采访成本之后，又凭借自己掌握的部分媒介资源再次榨取被采访者。有偿新闻的实施主体也并非完全是个体记者，实际上少数新闻媒体或者媒体中的某些部门也会以宣传报道的名义向采访对象收取或者变象收取费用。

尽管有偿新闻主要是由于记者个人的道德原因造成的，但是中国本土文化和价值观的影响也不可低估。从被采访者的角度来看，大多数采访对象不能正确认识媒体的角色和功能，不明白真正的媒体应该是站在公正的立场对新闻事件进行公正的报道，或者不少采访对象本来就是希望新闻记者对与己相关的新闻事件进行偏袒性的报道，其本身就抱有不当得利的动机，所以才会去"有偿记者"。从记者的角度看，不少记者认为自己进行报道的过程中付出了脑力和体力，何况许多采访对象会因为自己的报道获得极大利益，因此，从采访对象方面取得额外的报酬也是应该的。

二、《往事》栏目的尝试

2000 年，我所在的媒体组建社教中心，中心全力打造一个名为《往事》的重点栏目，这个栏目定位为"小人物，大命运"，即通过讲述具有大的命运波折的小人物的故事，去展示普通百姓的人生况味以及国家民族的历史沉浮。节目以演播室访谈为主，并创造性地在节目中融入外景采访元素，在节目选题方面打破省属界限，定位为全国选题，栏目会聚了中心十余名优秀编导，我也有幸成为该栏目的一员。2000 年至 2006 年期间，这个栏目先后三次获得中国广播电视新闻奖社教类栏目一等奖，可以说是极尽殊荣，作为栏目的主创人员，我当然也倍感骄傲。

作为全台当时的一个重点品牌栏目，中心对栏目投入的经费比较充足。《往事》栏目每期节目40 分钟，每期节目预算大约为3 万元，经费开支包括编导和摄像人员外景采访的旅差费用以及劳务酬金、邀请节目嘉宾来武汉录制节目的接待费用、部分节目制作费用以及栏目管理费用等。通过这样一种节目经费投入机制真正确保了记者编导的采访费用，使记者编导无须依靠采访对象接待进行采访报道，从而确保了栏目节目质量水平。

当时栏目外景采访经费的支出标准为：外景采访中发生的长途交通费用实报实销；采访目的地发生的短途交通费用每天按照 150 元标准计

算；编导和摄像人员每天伙食补助 150 元；每天住宿标准 200 元，采访天数根据实际需要确定。这样的经费标准足以保证栏目记者在全国任何一个地方进行高质量的采访报道。

在记者职业生涯的这 6 年中，我真正体会到了自己是一个真正的记者，我个人的职业使命感和职业道德感也被充分激发起来。在这几年中我和我的同僚没有接受采访对象的任何宴请，也没有接受采访对象提供的任何物质帮助，更不屑于接受采访对象的红包。相反，我们经常宴请采访对象，并制度性地支付采访对象在配合我们采访工作过程中所发生的费用。

充足的采访经费是确保高质量新闻报道水平的首要保障，也是确保记者职业伦理水平的基本前提。显然，新闻记者如果依赖他人甚至是依赖采访对象提供物质和经济资助进行采访报道活动，那么这种采访活动必然会丧失独立性，职业记者应有的媒介伦理也会丧失；新闻记者独立对新闻事件进行客观、准确、公正的报道是必须恪守的基本职业伦理道德，而这样一种基本的职业伦理道德也只有在一个具水理性的媒介运作机制内才有可能卓期。

理性的媒介体制和媒介运行机制必然产出高质量的媒介产品，也必然获得合理的市场回报，它们具有一种天然的逻辑自洽关系，高水准的媒介伦理也必然内含在这种逻辑关系之中。《往事》栏目无疑是一个高投入的栏目，但是这个栏目也取得了比较好的经济收益，在栏目运行的 6 年中，这个栏目因其节目的高品质吸引了巨额广告投入，栏目还与北京电视台、南京有线电视台等其他几十家电视媒体合作进行节目交换播出，实现二次广告赢利，同时还尝试跨媒体合作，与多家报纸等平面媒体合作经营节目衍生产品。

在不算短的 6 年中，《往事》栏目不但创造了良好的社会效益，同时也创造了良好的经济效益，这是一个生动的实例。

综上所述，当代中国媒介伦理道德的形成主要由以下几个重要因素影响和决定。

其一，官方所奉行的以正面宣传、正面舆论引导和主旋律报道为核心的新闻报道理念决定了报道者与被报道者在许多领域具有政治利益和经济利益的趋同性，社会本身为媒体提供了接待新闻、有偿新闻这样一些可能导致媒介伦理水平低化的丰厚土壤。

其二，媒介内部的采访经费投入虚设或者投入不足导致新闻记者不得不借助于社会力量进行采访报道，使得正常的媒介伦理无法建立。

　　其三，中国目前绝对公有制度的传媒体制限制了媒介之间的正常竞争，也限制了媒介市场的形成。在一个政府之手无处不在的有限媒介市场中，高水平的媒介伦理准则是很难建立起来的。

　　在跨文化传播的背景下中国传媒要走向世界，让西方和世界其他国家的受众自愿接受来自中国的信息和观点，中国传媒业的自我变革刻不容缓。

　　高水平媒介伦理的建立有赖于媒介理念、媒介机制和媒介制度的保障，因此必须首先从上述几个方面对中国传媒进行改革。我们希望通过改革，一个真正强大的中国新闻传媒业能够屹立于世界传媒之林，我们希望通过改革使数以百万计的中国传媒人能够在新闻工作中获得真正的职业尊严并得到世界的尊重。

第十六章　结束语：传播学研究的
　　传统以及启示

第一节　对美国传播学研究的误解

传播学研究在中国是一个典型的新兴领域，如果将 20 世纪五六十年代郑北渭、张隆栋等学者对美国传播学的介绍视为中国传播学研究起点的话，其历史也不过 50 年左右，传播学研究在中国的真正崛起应该是在 1982 年施拉姆访华之后，按此算来，其历史最多也不过 30 年。

毫无疑问，在 20 世纪 80 年代后的 30 年间，中国所谓的传播学研究很大程度上局限于对美国以及西方传播学理论及历史的介绍，这些介绍主要以两类方式呈现出来。以美国传播学研究为例，一类是有关美国传播学教材的原版引进，其中影响较大的教材包括斯蒂文·约翰的《传播理论》（1999）；华夏出版社引进翻译的教材《传播理论起源、方法与应用》（2000）、《传播研究方法：策略与资料来源》（2000）、《大众传播研究：现代方法与应用》（2000）；中国社会科学出版社出版的《大众传播学：影响研究范式》（2000）则是国内较早有关美国传播学系统研究的译介。2004 年以后，清华大学出版社集中推出了一批较新的传播学教材，包括斯蒂芬·李特约翰（Stephen W. Littlejohn）的《人类传播理论》（2004）以及丹尼斯·麦奎尔的《麦奎尔大众传播理论》（2006）。2010年前后，中国人民大学出版社又相继推出了一批影响较大的国外教材，主要包括：《传播理论索引：分析与应用》《大众传播动力学：数字时代的媒介》《大众传播概论：媒介认知与文化》，以及《大众传播效果研究的里程碑》等。这类教材为中国读者了解西方传播学理论与历史洞开了一扇扇窗口，构成了中国传播学研究的基础文献。教材的一个基本特点是，虽然体系比较完备，但是广而不深，广而不精，而且往往知识陈旧，无法完全满足教学和科研的需要。

另外一类介绍则以国外传播学研究著作翻译的方式呈现出来，较早翻译出版的经典著作包括库利的《人性与社会秩序》《社会组织》《社会过程》，米德的《心灵、自我与社会》，李普曼的《公众舆论》等。2003年前后，由中国人民大学出版社推出的《新闻与传播学译丛·大师经典系列》影响较大，主要包括塔尔德的《传播与社会影响》（2005）、拉斯韦尔的《世界大战中的宣传技巧》（2003）、英尼斯的《传播的偏向》（2003），以及塔尔德的《模仿律》（2008）等。最近几年来，一些更为经典的美国传播学著作也相继翻译出版，如帕克的《移民报刊及其控制》，霍夫兰的《大众传播实验》《传播与说服》，香农的《传播的数学原理》，卡茨的《个人影响》，诺依曼的《沉默的螺旋》，麦库姆斯的《议程设置：大众媒介与公共舆论》等。其他一些有关美国传播学研究的新著作也部分被翻译出来，影响较大的著作包括 E. M. 罗杰斯的《传播学史：一种传记式的方法》（殷晓蓉译，2001）、詹姆斯·W. 凯瑞的《作为文化的传播》（丁未译，2005）、汉诺·哈特的《传播学批判研究：美国的传播、历史和理论》（2008）、哈罗德·拉斯韦尔的《社会传播的结构与功能》（2003）等。

完整齐备的学术著作文献是开展学术研究的必备之物，遗憾的是上述著作不过是美国传播学研究百余年历史中汗牛充栋文献中的九牛一毛，这些文献无法使中国学者窥见国外传播学发展的全貌，无法确保中国学者准确领悟美国传播学的精髓。文献不足是中国传播学研究水平严重低化的重要原因，就此而言，加大国外传播学经典文献以及最新研究成果的译介实属迫在眉睫之事。

中国的传播学研究除了引进国外传播学教材以及论著外，也在不断自己编写教材、出版自己的论著。30 多年来总计出版各类传播学教材数十部。在众多教材中郭庆光的《传播学教程》（1999）当属范本，其他教材要么借鉴、要么补充、要么引申，大多缺乏新意。刘海龙的《大众传播研究范式与流派》（2008）具有一定的创新性，与郭庆光的《传播学教程》相比，该书除了体系更为完备之外，最大的特点是文献更为充实，论述更为深入。但是总而言之，中国目前广为使用的传播学教材缺乏深度、缺乏新意，流于片断化、肤浅化，无法满足教学尤其是高层次教学的需要，没有能够有效搭建起中国传播学通向国外的沟通桥梁。

中国传播学研究领域的著作出版也在艰难中摸索前行，但是相当一部分论著始终未能超越国内外教科书的视野，或者仅仅是教科书的翻版，只有少数著作建立在比较充足的文献及独立思考基础之上，这些著作包括陈卫星的《传播的观念》（2004），胡翼青的《传播学：学科危机与范式革命》（2004）、《再度发言：论芝加哥学派传播思想》（2007）、《传播学科的奠定：1922～1949》（2012），王颖吉的《威廉·詹姆斯与美国传播研究》（2010），周葆华的《效果研究：人类传受观念与行为变迁》（2008），伍静的《中美传播学早期的建制史与反思》（2011），以及刘海龙的《宣传：观念、话语及其正当化》（2013）等，其他一些专题研究，如张咏华的《媒介分析：传播技术神话的解读》，李洁的《传播技术建构共同体——从英尼斯到麦克卢汉》等著述也达到了一定的专业深度。郭建斌的《独乡电视：现代传媒与少数民族乡村日常生活》、吴飞的《火塘·教堂·电视——一个少数民族社区的社会传播网络分析》则体现了建构中国本土传播学的理论尝试。

上述有关国外传播学译介以及研究的现状表明，我们对于传播国外传播学理论、历史以及研究的了解还处在一个相当粗浅的层面上；我们对国外传播学的研究仍然在低水平上运行。如上所述，一个重要的原因在于文献译介不足，国外最近研究成果介绍不够。"皮之不存，毛将焉附"，要全面了解国外传播学理论及历史，要及时跟进国外传播学研究的最新进展，要切实提高国内传播学研究水平，我们要做的首要工作便是继续大量译介，从文献的角度追踪源流，捕获新知。

除了文献译介不力之外，国内传播学研究面临的另一个重要危机在于，我们对国外传播学理论、历史的本质理解不够全面深入，对我们应该从国外传播学发展中获得怎样的借鉴认识模糊不清，对我们应该建立什么样的传播学更是表现得茫然无措。

我们认为，每一新兴学科都诞生于各个民族、国家和时代特定的气候土壤之中，每一新兴学科一般来说既具有理论普适性，又具有更多的理论特殊性。美国传播学研究的源头可以追溯到19世纪后期的社会学芝加哥学派，19世纪后期以来，美国社会经历的重大历史事件包括民主制度初步建立，市场经济开始兴起，大众传媒尤其是广播和电视开始普及，广告业应运而生，美国先后介入一战、二战及"冷战"，美国传播学基本上是对上述现实问题的回应。

尽管美国传播学发展过程中流派纷呈、面貌多样，但是我们认为贯穿于其中的有这样三大传统，即自由主义传统、实用主义与实证主义传统以及心理主义或者社会心理学传统，这些传统的核心是现代性。西方民主制度的诞生体现了世界史上最现代性的元素，整体看来，西方传播学研究其内部最活跃、最有生命力的要素就是那些体现自由、民主意识的现代性元素。

现代性是我们理解西方传播学理论及历史的关键，我们的传播学研究不能精进，我们的传播学研究之所以成为云里雾里的皮毛之学，我们自己的传播学理论体系不能够建立起来，一个重要原因在于我们未能充分意识和理解国外传播学研究中的现代性要素，未能明确我们将要建立的具有自身特色的传播学理论必须回应现实，必须包含类似的现代性元素。译介、学习、研究国外传播学理论不是目的，只是借鉴，建立中国自己的传播理论才是根本，如果说二者之间具有某些共同通性，现代性即是一端，笔者愿意就这一话题进行更深入的探讨。

第二节 美国传播学研究中三大传统的统一性

2013 年六、七月间，笔者赴伦敦参加国际传播学学会（ICA）第 63 届年会，期间走访了英伦的多个城镇，游至威尔士古城巴斯（Bath）时，恰逢在市区公园里的一座普通宅府内正在举办一个中国古代摄影展，展出的百余幅图片均摄于鸦片战争前后。拍摄者是几位出生于巴斯当地而游历至中国的英国人，他们在中国或经商，或从官，或传教。他们当时所拍摄的那些图片经过后人保存、转赠和变卖，最终于一个半世纪之后又以原貌呈现于世人面前。负责管理展览场地的鲍勃（Bob Draper）教授是一位义工，若干年前从当地的巴斯大学退休，见到一位中国人入室参观，颇为热情地起身相迎。我们叙谈一个多小时，余兴未尽，又相约次日再谈。

先后两次光顾展览，其中两幅图片引起笔者深思，一幅是中国南方某地的一位少年因为吸食鸦片被官府捉拿，按当时的律例予以掌嘴惩戒，并枷至闹市示众，图片中的那位少年嘴角被掌得高高翘起，双目呆滞，形销骨立。另一幅图片呈现的是落日黄昏之下，大约是苏杭地区一条落寂的小河以及河上一座不及 10 米长的圆拱石桥，整个一幅江河衰败的情景。两幅图片深深刺激了笔者，我对这位教授说，英国是自由主义思想的重要发源地之一，英国在世界进步历程中的作用和影响不容低估，是英国最先将现代化的诸多元素带给了世界，但是启蒙不应该是对英国人进行启蒙，启蒙是一项全球使命。当年英国政府对中国进行罪恶的鸦片贸易，并对中国发动鸦片战争体现的并不是启蒙思想和自由精神，它们是造成中国贫困落后的重要原因，图片中那位被枷的少年其实是对人类狭隘自私思想境界的无声控诉和嘲笑。至于另一幅图片，笔者评论道，100年多前我们中国只能建造石拱桥，但是你们的伦敦已经建起了世界上第一座地铁系统，时至今日这个系统的相当一部分还在运行。由此可见，即便是在当时，中英两国之间，中国与世界先进国家之间的差距何其之大。清末之时中国之所以遭遇重重危机，根本原因在于落后，我们落后他国太多，我们落后时代太多，所以我们必然遭受他人的欺辱和侵略；即使当时英国不对中国发动鸦片战争，其他世界强国同样会以这样或那样的借口发动对华战争，这是中国必然的命运。因为当现代性的诸多因素已经在西方世界生根发芽，开花结果的时候，中国内部却没有滋生出现代性的东西。

现代性的因素有很多，除了自由思想、民主观念、科学技术、法律制度这些已经被人们讨论得很多的因素之外，较少有人将传播也视为现代性的重要因素予以审视。

在英语中，传播（communication）一词有交流、沟通、告知、书写、理解、交换、共享、传递、交通、运输等多种含义。西方对于传播现象的关注、重视、研究也经历了一个漫长的过程，彼德斯在《交流的无奈——传播思想史》一书中对这一历程有着深刻的描述，但是该书主要是从哲学的高度阐释人类心灵能否借助于传播而达至相互理解。作者通过引证西方文学作品对于人类孤独处境的描写，通过引证西方哲学史有关人类精神处境的追问，最终得出了"交流的无奈"这样一种或许悲观的结论。① 这是一种典型的有关传播问题的形而上的思考，带着浓厚的学者式的贵族气息，但它不代表西方传播学术界对传播问题的全部思考。人类之间的交流、沟通、理解乃发自人类本性，因为人类是具有高度智慧，复杂情感的群居动物和社会动物，人类之间能否借助于传播真正相知相通或许是传播中最基础性问题，它们值得探讨，但不是全部，它们更不代表传播问题的核心。

传播问题中最能体现其价值的恰恰是现代性问题。对于传播现代性问题的探讨至少可以追溯到启蒙运动时期，英国思想家弥尔顿（John Mitton，1608~1674）早在1644年就在《论出版自由》中坚定地宣称，言论和出版自由是一切自由中最重要的自由，它们属于天赋人权。另一位英

---

① 参见 John Durham Peters. *Speaking into the Air：A History of Idea of Communication*，The University of Chicago Press，Chicago and London，1999。

国思想家密尔则在《论自由》中强烈谴责了压制异见的罪恶，强调自由思想和自由意志对于健全人性、发现真理的重要性。几乎与此同时的另一位法国思想家卢梭则把意见的自由传播与公意明确联系起来，明确声称公意是政权合法性的基础，这些都体现了启蒙思想家们在传播问题上的真知灼见，也是传播学研究中自由主义传统的思想源头。

这一源头经过200多年后，在美国被杜威、库利、米德这些社会学芝加哥学派的学者们顺其自然地接了过去，并发扬光大，由此开启了美国学术史上真正意义上的传播学研究。

社会学芝加哥学派在无意间触及了传播学这块处女地，他们原初的志向是要建立美国本土化的社会学及社会心理学理论。他们都不约而同地看到经过民主制度草创，工业革命兴起，市场经济发轫之后，一个全新的美国社会赫然矗立在世人面前，这样一个全新的社会正在与传统社会发生着深刻的诀别。传统社会——依靠家庭、教堂、学校、村落以及人与人面对面交流，从而培养情志、孵化思想、塑造行为的社会组织和联结方式正在宣告解体，库利将这种传统社会的组织和联结方式称为首属群体。新的社会组织和联结方式正在形成，其幕后推手正是自由市场、民主政治、公共舆论、大众传媒以及公民社会这样的现代要素，杜威将这样的社会称之为"大社会""大共同体"。社会学芝加哥学派的主将们正是从人们互动方式的改变，尤其是大众传播如何表达意见，如何培植精神，如何联结社会，如何推动美国社会的民主完善这一特定角度出发，去建构美国本土化的社会学及社会心理学，从而触发了美国传播学研究的源头。他们思考的是美国的民主如何更好地生存于一个社会交往方式，社会组织和联结方式正在发生巨变的美国社会中这一时代问题。因此我们说美国的传播学研究最原初的传统就是自由主义传统，其核心价值就是民主和自由，就是启蒙。社会学芝加哥学派鼎盛时期的帕克、伯吉斯等人开创了都市生态研究、种族移民研究，他们以文化和传播作为切入口，突出文化与传播在化解都市矛盾，强化种族融合中的功能和作用，其基本立场仍然是自由主义。

李普曼忠实地继承了这一传统，作为一位活跃于新闻界的杰出思想家，他敏锐地意识到，生存于大众传播时代的美国民主必须处理好与大众传媒与公众舆论之间的关系。令他忧心忡忡的是，他不相信一个受政治力量、经济力量，尤其是受个人认知、偏见、成见等心理力量支配的传媒业能够正确地反映舆论，从而为美国的民主事业提供帮助，他的《公众舆论》等著作充满了这一忧虑。但是，无论他如何评价美国的大众传媒业，无论他如何对一般大众的专业能力和民主能力表达出怎样的悲观甚至绝望，他始终都是自由主义的拥趸，他所期盼的是一个健康的新闻业如何忠实地服务于民主和自由这一价值目标。

美国传播学研究的另一传统是实用主义和实证主义传统。美国传播学研究深深植根于美国社会现实之中，其基本主题包括，为民主制度运行提供舆论和意见研究，为对外战争提供宣传和情报研究，为公司和媒体利润提供市场研究等，它们共同指向功效、效率这一实用目标。这一研究目标的定位建立在实用主义哲学基础之上，这使得美国传播学研究脱离了欧洲传播研究思辨性的哲学传统。实用主义与实证主义互为表里，实用主义强调的是传播的效率和质量问题，即什么样的传播方式、传播手段能够最有效地为现实目标提供服务；实证主义强调的是利用量化、实验、调查等实证研究方法，以求获得相关传播问题研究的精确化、科学化。

拉斯韦尔是美国传播学研究实用主义传统的开创者，他在《世界大战中的宣传技巧》一书中首先以独裁中立的立场总结了一次世界大战中各国所采用的宣传策略和技巧，并分析各自的效果。在此后的"冷战"期间他就民意、舆论、情报等问题进行了持久的研究，体现出强硬的学术服务于美国现实利益的政治立场。拉斯韦尔早年的传播学研究其实已经预示了日后美国传播学发展的强劲方向，即美国传播学研究如何更好地服务于美国战争等现实利益。不仅仅拉斯韦尔自己这样去做了，在二战及"冷战"期间，一大批美国社会学者，包括社会学家、社会心理学家、传播学者投身于与战争及"冷战"相关的舆论战、宣传战、情报战研究中。根据辛普森和葛兰德等人的观点，几乎所有二战及"冷战"期间美国这些与舆论、宣传、情报相关的研究都是美国政府及军方发动的心理战争（Psychology Warfare）的组成部分，它们构成了美国传播学发展的强大动力，施拉姆、霍夫兰、坎垂尔等众多美国一流学者都深深卷入这类所谓的传播学研究之中。①

实用主义传播学研究传统的另一方向是由拉扎斯菲尔德的应用社会研究局引领的，有资料证明，拉扎斯菲尔德等以实证主义为主要研究方

---

① 参见 Christopher Simpson. *Science of Coercion*：*Communication Research and Psychological Warfare 1945*，*1960*，Oxford University Press，New York，Oxford，1996 以及 Timothy Glander. *Origins of Mass Communications Research During the American Cold War*：*Educational Effects and Contemporary Implications*，Lawrence Erlbaum Associates，Inc.，Publishers，Mahwah，New Jersey，London，2000。

法的学者同样也卷入美国心理战中。但是除此之外，他们在20世纪40年代前后还进行了大量的商业广播效果研究，这类研究主要为商业利益服务。

传播学研究的实用主义传统并非与自由主义传统绝对对立，相反二者在一定条件下还有可能是相互统一的关系。例如霍夫兰、拉扎斯菲尔德除了研究与战争、商业利益这类问题外，他们也就与民主政治相关的问题进行了深入研究，提出了著名的二级传播、意见领袖等传播理论，这类研究虽然带有强烈的实用主义功利色彩，但是其根本出发点却是为美国的民主政治服务。

美国是实用主义哲学的发源地，也是实用主义思想的大本营，但是美国的实用主义哲学诞生在一个民主制度框架之中，并为民主制度服务。实用主义并非意味着为了功效可以放弃道德和法制原则，而是要解决在基本的道德与法制原则之下，如何更好地去求得最大功效，美国传播研究在实用主义哲学引导下并没有走向道德的堕落。

传播学研究的第三大传统或许可称之为心理主义或者社会心理学传统。推动美国传播学发展的真正力量是现实的发展和需要，历史由现实的人组成，现实的人组成各种社会关系，包括传播关系，越是逼近现实的人和现实中的各种关系，就越是无法回避对人的情感、意志、动机、态度、思想以及行为等心理内容的关注。但是，现实并不承担有关学科分类的义务，新的学科总是围绕着某些特定、具体的现实问题，伴随着人才的成长、研究的深入、成果的积累以及学科意识的觉醒及机构的建立而逐步发展起来的。

大众传播是20世纪人类历史上出现的最为重要的社会现象之一，大众传播活动中包含着大量的社会心理问题，传播活动与社会心理相生相伴，形影相随，二者紧密相连。一方面，研究社会心理必然要触及大众传播这一20世纪人类历史上出现的最为重要的社会现象；另一方面，研究传播现象必然会触及人类心理，同时要借鉴社会心理学的理论和方法。社会心理学既为传播学研究提供理论与方法，也为传播学研究提供一定的研究方向引导。

美国社会心理学在发展过程中形成了众多流派，比较重要的流派包括机能主义心理学、行为主义心理学、新行为主义心理学、精神分析心理学、格式塔心理学、信息加工认知心理学以及人本主义心理学等，它们都不同程度地对传播学研究产生过影响。传播学在其发展过程中也经历了一些不同的阶段，并形成了每个阶段不同的研究重点，应该看到美国社会心理学对传播学研究的影响绝非以各自的学派或理论产生的同期时段对应发生的，这种影响也绝不是线性发生的，即某一种流派的心理是影响某一时期或某一理论取向的传播学研究，社会心理学对传播学研究的影响是整体性、散点渗透式的。一个多世纪以来，美国传播学研究呈现出两大鲜明的特点，其一是以实用主义为哲学基础，实证主义为研究方法；其二是与社会心理学的密切结合，二者之间又是有紧密的逻辑关联。

社会心理学对美国传播学研究的影响主要体现在三个方面，其一，社会心理学基本观念和理论对传播学研究的影响；其二，社会心理学研究方法、手段对传播学研究的影响；其三，社会心理学与传播学研究在发展过程中的相互影响。此外，二者还具有一定程度的共生性，它们之间的影响有时候是相互的。当然，也应该看到社会心理学对传播学研究的影响并非都是正面积极的，社会心理学对传播学研究也产生了一定负面的影响。

对传播学研究影响较大的社会心理学流派主要包括符号互动论、行为主义心理学、斯们为主义心理学、社会学习理论以及认知心理学等，所谓社会心理学对传播研究的影响，或者说传播学研究中的社会心理学传统主要是通过这些社会心理学的影响而体现出来的，它们形成了一条比较清晰的影响路径。但是，这类影响又是通过两条彼此有些矛盾的路径显现出来。

一方面，美国传播学研究深受进化论思想以及行为主义心理学的影响，倾向于把人视为环境刺激的产物，研究的目的主要在于寻找受众在媒介信息刺激之下的行为反应模式。几乎所有的效果研究、受众研究都可以归结到这一研究传统之中，而且几乎所有其他类型的传播学研究都或多或少地受到这一传统的支配和影响。只有社会学芝加哥学派开创的符号互动理论、首属群体理论以及"镜中自我"理论等人格社会化理论例外。这一将受众视为信息刺激之下的奴仆，并希望通过研究不同类型刺激以发现、改变和控制受众态度与行为的"点金术"研究，其思维方式确实与传播学研究的自由主义传统发生着尖锐的冲突，我们从美国传播学研究的不同传统中确实看到某种内在的矛盾。尽管20世纪70年代以后主动受众等概念开始兴起，传播学研究开始向个体差异、认知需求等受众一方倾斜，但是传播学研究很难完全摆脱"刺激—反应""控制—反控制"这一行为主义模式。

作为一个诞生于具有强大自由主义传统思想力量的社会中的新兴学科，传播学何以滑落到与自由主义思想相对立的轨道之中，这一结局确实让人唏嘘不已。一个可能的解释是，美国学者或许骨子里认为，只要是符合美国国家利益的东西就一定符合自由价值，哪怕是以对某些自由加以限制甚至剥夺为代价。对比传播学在英、法等欧洲国家的发展，我们看到结果却是如此不同。欧洲传播学批判学派始终高扬批判的旗帜，始终坚守自由和启蒙立场，他们的态度如此鲜明：无论剥夺自由的是政府还是传媒，或其他任何力量，我们都要予以反抗。就此而言，欧洲传播学批判学派确实有其独特的价值。

但是另外一方面，这些研究始终将人放在核心地位，研究者必须将人的感受、情感、需求、态度以及行为作为最重要的观察对象和研究对象，去剖解人与大众传媒的互动规律，正因如此，社会心理学在传播学研究中自然获得了合法地位。在一个以非强制性为主要特征的民主社会中，离开了对人的尊重，离开了对受众真实心理过程的关切，离开了对自由价值的彰显，这样的传播学研究显然是没有出路的。正是在这一点上，美国传播学研究的心理主义传统与自由主义形成了一种逻辑自洽关系。

第三节　美国传播学研究中的现代性

迄今为止，有关传播学研究中涉及的传统问题的论述仅见国内外少数学者的论著中。斯波尔在《传播：从概念领域到学科》（"Communica-tion"：From Concept to Field to Discipline）① 一文中追溯了传播学从概念到研究领域，最后形成自己学科的历史发展过程。斯波尔认为早期的传播概念主要指演讲、新闻学、广播、电视、电影以及交流意义上的修辞学之类的研究。贝雷尔森总结概述了传播学研究已经呈现出四条比较明显的努力方向，即以拉斯韦尔为代表的政治功能主义传播学研究方向，这一研究方向以政治学为学理基础，同时也结合了社会学及社会心理学研究方法；以拉扎斯菲尔德为代表的社会学及社会心理学传播学研究方向；以卢因为代表的群体动力学传播学研究方向，以及以霍夫兰为代表的实验心理学传播学研究方向，这四个研究方向基本上都与社会学和社会心

---

① 该文收录在 Edited by David W. Park and Jefferson Dooley. *The History of Media and Communi-cation Research*：*Contested Memories*. Peter Lang Publishing，Inc.，New York/Washington，D. C.，2008. pp. 163 – 203。

理学发生着密切联系。① 基思·德利亚（Jesse G. Delia）在《传播学研究历史》②（*Communication Research：A History*）中系统梳理了传播学研究的几大传统，它们是修辞传统、公共演讲传统、传播技术传统、传播体制及社会、经济、政治影响传统、文化传统、新闻及出版历史研究传统、传播教育传统。

这里所说的传统主要是指在传播学研究历史中业已形成的某种特定类型的研究风格，主要包括研究对象、研究内容、研究方法以及价值取向，其中每种研究传统中关涉全局的是研究的价值取向，而这一点往往被人所忽视。国外少数学者有关传播学研究传统的零星论述有点类似国内学者对传播学研究范式的探讨，这一问题被胡翼青教授在《传播学：学科危机与范式革命》一书中上升为理论热点，他将传播学研究的范式概括为经验主义、技术主义及人文主义几大类，国内学者所谈的范式问题与我们这里所谈的传统基本同义。

我们并没有按照已有的学术观点去界定传播学研究中的传统，原因就在于过去有关传播学研究中所涉及的传统或范式问题的探讨主要是以学派中所派生的研究对象、研究内容及研究方法的差异加以区分，这种区分或多或少忽视了不同学派中内含的价值取向。我们提出传播学研究中涉及的传统主要包括自由主义传统、实用主义和实证主义传统以及心理主义或社会心理学传统更多地是注目于不同学派中内含的价值取向的异同，而有意淡化了不同学派中其他方面的差异。我们认为这样的梳理和区分更能反映传播学学科发展的真实面貌，对于我们准确理解西方传播学的发展，创造中国自己的传播学理论具有更重要和现实的意义。

西方语境中的自由主义、实用主义以及心理主义之间的关系非常有趣，意味盎然。西方文化的精髓是自由主义，这一传统肇始于文艺复兴和启蒙运动。自由主义的要义包括个人自由、个人权利、自由市场以及民主政治这些价值范畴，自由主义思想经历了英法革命、美国革命的洗礼最终以法律制度及社会制度这样外在的形式固定下来。西方人忠实地服膺于自由主义，在政治生活、学术研究及至日常生活中几乎无一例外地形成了各自的自由主义传统，自由主义成为引领西方世界的最高准则。

---

① Edited by David W. Park and Jefferson Dooley. *The History of Media and Communication Research：Contested Memories*，Peter Lang Publishing，Inc. ，New York/Washington，D. C. ，2008. p167.

② 该文收录在 Edited by Charles R. Berger &Steven H. Chaffee. *Handbook of Communication Science*，SAGE Publication，Inc. /The Publishers of Professional Social Science，Newburk，Beverly Hills，London，New Delhi，1987，pp. 20 – 122。

美国实用主义是在自由主义这片沃土中滋生出来的独特思想，它强调有用即真理，这种思想适应于美国社会民主制度草创之后行政管理、工业生产以及市场运作等领域对于质量和效率的迫切需求，其本质是为政治运行效率，资本利润最大化这样的现实目标提供理论支撑。但是在西方，实用主义必须服从自由主义，实用主义对真理的界定、对功效最大化的追求必须是在满足个人自由价值范畴以及符合法律秩序的逻辑框架之内，一个超越个人自由价值范畴及法律秩序框架的实用主义最后会被自由主义传统所剔除。因此我们可以说，在西方语境中的所谓实用主义就是追求效率和质量的自由主义，二者的统一远甚于分歧。

在西方语境中的自由主义与实用主义之间的关系还包含着另外一层吊诡：在一定条件下实用主义有可能成为高于自由主义的价值目标。任何理论都是对现实问题的回应，都是为了解决现实中的某些急迫问题而产生，自由主义同样不能例外。当有一天自由主义不能满足现实需要的时候，当新的现实需要建立起一套比自由主义所追求和维护的目标更高的价值范畴的时候，实用主义就有可能开始发挥意想不到的作用，它有可能成为建立新的价值范畴的强有力的思想驱动力。就此而言，自由主义与实用主义之间的关系既包含着统一自洽，也包含着紧张对立，在一定条件下实用主义可能暗含着高于自由主义的思想驱动力。事实上，任何理论都具有自身的局限性，世界上不存在绝对真理和永恒帝国，人类的思想探索永无止境，社会的变化发展常变不羁，实用主义反而在一定程度上更符合人类思想探索和社会发展变化的特点和要求。

19 世纪后期，西方社会思潮经历了从理性主义到非理性主义的巨大转型，作为这一转型的一部分，学术领域中的心理主义开始兴起，西方心理学和社会心理学正是在这一背景下诞生的。社会科学中重视对人的心理现象的研究，重视对人类心理元素的分析，重视对心理与行为关系的探讨是基于这样一种假定：在一个具有自由主义传统的社会中，非强制性是其基本特征，社会关系的调整更多地是基于协商，基于因势利导，而不是基于强制。因此社会科学家们必须努力发现人心的秘密，从而为政治决策、经营管理提供帮助。顺应这一逻辑，20 世纪以来，西方社会科学研究中出现了强烈的心理学化的倾向，社会心理学不仅为传播学研究提供理论和方法，同时也为政治学、营销学、管理学及教育学等众多传统学科提供理论及方法。但是潘多拉的盒子也因此被打开，行为主义心理学就是从这个盒子中跳出来的魔鬼，它最终发展到以如何控制人的行为为学术旨趣，一定程度上走向了自由的反面，这一思维模式无疑也对传播学研究产生了深远的影响。正如实用主义与自由主义的关系一样，心理主义与自由主义之间既具有紧张对立的一面，更具有价值暗合之处；总体而言，传播学研究的心理主义传统仍然是自由主义传统在另外一套学术语言系统之下的自然延展，是对传播学研究自由主义传统的补充和发展。

我们用了许多篇幅重新界定西方传播学发展历史中三大不同的研究传统，并辨析了自由主义、实用主义及心理主义之间的关系，目的是要证明，西方的传播学研究从来就不是一个纷争不休、派别林立、方法殊异、漏洞百出的破碎体；如此评价是因为我们并未洞见到西方传播学的本质。西方传播学自从诞生以来一直捍卫的是自由民主价值观、民主政治体制以及自由市场信念这类最具现代性的元素。可以说现代性是西方传播学研究最为突出的特征，如果说西方传播学研究内部存在某些冲突的话，那也不过是学术风格多样化的一种自然体现。总体而言，它们的传播学研究是一个共识多于分歧、妥协多于对抗、统一多于分裂的学术场所，其共通性体现在现代性，由此也赋予了西方传播学研究的现代性特征以及新的时代环境下些许启蒙的性质。

第四节　建设中国本土传播学及传播心理学理论体系

30 多年来，国内所谓的传播学研究基本上停留在对西方传播学理论和历史的翻译和介绍层面，如前所述，即使是译介做得也远远不够；稍高一点层面的研究则是依据已有国内外有关文献，就国外传播学理论中的某些议题进行相对独立的梳理探讨，这是作为局外人对他国传播理论所做的再发掘、再评价，这类研究数量有限，分量也远远不够；还有一类研究是借用西方传播学理论对中国本土传播问题进行解释，这类研究数量较多，但是往往牵强附会，其科学性不被严肃学者承认；更高层次的研究则是有关中国本土传播学理论体系建构的学术努力，尽管这类研究数量很少，成果有限，但是它所代表的方向已成为国内学术界的共识。这样的共识其实暗含着这样一个逻辑前提：即西方传播学理论出身有别，移植到中国后水土不服，无法为中国的传播学实践提供指导和服务，所以我们需要建立自己的传播学理论，这一理论倡导被概括为中国传播学研究的本土化。这样的认识看似有道理，其实混淆了许多是非，有必要加以厘清。

　　首先，西方传播学所诞生并为之服务的环境确实不同于我们的大众传播实践所生存的环境，这些环境包括文化环境、制度环境以及历史进程环境等。欧洲是文艺复兴、启蒙运动的发源地，自文艺复兴以来，自由主义传统一以贯之，美国则是一个新兴的工业国家和新型的民主国家，一战以来开始登上世界政治舞台，并引领世界潮流。在过去100多年来，一些最为重要性的现代性的因素已经在美国及欧洲生根、开花并结果，这就是美国及欧洲传播学研究所展开的社会及历史背景。美国及欧洲的大众传播业生存于自由竞争及法律保护的社会环境之中，相关的传播学理论是对这样一种传播业的描述、总结与概括。反观中国，近百年来现代性的要素在中国发育迟缓，尤其是近半个多世纪，中国传媒业生存于政治权力强力控制之下，生存于计划经济和有限市场经济模式之下，中国传媒业的控制模式、组织建构方式、内容生产方式以及它与受众的关系完全不同于美国及欧洲国家的传媒业，美国及欧洲的传播学研究的一些理论成果一旦移植到中国，便遭遇水土不服，这是自然的结果，任何理论都无法改变这种时空大错位所造成的历史及现实差距。就此而言，我们确实不能仅仅满足于对国外传播学的译介，不能满足于作为一个局外人去重新发掘和评价距离我们万里之遥的那些国度中的各种传播理论，这是作茧自缚，很容易使我们失去现实生存感，我们确实有必要发展并创立自己的传播学理论体系。

　　其次，既然西方的传播学理论不能为我们直接所用，那我们到底能够从这些理论中借鉴什么？我们该如何评价这些理论？尤其是外来理论对于我们建设自己的传播学理论体系到底有何帮助？我们认为，国内外学术界关于传播学研究范式或者传播学研究传统的讨论具有特殊的意义，但是已有的关于范式或传统的讨论从未触及传播学研究现代性这一核心问题，大多国外学者因为本来生存于自由、多元、开放的社会环境之中，或许他们并不认为现代性是一个特别值得探讨的话题，或者他们习以为常、视而不见，所谓"不识庐山真面目，只缘身在此山中"。至于国内学者，或者因为视力有限，或者因为一叶障目，对此也无多少神会。相反，我们总是错误地强调西方传播学理论体系是一个缺乏内在逻辑与统一性的破碎体，其实破碎的不是别人，而是我们自己。

　　时至今日，对于如何建设中国自己的传播学理论体系我们或茫然无措，或歧义纷纭，或固守一端，一个重要原因在于我们未能真正洞悉国外传播学理论及历史的真意，未能洞悉国外传播学研究真正具有启发意义的传统，未能洞悉异域传播学研究历史中所包含的现代性及其含义。

因为未能洞悉，所以我们无法从异域经验中获得真正的借鉴。与之相反，
误解和曲解却成为常态：我们或认为西方传播学与我们所要建立的传播
学不过是形神皆异，所以拒绝借鉴学习；我们或认为西方传播学与我们
要建立的传播学不过是形同而神异，所以直接套用别人取得的现成理论
成果；我们甚或认为美国传播学研究最为成熟的范式不过是经验主义、
技术主义与实用主义，它们皆为现实服务，完全服从于现实的实然逻辑，
我们的传播学理论建设也应该仿而效之，使之完全成为现实的工具和奴
仆。这类观点可能为害更甚，因为此论完全无视美国传播学研究中的经
验主义、技术主义、实用主义倾向内含并服从于自由主义这一事实，无
视它们与自由主义的价值范畴基本一致这一前提。而在中国，一种努力
建设中的理论体系如果完全被经验主义、技术主义及实用主义所引导，
只能使这类理论所包含的价值更加偏离现代性。我们重新梳理和界定西
方传播学研究中三大传统，并认为贯穿于三大传统中的轴线是现代性，
用意正在于为我们将要建立的传播学以及传播心理学理论体系提供一个
视角和参照，提供某种启示。中国本土传播学及传播心理学理论建设必
须渗入现代性要素，只有这样才可能使新的理论体系走向理性与科学。
我们学习和借鉴异域的经验，受益更多的不是他们已经取得的理论成果，
而是他们研究历史所暗含的价值逻辑。

　　最后，中国传播学理论建设显然不能仅仅满足于对异域传播学理论
的译介，也不能老是停留在对异域传播学隔海观望式的研究层面，中国
必须建立属于自己的传播学理论体系，我们姑且用中国本土传播学理论
这一称呼概括这一学术的努力。但是中国本土传播学和传播心理学理论
的研究对象是什么？研究目标是什么？研究方法是什么？尤其是贯穿于
其中的预设价值是什么？人们至今众说纷纭，难以达成一致意见。为此
笔者在本书中提出了中国传播心理学理论建设的三条基本原则，即理论
适应性原则、理论效用性原则和理论批判性原则。

　　通向本土传播学和传播心理学理论建设的路径、方法，预设价值可
能很多，研究对象、研究内容、研究目的也可以多样化，但是，我们不
能放弃一个基本的预设价值，那就是现代性。人类在追求自由这条大道
上已经走了很长时间，迄今为止人类还没有发现比人的自由更高的价值
范畴，也没有发现比民主政治更为优良的政治治理模式。西方传播学研
究一直坚守现代性这一原则，时至今日，这一原则仍然没有被其他什么
更高的原则所取代，这是异域传播学研究发展历史给予我们最大的借鉴
和启示。现代性意味着坚守一些最基本、最重要的价值，并对现实做出

理论回应，对大众进行思想启蒙。

　　中国并非完美的大众传播现实迫切需要我们一代甚至几代学者在理论探索时回应现实，获取真知，推动变革。清末辛亥革命以来，中国开启了现代化的进程，现代性的因素开始在中国艰难滋生繁育，中国本土传播学和传播心理学理论建设的优先选择价值仍然应该是现代性，应该是启蒙。

参考文献

一、中文文献

1. 高觉敷：《西方社会心理学发展史》，人民教育出版社 1991 年版。

2. 周晓虹：《西方社会学历史与体系》，上海人民出版社 2002 年版。

3. 周晓虹：《现代社会心理学：多维视野中的社会行为研究》，上海人民出版社 1977 年版。

4. 于海：《西方社会思想史》（第三版），复旦大学出版社 2010 年版。

5. 翟学伟：《人情、面子与权力的再生产》，北京大学出版社 2005 年版。

6. 刘晓红、卜卫：《大众传播心理研究》，中国广播电视出版社 2001 年版。

7. 杨国枢、黄光国、杨中芳：《华人本土心理学》（上、下），重庆大学出版社 2008 年版。

8. 周晓虹、成伯清主编：《社会理论论丛》，北京大学出版社 2009 年版。

9. 刘京林：《新闻心理学概论》，中国传媒大学出版社 1993 年版。

10. 刘京林：《大众传播心理学》，中国传媒大学出版社 2005 年版。

11. 林之达：《传播心理学新探》，北京大学出版社 2004 年版。

12. 杨莉萍：《社会建构论心理学》，上海教育出版社 2006 年版。

13. 周葆华：《效果研究：人类传受观念与行为的变迁》，复旦大学出版社 2008 年版。

14. 叶浩生：《西方心理学的历史与体系》，人民教育出版社 1998 年版。

15. 胡翼青：《再度发言：社会学芝加哥学派传播思想》，中国大百科全书出版社 2007 年版。

16. 胡翼青：《传播学科的奠定：1922~1949》，中国大百科全书出版社 2012 年版。

17. 刘海龙：《大众传播理论：范式与流派》，中国人民大学出版社 2008 年版。

18. 欧阳英：《走进西方政治哲学——历史、模式与解构》，中央编译出版社 2006 年版。

19. 单波：《跨文化传播的问题与可能性》，武汉大学出版社 2010 年版。

20. 严建强、王渊明：《西方历史哲学——从思辨的到分析与批评的》，浙江人民出版社 1997 年版。

21. 〔美〕兰德尔·科林斯、迈克尔·马科夫斯基：《发现社会之旅——西方社会学思想述评》，李霞译，中华书局 2006 年版。

22. 〔美〕哈罗德·D. 拉斯韦尔：《世界大战中的宣传技巧》，张洁、田青译，中国人民大学出版社 2003 年版。

23. 〔美〕乔治·米德：《心灵、自我与社会》，华夏出版社 2009 年版。

24. 〔美〕希伦·A. 洛厄里、梅尔文·L. 德弗勒：《大众传播效果的里程碑》，刘海龙等译，中国人民大学出版社 2009 年版。

25. 〔德〕诺贝特·埃利亚斯：《个体的社会》，翟三江、陆兴华译，译林出版社 2008 年版。

26. 〔英〕亚当·斯密：《道德情操论》，蒋自强等译，商务印书馆 1997 年版。

27. 〔法〕卢梭：《论人类不平等的起源和基础》，李常山译，商务印书馆 1962 年版。

28. 〔美〕米德：《萨摩亚人的成年》，浙江人民出版社 1988 年版。

29. 〔德〕黑格尔：《法哲学原理》，范扬、张企泰译，商务印书馆 1979 年版。

30. 〔美〕罗尔斯：《政治自由主义》，万人俊译，中央编译出版社 2006 年版。

31. 〔美〕E. G. 波林：《实验心理学史》，高觉敷译，商务印书馆 1981 年版。

32. 〔德〕赫尔穆特·E. 吕克：《心理学史》，吕娜等译，学林出版社 2009 年版。

33. 〔美〕普赖斯：《传播概念·公共舆论》，邵泰择译，复旦大学出版社 2009 年版。

34. 〔美〕哈里斯：《媒介心理学》，相德宝译，中国轻工业出版社 2007 年版。

35. 〔美〕沃尔特·李普曼：《公众舆论》，阎克文、江红译，上海世纪出版集团 2006 年版。

36. 〔美〕詹姆斯·W. 凯瑞：《作为文化的传播》，丁未译，华夏出版社 2005 年版。

37. 〔英〕霍布斯：《利维坦》，黎思复、黎廷弼译，商务印书馆 1985 年版。

38. 〔英〕洛克：《政府论》，叶启芳、瞿菊农译，商务印书馆 1964 年版。

39. 〔法〕卢梭：《社会契约论》，李平沤译，商务印书馆 2011 年版。

40. 〔美〕托马斯·哈代、黎黑：《心理学史：心理学思想的主要流派》，蒋柯、胡林城、奚家文等译，上海人民出版社 2013 年版。

二、英文文献

1. Timothy Glander. *Origins of Mass Communications Research During the American Cold War：Educational Effects and Contemporary Implications*，Lawreuce Erlbaum Associations，Publishers，Inc. Mahwah，New Jersey，2000.

2. Wilbur Schramm. *The Beginnings of Communication Study in America：A Personal Memoir*，Edited By Steven H. Chaffe and EverettM. Rogers，Thousand Oaks／London／New Delhi，Sage Publications，Inc.，1997.

3. Edited by Sarah Sanderson King. *Communication as a Field of Study：Selected Contemporary Views*，New York，State University of New York，Albany，1989.

4. James W. Carey. *The Chicago School and Mass Communication Research.*

5. Edited by Everette E. Dennis and Ellen Wartella. *American Communication Research：The*

Remembered History, Mahwah, New Jersery, Lawrence Erlbaum Associates, Inc., 1996.

6. Christopher Simpson. *Science of Coercion: Communication Research and Psychological Warfare 1945 – 1960*, Oxford University Press, New York, Oxford, 1996.

7. *The Practical Theorist*: The Life and Work of Kurt Lewin, Alfred J. Marrow: Basic Books, Inc., Publishers, New York, London.

8. Edited by David W. Park and Jefferson Dooley. *The History of Media and Communication Research: Contested Memories*, Peter Lang Publishing, Inc., New York/Washington, D. C.

9. Ribert E. Park. "The City: Suggestions for the Investigation of Human Behavior in the Urban Environment", *American Journal of Sociology* 20(1915).

10. Martin Bulmer. *The Chicago School of Sociology: Institutionalizarin, Diversity, and the Rise of Sociological Research*, The University of Chicago Press, Chicago and London, 1984.

11. Darnel Rucker. *The Chicago Pragmatists*, University of Minnesota Press, Minneapolis, 1969.

12. Edited by Morris Janowitz. *W. I. Thomas On Social Orgnaization and Social Personality*, The University Chicago Press, Chicago and London, 1966.

13. J. David Lewis and Richerd L. Smith. *American Sociology and Pragmatism*, The University of Chicago Press, Chicago and London, 1980.

14. Robert Ezra Park and Ernest W. Burgess. *Introduction to the Science of Sociology*, University of Chicago Press, Chicago, 1921.

15. Winifred Raushenbush. *Robert E. Park: Biography of Sociologist*, Duke University Press, Durham, N. C. 1979.

16. Edited by Denis McQuail. *McQuail' Reader in Mass Communication Theory*, London/Thousand Oaks/New Delhi, SAGE Publications Ltd., 2002.

17. Hadley Cantril. *The Psychology of Social Movements*, Roberte E. Krieger Publishing Co.; Inc., New York, 1941.

18. Everett M. Rogers. *A History of Communication Study: A Biographical Approach*, The Free Press, A Division of Simon&Schuster Inc., New York, London, Toronto, Sydney, Signapore, 1997.

19. Edited by Luigi Tomasi. *The Tradition of the Chicago School of Sociology*, University of Trento, Italy, Aldershot, Brookfield USA, Singapore, Sydney, 1998.

20. Garth S. Jowett, Ian C. Jarvie, Kathryn H. Fuller. *Children and the Movies: Media Influence and the Payne Found*, Cambrdge University Press, 1996.

21. Daniel J. Czitrom. *Media and American Mind: From Morse to Mduham*, University of North Carolina Press, Chaple Hill, 1982.

22. Stanford M. Lyman, and Arthur J. Ridich. *Selected Works of Herbert Blumer: A Public Philosophy for Mass Society*, Urbana and Chcago University of Illinosis Press.

23. Edited by Thomas J. Morrione. *George Herbert Mead and Human Conduct*, A Division of

Rowman&Littlefield Publishers, Inc. , Walnut Creek, Lanbam, New York, Toronto, Oxford, 2004.

24. Herbert Blumer, and Philip M. Hauser. *Movies, Delinquency, and Crime*, Arno Press and the New York Times, New York, 1970.

25. Glenn Jacobs. *Charles Horton Cooley: Imagining Social Reality*, University of Massacbusetts Press, Amherst and Boston, 2006.

26. Peter Simonson. *Refiguring Mass Communication: A History*, University of Illinois Press, Urbana, Chicago, and Springfield, 2010.

27. Gary A. Cook. *George Herbert Mead: The Making of A Social Pragmatist*, University of Illinois Press, Urbana and Chicago, 1993.

28. Edited by Mary Jo Deegan. *Essays in Social Psychology/ George Herbert Mead*, Transation Publishers, New Brunswick and London, 2001.

29. David L. Miller. *George Herbert Mead: Self, Language, and the World*, University of Texas Press, Austin and London, 1973.

30. Raymond Meyer. *G. H. Mead: A Contemporary Reexamination of His Thought*, The Mit Press, Cambridge, 1985.

31. Robert E. L. Faris. *Chicago Sociology: 1920 ~ 1932*, Chandler Publishing Company, San Francisco, 1967.

32. Herbert Blumer. *Symbolic Interactionalism: Perspective and Method*, Prentice-Hall, Inc. , Englewood Cliffs, New Jersey, 1969.

33. John P. Hewitt. *Self and Society: A Symbolic Interactionist Social Psychology*, University of Massachusetts at Amherst, Boston/New York/San Francisco, 2007.

34. Edited by Kristen Renwick Monroe. *Political Psychology*, Lawrence Erlbaum Assocates, Inc. Mahwah, New Jersey and London, 2002.

35. Kathleen M. McGraw. "The Infrastructure of Political Psychology", Edited by Linda Shepherd. *Political Psychology*, Farmington Hills, Barbara Budrich Publishers, 2006.

36. Barbara Ballis Lal. *The Romance of Culture in An Urban Civilization*, Routledge, London and New York, 1990.

37. Bruce Lannes Smith, Harold D. Lasswell , and Ralph D. Caswy. *Propagad: Communication and Public Opinion: A Comprehensive Reference Guide*, Princeton University Press, 1946.

38. Edited By Wilbur Scharmm. *Mass Communications*, University of Illinois Press, Urbana, 1960.

39. Fred H. Matthews. *Quest for An American Sociology: Robert E. Park*, McGill-Queen's University, Montreal and London, 1977.

40. James T. Carey. *Sociology and Public Affairs*, Sage Publications, Inc. , Beverly Hills/London, 1975.

41. John Eisenson. *The Psychology of Communication*, New York, Appleton-Century-Crofts, Di-

vision of Meredith Publishing Company, 1963.

42. George A. Miller. *The Psychology of Communication*, New York, London, Basic Books. Inc. , 1967.

43. John Parry. *The Psychology of Human Communication*, New York, American Elsevier Publishing Company, Inc. , 1968.

44. Sam Kirschner and Diana Adile Kirschner. *Perspective on Psychology and the Media*, American Psychological Association, Washington D. C. , 1997.

45. Lita Linzer Schwartz. *Psychology and Media: A Second Look*, American Psychological Association, Washington D. C. , 1999.

46. Fay Berger Karpf, Ellsworth Faris, and Robert C. Williamson. *American Social Psychology: Its Origins, Development, and European Background*, Russell&Russell, New York, 1972.

47. Joseph Klapper. *The Effects of Mass Communication*, The Free Press, New York, 1967.

48. Robert Ezra Park and Ernest W. Burgess. *Introduction to the Science of Sociology*, University of Chicago Press, Chicago, 1921.

49. Larry L. Adams. *Walter Lippmann*, Twayne Publishers, A Division of G. K Hall Co. , Boston, 1977.

50. Edited by Sarah Sanderson King. *Communication as A Field of Study: Selected Contemporary Views*, New York, State University of New York, Albany, 1989.

51. Edited by Charles R. Berger &Steven H. Chaffee. *Handbook of Communication Science*, SAGE Publication, Inc. /The Publishers of Professional Social Science, Newburk, Beverly Hills, London, New Delhi, 1987.

52. Walter Lippmann. *Odyssey of A Liberal*, by Barry D. Riccio, Transaction Publishers, New Brunswick and London, 1996.

53. Ronald Steel. *Walter Lippmann and the American Century*, Boston, Little, Brown, 1980.

54. Edited by Marguis Childs and Jamens Resto. *Walter Lippmann and His Times*, Books for Libraries Press, Freeport, New York, 1959.

55. Harold D. Lasswell & Dorothy Blumenstock. *World Revolutionary Propaganda: A Chicago Study*, Books For Libraries Press, Freeport, New York, 1939.

三、学术网站

http://www. brocku. ca/MeadProject/Mead/mead_biblio2. html

http://www. infora. com

http://www. routlede. com

http://www. taylorandfrancisgroup. com

http://www. tandf. co. uk

http://web. ebscohost. com. proxy. bib. uottawa. ca/ehost/pdfviewer/pdfviewer? hid = 104& sid = ef413fec − c357 − 4c8b − b9dc − fbf44509ee51%40sessionmgr113&vid =3

http://www. informaworld. com. proxy. bib. uottawa. ca/smpp/section? content ＝ a931245081&fulltext
　＝713240928

http://www. researchgate. net

http://www. bgsu. edu

http://www. tandfonline. com

http://mprcenter. org

http://www. hogrefe. com

索　引

后　记

　　2009 年至 2011 年间，我在国外访学的同时还在南京大学社会学院做博士后研究，这部书稿 1/3 的内容曾经作为我的博士后出站报告提交。感谢翟学伟教授和南京大学社会学博士后流动站，在我年届极限年龄之际招收我入站，这份善意时常让我心中倍感温暖和感激；感谢陈友华教授在我联系入站过程中给予的耐心帮助；感谢南京大学社会学院院长周晓虹对我的提携和帮助；感谢流动站各位导师的学术智慧给我带来莫大的启发。

　　此外，在本书的写作过程中我曾经求教于各位专家学者，他们或者给我以切实的指导，或者提出了很好的建议，或者给我以精神上的鼓励，或者提出了恳切的批评。这些专家学者是：我的博士后导师、南京大学社会学院翟学伟教授；我的博士导师、武汉大学新闻传播学院单波教授；中国社会科学院新闻传播研究所研究员、河北大学特聘教授孙旭培先生；中国社会科学院新闻传播研究所所长唐绪军研究员、北京大学出版社编辑周丽锦教授、浙江大学吴飞教授；中国传媒大学陈卫星教授；重庆大学董天策教授；河北大学白贵教授；中国人民大学刘海龙教授；广西大学刘洪教授；北京外国语大学孙有中教授；复旦大学于海教授；上海交通大学谢耘耕教授；华东师范大学严三九教授等，在此表示深深感谢。

　　本书部分内容曾经作为国家社科基金后期资助项目成果和其他项目成果在《国外社会科学》《中国社会科学报》《社会科学战线》《武汉大学学报》（人文社科版）、《广东社会科学》《新闻爱好者》《重庆邮电大学学报》（社会科学版）、《华中科技大学学报》（社会科学版）、《山西大学学报》（哲学社会科学版）、《深圳大学学报》（社会科学版）等报刊发表，一些成果还被《中国社会科学文摘》、中国人民大学书报资料中心《新闻与传播》等刊物转载，衷心感谢上述刊物对我学术研究的支持和扶助。

　　衷心感谢国家社科规划办公室对我这项研究给予公正的评审以及大

力资助。

在本书付梓之际，我尤其感谢南京大学教授、博士生导师胡翼青好友不惜笔墨，为本书撰写长篇导读，将其精彩的思想和见解一并呈现给读者。

最后，衷心感谢西北政法大学不弃，在我"天命之年"将我作为学院学术带头人引进；感谢在引进过程中院校各级领导给予我的理解和关爱；感谢在西南政法大学工作期间原校长陈彬教授、校长付子堂教授、副校长刘俊教授、刘想树教授、岳彩申教授，以及科研处处长徐泉教授等长期以来对我教学和科研工作的关心和支持；感谢在我学术跋涉旅途中无私帮助我的所有师长和学友。

并以此书纪念我和妻子陈华 25 年相濡以沫的婚姻。

柯 泽

2015 年 10 月于西安